谨以本书

献给中国高等教育学会
大学素质教育研究分会成立十周年

论大学素质教育

李和章　庞海芍　主　编

北京理工大学出版社
BEIJING INSTITUTE OF TECHNOLOGY PRESS

版权专有　侵权必究

图书在版编目（CIP）数据

论大学素质教育 / 李和章，庞海芍主编 . -- 北京：北京理工大学出版社，2022.1
　ISBN 978 - 7 - 5763 - 0800 - 6

　Ⅰ . ①论… Ⅱ . ①李… ②庞… Ⅲ . ①大学生—素质教育—研究 Ⅳ . ①G640

中国版本图书馆 CIP 数据核字（2022）第 010048 号

出版发行 / 北京理工大学出版社有限责任公司
社　　址 / 北京市海淀区中关村南大街 5 号
邮　　编 / 100081
电　　话 / (010) 68914775（总编室）
　　　　　 (010) 82562903（教材售后服务热线）
　　　　　 (010) 68944723（其他图书服务热线）
网　　址 / http://www.bitpress.com.cn
经　　销 / 全国各地新华书店
印　　刷 / 保定市中画美凯印刷有限公司
开　　本 / 710 毫米 × 1000 毫米　1/16
印　　张 / 22.25　　　　　　　　　　　　　　责任编辑 / 申玉琴
字　　数 / 400 千字　　　　　　　　　　　　　文案编辑 / 申玉琴
版　　次 / 2022 年 1 月第 1 版　2022 年 1 月第 1 次印刷　责任校对 / 周瑞红
定　　价 / 89.00 元　　　　　　　　　　　　　责任印制 / 王美丽

图书出现印装质量问题，请拨打售后服务热线，本社负责调换

目　录

大学素质教育思想

全面推进素质教育　培养高素质创新人才 ………………………… 杜玉波　3
落实立德树人根本任务大力发展素质教育（笔谈）…… 杜玉波　赵长禄等　9
我的素质教育情怀 ……………………………………………………… 周远清　20
素质教育是体现中国教育方针性的教育思想 ………………………… 周远清　27
素质教育：当代中国教育改革发展的战略主题 ……………………… 瞿振元　32
大学精神是大学素质教育之魂 ………………………… 郭大成　孙刚成　42
面向一流大学之道的大学素质教育担当 ……………………………… 李和章　48
关于大学素质教育的再认识 …………………………………………… 张岂之　54
素质·文化·教育 ……………………………………………………… 杨叔子　58
提高哲学自觉自信　深化文化素质教育 ……………………………… 胡显章　67
落实教育评价改革与发展素质教育要并驾齐驱 ……………………… 王义遒　74
"庖丁解牛"的解读及其对素质教育的启示 ………………………… 陈　怡　80

大学素质教育实践探索

改革创新大学素质教育　全面提高人才培养质量 …………………… 郭大成　89
素质学分制
　　——大学生评价模式的新探索 …………………………………… 赵作斌　94
素质教育与大学教育改革 ………………………………… 庞海芍　郇秀红　99
从通识教育深入到通识学习 …………………………………………… 卢晓东　109
通识教育课程：问题与对策 …………………………………………… 庞海芍　117
大学生通识教育课程实施效果评价研究 ……………… 李曼丽　张　羽　欧阳珏　126

I

基于 OBE 理念，构建通识教育课程教学与评估体系
——以清华大学为例 ·············· 苏 芃 李曼丽 138
通识教育核心课程质量监测诊断："高能课"与"吹水课"的成因分析与
甄别 ·· 陆 一 149
践行通识教育理念提升通识教育品质
············· 冯惠敏 彭 锦 熊 淦 杨 波 吕蒙蒙 164

大学素质教育回顾与展望

大学素质教育的历史审视与现实反思 ··········· 张德祥 林 杰 173
论大学素质教育本土话语体系构建 ············· 李和章 刘 进 184
发展普及化高等教育与素质教育 ··············· 别敦荣 夏 颖 193
中国高校素质教育/通识教育：回顾与展望 ······· 庞海芍 郇秀红 201
关于文化素质教育与通识教育的辩证思考 ·············· 曹 莉 213
论高等教育的适切性
——通识教育与专业教育的分歧与融合研究 ········ 周光礼 228
从"通识教育在中国"到"中国大学的通识教育"
——兼论中国大学专业教育与通识教育多种可能的结合 ······ 陆 一 241
素质教育 20 年：竞争性表现主义的支配及反思 ············ 林小英 253
"核心素养"的局限：兼论教育目标的古今之变 ············ 刘云杉 288
走向更加开放的大学通识教育 ························· 侯定凯 302
liberal education 的多重涵义及其现代意义：一个类型学的历史分析
·· 沈文钦 307
中国高等教育学会大学素质教育研究分会大事记（2011—2021） ······· 335
后记 ·· 346

大学素质教育思想

全面推进素质教育 培养高素质创新人才[*]

杜玉波

当前，我国教育事业的改革发展已经步入新的、重要历史时期。2010年7月，党中央、国务院召开了新世纪第一次全国教育工作会议，颁布实施了《国家中长期教育改革和发展规划纲要（2010—2020年）》(以下简称《教育规划纲要》)，对我国教育事业科学发展做出了全面部署，开启了我国由教育大国向教育强国、由人力资源大国向人力资源强国迈进的新征程。2011年4月，胡锦涛总书记在清华大学百年校庆大会上发表了重要讲话，为高等教育改革发展指明了方向，并明确提出大学要大力推进文化传承创新，积极发挥文化育人作用。10月，党的十七届六中全会通过了《中共中央关于深化文化体制改革，推动社会主义文化大发展大繁荣若干重大问题的决定》，吹响了建设社会主义文化强国的号角。在这样的时代背景下，成立中国高等教育学会大学素质教育研究分会，举办大学素质教育论坛，对于深入贯彻全国教育工作会议精神和《教育规划纲要》，落实胡锦涛总书记清华百年校庆讲话精神，学习领会党的十七届六中全会精神，进一步深化素质教育工作的新思路、新举措，具有重要而深远的意义。

一、推动教育改革发展，必须把素质教育作为战略主题，全面实施，重点推进

20世纪八九十年代，为了适应改革开放的新时期和社会主义现代化建设新阶段的需要，克服长期存在的教育弊端，全面提高国民素质，我国提出了素质教育思想。1999年第三次全国教育工作会议上，党中央、国务院做出了《关于深化教育改革全面推进素质教育的决定》，发出了全面实施素质教育的动员令，素质教育开始在各级各类教育中迅速推进。2010年颁布的《教育规划纲要》首次把素质教育上升到了教育改革发展战略主题的高度，提出："坚持以人为本、推进素质教育是教育改革发展的战略主题，是贯彻党的教育方针的时代要求，其核心是解决好培养什么人、怎样培养人的重大问题，重点是面向全体学生、促进学生全面发展，着力提高学生服务国家服务人民的社会责任感、勇于探索的创新精神和善于解决问题的实践能力。"

---

[*] 本文系作者于2011年11月19日在北京理工大学召开的中国高等教育学会大学素质教育研究分会成立大会的讲话摘录，发表于《中国高教研究》2012（1）。

多年的实践证明，素质教育是切合中国国情、富有中国特色的教育思想和教育理念。实施素质教育，核心就是把提升学生的综合素质作为提高人才培养质量的关键，坚持育人为本、德育为先、能力为重、全面发展，着力解决学生的社会责任感、创新精神和实践能力欠缺的问题。特别是要落实胡锦涛总书记提出的"三个紧密结合"：把文化知识学习和思想品德修养紧密结合起来，下决心加强高校德育工作，坚持"做人第一、修业第二"，把品德教育和专业教育放在同等重要的地位；把创新思维和社会实践紧密结合起来，强化实践育人环节，整合各类实验实践教学资源，培养学生的观察能力、动手能力，教育学生学会知识技能、学会动手动脑、学会生存生活、学会做人做事，促进学生主动适应社会；把全面发展和个性发展紧密结合起来，不拘一格培养人才，树立多样化人才观念，尊重学生的个人选择，最大限度地发展个人兴趣专长和开发优势潜能，实现学生思想成长、学业进步、身心健康的有机结合，要把"三个紧密结合"转化为学生成长成才的自觉行动和追求，教育和引导学生涵养大气品格，追求一流学问，创造精彩事业，践行责任人生。

近年来，素质教育观念日益深入人心。特别是在高等教育领域，以文化素质教育为重要切入点和突破口的素质教育在促进高等学校教育教学改革、提高人才培养质量，促进大学文化建设、提升大学文化品位，促进大学生提高综合素质、培养德智体美全面发展的高素质人才等方面发挥了不可替代的重要作用。这些成绩的取得，离不开高校领导的精心组织和大胆探索，离不开各位专家学者的大力倡导和积极实践，特别是高等教育界的许多老领导和老专家为此付出了很多心血。

二、全面推进素质教育，必须牢固确立人才培养在高校工作中的中心地位

当前，提升人才培养质量已经成为高等教育改革发展最核心、最紧迫的任务。但是，人才培养的中心地位在一些高校还没有完全确立。究其原因，一是部分大学的办学模式，还停留在追求规模、数量、速度的外延式发展阶段，没有转变到以提高人才培养质量为主的内涵式发展轨道上来；二是受一些评价机制、分配机制的引导，大学重科研轻教学、重功利轻学术、重专业轻基础、重知识轻素质等现象较为突出，学校排名、博士点数量、科研经费、获奖数量、论文数量依然是一些大学和教师工作主要的指挥棒。如果人才培养的中心地位得不到真正落实，那么全面推进素质教育就无从谈起，提高质量更无从谈起。

确立人才培养在高校工作中的中心地位，要始终把人才培养作为大学的根本任务和首要职责。大学应以学生为中心、以学生的培养质量为生命线。没有学生，就没有教师、没有干部职工，也就没有大学。人才培养是大学最基本的功能，高等学校的一切工作都要围绕人才培养，都要为学生的健康成长服务。要坚持一切从提高教育教学质量出发，把本科教学作为学校最基础、最根本的

工作；要坚持一切从培养创新人才出发，把科学精神、实践能力和人文素养的培养贯穿于人才培养全过程；要坚持一切从促进学生全面发展出发，把学校的各项工作最终落实到人才培养上来。

确立人才培养在高校工作中的中心地位，要把人才培养质量作为衡量办学水平的最主要标准。现在不少高校在申请指标、争取项目的时候往往都在讲自己学校的规模和数量是多少，很少拿人才培养质量这个指标来检验、来对比、来说话，出现这种情况的根子在质量观上。同样，评价一个教师合格不合格，优秀不优秀，不应该仅仅看论文发表了多少，项目搞了多少，而应该首先看他培养的学生合格不合格，优秀不优秀。我特别要强调，大学要高度重视本科教学。本科生是大学最大的群体，大学教育的质量，很大程度上体现为本科教育的质量。因为它不仅直接面向劳动力市场，为社会各行各业输送人才，而且也是研究生教育的基础。没有优秀的本科教育，就没有高水平的研究生教育。世界一流大学无不是以高水平的本科教育为主要标志的。因此，将人才培养置于高校工作的中心地位，就要高度重视本科教育，学校的各项工作都要为此提供支持。

确立人才培养在高校工作中的中心地位，要为人才培养工作提供充分的制度保障和政策支持。从国家层面来看，近年来，党和国家对人才培养工作给予了高度重视，提供了许多重要的政策保障。例如，2011年7月，教育部、财政部联合颁发了《关于十二五期间实施高等学校本科教学质量工程的意见》。实施"本科教学工程"，目的就在于进一步引导和激励高校围绕人才培养这一根本任务，以提高本科人才水平为核心，深化教育教学改革，加大教学投入，适应国家经济社会发展的需要，满足人民群众接受良好教育的要求。按照"突出重点、改革创新、继承发展、引领示范"的原则，"本科教学工程"在影响和制约本科人才培养质量的关键领域、薄弱环节和突出问题上，选择了五个方面的内容重点建设：一是以质量标准建设为基础，探索建立中国特色的人才培养国家标准；二是以专业建设为龙头，加强专业结构优化与内涵建设，引导高校办出特色、办出水平；三是以优质资源建设为保障，加强视频公开课和精品课程共享资源建设；四是以强化实践教学为重点，进一步强化实验实践教学平台建设，培养大学生实践能力和创新创业能力；五是以提高教师教学能力为关键，加强教师培训力度，创新教师培训模式。在学校层面上，高校也要积极制定和完善推动教育教学改革和提高人才培养质量的政策和制度。

三、全面推进素质教育，必须高度重视大学的文化传承创新功能，充分发挥文化育人作用

胡锦涛总书记在庆祝清华大学建校100周年大会上的重要讲话，第一次鲜明地把文化传承创新作为高等学校的重要职能，明确提出全面提高高等教育质量，必须大力推进文化传承创新。高等学校要适应新时期我国建设社会主义文

化强国的新要求,就要履行好推进文化传承创新的责任和使命,积极发挥文化育人的作用。

发挥大学文化传承创新的功能,要求大学坚守自身的使命,自觉抵制急功近利的浮躁之风和各种诱惑,努力追求真理、追求科学、崇尚学术、涵养精神,坚定不移地守护大学的精神家园。大学作为建设社会主义先进文化的中心,作为新的科学技术和思想文化的创造性源泉,应当以其先进的思想、高雅的文化、崇高的品格影响社会,转移社会风气,引领社会发展。

发挥大学文化传承创新的功能,要求高校积极发挥文化育人作用,不断提高文化自信和文化自觉。要加强社会主义核心价值体系建设,坚持用马克思主义中国化的最新成果武装师生,用中国特色社会主义共同理想凝聚师生,用社会主义道德规范教育引导师生。要发挥好大学在人才培养方面的优势,大力培养和提供发展繁荣社会主义文化的优秀人才;还要深入推进对大学精神、办学理念、校训、校风、校歌、学风,以及发展战略、人才培养目标、管理理念等理论与实践研究,培育具有大学特色的精神文化品格,形成多位一体的大学文化传播与人文艺术素养教育平台,把大学的办学优势转化为先进文化传播的优势。

四、深入推进素质教育,必须改革人才培养模式,推进体制机制创新

推进高等教育体制改革,是破解高等教育发展深层次矛盾、提高高等教育质量、推进素质教育全面实施的关键。近年来,一些高校在素质教育理念引领下,在改革人才培养模式、推进体制机制创新上做了很多有益的探索。比如,北京大学元培学院实行自由选课、选专业,自主设计学习计划和弹性学习年限等制度,以学生为本,给学生尽可能多的选择自由,培养了学生自主学习、自主判断和自主选择的能力,为学生拓宽基础、开阔学术视野、激发创造灵感创造了条件。西安交通大学以人才培养的"四部曲"塑造全面发展的学生,提出"2+4+X"人才培养新模式,建立学生创新实践平台"工程坊",推行本科生"书院制",倡导"体育精神"的人才培养。这"四部曲"的核心思想,就是不仅要注重课堂上的授业,更要关注课外解惑,使学生成为合格的社会公民,成为富有社会责任感、有信仰、有理想的全面发展的优秀人才。浙江大学等多所高校按大类招生,入校一两年后再选择专业等。我们鼓励高校进行这方面的探索,不断积累经验。

最近,教育部已经开始在高校内部选择一些学院,建立教育教学改革特别试验区,以创新人才培养体制为核心,以学院为基本实施单位,开展"试点学院"综合性改革探索,首批17所试点高校已正式启动试点学院改革工作。试点学院重点在"三改革、一完善",改革人才招录与选拔方式,实行自主招生、多元录取,选拔培养具有创新潜质、学科特长和学业优秀的学生;改革人才培

养模式，实行导师制、小班教学，激发学生学习主动性、积极性和创造性，培养拔尖创新人才；改革教师遴选、考核与评价制度，实行聘用制，探索年薪制，激励教师把主要精力用于教书育人；完善学院内部治理结构，实行教授治学、民主管理，扩大学院教学、科研、管理自主权。通过开展试点学院改革，要推动高校实现从注重外延发展向注重内涵发展转变；从重科研、轻教学向教学科研紧密结合、把教学放在第一位上转变；从教师聘用的"铁饭碗"老办法向评聘分开的新办法转变；从单纯注重学生的学业向注重学生的德才并重转变；从行政化管理向教授治学转变；从教育经费的使用重硬件向重软件转变。

深入推进素质教育，还必须深化考试招生制度改革，这也是深化教育体制改革的重要突破口。在我国，高考是实现教育公平乃至社会公平的重要制度，是国家选拔高素质人才的重要途径，对促进素质教育实施具有重要作用。因而，高考不是"要不要"的问题，而是"怎么改"的问题，要按照《教育规划纲要》提出的"分类考试、综合评价、多元录取"的目标要求，积极稳妥地推进高校考试和招生录取制度改革。具体来说，就是要改革考试内容和形式，推进分类考试，扩大高职教育单独招生考试试点。改革考试评价方式，推进综合评价，探索形成高考与高校考核、高中学业水平考试和综合素质评价相结合的多样化评价体系。改革招生录取模式，推进多元录取，逐步扩大自主选拔录取改革试点范围。

招生录取制度改革要着眼于在扩大高校的自主权的同时，促进大学办出特色。鼓励高校根据自身的办学特色、专业要求和培养目标，自主确定招生录取标准，并向社会和考生公布。招生录取既要以成绩为基础，又要改变以成绩为唯一依据的做法，丰富评价手段，结合考生的中学学业水平、成长记录和综合素质评价择优录取，建立科学多元的评价方式，从而在引导和促进中学素质教育的同时，为大学开展素质教育奠定良好基础。

五、深入推进素质教育，必须建设一支高素质的教师队伍

教育大计，教师为本。有好的教师，才有好的教育。从一定意义上说，教师队伍的整体素质决定着大学素质教育的成效与水平，也决定着人才培养的质量。全面实施素质教育，要求把加强教师队伍建设，特别是培养一流大师，作为大学最重要的基础性工作来抓，按照"师德为先、教学为要、科研为基"的要求，努力建设一支师德高尚、业务精湛、结构合理、充满活力的师资队伍。

一要以师德为先。教师教育学生，一是知识，二是方法，三是品格，其中品格是最高层次。大量的事实证明，教师的人格魅力对学生的影响最大、印象最深。毕业多年以后，学生学过的知识早已忘掉，但好教师的感染力在学生心中永存。目前，教育部正在研究出台《高等学校教师职业道德规范》，从制度上规范教师言行。对于学术不端行为，要"零容忍、出重拳"，发现一起，调查一起，处理一起，公布一起，无论涉及什么人、什么事，都要态度坚决、一

查到底，不护短，不姑息，不手软。

二要以教学为要。我们说，一个不为教学操心的校长不是合格的校长，一个不把主要精力投入教学的教师不是合格的教师。高校在选拔新进教师时，必须把教学能力作为一项基本的考核指标。要鼓励名师、名教授上讲台，把教授给本科生上课作为一项基本制度，将承担本科教学任务作为教授聘任的基本条件，让最优秀的教师为本科一年级学生上课。

三要以科研为基。科研是教学的基础，没有一流的科研，也很难有一流的教学。高校科研的一个重要功能就是服务教学、服务人才培养。我们常说，教师要过科研关，就是讲要善于通过科研掌握科技和学术发展的最新动态和趋势，把科研成果转化为教学内容，保证教学质量。为此，高校要努力打造一流的科研教学团队。特别是要为中青年教师创造更多的机会，让他们在科研中挑大梁。

中国教育的改革发展正迎来一个难得的战略机遇期。全面推进素质教育，提高高等教育质量，培养高素质创新人才，使命光荣、责任重大、任务艰巨，迫切需要理论研究和实践探索。希望中国高等教育学会大学素质教育研究分会凝聚一批关心、热爱、从事高校素质教育的教育家和管理者，深入开展素质教育重大理论和实践问题的研究探索，不辱使命，不负重托，为学习借鉴世界先进的教育经验，传播中国的素质教育思想，为提高我国高素质创新人才培养水平、推动高等教育科学发展做出新的贡献！

落实立德树人根本任务
大力发展素质教育（笔谈）*

发展素质教育　培养担当民族复兴大任的时代新人

杜玉波

学习贯彻习近平新时代中国特色社会主义思想和党的十九大精神，贯彻落实习近平总书记关于素质教育的重要论述，全面提升高校人才培养能力，大力发展素质教育，要做到"三个树立"。

第一，树立坚定的大局观。要充分认识大力发展素质教育的重要性和必要性。改革开放以来，素质教育始终贯穿于我国教育大政方针和改革发展实践，已经成为我国教育改革发展的战略主题，在促进高等教育教学改革、提高人才培养质量、促进全体学生全面发展、培养德智体美全面发展的高素质创新人才方面发挥了不可替代的重要作用。要充分把握新时代赋予素质教育的方位和坐标。本科教育要与时俱进，以素质教育思想为引领，致力于提升大学生综合素质，为培养高素质拔尖创新人才打好底色，为全面提高人才培养质量夯实基础，为建设世界一流大学打牢根基，切实担负起新时代赋予高等教育的责任与使命。

第二，树立科学的质量观。要强化以人才培养为中心的理念，要把人才培养质量作为衡量办学水平的最主要标准。看一所大学办得怎么样，不是看一时的规模、数据，要以长远的眼光、历史的视野看它培养出什么样的杰出人才，看它对国家、民族所做的贡献，看它对推进人类文明进步产生的影响。要强化以国家需要为目标的理念，把适应国家需要作为检验人才培养质量的重要指标。衡量一所大学的办学水平关键要看大学人才培养对经济社会发展的"四个比度"，即办学定位对国家和区域经济社会发展需求的适应度，领导精力、师资力量、资源配置等对人才培养的保障度，办学质量和效益对现代化建设的贡献度，学生、家长、社会对人才培养质量的满意度。

第三，树立正确的人才观。要把促进学生德智体美全面发展作为根本要求。

---

* 本文是 2017 年 12 月 26 日在北京理工大学召开的"学习贯彻十九大精神，落实立德树人根本任务，发展素质教育"座谈会上嘉宾的发言；发表于《中国高教研究》2018（2）。

素质教育很重要的任务，是提高学生的综合素质，使学生成为德智体美全面发展的社会主义建设者和接班人。要把培养学生社会责任感、创新精神、实践能力作为重要着力点。建立健全高校与有关部门、科研院所、行业企业联合育人的新机制，让广大学生在实际体验中增强实践能力、树立家国情怀。坚持以人为本，全面实施素质教育，既是教育改革发展的战略主题，也是贯彻党的教育方针的时代要求，其核心是解决好"为谁培养人、培养什么样的人、怎样培养人"的重大问题。这需要我们科学把握人才素质的核心内涵，深入推动知识传授、能力培养与理想信念、价值理念、道德观念教育的有机结合，着力建立健全一体化育人的长效机制。

立足新特点发展新时代素质教育

赵长禄

党的十九大对新时代高等教育提出了新要求，指明了新方向。要深入领会党的十九大报告中提出的新目标新要求，立足新特点发展新时代素质教育。北京理工大学党委深入学习贯彻党的十九大精神和全国高校思想政治工作会议精神，落实立德树人根本任务，注重素质教育成效，全面提高人才培养质量。

一是从政治高度把握方向，切实加强党的领导，坚决贯彻党的教育方针，坚持社会主义办学方向。始终以立德树人为根本任务，以培养新时代中国特色社会主义事业合格建设者和可靠接班人为根本目标，以人民为中心为根本理念，以"四个服务"为根本定位，把握素质教育方向。二是用标准尺度抓内涵，以提高人才培养质量为核心，促进科学研究工作与素质教育的有机融合。在提升办学水平与能力的过程中，推进素质教育与"双一流"建设相辅相成。三是从系统维度谋面向，高等院校在科教兴国战略和人才强国战略的实施过程中起着主力军作用。在学生培养过程中，学校党委主动围绕国家重大战略把握人才培养工作面向，着重提升学生相关素质。四是从执行力度促保证，坚持以执行力度为重点，检验各级党组织工作成效，保证立德树人根本任务和各项工作部署在基层落实落细，为素质教育质量的提升提供坚强保证。

坚持全面发展教育思想　构建中国大学素质教育体系

李和章

促进学生的全面发展是我国高等教育的不懈追求，促进学生的全面发展必须实施素质教育。在马克思主义理论体系中，人的全面发展与社会发展是一致的，是人类最高理想，是共产主义社会的基本特征之一，具有历史必然性。这一科学理论始终指引着中国教育事业发展，并随着中国教育事业发展不断中国化、现实化。

现阶段我国的教育方针把立德树人作为教育的根本任务，要求全面实施素质教育。党的十九大进一步强调要落实立德树人根本任务，发展素质教育，推进教育公平。这些论述不仅明确了我国教育的政治属性，提出了目标要求，也指出了"人的全面发展"理论的现实路径，为开展教育实践创新指明了方向。

"双一流"背景下素质教育的核心任务在于建设素质教育课程体系、营造素质教育育人场域、重塑素质教育师生共同体。随着高校"双一流"建设进程的不断推进，我国的素质教育实践模式必将一步步走向成熟，为推动实现人的全面发展的最高理想做出中国贡献。在这一过程中，需要素质教育工作者进一步深耕发力：从高度上，不断推动"素质教育如何促进人的全面发展"的理论进步；从广度上，不断丰富人的全面发展在不同社会发展阶段的教育内涵；从深度上，不断总结素质教育理念指引下高校育人的实践经验。

新时代发展素质教育的使命和担当

程基伟

一代青年有一代人的使命，一代青年有一代人的担当。必须基于新时代的历史方位和时代坐标来讨论大学的素质教育。

第一，要加强理论武装，着力提升思想政治素质。思想政治素质是一个人最核心、最基本的品质。习近平总书记在2016年高校思想政治工作会上的重要讲话中，明确提出要提高大学生的思想政治素质，引导帮助大学生做到"四个正确认识"。实现"四个正确认识"的根本途径，就是用习近平新时代中国特色社会主义思想武装头脑。

第二，要提倡学哲学用哲学，着力提升科学理性的思维素养。习近平总书记特别强调科学的思维方法，强调坚持和运用马克思主义的立场观点方法。当今社会，世界复杂多变，青年人每时每刻面对海量的网络信息，最需要的是马克思主义的立场观点方法。希望我们的青年大学生能够带头学哲学，既让自己更聪明、更智慧，又给我们的民族增加哲学思维和理性思考。

第三，要突出个性化培养，着力提升创新创业的素质和能力。个性化培养最关键的是应该给学生选择权，尊重学生的主体地位。要努力实现在创造知识中培养人才、在人才培养中创造知识的良性互动。

第四，要大力拓展国际交流，着力提升国际化素养。进入新时代，我国正快速地走向世界舞台的中心，中国特色大国外交致力于建设人类命运共同体，较强的国际化素养应该成为大多数学生的必备素质。必须着力培养了解我国国情、具有全球视野、熟练运用外语、通晓国际规则、精通国际谈判的人才。

如何发展素质教育

王义遒

建设创新型国家，靠的是创新型人才。培养创新型人才，基础在教育。"素质教育"是 20 世纪 80 年代后期我国教育界针对当时教育领域产生的一些问题提出来的一个概念或提法。"素质教育"概念的提出是很有针对性的，是从特定角度对党的教育方针的一种补充或具体化。尽管在理论上还有一些待澄清的地方，但从我国教育历史发展看，素质教育在实践上总体是有助于落实教育方针，起了好作用的。在高等教育领域，素质教育引发了教育思想理念的大讨论，改变了中国高等教育学习苏联之后产生的过分狭隘的专业教育培养模式，在大学里比较普遍地新引进文化素质教育和通识教育。

当前，应从教育理论上重新定义"素质"和"素质教育"，使之真正科学化，成为绝大多数教育界同行的共识。要厘清"素质"的结构与内涵，其内涵要包含新时代的新要求。例如：创新，对社会主义核心价值观的信仰，文化自信，成为人类命运共同体的地球村公民的品质等；"素质"与教育中其他对人的品格概念的关系，如人格、德行、信仰，以及知识、能力、态度等。对"素质教育"概念要进行科学界定，并说清其究竟是一种教育理念，还是一种特定的教育模式、体系或制度等；特别是要阐明素质教育与党的教育方针之间的关系。在实践上要结合新时代、新经济、新科技的要求提出实施素质教育的措施、方法和手段等。在当下，特别要提出一种能使素质教育广泛推进的"抓手"。

提高哲学自觉　推进文化育人

胡显章

中华民族正在加速实现伟大复兴，文化的反思和振兴是其重要的前提和内涵。中国大学在本质上是功能独特的文化机构，是优秀文化传承创新的重要载体和源泉，对于民族伟大复兴肩负重大责任。大学人应该深刻认识文化在历史进步和大学自身建设中的作用，正确把握国家文化发展和大学文化建设的规律，积极推进文化育人，并主动担当发展先进文化的历史责任。大学人必须努力提升自身的文化自觉，特别是哲学自觉，哲学自觉是文化自觉的最高境界。

大学是社会的文化高地，哲学应该成为大学存在与运行的基础，哲学生活理应成为大学人不可或缺的精神生活。

实践表明，努力砥砺自身的哲学性格，是当今大学人文化自觉的重要体现，也是文化人、文化育人的重要课题，应当予以充分重视。正如恩格斯所说，一个民族要站在世界科学的最高峰，一刻也不能没有理论思维。在中国实现向创新型国家转型和民族复兴的过程中，特别要强化理论思维，即哲学思维。砥砺大学自身的哲学性格，提升哲学思维的自觉程度和哲学分析能力，是倡扬大学文化自觉的重要前提与内涵，也是提升文化自信的理性基础。

大学文化素质教育的时代任务

谢维和

发展素质教育是党的十九大对教育深化改革发展提出的要求，这也是中国高等教育改革和发展一个非常重要的经验。在中华民族伟大复兴的进程中，进一步明确大学文化素质教育的任务非常必要。

我们要扎根中国大地办大学，培养认同新时代中华民族文化的人，培养具有全球化视野的中国人。文化认同对于大学来说涉及教育的自信，涉及文化的自信，涉及民族的复兴。文化认同是中国教育深化改革的重大任务，是完成培养什么样的人的重要途径。中国教育的伟大复兴，不仅仅是管理体系的现代化、教育制度的建设、教师队伍的提高、办学条件的完善以及国际化水平的提升等，最重要的是中国教育的民族精神和文化自觉，特别是中华民族的文化认同。我们都知道，适应学生个性发展的教育才是好的教育，同样，一个能够适应民族个性的教育或者适应民族性的教育才能够真正培养这个民族和国家的栋梁人才。

增强文化自信，有两个实施途径：一是要严格遵循习近平总书记在全国宣传思想工作会议上，针对优秀传统文化提出的四个"讲清楚"。二是要进行必要的文化归因。中华民族的文化认同是新时代中国大学文化素质教育的新任务，也是我们完成培养什么样的人很重要的一种支撑，也是文化自信的重要内涵，是实现中华民族伟大复兴的重要标志之一。

加强对素质教育的理论阐释和实践探索工作

马陆亭

党的十九大提出，我国进入新时代，开启了新征程，教育也进入了内部精装修阶段。如果说以前的教育更多在宏观上进行体制改革、提升办学条件等方面下功夫，为教育发展打下了外部基础。新时代教育的核心则应聚焦在培养人的素质上，更注重高等教育的内涵发展。

我们需要系统总结素质教育。素质教育，一方面服务于中华民族伟大复兴的中国梦，另一方面服务于人的健康全面发展，根本目的就是培养社会主义建设者和接班人、办好人民满意的教育。立德树人是贯穿素质教育的主线。同时，发展素质教育也需要办学条件、制度、理念等方面的保障。素质教育是产生于中国本土的教育思想，我们需要在理论上说清楚，如素质教育和通识教育、专业教育等的联系与异同，素质教育和文化素质教育的关系和渊源等。

素质教育需要有效的实施途径。课堂教学、专业实习、科学实验、社会实践、校园文化等都是素质教育的载体。其中，在生活、实践中提升素质非常重要。比如，学生学习识字、语法等掌握的是知识，运用所学的字词进行造句、练习作文反映的是能力，最后写出好文章则需要靠素质。由此可见，素质包括能力和知识，但不仅仅是它们。而要想写出精彩文章则必须要有生活的滋养和实践的历练，因此在实践中培养素质十分重要。

素质教育是对博雅教育的超越与发展

刘宝存

我国近现代高等教育的发展，深受西方高等教育理念和模式的影响，有一些西方高等教育的基因，但又深受我国国情的制约。正如英国高等教育专家阿什比所说，大学是遗传和环境的产物。既然我国近代大学是一种舶来品，博雅教育的理念对我国高等教育的影响是毋庸回避的。同时，大学又是植根于一定的社会政治经济文化背景之中的，它必然要深受整个"环境"的影响，体现出中国的特色和要求，扎根中国办大学。素质教育是我国新时期教育改革的主题，它既是一种教育理念，也是一种教育实践模式，是中国教育界对教育发展路径的新探索。从这个意义上讲，我们今天讲大学素质教育，也可以说是对国际上博雅教育的超越与发展。

大学素质教育的根本目标在于培养全面发展的、个性自由独立发展的创新型人才。大学素质教育对国际上博雅教育的超越与发展，在于强调贯彻党的教育方针，强调立德树人和人的全面发展，培养社会主义事业的建设者和接班人。大学素质教育也是基于我国高等教育的现状，对高等教育长期以来所形成的过分专业化、过分工具化的人才培养模式进行变革。

　　在具体要求上，培养创新型人才和社会主义事业的建设者和接班人，应该具备博、专结合的充分的知识准备，以创新能力为特征的高度发达的智力和能力，以创新精神和创新意识为中心的自由发展的个性，社会主义核心价值观、积极的人生价值取向和崇高的献身精神以及强健的体魄。在全球化时代，人才全球流动和人才全球竞争是时代特征，我国高等教育培养的人才还必须具有全球竞争力。人才培养是一项复杂的系统工程，涉及教育思想、培养模式、教育内容、教学方法、教学管理制度等人才培养过程的方方面面。我们需要研究借鉴国际上的先进经验，但更为重要的是扎根中国大地办社会主义的大学，立足中国国情，培养具有全球竞争力的社会主义事业的建设者和接班人。

中国特色博雅教育的探索与实践

孙　华

　　北京大学元培博雅教育计划进一步强调给学生提供充分、自由地探索和思考的空间，让学生学会思考，学会探索，在探索的过程中发现自己的兴趣爱好，确定自己的努力方向。

　　在博雅教育改革中，加强通识教育核心课程的建设是基础。通识教育是体验、学习人类千百年来积淀下来的伟大思想，对同学们未来在各行各业的发展都将大有裨益，希望同学们通过一系列通识教育课程的学习，努力让自己成为一个人，一个真正的人、引领未来的人。

　　北京大学元培学院强调全面发展，即元培学院的毕业生不仅仅要有扎实的基础、专业知识和批判性思考能力，同时也要有丰富的文化修养和强烈的社会责任感、历史责任感；强调不仅仅能够踏踏实实做事情，也应该善于交流，善于组织和应对各种复杂的情况。除了加强博雅教育改革计划中的教学改革之外，元培学院还通过整合学生工作、提升社会实践效果、扩展国际交流平台与加快住宿书院建设，逐步完善中国特色的博雅教育体系。中国的书院文化是儒家仁智合一、知行合一的传统。教育为立国之本，"立国之本"的根本之处并不是简单地教授知识，而是教以"为人之道"和"为学之方"。如何传承中国书院文化的精神，也是我们探索住宿制书院的课题。筑书院文化于点滴之间，则更需要精细化的设计，只有如此才能落实立德树人的根本任务，实现中国特色博雅教育的初衷。

充分发挥优秀传统文化对立德树人的作用

李 健

立德树人是大学的立身之本，是对人才培养的根本要求。中华文化源远流长、灿烂辉煌。在五千多年文明发展中孕育的中华优秀传统文化，积淀着中华民族最深沉的精神追求，代表着中华民族独特的精神标识。中国优秀传统文化包含丰富的道德理念、哲学思想、人文精神、教化思想等，学习和掌握其中的各种思想精华，对于立德树人和发展素质教育具有不可替代的重要作用。

中华优秀传统文化是涵养社会主义核心价值观的重要源泉。中国古代强调格物、致知、诚意、正心、修身、齐家、治国、平天下。社会主义核心价值观第一层面（国家层面）——富强、民主、文明、和谐；第二层面（社会层面）——自由、平等、公正、法治；第三层面（个人层面）——爱国、敬业、诚信、友善，传承中国优秀传统文化的基因。从某种角度看，格物、致知、诚意、正心、修身是个人层面的要求，齐家是社会层面的要求，治国、平天下是国家层面的要求。社会主义核心价值观既体现了社会主义本质要求，又继承了中华优秀传统文化。

大学应该围绕立德树人根本任务，把中华优秀传统文化全方位融入课堂、社会实践、课外活动的每一个环节中；面向学生开设中华优秀传统文化必修课，在哲学社会科学及相关学科专业和课程中增加中华优秀传统文化的内容。加强中华优秀传统文化相关学科建设，加强面向全体教师的中华文化教育培训，全面提升师资队伍水平。让优秀传统文化植根于学生内心，潜移默化地影响学生的思想方式和行为方式。

增强文化自信　建设中国特色社会主义高等教育思想体系

程 钢

习近平总书记在党的十九大报告中指出："没有高度的文化自信，没有文化的繁荣兴盛，就没有中华民族伟大复兴。"中国特色社会主义高等教育思想体系应当是新时期中国特色社会主义文化的重要组成部分。习总书记的论述对于我们建设中国特色社会主义高等教育思想体系具有重要的指导意义。

增强文化自信，高等教育非常重要。文化自信的培育是一个庞大的体系，它由一系列链条，经长时期累积而成。大学是文化高地，如果大学缺少文化自信，或是自信程度不高，那么，任凭我们在其他领域如何努力，我们所培育的文化自信终究是不牢固的。

建设中国特色社会主义高等教育思想体系，是中华民族树立文化自信的重要组成部分。这项任务既艰巨又复杂，从中华优秀传统文化中吸取营养，建设新时代中国特色社会主义高等教育思想体系，是其中的应有之义。在新形势下，我们回顾历史，展望未来，既具有理论的价值，也有一定的实践意义。

新时代大学更不能忘了初心和使命

杨光明

所有大学最初都是为了育人而开办的，如今大学承担着四大职能：人才培养、科学研究、社会服务、文化传承创新。有人简单地把人才培养理解为教学，大学变成了研究院所、服务公司、文化团体、培训机构的集合体。在一些简单的评价机制和指标的诱惑下，大学一度忽视了自己的育人初心和使命，过度追逐育人以外的其他功能，使四大职能的四个轮子各自驱动，忽略了育人的核心地位。其实，只需四个轮子围绕育人的方向盘驱动，大学即能回归育人初心的轨道。

从"教育"二字来分析也可以深入理解大学的育人与文化使命。"教"由"老、文（攵）、子（子替代老下边的匕）"构成，可理解为："老"一辈将"文"化传给"子"一辈，即教育的第一层意思——文化传承。《说文解字》解释的"育"：养子使作善也，即德性要好，就是有理想、有担当，心里想着人民，为了人民，而不是首先想着自己，这是教育的第二层意思。在体现文化传承的"教"字中，为什么没有用"文"做偏旁，而用的是反文（攵），这可以理解为教育的第三层意思：在文化传承的过程中要培育下一代具有反思、提问、质疑和创新的能力，即有本领，这也正是素质教育所强调的。

大力发展素质教育，首先要发展教师的素质。2017年11月20日，十九届中央全面深化改革领导小组第一次会议审议通过了《全面深化新时代教师队伍建设改革的意见》，其核心要点是：遵循教育规律和教师成长发展规律，全面提升教师素质能力，深入推进教师管理体制机制改革，形成优秀人才争相从教、教师人人尽展其才、好教师不断涌现的良好局面。

推进素质教育国际传播能力建设的若干思考

侯定凯

素质教育是一项扎根本土的系统性、持续性教育理念和实践,如何推进我国教育界在素质教育方面的国际传播能力,讲好中国的素质教育故事,促进中外人文交流、提升中国教育国际影响力的重要课题。

经过20多年的发展,我国的大学素质教育在内涵、模式、路径、方法、组织等方面累积了丰硕的经验和成果。目前,就素质教育的国际学术交流而言,已经初步打开了中外学者双向互动的局面。一方面,近年来不少中国学者在各种国际场合,直接以"素质教育"之名发表学术观点,传播中国的实践经验;另一方面,一些西方学者也开始关注、使用,甚至肯定中国提出的"素质"(Suzhi)和"素质教育"(Suzhi Education)术语及其内涵。2017年,大学素质教育研究分会发布了《关于将素质教育英译为"Suzhi Education"的倡议书》;庞海芍秘书长带领的团队应邀为英文版《教育哲学与理论百科全书》撰写了"素质教育"词条。这些工作为中国的素质教育深度融入和影响世界教育思潮打下了良好基础。虽然"素质教育"作为一个术语正逐步被国际教育界所认可,但其背后的丰富内涵和多样化实践,更需要我们主动、立体、全面、有效地加以宣传,并在国际传播交流中不断兼收并蓄、自我创新。

开启素质教育新时代

庞海芍

改革开放以来,素质教育像一条红线始终贯穿于我国教育大政方针和改革实践,引发了教育思想、课程体系和人才培养模式的变革。全面推进素质教育,已经成为中国教育改革发展的战略主题。但多年来素质教育尚存两大痛点,一是理论体系构建不足,二是实践工作边界模糊,以至于长期面临"素质教育是个筐,什么都可以往里装"的困境。

新时代如何发展素质教育?一是要顶天立地,构建素质教育理论体系。探究素质教育从哪里来、到哪里去等本质问题;研究实施素质教育的时代背景,及其与政治、经济、文化等社会各领域的关系;探索素质教育与中国传统教育思想、教育方针、马克思关于人的全面发展理论,以及中国特色社会主义理论等的关系。二是要软硬兼施,推动素质教育实践发展。新时代教育发展的内部和外部环境都发生了巨大变化,发展素质教育要有新的抓手。不同层次、不同类型的大学应寻找不同的抓手,实现素质教育多样化、特色化发展。三是要与时俱进,采用"素质教育+X"模式。素质教育已经像互联网一样,同各级各类教育、所有学科专业、社会职业密不可分。素质教育要与立德树人根本任务融为一体,与弘扬中国优秀传统文化同频共振,与新工科建设携手同行,渗透专业教育、职业教育之中。

我的素质教育情怀*

周远清

人到老年总是要恋旧，我曾多次说过我在教育战线"混"了一辈子。1984年任清华大学教务处处长，1987年任教务长，中间当了一年计算机系系主任，1990年任副校长，1992年调国家教委任高教司司长，自1995年先后任国家教委副主任、教育部副部长，直到2001年退岗。这期间一直从事高等教育教学的管理工作。2001年至2013年任中国高等教育学会会长，主要从事高等教育研究工作。在这期间由于工作的需要有不少的讲话，也写了一些文章，虽然水平不高，但为了原原本本地从一个侧面反映改革开放过程中我国高等教育改革和发展，特别是跨世纪的改革发展，所以编成《周远清教育文集》出版（已出版四册），又把未编入文集的讲话和文章出了《周远清教育文存》（也是四册），由于讲话基本上都是没有事先准备的稿子，文章也基本上是自己写的，所以文集和文存确实是原原本本反映了当时的改革实践和当时自己的思想实际。

今年是我国高校大力推进素质教育20周年，翻阅自己的文集和文存，发现我这一辈子关于素质教育、文化素质教育的讲话、论述在素质教育探索中占有很重要的分量，回顾推进素质教育，特别是文化素质教育的历程，很有感慨，可以说是一辈子跟素质教育打交道或者说素质教育情结、情怀。

一、清华大学的全面素质教育

清华大学有一个教学讨论会的制度，每过几年学校就要召开一次教学讨论会，以研究和决定学校教育特别是教学中的一些重要问题。由于事关重大，学校的干部、教师都非常关注每次的教学讨论会。素质，学生政治素质、社会素质是在教学讨论会上提出并不断得以成熟和完善的。

1983年9月至1984年3月，学校召开第17次教学讨论会。会议主要讨论了教书育人、为人师表，提高教学质量，改进培养方法，提高教师素质，规划师资队伍建设等问题。

1984年1月，学校党委书记李传信在讨论会的第二次会议上指出："这次会议总的一个精神，就是强调提高素质问题，就是提高全面培养人的素质，就是德、智、体，提高学生德的方面要求，用另外一句话就是学生的政治和社会

---

* 本文是2017年12月26日在北京理工大学召开的"学习贯彻十九大精神，落实立德树人根本任务，发展素质教育"座谈会上嘉宾的发言；发表于《中国高教研究》2015（4）。

素质的问题。"

1988年5月至9月，学校召开了第18次教学讨论会，副校长梁尤能作了工作报告，主题是"适应社会与经济发展需要，深化教育改革，提高学生全面素质"。他强调"学校的竞争从根本上讲是学校培养出来的人才的竞争，而人才的竞争归根结底又是人才素质的竞争。全校所有同志都要充分认识搞好教学工作、提高学生全面素质的极端重要性"。

笔者于1987年至1992年任清华大学教务长和副校长，主管教学工作，在贯彻第17、第18次教学讨论会的过程中也反复强调全面素质教育。

"第18次教育讨论会提出要深化教学改革，提高学生的全面素质，以更好适应社会需要。从近一个时期社会上用人单位的反映来看，我校毕业生在素质上还存在以下几个问题：第一是不少学生的思想素质不能适应工作，文化素质也不高；第二……"

"在第18次教学讨论会总结中，还提到了要加强学生的基础，包括思想文化基础、自然科学基础、工程实践和科学实践基础及外语基础。"

"加强文科建设，是理工科院校面临的一个新的十分重要课题。文科是培养人才的基础、学科交叉的支柱、思维与智慧的源泉，对改善学生的素质，提高学校的学术水平都有重要意义。"

"要建立一个科学、健康、文明的校园环境，加强美育提高学生的文化素养。"

"教学工作要扩大自己的视野，把提高学生的思想文化素质，特别是把学生的课外文化、体育、科技、社会实践活动纳入培养计划，纳入教学工作轨道。"

"教学工作总体目标要着眼于全面提高学生素质。"

为了全面提高学生素质，学校相应地采取了许多措施，给我印象最深、有深刻记忆的，是课程要培养学生素质——要明确课程在整个人才培养过程中培养学生什么素质。在全校影响比较大的一件事是，当时应用数学系主任萧树铁同志在1989年3月份清华大学召开的数学教学工作会上专门讲了"数学与人才培养"，讲到"数学的训练不仅是一种知识或业务的训练，它还是一种素质的训练""数学课程内容的改革，目的还是培养学生的数学素质"。

另外，大范围开设音乐、舞蹈课：从1990年开始，学校为大一学生开设"音乐基础知识与欣赏课"和"舞蹈基础与实践课"，要求大一学生必须从这两门课中选一门并得到2个学分方能毕业，借以提高学生的文化素质。

所以清华大学从1984年第17次教学讨论会以来，特别是1988年第18次教学讨论会以来，提出了全面素质教育，还提出了思想素质、文化素质、思想文化素质等概念，并进行了一定的探索和实践，这可能是我国大学中比较早提出素质教育并进行探索实践的学校，或者是之一。

二、"三注"的提出

1994年10月,国家教委在杭州召开了第五次委属学校咨询会(与会者为委属学校的校长、书记)。我当时是高教司司长,在会上我有下面一段讲话:

"……对人才培养提出了更新的要求,所以我们必须在教育思想、教学内容、教学方法上进行改革。一是教育思想上,一定要注重素质教育,包括学生的政治思想素质、文化素质、业务素质、身体素质。文化素质,学校要创造一个氛围,不断提高学生的文化素质,特别是理、工、农、医类学校。最近我们正在研究选修课的问题,要把整个学校的教育列入学生的培养计划,不仅有教学计划,还要有培养计划。还有身体素质也很重要。二是注视学生创新能力的培养。如何改革教学方法,使学生增强创新意识,培养创新能力,不同层次的学校应有不同的要求。我们虽然很注重基础、注重严谨,但在这些优点下还隐藏了培养创造能力不够的缺点。三是注意学生个性的发展,全面实行因材施教。过去我们怕提个性,其实'个性'与个人主义完全是两回事。只有充分注重学生个性的发展,才能更好地启发学生的创新思维意识。"

这里讲到注重素质教育,注视创新能力的培养,注意学生个性的发展,后来归纳为"三注"。这个讲话得到了一些校长的赞同。我个人也非常看重这次讲话的内容。在这里,一是比较正式地提出了教育思想的改革,并且讲到我们人才培养中的一些问题,特别是创新能力不够,个性没有得到发展,明确提出了教育思想、教学内容、教学方法的改革。二是提出了素质教育,用了"注重"两个字,提出了素质教育内容(四个方面的素质),并且把文化素质单独作为重要的内容提出。三是把创新能力的培养、素质教育、个性发展放在一起提出,说明它们是相互关联的。

三、第一次高校文化素质教育试点工作研讨会的召开

1995年9月,高教司在武汉华中科技大学召开了正式启动全国高校文化素质教育试点工作的第一次会议,以后连续几年都召开了类似的研讨会、经验交流会。这次会议对于在高校大力推进素质教育是个标志性的会议。

第一,这是文化素质教育的试点工作研讨会,上面已提到在咨询会上已经把素质教育归纳为"政治思想素质、文化素质、业务素质、身体素质"四个方面的内容,并且单独把文化素质教育提出来。这次会议单就文化素质教育召开试点研讨会,体现了素质教育是以文化素质教育作为切入点和突破口来展开的,在以后的许多讲话中都讲到了这一点。并且也是切中时弊、顺乎潮流。

第二,明确了开展文化素质教育的6个问题:①文化素质教育的内容;②与政治课的关系;③不大面积调整教学计划;④不冲击专业教育;⑤不一刀切,不拉花架子;⑥注意文化倾向。今天回过头来看这6条基本上是合适的,它保证了文化素质教育直到今天还健康有序地在推进。

第三,一呼而起。本来想选 30 个学校试点,后来有 50 多所学校报名,并且有些学校专门到北京来争取。另外思想也比较统一。试点以后,各学校都积极扎实地推进文化素质教育。虽然也有一些分歧,但是很快就统一了。这次会上还提到了关于文化素质教育的内容:文、史、哲的基本知识;艺术的基本修养;当代我国和世界优秀的文化成果。

对文科学生需要加强自然科学的教育,这一点多次得到我国著名的史学家张岂之先生的肯定。

四、一次成功的教学改革实践

全国高校推进以文化素质教育作为切入点和突破口的素质教育,是不是一次成功的教学改革实践,这个提法是否准确,或者是否提得过早,我没有十分的把握。但是我觉得这个改革具有以下 4 个特点。

(一)指导思想明确,且 20 年来不断丰富,不断统一认识

1994 年提出"三注"——注重素质教育,注视创新能力培养,注意学生个性发展。

1998 年提出"三提高"——提高大学生的素质,特别是文化素质;提高大学教师的素养,特别是文化素养;提高大学的品位,特别是文化品位。

2005 年提出"三结合"——大学生文化素质教育与教师文化素养的提高相结合,文化素质教育与思想政治教育相结合,人文教育与科学教育相结合。

2010 年提出战略主题——《国家中长期教育改革和发展规划纲要(2010—2020 年)》指出"坚持以人为本,全面实施素质教育是教育改革发展的战略主题。"

在实践中逐渐认识素质教育是一种教育思想,是体现中国特色、中国优秀传统文化的一种教育思想,是体现我国教育方针的教育思想。知识、能力、素质,是培养人的三要素。

素质教育的基础是文化。开展文化素质教育是切中时弊、顺乎潮流、涉及根本的。

(二)实践内容不断丰富,效果明显

在原来文化素质教学指导委员会的基础上,2011 年成立了大学素质教育研究分会(属中国高等教育学会),2014 年成立了高职文化素质教学指导委员会,并且每次举办的活动都很受欢迎。50 多所设有大学文化素质教育基地的高校大都十分活跃,采取了许多措施加强学校的文化素质教育工作。经过多年来的努力,很大一部分学校更加重视开展人文教育,开设大量的人文素质选修课(也包括艺术类课程),举行丰富多彩的人文艺术讲座,重理轻文的思想和现象得到改善,文化意识大大加强,人文教育过弱的现象得到改善。文化素质教育的理论研究在加强,20 年来编写了大量的文化素质教育教材等出版物。如教育部高教司组织编撰的《大学生文化素质教育书系》,首批书系共列入教材 40 余种，其中如《升华与超越——大学生文化素质教育讲座集锦（5册）》《大学传统文化》《大学美育》等，许多高校也都编写了教材。

2001年5月起，连续10年分别在浙江大学、中山大学、重庆大学、武汉大学、中国人民大学、吉林大学、云南大学等校举行了"五月的鲜花——大学生文化素质教育会演"。每年5月举办一次。节目为学生自编自导自演，不搞评比，并在有关电视台播放，展示了高校大学生文化素质教育和校园文化建设的成果。参与过的高校超过100多所，参与的大学生已达几十万余人，现在已变成中央电视台的"五月的鲜花"节目。广大师生反映，"五月的鲜花"会演思想精深、艺术精湛、创作精良，成为广大师生所认同的品牌。除"五月的鲜花"外，很多省份组织大学生文化知识竞赛，如江苏省组织的全省大学生人文知识、科学知识竞赛，华北5省（市、自治区）大学生人文知识竞赛。江苏省在河海大学、南京航空航天大学、南京师范大学、南京医科大学等国家大学生文化素质教育基地的基础上遴选设立了10个大学生文化素质教育省级基地，由一个学校或多个学校联合组成。与此同时，加强以同一城市为单位的校际协作。自2004年开展全省高校理工科大学生人文社科知识竞赛、人文社科大学生自然科学知识竞赛以来，每两年举办一次，参与高校近百所。选拔出不超过在校学生总数的10%代表学校参加省级竞赛。多年来，通过学校组织（选拔）自愿报名参加的文科学生每届超过6万人、理科学生每届超过10万人。江苏省以知识竞赛为抓手，形成大学生文化素质教育的长效机制。竞赛以其强大的推动作用和宣传效果，有效地提高了理工科大学生人文社科知识素养和人文社科大学生自然科学知识素养，提高了他们的学习兴趣和热情，受到全省高校和师生的欢迎。华北5省（市、自治区）大学生人文知识竞赛由北京、天津、山西、内蒙古、河北5省（市、自治区）大学生学科竞赛组织委员会主办，从2011年开始，至2014年已经开展4届。竞赛内容为：文史哲基础知识、艺术修养、科学史与自然科学知识、历史文化常识和基本文化典籍。每年的各赛区冠军代表队都会聚首决赛现场，决赛包括古诗创作、知识问答、即兴说理、人文演绎四部分。大学生人文知识竞赛的举办进一步加强了大学生创新能力、实践能力、就业能力及团队协作精神的培养。这项知识竞赛活动从清华大学2000年起开展的大学生知识竞赛活动基础上发起，通过北京市教委力量发展成为北京市的大学生知识竞赛活动，后来进一步发展成为华北5省（市、自治区）的大学生知识竞赛活动。清华大学在其中发挥了发起组织和推动的作用。

很多高校开展学科文化教育。如以南开大学为代表的高校大力推进数学、物理、生物、化学等学科的文化教育探索等。从2001年起，南开大学开设"数学文化"课，至今已经14年了。目前全国已经有300多所高校开设了数学文化类课程，涵盖了本科、高职高专和广播电视大学等多种类型的高校。已召开三次全国高校数学文化课程建设研讨会，会议规模达400余人。2014年9月，由南开大学、北京航空航天大学、南昌大学、华中农业大学、高等教育出版社共同完成的项目"数学文化类课程的创建及在全国的推广",获国家级教学成果二等奖。其精髓是科学素质教育与人文素质教育的有机融合,其在我国的兴起与发展,说明了素质教育在学科领域的深入发展。

这些活动多年来一直在持续不断地开展,并且取得了可喜成绩,用"久盛不衰"来描述素质教育的开展是非常确切的。

(三)拥有一支水平很高、力量很强、长期为之不懈努力的专家队伍,得到了广大教师、专家、学者的大力支持

素质教育,或者说以文化素质作为切入点和突破口的素质教育一呼而起、久盛不衰,或者说已成为一个成功的教育改革实践的重要原因是有一支水平很高、力量很强、长期坚持不懈努力的专家学者队伍。其中的代表人物有杨叔子、张岂之、王义遒、胡显章、刘献君、于德弘、龚克、杨桂华、方光华、顾沛、程钢、陈智、周建松等,这些同志长期对文化素质教育进行潜心研究,发表了大量的文章,作了许多的演讲,有力地推动了素质教育,明显地提高了素质教育的水平,深受广大教育工作者和社会的欢迎,功不可没。

(四)中央对于素质教育的思想政策非常明确,并且始终一贯,这是我们素质教育能顺利进行且取得重要成就的主要原因和根本保证

党的十四大、十五大、十六大、十七大都明确提到要实施素质教育。2010年颁布的《国家中长期教育改革和发展规划纲要(2010—2020年)》提出坚持以人为本,全面实施素质教育是教育改革发展的战略主题。习近平同志在第9次政治局学习会上特别讲到,深化教育改革、推进素质教育、改进教育方法、提高教育质量。可以说,实施素质教育已经成为我国教育的国策。

五、高等教育大力加强素质教育在认识上应该把握的几点

素质教育的思想源头是邓小平同志1985年5月的讲话。素质教育的内涵在我国早已有之,但在中央领导层层面,最初是邓小平提出来的。在《李岚清教育访谈录》中,李岚清同志曾经讲,素质教育最初的源头是1985年5月邓小平同志在改革开放后第一次全国教育工作会上的讲话。他提出:"我们的国家,国力的强弱,经济发展后劲的大小,越来越取决于劳动者的素质,取决于知识分子的数量和质量。"在同年发布的《中共中央关于教育体制的决定》中提出"教育体制改革的根本目的是提高民族素质,多出人才,出好人才"。李岚清同志将这称为素质教育最初的思想源头[1]。我也十分同意这一提法。邓小平同志在1986年6月28日中共中央政治局常委会上指出:"法治观念与人们的文化素质有关。"1993年《中国教育改革和发展纲要》中第一次在中央文件中出现素质教育。

素质教育先在基础教育领域开展,后在高等教育领域推开。20世纪80年代末90年代初,在纠正采用违反教育规律的手段片面追求升学率的现象的过程中,自然地把素质教育同教育联系起来,逐步产生了素质教育的概念。素质教

育是针对当时基础教育存在的应试教育的倾向提出来的。基础教育战线广大的教育工作者进行了许多的探索和实践[2]。1993年《中国教育改革和发展纲要》明确提出:"中小学要从应试教育转向全面提高国民素质的轨道,面向全体学生,全面提高学生的思想道德、文化科学、劳动技能和身体心理素质,促进学生生动活泼发展。"

教育部是推动开展高校素质教育的主要力量。1995年,为全面贯彻党的教育方针,提高高等教育的人才培养质量,国家教委印发了《关于开展大学生文化素质教育试点工作的通知》,并于9月下旬在武汉华中理工大学召开了"高等学校加强文化素质教育试点工作研讨会"。来自北京大学、清华大学等49所高校的校领导、教务处长共100多人参加了会议。与会代表研讨了加强文化素质教育的重要意义。同年,国家教委成立了高等学校文化素质教育指导委员会,于次年初在试点的基础上批准清华大学、北京大学等53所院校成立了32个(含合建)国家大学生文化素质教育基地。1999年6月,中共中央国务院发布了《关于深化教育改革全面推进素质教育的决定》(以下简称《决定》),明确指出实施素质教育应当贯穿于幼儿教育、中小学教育、职业教育、成人教育、高等教育等各级各类教育。1995年的会议和国家教委《关于开展大学生文化素质教育试点工作的通知》以及1999年的《决定》是全面推进高等学校素质教育的标志性事件。这里国家教委(教育部)的高教司,特别是高教司文科处起了重要作用。刘凤泰、阎志坚等同志也付出了巨大的努力。另外,高教司下属的文化素质教育指导委员会也发挥了很大的作用。

要看到素质教育的开展还有许多问题,理论上的探讨还需加强。与国外的一些教育思想的关系仍需加强研究。除文化素质外的其他几方面素质的探索与实践仍需加强,等等。

参考文献

[1] 李岚清. 素质教育的理念[M]//李岚清. 李岚清教育访谈录. 北京:人民教育出版社,2003:298.
[2] 何东昌. 中华人民共和国教育史(下卷)[M]. 海口:海南出版社,2007:838.

素质教育是体现中国教育方针性的教育思想[*]

周远清

一、素质教育是体现中国教育方针性的教育思想

当前,建设高等教育强国已经成为国家意志和政府行为。建设高等教育强国是高等教育的崇高使命。而建设高等教育强国,每个国家必须建设自己的、有世界影响的高等教育思想体系。中国有着优秀的文化传统,其中有很多的教育思想、理念值得总结提炼,如以文化素质教育作为切入点和突破口的素质教育就是有中国特色的高等教育思想,或者说是带有方针性的、体现教育方针性的教育思想、教育理念。

素质教育是中国特色的教育思想、教育理念,过去把握不准,我曾说可能是,今天可以大胆说,素质教育就是中国特色的教育思想、教育理念。今天我想加一句话,素质教育是体现方针性(指教育方针)的教育思想和教育理念,也就是说,素质教育,或以文化素质教育作为切入点和突破口的在高等教育中实施的素质教育,是带有方针性的教育思想和教育理念。2010年10月,中国高等教育学会和江苏省教育厅在南京联合举办了高等教育国际论坛,论坛研讨的核心题目就是"加快构建中国特色高等教育思想体系"。这个论题有两个关键词:一是"加快构建";二是"中国特色"。

为什么要"加快构建"?有两个背景。

第一是建设高等教育强国,已经成为国家意志和政府行为。正式提出建设高等教育强国是在教育部第18次直属高校咨询会上。这次会议经过充分的准备,会前召开了一些座谈会,提出要由高等教育大国向高等教育强国过渡。现在,《国家中长期教育改革和发展规则纲要(2010—2020年)》(以下简称《教育规划纲要》)正式提出,"提高教育质量,是建设高等教育强国的基本要求"。《高等教育专题规划(征求意见稿)》更清楚地提出:"加快建设高等教育强国,加快建设世界先进水平、中国特色社会主义现代高等教育体系。"同时有研究表明,世界上各发达国家的经济社会发展基本上都伴随着本国做强高等教育的进程。现在,中国的高等教育又到了一个关键的时候,建设高等教育强国

---

[*] 本文系作者2010年11月27日在"高等学校文化素质教育开展15周年纪念大会"上的讲话摘录,发表于《中国高教研究》2011(1)。

是我们高教战线崇高的历史使命。建设高等教育强国，必须要建设中国自己的、有世界影响的高等教育思想体系。

第二是《教育规划纲要》的颁布。《教育规划纲要》是未来10年的纲领性文件，对于实现2020年我国经济社会发展的目标将会起到巨大的促进作用，对于我国高等教育的发展是里程碑式的文件。《教育规划纲要》的贯彻和实施需要全国人民的努力。

我记得在一次座谈会上刘延东同志曾说，我们是举全国之力制定了《教育规划纲要》，那么，我们也希望集全国之力来贯彻和实施《教育规划纲要》。《教育规划纲要》中有很多新的提法，有很多新的思想，需要我们认真地去理解，去解读，去学习。贯彻和实施的过程也很需要我们，特别是教育研究者、理论界去很好地总结提炼，上升为理论。所以《教育规划纲要》的颁布迫切需要加快构建中国特色高等教育思想体系。

为什么要有"中国特色"？

第一，我们国家建设的是中国特色社会主义社会。2010年11月召开了党的十七届五中全会，很多舆论评论说，改革开放以来我们取得的一切成就和进步的根本原因是坚持了中国特色社会主义道路，坚持了以中国特色社会主义理论体系为指导，而且实践也在逐步证明，特别在抵御亚洲金融危机和国际金融危机时，越来越显示"中国道路"的作用。国外不少经济学家曾总结，这次世界金融危机体现了中国特色社会主义的优越性，逐渐显示出中国特色社会主义理论体系的指导作用。由于我们国家是建设中国特色社会主义社会，所以我们高等教育也应该是建设中国特色高等教育，应该构建中国特色高等教育思想体系。

第二，中国有着优秀的文化传统。我们应该继承和弘扬我国优秀文化传统，建设传承优秀文化传统的高等教育思想体系。在2010年第4届中外大学校长论坛上，耶鲁大学的Levin校长讲过，教育模式是与文化相适应的。我的理解，其实就是讲各国的教育模式要与各个国家的文化相适应。谈及通识教育时，Levin说，通识教育对于中国来说是一种外域文化，如果你们原原本本照搬，肯定是不会成功的。这两句话都说明，一个国家的教育模式要与本国的文化相适应。我曾经看到教育部原分管外事的章新胜副部长写的一篇文章，几年的外事工作使他体会到，世界上主要的几个发达国家在教育发展上都有自己的路子。我自己多年来也体会到世界各国都有自己的路子。欧洲有欧洲的路子，并且欧洲的法国与德国有不同的路子；美国在学习欧洲以后，逐渐形成了自己的路子；日本有日本的路子。最近我曾用"国际视野，中国道路"来表述中国高等教育的国际化问题。世界上各个国家都有自己的路子，特别是在高等教育发展上。多年来，我们一直在学习别的国家成熟的经验来构建我们中国的"路子"，特别是与我们优秀文化传统相适应的、中国特色的高等教育思想体系。

第三，中国的高等教育有丰富的正反两方面的经验教训。过去，我们为高等教育的发展付出过代价，也在不同时期取得过世界公认的成绩。现在到了很好地总结、研究、探索中国特色高等教育思想体系的时候了。而其中以文化素质教育作为切入点和突破口的素质教育就是有中国特色的高等教育思想，是体现教育方针的一个重要的教育思想。

二、提高素质教育的自觉

经过15年的探索实践，素质教育取得了很大的成绩，但还要提高对素质教育的自觉，提高对素质教育的认识。素质教育的提出是有着深刻的时代背景和社会背景的。我想引用一下《李岚清教育访谈录》中提到的内容。1985年5月，邓小平同志在改革开放以来第一次全国教育工作会议上指出："我们国家，国力的强弱，经济发展后劲的大小，越来越取决于劳动者的素质，取决于知识分子的数量和质量。"这里明确地提出了劳动者的素质问题。1985年颁布的《中共中央关于教育体制改革的决定》中明确指出："在整个教育体制改革过程中，必须牢牢记住改革的根本目的是提高民族素质，多出人才，出好人才。"李岚清同志把它叫做素质教育最初的思想源头。我读了几遍之后感觉很有道理，教育改革的根本目的是提高民族素质，培养数以亿计的高素质劳动者、数以千万计的专门人才。我又学习了一下党的十四大报告，江泽民同志明确提出："科技进步、经济繁荣和社会发展，从根本上取决于提高劳动者的素质，培养大批人才。"这里也讲到了劳动者的素质。江泽民同志在党的十五大报告中进一步提出："培养同现代化要求相适应的数以亿计的高素质的劳动者和数以千万计的专门人才，发挥我国巨大人力资源的优势，关系21世纪社会主义事业的全局。"教育改革和发展的根本目的在于提高民族素质。1993年2月13日，中共中央、国务院制定发布《中国教育改革和发展纲要》（以下简称《纲要》），我们称之为跨世纪的《纲要》（时间截至2000年）。跨世纪的《纲要》指出："中小学要从'应试教育'转向全面提高国民素质的轨道，面向全体学生，全面提高学生的思想道德、文化科学、劳动技能和身体心理素质，促进学生生动活泼地发展，办出各自的特色。"1994年全国教育工作会议提出："基础教育必须从'应试教育'转向素质教育的轨道上来，全面贯彻教育方针，全面提高教育质量。"1994年8月，《中共中央关于进一步加强和改进学校德育工作的若干意见》第一次在中共中央文件中使用了素质教育的概念。文件指出，"现在和今后一二十年学校培养出来的学生，他们的思想道德和科学文化素质如何，直接关系到21世纪中国的面貌"；其中第九条专门提到"增强适应时代发展、社会进步，以及建立社会主义市场经济体制的新要求和迫切需要的素质教育"。1996年《中华人民共和国国民经济和社会发展"九五"计划和2012年远景目标纲要》明确提出"要改革人才培养模式，由'应试教育'向全面素质教育转变。"1998年10月党的十五届三中全会的决定，1998年李鹏同志的政府工作报告，1999年朱镕基同志的政府工作报告也都提出了大力实施素质教育。1999年国务院批转教育部制定的《面向21世纪教育振兴行动计划》，明确提出了"跨世纪素质教育工程"，要求素质教育从典型示范为主转向整体推进和制度创新为主。1999年，中央召开第三次教育工作会议，中共中央、国务院《关于深化教育改革全面推进素质教育的决定》，发出了全面推进素质教育的动员令，素质教育开始全面推进。2002年，江泽民在党的十六大报告中提出全面建设小康社会的四个目标，其中第三个目标就是"全民族的思想道德素质，科学文化素质和健康素质明显提高"。全民族素质的提高是全面建设小康社会的重要目标之一，这具有十分重要的意义。党的十六大报告还提出："坚持教育创新，深化教育改革，……全面推进素质教育，造就一大批拔尖创新人才。"2006年，国务院批转《国家教育事业发展"十一五"规划纲要》明确提出，"十一五"期间，国家教育事业发展要"以素质教育为主题"。2006年8月29日，胡锦涛同志在政治局第34次集体学习时指出，全面实施素质教育，核心是要解决好培养什么人、怎样培养人的重大问题，这应该成为教育工作的主题。2007年党的十七大报告指出，全面贯彻党的教育方针，坚持育人为本、德育为先，实施素质教育。2010年《教育规划纲要》提出坚持以人为本，全面实施素质教育是教育改革发展的战略主题。这里，把素质教育提高到了"战略主题"的高度。

教育部高教司贯彻中央精神，1995年召开了加强高等学校文化素质教育试点工作研讨会，提出以文化素质教育为切入点和突破口，大力推进素质教育的开展。1998年教育部召开第一次全国普通高校教学工作会议，颁布了《关于加强大学生文化素质教育的若干意见》，进一步明确了文化素质教育在中国高等教育改革发展总体框架中的地位和作用，清晰地表述了文化素质教育的内容、任务、方法和意义。如对文化素质教育的内容表述为："大学生的基本素质包括思想道德素质、文化素质、专业素质和身体心理素质，其中文化素质是基础。我们所进行的加强文化素质教育工作，重点指人文素质教育。"

15年来，教育部先后出台了一系列推进高校文化素质教育工作的重要措施：召开了数次高等学校文化素质教育工作会议，成立了高等学校文化素质教育指导委员会，在104所普通高等学校建立了93个国家大学生文化素质教育基地，组织编写了"大学生文化素质教育书系"，举行了大量的文化素质教育专题研讨会和报告会，举办一年一度的"五月的鲜花"全国大学生大型校园文艺演出活动，等等。经过多年的努力，文化素质教育取得了巨大的成就。李岚清同志认为：实施素质教育是全面贯彻党的教育方针的伟大实践；素质教育的提出有着深厚的实践基础，是改革开放以来我国广大教育工作者、教育科研人员及社会各界人士长期的教育实践和理论探索的结果。素质教育在今天被人们广泛认可和重视，有着深刻的社会背景和时代背景，这是我国教育在新的历史时期改革发展的必然选择，是贯彻党的教育方针的时代要求。

我之所以介绍这么多党中央的文件和教育部的工作，是想说明党中央很早以来就开始注意民族素质、劳动者素质，注意开展素质教育，并且到今天提到了"战略主题"的高度。因此，高教战线应提高素质教育的自觉。

三、从"三注"到"战略主题"

高等学校文化素质教育工作的开展经历了"三注"→"三提高"→"三结合"→"战略主题"的过程，这显示了高等学校素质教育的不断深化，也显示了素质教育这一具有中国特色的教育思想、教育理念的形成、发展和走向成熟的过程。

1994年提出加强大学生文化素质教育，针对时弊，提出"三注"，即注重素质教育，注视创新能力培养，注意个性发展。提出"三注"，主要强调在高等教育人才培养中，创新能力的培养是与素质教育和个性发展密切相关的，或者说，创新能力的培养更重要的在于高素质的养成和个性的充分发展，因此，不能离开素质教育和个性发展孤立地讲创新能力的培养。"三注"的提出将素质教育的理念引入高等教育。

1998年以后，随着第一次全国普通高等学校教学工作会议的召开，印发了《关于加强大学生文化素质教育的若干意见》，特别是在党中央、国务院《关于深化教育改革全面推进素质教育的决定》颁布以后，文化素质教育进入一个推广和提高的阶段。针对这个阶段的形势，提出"三提高"：提高学生的素质，特别是文化素质；提高教师的素养，特别是文化素养；提高学校品位，特别是文化品位。"三提高"的提出把提高教师的文化素养、提高大学的文化品位纳入文化素质教育工作中，进一步拓展、丰富了文化素质教育的内涵。

2005年，大学生文化素质教育开展10周年，我们又进一步深化了对素质教育的认识，提出应着重做到"三结合"，即大学生文化素质教育与教师文化素养的提高相结合，文化素质教育与思想政治教育相结合，人文教育与科学教育相结合。

今天，《教育规划纲要》中把素质教育提高到"战略主题"的高度。战略主题有两个非常重要的要点：第一，核心是培养什么人和怎样培养人的问题；第二，从长远来说，从根本上来说，我们的文化素质教育涉及民族素质、劳动者素质的提高，实施素质教育对全民族素质的提高具有重要的战略意义。

总之，提出"三注"，是对原来偏重知识传授的教育思想观念的突破；重视"三提高"，则是素质教育理念的又一次升华，也进一步明确了文化素质教育实践探索的途径和目标；做到"三结合"，是文化素质教育与其他素质教育结合，是全面推进素质教育的根本路径；提高到"战略主题"，关涉培养什么人和怎样培养人，关涉全民族素质的提高，具有重要战略意义。

素质教育：当代中国教育改革发展的战略主题[*]

瞿振元

素质教育是我国20世纪80年代提出，以后不断深入、经久不衰、引人注目的教育改革实践。伴随着理论和实践的不断深化，素质教育的战略意义不断凸显：《国家中长期教育改革和发展规划纲要（2010—2020年）》把"坚持以人为本，全面推进素质教育"确立为我国教育改革发展的"战略主题"[1]；十八大以来，习近平总书记多次指示，要推进素质教育，提高教育质量。当前，全面深化教育领域改革，深入推进素质教育，着力提高教育质量，提升人力资本素质，已经成为教育领域重大而紧迫的任务。其间，全面、准确地把握素质教育这一核心理念，进一步端正教育工作的指导思想，并以切实的举措使素质教育思想贯穿于各级各类教育实践的全过程，是当前全面深化教育改革的重大课题。

一、素质与素质教育的科学内涵

"素质"这一概念受到教育理论界的关注，始于20世纪80年代。目前，关于"素质"虽有多种阐释，但比较认可的解释是："素质"是指在人的先天生理基础上、经过后天教育和社会环境的影响，由知识内化而形成的相对稳定的心理品质[2]。一般来讲，素质包括思想道德素质、文化科学素质、专业技能素质以及身体心理素质。科学地理解"素质"的基本内涵，是研究素质教育问题的逻辑起点。

素质教育是在促进人的全面发展、提高每个受教育者素质的基础上提高民族素质的教育。个人素质的提升和民族素质的提高是相辅相成的，个人素质是基础，民族素质是总和。离开个人素质的提升，民族素质的提高就成了无源之水，但民族素质不是社会成员个体素质的简单集合，它需要共同价值观念的引领、道德意识的培育和科学的制度安排，等等。

关于素质教育的内涵，国家有关文件曾明确指出：素质教育是"依据《教育法》规定的国家教育方针，着眼于受教育者及社会长远发展的要求，以面向全体学生、全面提高学生的基本素质为根本宗旨，以注重培养受教育者的态度、能力，促进他们在德智体等方面生动、活泼、主动地发展为基本特征的教

---

[*] 本文发表于《中国高教研究》2015（5）。

育。"[3]全面实施素质教育的核心是解决好培养什么人、怎样培养人的问题,重点是面向全体学生、促进学生全面发展,着力提高学生服务国家服务人民的社会责任感、勇于探索的创新精神和善于解决问题的实践能力。

二、素质教育的实践缘起

任何思想的最根本的来源都是实践。素质教育思想在我国出现并受到全社会的重视,同样有其深厚的实践基础和社会背景。素质教育思想是我国改革开放实践,尤其是教育改革发展实践的产物。

众所周知,十年浩劫,中国的教育事业遭到严重破坏。"文化大革命"结束后,人民渴望教育振兴,国家建设呼唤人才,但教育与经济、政治、文化等各个方面不相适应的问题十分突出,而且教育自身各个部分的相互矛盾和掣肘也相当严重。1978年,我国小学升入初中的比例只有60.5%,中等职业教育学生数占高中阶段的比例不足6%,高校在校生只有85.6万人,研究生只有1万人[4]。当基础教育根据经济和社会发展的需要,明确提出在全国有计划、有步骤地普及九年义务教育时,长期偏小的高等教育规模以及很不发达的职业教育,必然导致升学的激烈竞争;而计划经济体制下的人事制度则严重限制了人的社会流动。教育的内外部因素造成"千军万马过独木桥""片面追求升学率""应试教育"等相当严重的局面。此时基础教育领域的有识之士针对这些问题提出了尖锐的批评,采取了应对措施,力图使基础教育回归教育的本意。其中,最早的声音就是以素质教育纠正应试教育。据查,国家教委原副主任柳斌发表在1987年第10期《课程教材教法》的《努力提高基础教育的质量》一文中首先明确使用了"素质教育"这一概念,并很快得到各方面的认可。20世纪90年代初,素质教育作为一个新词汇频频出现在各种报刊。1993年,《中国教育改革和发展纲要》明确提出:"中小学要由'应试教育'转向全面提高国民素质的轨道"[5],从而将素质教育的探讨推向高潮,使得素质教育逐步兴起为我国一场引人注目的教育改革运动,促进了教育理念的革新、课程的现代化和科学化、师生关系的变化以及评价方式的变革,相关的理论研究也不断深入。

在高等教育领域,尽管我国高等教育在曲折的发展进程中取得了举世瞩目的成绩,特别是在满足国家建设急需人才的培养上功不可没,但是,长期存在的"过窄的专业设置""过弱的人文教育""过强的功利主义"等倾向严重妨碍了人才培养质量的提高,妨碍了教育与经济、社会、文化发展的相互适应。针对这些弊端,高等教育界的有识之士和部分高等学校,如清华大学、北京大学、华中科技大学等进行了有益的探索。时任国家教委高教司司长的周远清同志在全国高校大力倡导以提高大学生文化素质教育为切入点和突破口,改革人才培养模式,更新教学内容和教学方法,提高人才培养质量,拉开了高等学校全面加强素质教育的序幕。

周远清同志在高校推进文化素质教育不同发展阶段提出的"三注""三提

高""三结合"① 的教育理念及一批知名专家学者的理论探讨和教育主管部门所采取的一系列强有力的举措（有计划、有组织地开展大学生文化素质教育试点工作，成立"文化素质教育指导委员会"，建立了国家大学生文化素质教育基地等），以清华大学、北京大学、华中科技大学为代表的一些高校的积极探索，对丰富、完善素质教育思想，推动高校文化素质教育工作不断向纵深发展，发挥了重要的作用。

由此可以看出，中国特色的素质教育思想是应改革而产生、随开放而发展、依实践而完善的中国教育思想的本土创新。

三、素质教育的理论渊源

素质教育思想的形成发展是有其理论渊源的。

首先，素质教育思想是继承和弘扬中国优秀传统教育思想的理论成果。中华优秀传统文化是中华民族的精神命脉，生于斯长于斯的中国教育工作者，血脉流淌的是优秀传统文化的精髓，素质教育思想自其发端就带有鲜明的中国传统文化基因。在中国的传统教育思想中，儒家学派居主导地位，其创始人孔子曾说："智、仁、勇三者，天下之达德也。"孔子把"智、仁、勇"三种品质称为"君子道者三"，认为它们是品行高尚的君子必须具备的三种美德，仁者不忧、智者不惑、勇者不惧；同时，主张"礼、乐、射、御、书、数"六艺兼修。儒家三方达德、六艺兼修的教育思想，与今天倡导的素质教育思想血脉相通，有着深厚的思想关联。近代的蔡元培、陶行知等人都提出过与素质教育思想相关的主张。蔡元培在任北京大学校长期间，沟通文理两科，提倡兼容并包，主张思想自由，确立"五育"（军国民教育、实利主义教育、公民道德教育、世界观教育和美感教育）[6]并举，强调美育对人发展的重要作用。陶行知先生强调生活教育的作用，打破"死读书、读死书、读书死"的旧教育制度，批评"在死教育、死学校、死书本里鬼混的人是死人"，主张"教"与"学"同"做"结合起来，做到"教学做合一"。从根本上说，先贤的做法都是为了提高受教育者的全面素质。

其次，素质教育思想也是以开放包容的胸怀、互学互鉴的态度，广泛汲取西方先进教育理念和教育经验，创新发展而形成的。改革开放，国门敞开，西方各种教育思想、流派涌入中国，广泛的教育交流使国人眼界大开。在经历各种观念相互冲突、相互比较之后，国民心态更加开放和自信。"大胆吸收人类

---

① "三注"即"注重素质教育，注视创新能力培养，注意个性发展"；"三提高"即"提高大学生的文化素质，提高大学教师的文化素养，提高大学的文化品位与格调"；"三结合"即"文化素质教育要与教师文化素养的提高相结合，文化素质教育要与思想政治教育相结合，人文教育要与科学教育相结合"。详见：周远清，刘凤泰，阎志坚. 从"三注""三提高"到"三结合"[J]. 中国高等教育，2005（22）.

一切文明成果,不断完善中国特色社会主义教育制度"逐渐成为教育界的共识。如西方教育重视学生创新能力、实践能力培养,重视个性发展,这些教育观念都在一定程度上被我国素质教育思想所借鉴吸收。

更重要的是,素质教育思想来源于马克思主义教育理论。马克思主义中国化的过程包括马克思主义教育理论的中国化,尤其是辩证唯物主义和历史唯物主义的立场、观点和方法适于教育的性质和作用,适于人的全面发展、教育要坚持正确的政治方向、教育与生产劳动相结合、充分认识和发挥知识分子作用等诸多方面的重要理论观点,都对我们建设中国特色现代教育具有十分重要的指导作用,素质教育思想就是运用马克思主义基本理论解决当代中国教育实际问题的理论产物。从本质上说,素质教育的理论基础是马克思、恩格斯关于"人的自由全面发展"的理论。在《资本论》中,马克思指出,未来社会是"以每个人的全面而自由的发展为基本原则的社会形式"[7]。党的十六大、十七大、十八大报告中均明确把"促进人的全面发展"作为党在现阶段的重要任务和目标。而素质教育则是促进人的全面发展的现实手段。教育的根本任务就是在一定的生产力水平下促进人的全面发展,提高国民素质。因此,在一定意义上说,教育在本质上就是素质教育。素质教育思想就是运用马克思主义基本理论解决当代中国教育实际问题所形成的中国特色教育理论,同时也是中国特色教育理论体系和话语体系的集中代表和体现。

中国优秀传统教育思想、西方先进教育理念与教育经验和马克思主义教育理论,这三方面的思想渊源交流融合,塑造了中国素质教育思想的独特品格,建构了中国素质教育思想的话语体系,绘制了世界教育理论的"中国版本"。素质教育思想既是马克思主义中国化的成果,也是吸纳西方先进教育思想,体现教育一般规律的结晶,更是来源于中国教育改革发展实践的理论创新。

四、素质教育中党和政府的推动

当下,国际社会普遍认为,中国经济改革成功的法宝之一是共产党领导下的有为政府。教育改革发展亦是如此。素质教育思想之所以能够在中国教育实践中确立并不断完善、深化,一个基本的原因也在于党的领导和政府的推动。

1985年5月19日,邓小平同志在全国教育工作会议上作了一个为时13分钟的重要讲话。他明确指出:"我们的国家,国力的强弱,经济发展后劲的大小,越来越取决于劳动者的素质,取决于知识分子的数量和质量"[8]。这里,邓小平站在我国社会主义现代化建设全局的高度,提出了劳动者素质是构成国力的基础。1986年,他又提出,"法治观念与人们的文化素质有关。现在这么多年轻人犯罪,无法无天,没有顾忌,一个原因是文化素质太低"[9],强调了文化素质的重要。他要求全党把提高劳动者素质作为一项重要工作抓起来。可以说,邓小平同志的这些指示,引领了"素质教育"思想的形成,确立了素质教育在我国教育领域的主导思想与主流实践地位。之后的历任中央领导都高度重视素质教育。江泽民在1994年召开的全国教育工作会议上的讲话中,把实施素质教育,提高劳动者素质,提高全民族思想道德素质和科学文化水平作为实现我国现代化进程的根本任务。他认为,思想政治素质是最重要的素质,不断增强学生的爱国主义、集体主义、社会主义思想是素质教育的灵魂[10]。他要求加强对学生历史知识的教育和人格的培养,并强调文化素质很重要,应当好好抓。理科的学生要加强人文方面的知识,文科的学生要加强学习自然科学等方面的知识。他要求把全面实施素质教育作为教育工作的战略重点[10]。胡锦涛同志在2010年的全国教育工作会议上提出了"坚持以人为本,全面实施素质教育"的明确要求,不仅详细阐述了实施这一"战略主题"的丰富内涵,而且对全社会协同推进素质教育提出了明确的工作要求:"实施素质教育不仅涉及教育各个阶段和领域,更涉及文化传统、经济发展、社会结构、用人制度等方方面面,必须统筹兼顾、协调推进,切实把实施素质教育这件大事抓紧抓好。"[11]十八大以来,习近平总书记高度重视素质教育问题,"素质教育"已经成为习近平关于教育工作系列重要讲话的一个重要关键词。他明确要求"要深化教育改革,推进素质教育,创新教育方法,提高人才培养质量"[12]。他把实施素质教育、培养创新人才、提高各级各类劳动者素质,作为实施创新驱动战略的"根本大计"。

  党和国家领导人的指示精神在政策文件中得到确认,上升为党和国家的重大教育决策,成为推动教育工作的战略部署。1985年国务院《关于教育体制改革的决定》开宗明义:"教育体制改革的根本目的是提高民族素质,多出人才、出好人才。"[13] 1993年2月,中共中央国务院颁布的《中国教育改革和发展纲要》明确要求"中小学要由'应试教育'转向全面提高国民素质的轨道,面向全体学生,全面提高学生的思想道德、文化科学、劳动技能和身体心理素质,促进学生生动活泼地发展"[1]。这里,第一次明确提出了全面提高学生四方面素质的要求,从政策层面肯定和反映了素质教育理念,是素质教育思想形成的重要标志。1994年8月,《中共中央关于进一步加强和改进学校德育工作的若干意见》提出"增强适应时代发展、社会进步,以及建立社会主义市场经济体制的新要求和迫切需要的素质教育"[14]。这是首次在中央文件中使用"素质教育"一词。1999年6月,中共中央、国务院专门做出的《深化教育改革全面推进素质教育的决定》明确指出,"素质教育应当贯穿于各级各类教育中"[15]。可见,"素质教育"的分量之重,实施的决心之强! 2010年7月国务院发布的《国家中长期教育改革和发展规划纲要(2010—2020年)》则专列一条,明确"坚持以人为本、推进素质教育是教育改革发展的战略主题"[1],素质教育成为统领未来一个时期教育改革发展全局的工作主题。

  因此,在中国实施素质教育不仅仅是学校行为,而且是国家行为、政府行为。正是党和政府的鲜明观点、有效举措和强力推动,使素质教育成为引领中国教育改革发展的核心理念和实实在在的实践探索;素质教育思想源于实践,并在实践中不断丰富、完善和发展，与此同时，又推动着中国教育改革发展的实践不断深化、砥砺前行。

五、素质教育与自由教育、通识教育、专业教育的关系

厘清素质教育与自由教育（博雅教育）、通识教育的关系，对于丰富、发展和完善素质教育理论和实践，提升中国教育的国际化水平和中国特色教育理论的国际影响力颇为重要。

2014年12月，笔者作为"美国通识教育和核心能力培养调研团"的团长率团赴美就通识教育相关情况进行专题调研。其间，广泛接触了各类高校教育人士，感到美国的自由教育（liberal arts education）和通识教育（general education）两个概念具有紧密联系和相似性，但又有一些差异。实际上，这是两个来源不同而又有着共通性的概念。

自由教育，我国香港和内地译为博雅教育，起源于古希腊。对此，《哈佛通识教育红皮书》曾做过经典性的说明："在奴隶社会里，人被分成两种：自由人和奴隶，或者说统治者和被统治者。奴隶承担仆佣性质的专门化职业，自由人主要关注公民的权利和责任。对于前者的训练完全是职业性的，但是自由人不仅是统治阶级，而且是有闲阶层，他们的教育仅限于自由的技艺（liberal arts），没有任何实用的色彩。自由人被培养成为思索与追求美好人生的人，他们的教育既是非专门化的（unspecialized），也是非职业化的（unvocational），其目的是培养出一个对于自身、对于自身在社会和宇宙中的位置都有着全面的理解的完整的人。"[16]也正因为这一概念的"历史因素"，"现代民主社会"中的一些美国人对自由教育颇有异见，更多的人则主张将本质的因素与非本质的因素相区分，将合理的精神应用于对所有人的教育。

通识教育在美国20世纪上半叶的兴起，则缘于"专业主义"的过分盛行。为了谋生，其中也不乏对经济利益的追逐，几乎所有的学生，成功之路往往在于选择一个专门化程度较高的职业。"专业教育"（specialized education）作为培养学生将来从事某种职业所需能力的教育，既是社会发展所必需的，同时，也吸引了学生的兴趣。但是，专业教育的过分专门化和实用化，极易忽视学生人文素质的养成，也失去了对科学的总体关系的理解。因此，"通识教育"作为完整意义上的高等教育的结构性的"另一部分"而受到重视。它"旨在培养学生成为一个负责任的人和公民"，与专业教育共同构成了一个人应当接受的教育的两个方面，这两方面共同达成高等教育的目的。通识教育在拓展学生知识覆盖面、培养学生写作与阅读能力、提高价值判断能力等方面发挥着不可替代的作用。如果说专业教育是教学生能够做什么和怎么做的话，那么通识教育则是在教育学生应该做什么和为什么要做的问题上发挥着更为重要的作用。

显然，自由教育早于通识教育；本义的自由教育是对"自由人"（一部分人）的全部教育，通识教育是现代高等教育中对学生（所有的人）教育的"一

部分教育",但二者有着共通的旨趣,就是培养学生成为"完整的人"(whole man)。

比较而言,中国本土的素质教育思想,与"自由教育"(博雅教育)、"通识教育"既有相通之处,更有超越之优。

从高等教育发展的历史逻辑和现实建构来讲,文化素质教育是素质教育的一个重要组成部分,它着眼于学生的全面发展,强调人文养成,重视知识的综合性,其内涵与自由教育(博雅教育)、通识教育基本一致,可谓"英雄所见略同"。笔者在美国访问期间,美国有的同行也认同"文化素质教育"的概念,并且直接用汉语拼音"wenhuasuzhijiaoyu"与自由教育、通识教育相等同使用。

而且也有人认为,中国的素质教育思想较自由教育(博雅教育)、通识教育具有更全面、更丰富、更深刻的内涵,因此,也有人建议用"SUZHI Education"在英语中表达这个中国概念。

作为包含思想道德素质、文化科学素质、专业技能素质、身体心理素质的素质教育与通识教育相比较,素质教育是一种面向每个学生的教育,是贯穿于教育全过程的教育,它弥漫性地渗入整个教育体系之内。如果我们认同通识教育和专业教育是学生在高等教育阶段所接受的两个方面的教育的观点,那么,素质教育则是贯穿于这两个方面教育的主线和灵魂。当下,一些人否认高等教育的专业性,概之为"通识教育",这不符合高等教育的实际,也模糊了高等教育的性质,同时,也否定了高等教育的工具价值;还有一些人以"通识教育"取代、甚至否定素质教育,反映出对素质教育思想的认知缺乏和对本土化教育思想的自信缺失。

这里需要进一步明晰素质教育与专业教育的关系。专业教育是培养学生将来从事某种职业所需要的能力的教育,它带有较强的工具价值。在"劳动还是谋生手段"的现实社会里,专业教育仍然是基本的和必要的,超越现实生产力的水平而空谈人的发展和自由教育,等等,既不能真正实现人的发展,也不能推动社会进步。但如果让学生过早地、过多地专业化,专业教育就会远离教育的本质,学生就可能成为"单向度的人"。今天,我们不会赞成古希腊时代的一部分人接受自由教育,另一部分人接受职业训练的做法。从经济社会发展需求、学生成长需求、工具理性与价值理性相统一等视域分析,开展专业教育的同时必须进行人文知识教育和人文精神培育,必须关照学生自身内在秉性的发展和人格的完善,这才是完整意义上的高等教育。素质教育作为一种德智体美全面发展且贯穿于教育全过程的教育,它自然要高于并统领专业教育,同时素质教育又渗透并通过专业教育来促进学生专业技能的获取,因此,培养学生的专业技能,是素质教育的一个组成部分;同时,在专业教育中培养、提高学生服务国家服务人民的社会责任感、勇于探索的创新精神和善于解决问题的实践能力,也是专业教育的责任。当前,我们要更加注意开发专业课程中的素质教育功能。

六、切实落实素质教育的战略主题地位

素质教育思想是"扎根中国大地办教育"所形成的中国特色的教育思想。素质教育思想的贯彻落实，极大地改变了我国高等教育的面貌，促进了教育事业的科学发展、人才培养规模的改革、专业设置的拓展、教学内容的革新，等等。其中，作为全面实施素质教育切入点和突破口的文化素质教育的推进与普及，在"提高大学生文化素质、提高大学教师的文化素养、提高大学的文化品位与格调"等方面更是发挥了重要的作用。

但是，我们也要客观地看到，素质教育作为教育改革发展的"战略主题"虽大有其"名"，但其"实"还不尽如人意。一是认识还没有完全到位。对"战略主题"的理解领悟不到位、不深透，尚有少数同志仍在照抄照搬西方的教育话语，甚至用西方话语体系剪裁我们的教育实践。二是实践还不全面、不系统、不深入。在一些地方，素质教育口号振聋发聩，但没有进入操作层面；一些高校还只是停留在校园文化、社会实践的范围，尚没有进入教育教学的全过程；一些高校在教学过程中还只是停留在开设讲座、选修课的初级阶段，而没有进入教学的核心过程；一些高校把文化科学知识教育当成百科知识式的"万金油"。种种现象表明，要使素质教育这一战略主题地位落到实处，使素质教育思想变成生动活泼的具体的教育实践，还要花很大的气力、做更多的工作。

落实素质教育战略主题地位，要有充分的教育理论自信。要按照中国的文化和实践轨迹建构我们自己的话语体系，科学阐释中国教育实践。这不是故步自封，恰恰相反，我们一贯注重从世界不同文明中汲取借鉴有益的教育思想与经验，中国的现代高等教育就是在学习西方中发展起来的；但是，我们又有自己独特的文化传统，欢迎异质文化进入，但又不被同化，我们就是在延续民族文化血脉中开拓前进的。改革开放以来，我们学习借鉴世界各国的先进教育理念，学习其治学办教育的先进经验，同时，我们坚持洋为中用、开拓创新、融会贯通，逐步产生了符合我们自身教育实践的思想观念，形成了中国特色的教育发展道路，这些宝贵财富弥足珍贵，应当倍加爱护。素质教育思想就是其中的重要组成部分，应当加以坚持、完善和发展。同时，我们也需要努力提高教育的国际话语权，通过多种途径介绍传播素质教育思想，解读好中国教育实践。

落实素质教育战略主题地位，必须把全面实施素质教育作为教育改革发展的核心理念，系统设计、整体规划各级各类教育中素质教育的重点任务。教育部提出要加快研制发布中国学生发展核心素养体系，把素质教育的内容细化、实化，使大、中、小学的素质教育有机衔接、分层递进，更加符合教育教学规律、符合青少年成长成才规律。素质的培养与提高是伴随着人的整个生命过程的一种活动，它并不仅仅局限于学校教育内部，除此之外，家庭教育、社区教

育以及社会教育都会对一个人素质的培养与提高产生重要的影响，因此，要形成素质教育的合力。素质教育要落地，土壤很重要，因此，还要有科学完善的体制机制来支持、保障、激励素质教育的实质性推进。

落实素质教育战略主题地位，必须改革人才培养模式，推进教育教学改革。要按照实施素质教育总体要求，以课程改革为突破口，对课程体系进行全方位的系统设计、整体优化，同时辅之缜密的策划和精细的落实举措。一直以来，我国高校课程体系受苏联教育传统的影响，高度重视知识性的学科构成，很容易导致伦理教育、历史文化教育等被忽视而引致课程体系的缺陷和高度专业化，人才培养没有一个系统的、整体的、有机的课程体系设计，导致在具体的教学过程中顾此失彼，实施素质教育除做些简单的补充加法外，没有一个系统的课程体系来保障一以贯之的实施。前些年，一些高校的一些专业也发生了把教材和教学过程全欧美化的现象。当下，迫切需要组织起来，对高等教育课程按照素质教育的要求，进行整体设计和实施。要系统研究、有步骤地开发开设培养学生民族认同、文化自信、责任意识的专门课程，开发开设提升阅读、写作、交流等基本能力的专门课程，开发开设培养科学精神、科学思维、科学方法的专门课程；按照素质教育的理念，依据我国经济社会发展和学生全面发展的现实需要，规划设计好既能体现学生不同成长阶段特征、又一以贯之的素质教育课程体系；建成一批不同教育阶段的文化素质教育精品课程、核心教材，使得素质教育思想真正融入人才培养全过程，关照到每一个学生的成长成才，在中国的教育实践中落地生根。

参考文献

[1] 国家中长期教育改革和发展规划纲要（2010—2020年）[EB/OL]. (2010 - 07 - 29). http://www.gov.cn/jrzg/2010 - 07/29/content_1667143.htm.

[2] 周远清. 周远清教育文集（二）[M]. 北京：高等教育出版社，2008：779.

[3] 中华人民共和国教育法 [EB/OL]. (2005 - 05 - 25). http://www.gov.cn/banshi/2005 - 05/25/content_918.htm.

[4] 陈至立.《教育大国的崛起》：教育前景会更好 [N]. 中国教育报，2008 - 10 - 27.

[5] 中国教育改革和发展纲要（中共中央、国务院1993年2月13日印发）[EB/OL]. (2001 - 01 - 01). http://www.eol.cn/guojia_3489/20060323/t20060323_49571.shtml.

[6] 汤广全. 自由与和谐——蔡元培"五育并举"观研究 [J]. 教育学术月刊，2009（01）.

[7] [德] 马克思. 资本论（第一卷）[M]. 中共中央马克思恩格斯列宁斯大林著作编译局，编译. 北京：人民出版社，1975：649.

[8] 邓小平. 邓小平文选 第三卷 [M]. 北京：人民出版社, 1993：120.

[9] 邓小平. 邓小平文选 第二卷 [M]. 北京：人民出版社, 1994：321.

[10] 江泽民. 在全国教育工作会议上的讲话 [N]. 中国教育报, 1994-06-20.

[11] 胡锦涛在全国教育工作会议上的讲话 [EB/OL]. (2010-09-08). http://news.xinhuanet.com/politics/2010-09/08/c_12532198.htm.

[12] 中共中央政治局举行第九次集体学习习近平主持 [EB/OL]. (2013-10-01). http://www.gov.cn/ldhd/2013-10/01/content_2499370.htm.

[13] 中共中央关于教育体制改革的决定 [N]. 中国教育报, 1985-06-01.

[14] 中共中央关于进一步加强和改进学校德育工作的若干意见 [Z]. 1994-08-31.

[15] 中共中央国务院关于深化教育改革，全面推进素质教育的决定 [EB/OL]. (1999-06-13). http://www.moe.gov.cn/publicfiles/business/htmlfiles/moe/moe_177/200407/2478.html.

[16] 哈佛委员会. 哈佛通识教育红皮书 [M]. 李曼丽, 译. 北京：北京大学出版社, 2010：40.

大学精神是大学素质教育之魂

郭大成　孙刚成

"大学精神是在大学发展过程中，长期积淀而成的稳定的共同追求、理想和信念，是为大学人所认同的价值观，是大学文化的核心，是大学的灵魂所在。"[1]"总的来说，在保障大学的高水准方面，大学精神比任何设施、任何组织都更有效。"[2]它在大学的生存和发展中起着引领、激励、凝聚、定向和涵化作用，保障大学在合乎自身内在逻辑的基础上健康发展。同时，大学精神从思想文化上引领人类的发展和社会的进步，为人类创造最为宝贵的精神财富。

大学素质教育是在人们质疑是否只有中小学才需要开展素质教育的背景下，顺应大学人才培养变革趋势应运而生的教育理念。1994 年，时任国家教委副主任周远清同志在当年的委属院校校长、书记会上，正式提出教学思想改革必须注重素质教育；1995 年 9 月，国家教委在华中理工大学召开"全国大学生文化素质教育试点工作会议"，周远清同志作了"加强文化素质教育，提高高等教育质量"的报告，提议在 30 所大学试点实施大学生文化素质教育，后来实际试点了 52 所院校，这标志着大学文化素质教育实践的正式起步；1999 年 6 月，《中共中央国务院关于深化教育改革全面实施素质教育的决定》正式提出，"实施素质教育应当贯穿于幼儿教育、中小学教育、职业教育、成人教育、高等教育等各级各类教育"，实施大学素质教育正式上升为国家行为。

近 20 年来，在大学素质教育思想和理念引领下，中国大学在人才培养观念、学生综合素养提升、高等教育办学水平等方面发生了明显变化，学生的人文素养有所提升。然而，人们对大学素质教育的内涵与本质等问题尚存争议，大学素质教育内涵异化现象和背离其本质而为的现象仍有发生，严重制约了大学素质教育的实施进程。大学素质教育的内涵需要与时俱进，其发展更需要借助大学精神实现跨越。以大学精神为魂，可以很好地引领大学素质教育发展，为大学素质教育持续健康发展提供价值导向、信念意旨和方法指导。

一、大学精神为大学素质教育提供价值导向

（一）价值观教育是大学素质教育的核心

价值观是对行为提供普遍指导和作为制定决策，或是对信念、行动进行评

---

* 本文发表于《教育研究》2013，34（10）。

价的参照点，是使人据此而采取行动的一些原则、基本信念、理想标准或生活态度，是人生命追求的价值取向，是个体或群体人格体系的核心与动力机制，也是文化的核心要素。[3]大学价值观教育是大学有组织、有目的、有意识地养育学人科学价值观的社会实践活动，是大学素质教育最基本、最核心的部分，它既包括对我国传统文化精华的继承与发扬，也包括对大学本质和大学精神的继承与发扬，所以，它既是学人养育的关键，也是大学自身发展的重要途径。大学精神指导下的价值观教育可以净化学人灵魂，赋予学人文化的灵动与丰富，让学人在物化的浮躁中拥有心底的淡泊与静谧，让学人精神带动高雅文化的回归，呼唤精神世界的富有。我们要将以爱国和有骨气为核心的中国精神与以学术自由和崇尚真理为核心的大学精神加以融合，形成以社会责任感为核心、以人的健康和谐发展为旨归的中国式大学价值观体系。

（二）大学精神是大学价值观教育的核心

大学精神作为大学人持有并努力传播的价值观及其体系，具体包括四个主要因素，即以大学价值观为核心的思想观念，对国家、教育事业、学术事业与对学校强烈的认同感与责任意识，包括校风、教风、学风等作风的行为表现和作为学校生存与发展的精神支柱与激励师生员工奋发向上的精神源泉的巨大影响力，它们分别融合为个体价值观、文化价值观或社会价值观等的核心内涵，并内化到学人灵魂深处，实现对学人的涵化。大学精神指引下的价值观教育可以帮助大学人自觉自愿地树立完全献身于科学事业之志向，使大学师生产生自己是为研究而存在的神圣感，并富有创造性和成就感地快乐奉献于学术研究。同时，作为价值观念和行为规范的大学精神是大学人群体价值取向的充分体现，它既体现为大学本质的恒久不变性，也表现为大学个体的个性特质。大学精神具有强有力的历史延续性，它通过师生员工在办学过程中的价值判断、目标设定、评判标准、基本信念、情感指向和行为规范，以及校园文化与自然环境的协调等多种方式体现出来，并以涵化的方式对进入该环境的个体或群体产生"润物细无声"的深刻影响，使之在其中表现出一致的价值观及典型特质。这一共同价值观正是大学素质教育的精神支柱。所以，大学精神对大学素质教育的价值引导过程就是使大学人将大学精神内化为自己的精神动力并勇于实践，逐步形成学人共同的核心价值观和行为习惯的过程。这种精神被内化为大学人的学术信念和道德规范后，就会成为道德自觉与文化自觉，并衍生出尚真求知的不竭动力。它是大学生命力的根本体现。

（三）大学素质教育的价值追求需要借助大学精神实现涵化

大学素质教育的核心任务是大学人的理想人格养成，帮助学人在成才的过程中先成人，其关键则是价值观塑造与信念养育。只有生成大学人的科学价值观才能获得大学与学人的内在认同与精神气质，才能实现大学精神对学人价值观与大学素质教育的引领和大学精神自身的与时俱进和发扬光大。大学是学术探究的场所，大学人更需要用自由超越的精神引领自己不懈的学术追求。所以,大学素质教育需要借助大学精神提供的价值导向,通过融合大学精神衍生出的人文与社会科学核心课程、校园文化与学者风范等隐性课程和课外活动与社团活动等非正式课程等的核心功能塑造学人正确的价值取向和共同的核心价值观,并形成坚定的信仰与文化自觉,提升渴望学习与发展的欲望和独立学习与建构的能力。为此,大学需要把它所认同并根据自己的价值判断认为正确且理想的价值观传授给大学人,从而使学人成为它所认为的理想的人,帮助学人在对真理的无止境探索中逐步形成以为社会追求真理的强烈责任感和使命感为核心的大学人共同的核心价值观。[4]这种通过大学精神潜移默化传递的价值观既是大学素质教育的追求,又给大学素质教育在学人价值观养育方式上以很好的启示。

二、大学精神为大学素质教育提供信念重塑意旨

(一)大学精神可以外化为支撑大学素质教育实施的以信念为主体的群体意识

伯顿·克拉克认为:"学术系统在象征方面是富有的,它的成员献身于特定的象征物,常常依附于更广泛而坚定的思想意识,同时异乎寻常地为爱所联系。"[5]所以,大学精神可以以其深厚的文化传统积淀和理念的明晰性,逐渐化为以信念为主体的大学人深层次的群体意识。"大学精神铸就大学形象,提升大学声誉;大学形象和声誉是对大学精神的传播和辐射。具有大学信仰的学人故事、传说和模范人物事迹渗透着大学精神,同时也对大学形象和声誉做出贡献。大学形象和声誉可以产生对全体成员的凝聚力和归属感,故事和传说可以产生强大的感召力。"[6]

(二)大学精神引领下的学人信念是技术工具理性社会下凝聚学人的强大向心力

大学作为探究高深学问的场所,它从事的是以精神性活动为核心的人的养育活动,这种活动尤其需要信念激励,需要信念的凝聚与促动。所以,大学素质教育的另一核心任务就是把学人价值观通过信念养育习惯化,成为学人的道德自觉与文化自觉。面对知识经济时代的来临,面对第三次工业革命对高素质创新型人才的强劲需求,面对环境破坏给人们带来的巨大压力,世界都在呼唤大学精神的回归,大学素质教育在这个特殊时期迫切需要在大学精神引领下找回学人的信念意旨,重塑学人信仰。在大学里从事高深学问探究的人,更应该淡化对物质生活的追求,而专注于精神生活的富足和理想抱负的实现。因此,大学精神成为大学吸引、凝聚高层次优秀人才的关键因素。大学之所以成为大学,主要在于大学所独具的高雅精神气质和浓厚的自由学术氛围可以吸引大批大师级人物和求学若渴的学人,他们既会孜孜以求、忘我地探究学问,也会逐步形成学人信念,对自己热爱的专业和所在的大学付出绝对忠诚。这种在大学精神熏陶下养育的学人信念,"以其强大的向心力和凝聚力,维系着大学的发展目标,协调着专家学者之间的人际关系和学术差异,鼓励他们进行学术对话与思想交流,推动他们依据一定的规范进行有序的教学与研究,从而作为大学

素质教育实施的强大动力推进大学目标的实现"。[4]

（三）大学精神内含的精神超脱是学人信念超越于物化躯壳的精神慰藉

信仰的高层境界即是超越与超脱，而超越与超脱需要自由的境界。所以，当前大学素质教育亟须摆脱现实的物化或窄化的技术导向，借助大学精神引领学人实现精神超越，帮助学人淡泊净心专注于自己热爱的学术研究。马克思主义认为，"自由就是对必然的正确认识和对客观世界的改造"[7]，是合理驾驭制度与规范的自觉与自为。大学精神表现为一种合乎规律、合乎规范之下的精神超越。所以，设计完美的大学素质教育，"其目的应该是使纪律成为自由选择的自发的结果，而自由则应该因为纪律而得到丰富的机会"[8]，这样，大学人才能够成为有信仰、能超脱的学者，才能够成为敢担当、有责任感和使命感的追求者。

"大学是研究和传播科学的殿堂，是教育新人成长的世界，是个体间富有生命的交往，是学术勃发的领地"[9]，是独立思想培育与传承的中心。所以，这个领地需要自由超越，这个领地是大批有信仰、有追求的学者栖息的乐园。作为已经走进社会中心的大学，它需要适应环境，但是，它更应该保持大学本质的东西，否则就会成为变异的物种，而非大学的延续。中国大学人同样如此，而且中国大学人更迫切需要坚定的学术信仰和自由超越的精神。德国教育家威廉·洪堡说："国家在整体上……不应就其利益直接所关系者，要求于大学，而应抱定这样的信念，大学倘若实现其目标，同时也就实现了，而且是在更高层次上实现了国家的目标，由此而来的收效之大和影响之广，远非国家之力所及。"[10]所以，我们需要早日建构完善的现代大学制度，在保证大学学术治理与学术自由的前提下，还大学一块儿学术净土，给大学人一份可以超脱的精神自由。

三、大学精神为大学素质教育提供方法指导

（一）大学精神自身的演进过程为大学素质教育指明了前进的方向

大学精神不是一朝一夕形成的，"它是通过实践的积累和不断实践总结升华而来的"。[11]中世纪教育的一个典型特征就是被教会控制和利用。但是，教会至少在两方面产生了积极作用：第一，帮助大学人清心寡欲，获得心灵的宁静，在一个相对稳定、较少世俗干扰的环境中以虔诚的心态进行知识探究和发现；第二，将教育与信仰结合起来，使教育自身成为一种学人信仰。[12]文艺复兴之后，大学作为探究高深学问的场所更是激发了人们对知识惊人的热情，并产生了卓越的成就。正是在这个时期，大学精神的恒久内涵深刻地得到诠释。第二次世界大战之后，随着生产力的提升和科技的快速发展，物质与技术对人们心灵的冲击快速膨胀，欧洲中世纪产生的大学，在内涵、目的、结构、职能、内容等方面产生了超乎我们想象的变化，大学走出了"象牙塔"，大学精神被淡化。但是，随着新时期物质生活的丰富与人们认识水平的提高，人们开始重提大学精神，倡导大学精神的回归，开始感觉到大学发展不能离开大学精

神的指导，大学人的精神世界无法脱离大学精神的依托。

自12世纪中叶现代意义的大学问世开始，人们主要凭借独处玄学或神学的领地从感性上追求"超凡脱俗"的尊严。到19世纪初，洪堡开始倡导以探究的方式去认识自然、认识世界继而发现规律，并通过知识的追求促进创造性思维和修养的完善。他所追求的科学探究，是一种带有忘我性的致力于为人类带来至善的福祉的执着。随后，纽曼发表《大学的理想》，提出在高等教育中最终的结果是使学人的认识或思维获得自由。这种"知识本身即为目的"的认识激励学人不断探究，力图在普遍知识的追求中认识自然、认识世界、认识与丰富自我，从而使这一思想成为近代高等教育认识论哲学的奠基石。20世纪30年代，赫钦斯在反对大学放弃原有目的去适应社会各方面需求而办学的现实中，提出大学教育的终极目的应该是智慧和至善，应该是培养具有智性美德的真正的人，并在此基础上提出以"永恒学科"为基础的"通识教育"模式。大学精神这种认识论的哲学演绎过程无疑从思维方式的高度启示大学素质教育必须回归到人的本性观照上来，让大学素质教育的实施帮助学人更好地认识自我，丰富内心世界，完善理想人格，增强责任意识。从欧洲中世纪大学的开办，到洪堡和纽曼的大学理想，再到赫钦斯的理想回归，大学精神自确立之日起，历经千锤百炼，外在表述虽有演绎变化，本质内涵却屹立不倒、历久弥新。但是，大学素质教育从作为一种教育理念提出到快速上升为一种实践指导，继而成为以政策为外在形式规范实践操作的国家行为，已经远远超越了素质教育作为一种理念的价值或功能，当前的工作已经成了一种把理念转化为实质性行动的阶段，进入了"从一种模糊性的话语理解转化成具体的教育行动规则"的阶段。[13]但是，大学素质教育尚未完善自身的体系，尚需补充营养，亟须借助大学精神和其他可以借助的东西，尽快满足作为引领教育发展的国家行为的诉求。

（二）大学精神内引与外化的气场为大学素质教育提供了落地之基

大学素质教育要落地，要达到培育有思想、有文化、有涵养、有追求、有使命感的优秀公民的目标，必须借助大学精神自身演化的方法论指导，融合通识教育模式，建构全方位、多层次、交互式的多维校园文化空间。大学精神引领下的大学素质教育作为理念的渗透是对价值观念、道德意识、思维方式等的指引、启迪、涵化和陶冶过程，它通过形成多维的校园文化氛围，促成人与人之间自然与自觉的相互影响，以及人与环境之间的对话。更为重要的是，承载着大学精神的学者的学术追求与思想、治学态度与精神面貌、坚持真理的执着与超越、睿智的言行与洒脱的举止等，无不对学生产生良好的示范和表率作用，这种渗透式的影响是潜移默化和"润物细无声"的，但其作用效果却是深远而持久的。

校园文化是大学素质教育的重要载体，更是大学人精神栖息的灵境与港湾。所以，大学精神的养育与发扬应与大学校园文化建设同步进行，力争在浓郁的大学精神氛围中形成具有自由与超越、批判与创新、求真而务实、争鸣但兼容、特色与多元、宁静而致远等特点的校园文化。这种文化氛围可以为大学人提供广阔的学术思想自由驰骋天地，可以通过崇高的信念感召，帮助学人养成勇于批判、敢于质疑已有观点和思想的良好学术品质，不断提升自己的认知结构，从而催生创造性成果，甚至促成新学派的形成；这种文化氛围还应该促使教学从封闭走向开放，促使教师用自我反思与批判的方法拓展学生的发散思维和逆向思维品质，引导学生从盲从或循规蹈矩的定式中超越出来，养成用自己的头脑去发现问题、判别问题、分析问题的好习惯，催生具有批判精神与良好思维品质的创新型人才。这些弥漫在大学里的优秀人文传统和人文风气、先辈学人走过的足迹、大家学者的榜样风范，都将作为无处不在的文化力量，对学生的价值观形成、信念重塑、道德意志养育、感情陶冶、心灵成长、思维发散等起着耳濡目染的涵化作用。

参考文献

[1] 刘亚敏．大学精神探论［J］．未来与发展，2000（12）．

[2] ABRAHAM FLEXNER．Universities：American，English，German［M］．London：Oxford University Press，1930：348．

[3] 莫尼卡·泰勒．价值观教育与教育中的价值观［J］．教育研究，2003（5）．

[4] 方展画，等．大学精神：大学生命的灵魂［J］．国家教育行政学院学报，2005（1）．

[5] 伯顿·R·克拉克．高等教育系统［M］．杭州：杭州大学出版社，1994：85．

[6] 王志刚．大学精神是高校办学特色的灵魂［J］．中国高教研究，2003（7）．

[7] 毛泽东．毛泽东著作选读［M］．北京：人民出版社，1986：845．

[8] 怀特海．教育的目的［M］．北京：生活·读书·新知三联书店，2002：55．

[9] 雅斯贝尔斯．什么是教育［M］．北京：生活·读书·新知三联书店，1991：150．

[10] HUMBOLDT W V. Über die bedingungen, unter denen wissenschaftund kunst in einem volk gedeihen［A］．Flitner A W V. Humboldt——schriften zur anthropologie und bidung［C］．Frankfurt/M，1984．85．转引自：陈洪捷．德国古典大学观及其对中国的影响［M］．北京：北京大学出版社，2002：35．

[11] 张婉娟．运用大学精神提高思想政治教育效果的途径与方法探析［D］．成都：西南交通大学，2012．

[12] 徐小洲，王晨．西方高等教育认识论的哲学基础［J］．教育研究，2001（8）．

[13] 苏君阳．素质教育认识的误区及其超越［J］．北京师范大学学报，2008（6）．

面向一流大学之道的大学素质教育担当[*]

李和章

习近平总书记指出,只有培养出一流人才的高校,才能够成为世界一流大学。在新的时期,一流大学建设突出人才培养的核心地位、提升输出人才的综合素质,关键在于夯实大学素质教育的各项工作。对于一流大学建设与素质教育关系的准确理解,应建立在对"一流大学之道"的深刻分析基础上。当前,学界对大学素质教育的内涵、外延界定较为宽泛,涉及思想品德素质、文化素质、专业素质、身心素质等不同方面。本研究认为,未来一段时期内,一流大学素质教育的工作重点应在于解决好大学生的德行养成与文化传承问题,在于抓紧抓实思想政治教育和文化素质教育的相关工作。

一、一流大学之道与大学素质教育的基本联系

中国的一流大学之道探寻具有传承性、开创性和本土性特征,其核心之一在于夯实素质教育基础,培养符合国家社会需要、具备本土文化品格的一流人才。

第一,中西方既有的大学之道是中国一流大学之道探寻的重要基础。探寻大学之道,即探索"大学办学的道理、规律"[1]或寻找"大学之理念,大学之目的"。[2]其核心,是要在理论和实践层面就如何举办好大学做出回答。探寻"一流大学之道",则是面向"双一流"建设的时代背景下,国内高水平大学为实现世界一流大学建设目标而进行的深入探索。中西方已有的大学之道理论与实践成果,对于中国一流大学之道的探寻提供了基础参考。西方关于高等教育运行规律性和规定性的系列研究成果,可视为西方"大学之道"的前期成果,以《大学的理念》《高等教育哲学》等一批高等教育研究著作为核心代表,这些成果也形成了全球学术界延续至今的研究大学之道的主流话语体系。西方大学之道对中国高等教育办学理念与实践的影响是客观而深远的。这既体现在研究的学术话语体系中,更体现在大学的办学实践中。近现代以来,中国高等教育办学取得的若干成功,很多都源于对西方大学之道的模仿借鉴。比如,德国的"大学之道"使洪堡教育理念在中国广为流行。美国的"大学之道"使大学的社会服务理念在中国凸显,其重视研究生教育等传统也被广泛运用到了中国

---

[*] 本文发表于《国家教育行政学院学报》2017(6)。

的高等教育实践中。中国本土大学之道对中国高等教育办学的理念与实践也具有重要影响。这主要包含两方面内容：一是传统文化中各类教育理念尤其是高等教育理念，经过发展成熟逐步演变为中国本土的大学之道，如以孔子等著名思想家为代表、以《大学》等经典文献为代表的对教育基本规律的阐述，再如以书院制等为代表的中国本土高等教育实践的总结等。二是近代以来中国本土大学举办的理论与实践经验逐步演变为中国本土的大学之道，比如，民国时期的自主招生制度，改革开放以来高等教育办学的大量本土经验等，都可认为是较为成功的本土大学之道。

第二，汲取西方大学之道的营养，传承中国大学之道的瑰宝，改革创新，凸显特色，将是中国一流大学之道探寻的基本路径。大学诞生至今，西方大学之道的变迁从未停止，而历次变迁，无不建立在对先进大学之道的借鉴吸收与改革创新、对本土特色文化的凝练彰显的基础之上。比如，第二次世界大战后世界高等教育中心从德国转向美国的过程中，美国全面借鉴吸收了德国的教学科研并重等理念，与此同时，又紧密结合本土需求进行了改革创新，凸显了高等教育社会服务等理念，因此实现了对德国大学之道的超越。未来中国一流大学之道的形成，也将建立在对西方大学之道营养的充分汲取之上，但同时要力求开拓创新，凸显本土特色。一方面，中国的一流大学之道是高度开创性的工作，"人均GDP远低于世界平均水平的中国建设世界一流大学，是人类历史上的一次伟大探索"。[3]另一方面，中国的一流大学之道必须凸显本土特色，"办好中国的世界一流大学，必须有中国特色"。[4]中国的一流大学建设进程本质上也是本土一流大学之道"生长"出来的过程，中国的一流大学之道不可能完全依靠模仿借鉴。尤其是经过一段时间的飞速发展，中国高等教育正逐渐实现对欧美大学的追赶，甚至局部超越，未来要真正实现中国的一流大学建设目标，只能面向自己、面向本土、面向中国高等教育和国家建设实际来寻求突破。

第三，夯实大学素质教育基础，培养出思想政治过硬、具备本土文化品格的一流人才，是中国一流大学之道的题中要义。一方面，大学素质教育要坚持立德树人，夯实思想政治教育相关工作，确保所培养的人才符合国家和社会发展需要。大学所承载的，是人类知识和德行的进步。中世纪至今，大学发展一直以教化合格社会公民为主要目标。而所谓的"合格公民"，则是牢牢打上本国价值符号、文化符号、政治符号等的"高等教育产品"。中国特色社会主义建设正步入新阶段，既需要专业知识过硬的"有才之人"，更需要有正确价值观的"有德之人"。在这个过程中，大学培养什么人、为谁培养人、在什么思想下培养人、培养出具有什么思想的人愈发重要。因此，中国要真正建成世界一流大学，大学素质教育应切实做好思想政治教育的各项工作，坚持立德树人，把思想政治工作贯穿教育教学全过程，实现全程育人、全方位育人，真正培养出符合本国需要、具备正确思想政治品格的社会主义接班人。可以认为，立德树人是一流大学自身建设的规律性要求，是马克思主义中国化在高等教育领域长期经验的总结和升华，其既形成了长期以来中国大学人才培养的目标规定性，也法古通今，将中华传统文化的精华纳入其中。立德树人也是经过实践检验的中国大学之道，是中国"一流大学建设之道"的重要内容。

另一方面，面向更高阶段高等教育质量提升的一流大学建设，大学素质教育在德行养成、文化传承方面不仅不能放松，反而更要加强。大学素质教育要密切关注未来高等教育人才培养知识学习趋弱、德行与文化学习趋强的总体趋势。随着新的学习技术的进步，受教育者获得知识的途径显著拓宽，学习能力和效率不断增强，通过知识影响世界的可能性大为增加，一旦道德滑坡、文化缺失，所可能带来的"危害"将显著增大。未来的人类学习，在知识层面的学习很可能被人工智能等所取代，但关于道德的教化与传统文化的传承，却仍依赖于人类自身。而且愈发重要。人类有了互联网，所以"黑客"应运而生。而人类有了人工智能，如果不加强德行和文化的学习，一旦突破"人工智能三定律"，则可能给人类自身带来毁灭性后果。因此，未来的大学素质教育尤其是道德教化和文化传承要持续加强，因为如果"先进的思想文化不去占领，各种错误的思想观点和腐朽落后的东西就会去占领"。[5]

二、大学素质教育在一流大学建设中的有效担当

中国独特的历史、独特的文化、独特的国情，决定了我国必须走自己独特的高等教育发展道路，扎实中国大地办世界一流大学、育国际一流英才。素质教育作为富有中国特色的教育思想，自20世纪八九十年代一呼而起、久盛不衰，引发了中国高等教育深刻而全面的变化，从教育思想、育人观念、课程体系、教学方法到人才培养模式改革，影响深远，意义巨大。未来，高等教育的知识性还会不断弱化，学习科学的不断进步还会进一步丰富学生的学习方式，解放学生的大脑。与此同时，技术的进步对人的道德自律提出更高的要求，未来的中国大学素质教育工作仍将任重而道远。此种背景下，大学素质教育在中国一流大学建设过程中有主动担当、有效作为，这至少体现在三个方面。

第一，明晰地位，形成抓手，营造符合一流大学之道的大学素质教育育人场域。一方面，应明确大学素质教育在一流人才培养中的核心地位。一流大学建设的关键是一流人才的培养，而大学素质教育是一流人才培养的核心保证。应突出大学素质教育在一流大学建设中的中心地位。应将大学素质教育打造成为高等学校教育教学活动的主阵地，而不是辅助阵地，不是游击阵地。在此方面，教育主管部门、高等教育管理者和具体办学者应加强认识、形成共识、明确方向，应进一步开展一流人才培养规律的大讨论，进一步开展大学素质教育对于一流人才培养影响的深入研究，进一步扩大宣传、增进影响、形成规范，真正让大学素质教育成为一流大学人才培养的基本指导思想。

另一方面，应切实将大学素质教育工作落实到课程体系中。要明确大学素质教育概念的内涵、外延，规范大学素质教育相关概念的使用，促进大学素质

教育相关概念的具体化、统一化，避免过度扩大大学素质教育的概念边界，避免出现概念过多、概念模糊、概念重叠等问题而使教育管理者具体工作开展无所适从。要明确形成大学素质教育概念的现实抓手，将大学素质教育相关工作落实到教学计划、课程体系之中。避免因没有教学计划、课程体系保障，出现激情式、口号式、点缀式、临时性的各类大学素质教育活动。此外，还要特别注意营造氛围浓厚的大学素质教育育人场域。要在各高校营造重视大学素质教育、支持大学素质教育的环境氛围。要切实按照习近平总书记要求，更加注重以文化人、以文育人，广泛开展文明校园创建，开展形式多样、健康向上、格调高雅的校园文化活动。大学文化素质教育也要形成常态化的、多线课堂相互交织融合的、有效的、立体的育人场域。

第二，突出自信，凸显特色，形成符合一流大学之道的大学素质教育基本理念。《统筹推进世界一流大学和一流学科建设总体方案》中特别指出，要"坚持以中国特色为核心，创造性地传承中华民族优秀传统文化""做到扬弃继承、转化创新，并充分发挥其教化育人作用，推动社会主义先进文化建设"[6]。这其中，大学素质教育关键是要做好两个方面的工作。一方面，要突出文化自信，形成文化自觉。习近平总书记在传统的"三个自信"之外，特别增加了"文化自信"，这为中国世界一流大学建设指明了方向。没有文化自信，就会盲目追随全球化和国际化浪潮，盲目推崇西方的科学技术和文化，出现"失根"现象，跟在别人后面"照葫芦画瓢"，无法真正办成世界一流大学。中国一流大学的大学素质教育工作更应增强自信，尤其是涉及政治制度、思想品德、文化传承等方面，应凸显自信，有效探索社会主义大学的素质教育办学路径。此外，应逐渐将文化自信有意识地上升为文化自觉，大学素质教育在此过程中要发挥核心引领作用。比如，日本一流大学建设也经历过从模仿借鉴到本土文化自信、文化自觉形成的重要过程。当前，很多日本年轻人甚至并不愿意到海外求学，他们认为东京大学、京都大学等甚至要好于国外大学，这可以认为是文化自信、文化自觉形成的表现之一。

另一方面，要寻求本土突破，办出本土特色。如果只有本土自信，但办学质量不高、创新能力不强，那就可能变成盲目自信，甚至夜郎自大。中国的大学素质教育，在一流大学建设过程，必须在文化自信的基础上，寻求本土突破，办出本土特色。其核心，一是继续从马克思主义理论体系汲取营养，二是继续向深厚的历史文化寻求支持。同时，尤其要注意对改革开放以来中国高等教育的办学实践及时进行总结发掘。

当前中国正式开启世界一流大学建设进程，源于经过改革开放至今的不懈奋斗，中国高等教育已经建起了"高原"，这其中也必然有大量本土经验和特色值得探究。下一步，大学素质教育在树立文化自信、形成文化自觉、深挖本土特色方面责无旁贷。习近平总书记指出，在传统国际发展的赛场上，规则别人都制定好，我们可以加入，但必须按照已经设定的规则来赛，没有更多的主动权，抓住新一轮科技革命和产业变革的重大机遇，就是要在新赛场建设之初，就加入其中，甚至主导一些赛场的建设，从而使我们成为新的竞赛规则的重要制定者，新的竞赛场地的重要主导者。2017年，大学素质教育研究学会首次提出了素质教育的中国化翻译方案，这是本土自信逐渐形成的体现。未来，应加强研究，继续深挖中华传统文化，深入探究与一流大学相匹配的本土大学素质教育理论、方法和课程体系。正如谢维和教授所认为的，"双一流"建设背景下，中国教育学的责任"就是形成和总结出我们中国独特的办学思想和理念"。[7]

第三，质量监控，教学相长，重塑符合一流大学之道的大学素质教育师生共同体关系。一流大学之道以一流人才培养为核心。一段时间以来，随着中国高等教育规模的迅速扩张，以及重科研轻教学等错误理念的甚嚣尘上，传统的较好的师生共同体关系被破坏。与此同时，传统的师生共同体关系也存在并不完全适应中国一流大学建设的某些方面，需要重新改造。重塑符合一流大学之道的师生共同体关系，关键是做好两个方面。一方面要严把师资质量关。既要注重教师教学能力、科研能力的甄别，也要注重教师德行的把握。在中外高等教育办学历史上，良好的师生关系是大学之道的核心要义。孔子说，"三人行必有我师""教学相长"，一些新的学术思想往往就发端于师生对话碰撞和深层互动。但近年来，一些功利性目标逐渐取代了教与学的基本原理，并占据了上风。一些学校中"课堂危机"出现了，师生关系问题出现了，师生共同体关系破坏了，教学学术的文化也破坏了。这些问题需要引起足够的重视和警惕。必须加强教师队伍建设，尤其是要加强教师队伍自身的文化素质与品德素养建设。要求学生要德才兼备，那教师则更要"有理想信念、有道德情操、有扎实学识、有仁爱之心"，这样才可能以上率下，推动大学素质教育相关工作的开展。同时，要采取多种手段扭转重科研、轻教学的不良倾向。要出重拳切实改革各类功利性指标，把教师从评估的枷锁甚至囚笼中放出来，给他们充分按照自己所学、所长、所想施展育人才华的机会。

另一方面要营造更为融洽的师生共同体关系。大学素质教育尤其要理顺关系，改变传统学生单纯"受教育者"的被动地位。大学是知识的海洋，学生们要在知识海洋里自由徜徉。但海洋也有暗礁、也有风浪。真正的知识海洋应该是师生一起下海，一起畅游，而且教师要带头下水。绝不能教师在岸上，学生在海里。比如，对于大学生创新创业素质提升的各类课程，教师自身如果没有创新创业经验，单纯鼓励和指导学生去创新创业则可能效果不佳。而且，相比于专业课程，大学素质教育往往偏软偏柔性，师生共同体关系则更难建立和维系，既需要教师更加用心和投入，也需要高等学校提供更多制度和政策保障。

参考文献

[1] 刘献君. 大学之道：对大学办学的认识及探索历程 [J]. 江苏高教, 2015

（5）：9－12.

［2］金耀基．从大学之道说中国哲学之方向［J］．中国文化，2015（1）：15－22.

［3］胡海岩．三把"尺子"丈量"一流"［EB/OL］．http：//www.jyb.cn/zggdjy/bqgz/201702/t20170220_696385.html.

［4］发展具有中国特色世界水平的现代教育——深入学习贯彻习近平同志关于教育工作的重要论述［EB/OL］．［2014－09－10］．http：//news.xinhuanet.com/edu/2014－09/10/c_1112416160.htm.

［5］朱洪娟，马斌．立德树人视阈下大学校园文化建设的路径研究［J］．江苏高教，2016（2）：83－85.

［6］国务院关于印发统筹推进世界一流大学和一流学科建设总体方案的通知（国发〔2015〕64号）［EB/OL］．http：//www.gov.cn/zhengce/content/2015－11/05/content_10269.htm.

［7］谢维和．"双一流"建设与教育学的责任［J］．探索与争鸣，2016（7）：23－25.

关于大学素质教育的再认识[*]

张岂之

一、大学素质教育的特点

从现实生活中可以感受到：有些大事在开始的时候，人们对它的价值和意义认识不足，随着岁月的流逝，以及人们实践经验的积累，对它才逐渐有了准确的评价。关于大学素质教育的认识，就是一个有说服力的例证。

2010年公布的《国家中长期教育改革和发展规范纲要（2010—2020年）》称："坚持以人为本，推进素质教育是教育改革发展的战略主题。"在此之前，即1994年8月《中共中央关于进一步加强和改进学校德育工作的若干意见》中首次提出："增强适应时代发展、社会进步，以及建立社会主义市场经济的新要求和迫切需要的素质教育。"此后，我国高等教育界多次举行会议，许多专家从教育理论和教育实践的结合上研究大学素质教育的内涵、价值及方法。例如，周远清同志于2000年对素质教育作了这样的表述："素质是在先天生理基础上，经过后天教育和社会环境的影响，由知识内化而形成的相对稳定的心理品质知识、能力、素质，三者是素质教育中的三个要素，并且是相辅相成的在高等学校倡导素质教育的思想，应将素质教育渗透到专业教育中，贯穿于人才培养的全过程。"（《素质、素质教育、文化素质教育》，《中国大学教学》2000年第3期）这一完整的关于大学素质教育的表述，得到高教界一些专家学者的赞同。

大学素质教育的内化性，应成为大学素质教育的一个特点。为何要提"内化"？素质教育要深化至学生们的心灵，由内到外，表现在他们的做人做事上，表现在他们的自主性上，还表现在他们的开拓创新精神上。只有从"内化"开始，才能阐明素质是人的信念、道德、知识与能力的总汇。大学素质教育的特点除内化性以外，强调学生的全面发展，即德、智、体、美的全面发展，可称之为全面性，这是素质教育的核心。而全面性与和谐性是不可分的。李岚清同志说："学生的全面发展不等于平均的全面发展，而是和谐的全面发展。"（《李岚清教育访谈录》第304页，人民出版社，2003年）这个论点包含有学生全面发展与个性发展相结合的内容。2011年4月24日胡锦涛同志在清华大学建校

---

[*] 本文发表于《中国大学教学》2011（12）。

一百周年纪念大会上的报告,向全国青年提出的希望中对此有充分的论述。

至于大学素质教育的创新性,十多年来在大学工作的老师们,特别是理工科专业的老师们,对此有比较充分的论述。就我所读到的关于大学素质教育特点的文章,大体包括它的内化性、全面性、和谐性、创新性这些方面,今天来读这些论述,仍然给人以启发。

1995年,国家教委高教司启动的大学文化素质教育,就是以此作为实施素质教育的切入口而提出的。1999年举行全国第四次教育工作会议,公布《中共中央国务院关于深化教育改革全面推进素质教育的决定》(以下简称《决定》),肯定了大学的素质教育、文化素质教育,并提出"应普遍提高大学生的人文素养和科学素质"。提高大学生的人文素养,不能离开文化素质教育。

大学开展文化素质教育,有利于大学生的健康成长,有利于教师开阔思路提高其理论思维和教学质量,也有利于提高大学的文化品位。我个人就有这样的体会,在大学开展文化素质教育的启迪下,我和高校的许多从事人文学科教学的教师一样,对大学与文化这个主题产生了浓厚的研究兴趣。1999年我在一篇谈大学教育功能的文章中这样叙述我的感受:"长期以来,教育的另一种功能往往被忽视,这就是教育的文化功能。这个功能全面体现了教育对人的精神塑造,体现了从'本能人'到具有文明心态、文明举止、文明生活观、文明价值观的'现代人'的飞跃。人的一切活动都离不开文化,与人们生活紧密联系的经济活动、生产活动,也不能离开法律和道德的约束。人们常说的'提高全民族素质',这实际上就是教育文化功能的另一种表述。对照现实,我们不能不承认,这方面的工作还有相当大的差距。"(《高校文化素质教育与教育理论》,《教学与教材研究》1999年第4期)

总之,关于大学素质教育的特点,在今天可以作这样归纳:它具有内化性、全面性、和谐性、创新性、文化自觉性。有这样深刻内涵的教育理念,来之不易,关键在于落实。应当承认,我国高等教育在整体上距离素质教育的要求还有许多不协调之处,任重道远,需继续努力。

二、增强文化自觉与素质教育自觉

大学素质教育怎样才能深化发展?我赞同周远清同志所说的增强文化自觉性与素质教育的自觉性,将这两方面的自觉性统一起来。

在2011年7月1日庆祝中国共产党建党90周年大会上,胡锦涛同志在报告中谈到文化建设的时候,强调要树立高度的文化自觉和文化自信。10月15日至18日召开的中共十七届六中全会又提出将我国建设成为社会主义文化强国的宏伟目标。

在中央方针的指导下,2011年9月下旬在呼和浩特市举行当地的老教授协会研讨会上,中国高教学会会长周远清同志在发言中,分析了高度文化自觉与素质教育自觉的关系,主张用高度的文化自觉自信去指导大学素质教育,而大学素质教育自觉性的提高,又会促进文化自觉与自信。这两方面的自觉性相互影响、相互促进。这里所说的"自觉"是指对文化、对素质教育的认识已经达到一定的高度,主动地、积极地加以推动,并促其实现。这和听之任之的自发性完全不同。

这里我要提到老一辈学者在这方面的理论贡献。费孝通先生在20世纪的90年代中期开始倡导文化自觉。

1997年春节,他在北京与朋友们欢聚。他这样说:"7年前,我在80岁生日那天,在东京与老朋友欢聚会上,曾展望人类学的前途。我说了下面的话:'各美其美,美人之美,美美与共,天下大同'。"(《费孝通文集》第14卷第166页,群言出版社,1999年)这里所引的"各美其美",是指一个民族、一个国家要自立于世界民族之林,首先必须肯定自己国家、民族对人类文明的贡献,肯定自己的优秀文化传统,在这个基础上才能进到"美人之美",即肯定世界文化的多样性,看到各民族、国家在文化上的贡献,避免被西方霸权文化同化的危险。至于更高的目标则是"美美与共"——将各民族的优秀文化综合起来,成为优秀的人类文化,这是未来的事,但是今天不可没有开阔、会通的文化胸襟。费孝通先生晚年不遗余力地宣传文化自觉、自信,十分令人敬佩。高教界的朋友们,特别是比较年轻的同志应当学习费老关于文化自觉、文化自信的论述。

十几年前启动的大学文化素质教育,体现了文化自觉性。当时国家教委高教司明确指出,这"主要是文史哲学科的基本知识、艺术修养、国内外文化精华",并认为大学开展文化素质教育"切中当前时弊","是世界各国高等教育改革都在探索的热点","符合党的教育方针","又是探索教育思想、教育观念和人格培养模式的改革"等。当时虽然没有用"自觉性"这个词,今天看来,上述论点正是文化自觉与素质教育自觉的结合点,十分难能可贵。同年12月在北京大学举办的加强大学文化素质教育报告会上,季羡林、杨叔子、刘家和、袁行霈、陈先达、叶朗、顾明远、张楚廷、徐天新等教授的发言,今天拿出重读,可以感受到其中文化自觉与素质教育自觉二者的结合,虽然这还是初步的。后来又得到许多大学领导和专家的支持。现在可以做出这样的论断:大学开展的文化素质教育为"文化育人"奠定了基础,体现了高等教育的文化自觉性。

三、在大学建设优秀传统文化传承体系

在大学建设优秀传统文化传承体系,这是党的十七届六中全会提出的任务,也是全面落实大学素质教育的重要一环。首先对中国优秀传统文化要有一个准确的认识。

中国优秀传统文化不是神的文化,而是以"人"为核心的道德文化。讲如何做人,做有道德、有理想、有作为的人;与人讲诚信,讲相互尊重,讲己所

不欲，勿施于人。

中国优秀传统文化是讲爱心的文化，爱家乡，爱国家，爱大众，爱一草一木，即所谓"泛爱众而亲仁"。

中国优秀传统文化是引导人们去追求和谐的文化，鼓励人们营造人与社会、人与人、人与自然、人自己内心的和谐，主张用和谐取代社会冲突。

中国优秀传统文化不排斥人类的其他优秀文化，主张和而不同，倡导博采众家之长的文化会通精神。

中国优秀传统文化是追求真善美的文化，在文化的各个领域内都创造了独特的美学体系。

中国优秀传统文化从来重视人才培养，主张人人皆可以成为有用的人才，它不是少数"天才"的文化，而是中华民族整体的文化。

中国优秀传统文化是讲忧患意识的文化，认为"生于忧患，死于安乐"，应永远保持头脑的清醒，应对各种风险。

总之，中国优秀传统文化"是中华民族生生不息、团结奋进的不竭动力"。

中共十七届六中全会《决定》中说："中国共产党从成立之日起就既是中华优秀传统文化的忠实传承者和弘扬者，又是中国先进文化的积极倡导者和发展者。"这个论断使人感到亲切舒畅，顺理成章。这给我们教育工作者一个启示：在大学建设优秀传统文化传承体系，维护中国优秀文化传统的基本元素，这是落实素质教育不可或缺的环节，这需要在教育实践中积累经验。

在大学，以社会主义先进文化为指导，坚持社会主义核心价值体系，弘扬民族优秀文化，使之在师生心灵中生根，这是国家繁荣昌盛的重要标志。同时，我们也需要面向世界，吸取人类的优秀文化成果，为我所用。

素质·文化·教育[*]

杨叔子

"天命之谓性,率性之谓道,修道之谓教。"《礼记·中庸》开章明义这三句极为精彩、精辟、精练,揭示了"性""道""教"三者的本质关系,当然,也就揭示了教育本质之所在。但是,这必须加以现代化的诠释与系统的论述。

"性",即人性,可以认为是先天基因所赋予的先天素质。"教",即教化,可以认为是教育。要多讲一些的是"道",即正道、规律,"人间正道是沧桑"的正道、规律。朱熹认为,道"无物不有,无时不然"。所以,《中庸》接着开篇三句讲:"道也者,不可须臾离者也,可离非道也。"规律,既在人生活在的外在世界及其变化中,又在人的身心处处与人的一切活动中。

这三句话现代化的诠释可以是:先天基因所赋予的就是先天素质,循乎先天素质而开发出其所蕴含且至少不危害外在世界的潜能的就是规律,使人修明能"循乎先天素质而开发出其所蕴含且不危害外在世界的潜能的"这个规律的就是教育。

一

那么,正道、规律同文化有什么关系呢?人、人类社会发展中的一切活动都会过去、消失,沉淀下来的就是文化。大自然创造了人、人类,人、人类社会以大自然作为自己生存与发展的基础,以文化、文明作为自己生存与发展的方式。此即,大自然按照它自己的规律,创造了人、人类社会,而人、人类社会能使自己生存与发展的一切活动,也就必须符合或反映大自然自身的规律,凡不符合或不反映的就必不能实现或必招致灭亡;这一切活动(包括不能实现或招致灭亡的活动)的沉淀就是人、人类社会对大自然规律的认识、感知或体悟的沉淀,这就是文化。换而言之,文化就是人、人类社会对大自然自身规律的认识、感知与体悟,在物质上,特别是在精神上的历史沉淀。这规律既包括一般所谓的外界自然规律,也包括反映大自然自身规律而使人类社会能正常生存与发展下去的社会道德伦理,还包括反映大自然自身规律与人类社会道德伦理而使个人能正常生存与发展下去的个人身心活动。

其实,广而言之,大自然存在着与发展着的一切事物都必须符合或反映大

---

[*] 本文发表于《高等教育研究》2012,33(10)。

自然自身的规律。人类如此,动物如此,生物如此,生命体如此,非生命体也如此。迄今为止,据人类所知,除人类以外,还没有任何一类生命体活动的历史会沉淀成为它的文化,永不朽地焕射着它的精神光辉。只有人、人类社会才能如此。从而也可以讲,人、人类社会的一切活动本质上就蕴含了"文化"。例如,经济活动,我赞成这样的论点:经济的起点、终点都是文化;经济发展在本质上就是一个文化过程。人在人类社会活动中,所接触的、所感受的、所体验的、所认识的、所受影响的、所能赋予的,等等,无不与文化有关,关键就是文化。你对别人,别人对你,你对外界,外界对你,相互作用,就是如此,人所认识的、所感悟的、所体验的、所遵循的规律就会以不同方式或形式,包含在文化与作为文化载体的知识中。文化,本质上就是"人化":人因文化的产生,从动物人变化成社会人,因文化的进步,从野蛮人发展成文明人,因文化的升华,从低级文明人提升成高级文明人;人以文"化",文化创造了人,正因为人以文"化",从而人类社会从动物社会变化成人类社会,从野蛮社会发展成文明社会,从低级文明社会升华成高级文明社会,并向着人类理想的每个人都能得到全面而自由发展的共产主义社会不断前进;社会在不断人"化",人、文化也创造了社会。胡锦涛同志 2006 年 11 月 10 日在全国作协、文联代表大会上的讲话中深刻指出:"人类社会每一次跃进,人类文明每一次升华,无不镌刻着文化进步的烙印。"这也是恩格斯所讲的:"文化上的每一个进步,都是迈向自由的一步。"

　　文化就是"人"化,就是人的"社会"化与社会的"人"化。马克思深刻指出:"正像社会本身创造着作为人的人一样,人也创造着社会。""人"化就是以"文"化人,以"人"化物,亦即化人、人化。以"文"化人,化人,主要指用"文化",特别是"人文文化"来化、来升华人的精神世界,打造人、人类社会的精神文明,使人真正成为大写的"人",使社会真正成为"人类的社会";以"人"化物,人化,主要指用"文化",特别是"科学文化"来化、来改变与人、与社会相处的物质世界,打造人、人类社会的物质文明,使之适合人、人类社会存在与发展的需要。不管是化人还是人化,这个"化"是自觉的也好,不自觉的也好,都必须符合或反映大自然自身的规律,即合于道。科学文化是人的"立世之基"、人类社会的"文明之源",没有科学文化,就落后、愚昧、荒唐;不但因为不知客观世界的规律而难立于世,并且必定失去社会文明发展的源头。人文文化是人的"为人之本"、人类社会的"文明之础",没有人文文化,就野蛮、卑鄙、无耻;不但因为丢失人文关怀而异化成"人"的对立面,而且必将导致社会文明的崩溃。《周易·贲卦·象辞》所讲,"文明以止,人文也",就是这个意思。显然,人、人类社会是以科学文化与人文文化相统一的文化而存在与发展的。文化是大自然通过人的活动赐予人类社会的"基因",人类社会的存在与延续靠文化的传承,其发展与进步则靠文化的创新。所以,马克思讲得多么生动、深刻:"社会是人同自然界的完成了的、本质的统一,是自然界的真正的复活,是人的实现了的自然主义和自然界的实现了的人本主义。"这正是我国"天人合一""道,一也!岂人道自是一道,天道自是一道?"这一哲理思想的科学表达。

道,就是规律。在自然界,就是客观存在的自然法则,违背自然法则的必将灭亡。在人类社会,就是人类社会在漫长发展岁月中形成的社会伦理道德规范,也就是自然法则在人类社会中的复活,此即"自然界的真正的复活"这个社会的自然法则,违背伦理道德规范的必遭唾弃。《礼记·中庸》指出:"诚者,天之道也;诚之者,人之道也。"诚,实实在在,就是天道;使人诚,使人诚诚恳恳,实实在在,就是人道。正因为如此,《礼记·中庸》又指出:"诚则明矣,明则诚矣。"人只有诚诚恳恳、实实在在,才能有明明白白、清清楚楚;人也只有明明白白、清清楚楚,才能有诚诚恳恳、实实在在。这就是作为人,首先要诚恳实在地对待、研究外在世界,才有可能真正了解、认识外在世界,弄个清清楚楚、明明白白,但是也只有了解了、认识了外在世界,弄个清清楚楚、明明白白,才可能有真正的而不是似是而非、形似实非的诚恳实在。弄个明白清楚,就是格物、致知,有着诚恳实在,就是诚意、正心。《礼记·大学》指出,格物、致知、诚意、正心、修身、齐家、治国、平天下这八者的关系是:只有完成了前者,而后才能完成后者,从格、致开始,最终达到治、平。而这正是《大学》的"在明明德,在亲民,在止于至善"如何得以实现的。"大学之道"的"道",当然,对高等教育而言,就是"率性之谓道"的道。但是,谁去格、致呢?当然是人,是有诚、正的人,即能诚恳实在的人。所以,《大学》特别着重指出:"壹是皆以修身为本。"此即"以人为本",先从外而内,从格、致到修身,再从内而外,从修身到治、平。"修身"本质上就是"人"化,就是逐步的、上升的、更高级的"人化"。

正因为文化就是"人"化,就是人的"社会"化与社会的"人"化,此即对个人而言,化就是将"文"内化于心,外化于行,即以"文"化人;对社会而言,就是将"文"固化于物,凝化于制,即以"人"化物。内化于心,即将"文"化为人躯体的灵魂,化为人的思想、感情、气质等内在因素;外化于行,即将"文"化在灵魂的躯体上,化为人的谈吐、举止、表情等外在表现,此即人的"社会"化。固化于物,将"文"化在人、人类社会所需的衣、食、住、行、享、用等生活资料与生产资料等有形体上,可见、可闻、可触、可嗅;凝化于制,将"文"化在制度、规章、条例、标准、办法等无形体上,可实施、可执行、可兑现、可转化,即努力按照自然法则与伦理道德规范用以调节人、集体、社会与自然界四者之间的关系,此即社会的"人"化。如果讲内化于心,外化于行,主要关乎人文文化,即关乎人的"社会化",那么固化于物,就是物质文化,凝化于制,就是制度文化,它们既关乎科学文化,也关乎人文文化,即关乎社会的"人"化。我赞成这么一个观点:文化就是按照"人"的方式与标准,去改变人所处的环境与人自己的。当然,这个方式、标准与改变一定要合于道。文化就是一个在人、人类社会存在与发展中无时不有、无处不在的整体性的抽象概念，给人类社会的存在状态与发展过程作了一个概括性的描述。我赞成这么一个观点：文化就是人之所以成为"人"的本质之所在。可以认为，文化就是一个最能体现"以人为本"的概念，就是同"率性"紧密不可分割的概念。

要"率性"，必须"修道"，"修道"就是要"修文化"，就是教化、教育。教育就是"修道"而"率性"的育人。《礼记·学记》开始就明确指出，"化民成俗，其必由学"。这里的"学"就是教育。而且，《学记》接着特别引用了《尚书·兑命》中的一句话："念始终典于学。"这就是讲，永远要念念不忘教育。古今中外的伟大人物，莫不知道教育的重要性。还应讲，社会越进步，教育就越重要。"强国先强教"，这是真理，是人类社会中自然法则的反映。

总之，人类活动的一切成果最终都沉淀为文化，即人类活动创造了文化；人类又通过文化的传承与创新实现了人类社会的再生产与再发展，即文化的传承与创新又创造了人、人类社会。

二

我国古代的"大学"与现代的"大学"，形式上大不相同，内容也迥异，然而，本质相通，都是做大学问，树大德行，聚高级文化。2012年6月4日，《中国科学报》头版头条以合肥市委书记吴存荣的"大学是城市的灵魂"这句话作为赫赫显目的大标题刊载他的报道，他还在接受采访中讲"城市精神的塑造也需要大学文化的启迪"。

是的，人类社会的存在与延续靠文化的传承，人类社会的发展与进步则靠文化的创新；而文化传承的主要形式是教育，文化创新的必要前提也是教育；那么，可以讲，人类社会靠教育的存在而延续，靠教育的进步而发展。所以，我们一再强调，教育在国家建设中具有基础性、全局性、先导性的作用，应占有优先发展的战略地位。而江泽民同志在20世纪90年代就深刻指出，高等教育是教育战线上的龙头。教育本质上就是"育人为本"的文化活动。教育的宗旨或目的是提高国民素质，就是"率性"，如前所述，循乎人的先天素质而开发出其所蕴含且至少不危害外在世界的潜能，从这点上讲，教育就是素质教育。教育的手段或方式是文化育人，是对人以文化的熏陶、教化、养成，就是"修道"，使"率性"得以实现，从这点上讲，教育就是文化教育。教育就是通过文化育人来提高国民素质的。

胡锦涛同志在清华大学建校100周年大会上的讲话中明确提出，高等学校不只有人才培养、科学研究、社会服务这三大功能，还有与之并列的文化传承创新这一大功能，要"文化育人"，"高等教育是优秀文化传承的载体和思想文化创新的源泉"。之所以将"文化传承创新"单独提出、列出一条，既有着充分的理论依据，又有着迫切的现实需要，既有着丰富的科学内涵，又有着深刻的战略意义。这不仅因为前三大功能不能全部包含"文化传承创新",而且在今天,社会越先进,科技越发达,文化的作用、教育的作用越来越重要、越凸显。人,永远是具有根本作用的因素。高级人才,更具有决定性的作用。

正因为今天科技如此高度发达、高速发展,物质文明达到了空前的高度,而且还在向更高的高度攀升,从而在人文文化、精神文明方面,在文化整体性方面带来了一系列的问题,乃至十分严峻的问题。正如美国未来学家约翰·奈斯比特2000年在他的著作《高科技·高思维——科技与人性意义的追寻》中文版前言中所尖锐指出的,科技给人们送来神奇的创新,然而也带来了具有潜在毁灭性的后果。他疾声要进行人性思索。《科学时报》(现《中国科学报》)首席评论员王中宇在2010年6月17日A3版上发表的评论文章与此有异曲同工之妙,而且更为深刻地认为:"今天危及人类持续生存的问题,没有一个是工具理性(科学)不够发达造成的。相反,追根溯源,它们的根源都是价值理性问题。""而今价值理性的贫乏已经威胁到人类的整体生存。继续回避价值理性,指望靠工具理性就能将我们引出困境,其结果必将是'文明史'将因'无明'而告终。"文化含有两个主要类型:科学文化与人文文化。科学文化讲规律,讲效率,是"立世之基""文明之源",具有强烈的工具理性;人文文化讲关怀,讲公平,是"为人之本""文明之础",具有强烈的价值理性;两者功能不同,形态各异,但又是一个整体,缺一不可,不仅互通,而且互补、互动。今天文化工具理性与价值理性的分裂,完全是人类文化实践的片面性造成的,而非文化本身所造成的。正因为教育是文化教育,文化有双重性,教育也有双重性:工具性与人本性。人本性是主体,但工具性绝不可缺;而且应是以工具性体现人本性,以人本性统率工具性。两者也是一个整体,缺一不可。其实,这同我国传统的人才培养与选拔并为我们所继承的优秀思想"德才兼备,以德为先"本质上是一样的,也就是司马光在《资治通鉴》中所提出的"才者,德之资也;德者,才之帅也"这一名言。而今天,文化价值理性与工具理性的分裂,导致教育工具性与人本性的分裂,性之错"率",道之错"修",导致人性的分裂与片面乃至畸形发展,这违背了教育应有的初衷,令人不能不高度警觉。

科技高度发达、工具理性过强,不仅导致了文化类型整体的分裂,还往往导致文化内涵整体分裂。文化内涵至少包含五个方面:知识、思维、方法、原则、精神。知识是文化的载体。没有知识,就没有文化,也就没有力量。没有知识,去谈文化,去谈创新,全是空话。思维是文化的关键。"人为万物之灵",这个灵就是思维。没有思维,知识、文化就是死了的、僵化了的;有了思维,知识、文化才是活的,才能发展,才能超越自己。方法是文化的根本。知识、思维要付诸实践,就要有方法。方法是知识、思维与实践之间的桥梁,它蕴含着知识、思维,体现了实践。原则是文化的精髓。原则贯彻在前三者之中。精神是文化的灵魂。精神是前四者的融合与升华,指导着前四者。"德才兼备","德"就是形而上的精神,"才"就是形而下的前四者。而在科技高度发达、高速发展的时代,学科越分越细,不仅科学文化与人文文化分裂,科学教育与人文教育分裂,而且在本学科内文化的内涵也分裂,也往往只见树木,不见森林,往往只顾有用的知识、有用的方法,忽视"无用"的知识、"无用"的方法,轻视思维,不管原则,忘却精神。加之市场经济的逐利影响,从而在教育教学中,往往重有用的、有利的、局部的、近期的,而轻"无用"的、无利的、整体的、长远的。韩愈在《师说》中讲得十分简捷:"师者,所以传道、授业、解惑也。"授业,就是传授知识,这是最基础的。在此基础上,还得"解惑",这是关键所在;这就是还要启迪思维,指点方法,将知识变活,活得能适应情况,不断拓展。再在"授业""解惑"的基础上,进一步"传道",这是目的所在;这就是要明确原则,升华精神,真正学到文化,达到以"文"化人,而且还有以"人"化物的能力基础。对教育而言,正如同文化类型这一整体不可分割一样,文化内涵这一整体也不可分割。授业、解惑、传道(即传授知识、启迪思维、指点方法、明确原则、升华精神)也不可分割;固然,一定各有重点,各有主导,各有先后;但必然会彼此渗透、相互支持、紧密结合。当然,教育要做到以"文"化人,而且还有以"人"化物,最根本的还是学生。教学,教师是教的主体,学生是学的主体。育人的"人",学生培养的质量如何,是检验教育成败的最根本的标准。教育成败的关键,就是要充分调动学生的自觉性、主动性、积极性,能从求业到受业到创业,能从困惑到释惑到明惑,能从闻道到承道到弘道,能"率性"弘"文",用现代一些教育家一个十分本质的论断来讲:能创造"使学生成为他自己"的外部条件,"使学生成为他自己"。

三

人的先天基因是绝无彼此完全相同的,先天基因所体现出的后天禀赋与所蕴含的潜能也一定是相互区别的。这就是"天命之性"。"性"中确有孔子所讲的不可改变的"上智"与"下愚",但第一这极少,第二即使是"上智",但无必要的后天环境,也只能演成王安石笔下的《伤仲永》悲剧了。先天基因是十分重要的,后天环境也是十分重要的,先天基因是内因,是具有基础性的内因,后天因素是条件,是对先天基因将会如何起作用有着决定影响的条件。后天因素就是"率"的主体。"天命之性"是人出生后就有了的,"率性的性"是在"天命之性"的基础上与后天因素的"率"同时作用而形成的,就是今天所讲人的素质。后天因素既包括后天环境因素,家庭、学校、社会,更包括个人的主观因素。在一般情况下,后天因素有决定性的作用,而在后天因素中,只要有了必要的后天环境因素,个人的主观因素就起着决定性的作用。毫无疑问,这个主观因素既同先天基因有关,更同后天环境有关,而且个人主观因素极为重要。许多名人都讲过相同的一句话:一个人最危险的敌人是自己;或者，一个人要战胜外部的敌人或困难，首先要战胜自己。培根有句名言可作为这句话的阐明："灰心生失望，失望生动摇，动摇生失败。"上面已引用了《大学》所强调的"壹是皆以修身为本"，怎么去修身？怎么去主观努力？应该是三个方面：学习（学）是基础，思考（思）是关键，实践（行）是根本，结合方成才。知识是文化的载体，那么，知识自然是以"文"化人的基础，学习要勤奋，要"旦旦而学之，久而不殆焉"，"一生之计在于勤"。思维是文化的关键，那么，思考自然是以"文"化人的关键，思考要深入，恩格斯讲得多么生动、准确："地球上最美丽的花朵是人类的智慧，是独立思考的精神。"方法是文化的根本，那么，实践自然是以"文"化人的根本，要全心实践。王夫之讲得多么概括："躬行为启化之源。"人生活在世界上，必然会有不同形式、不同层次、不同程度的学、思、行，而且学、思、行这三者不可分割，但各有所重，又必须相互结合。这是我国优秀的教育传统，也是《国家中长期教育改革和发展规划纲要（2010—2020年）》中所提倡的"学思结合""知行统一"，对大学生所要求的"知识丰富、本领过硬"。本领就是思维能力、实践能力。知可理解为学与思。"天命之性"在极大程度上体现在以思为核心的学、思、行相互结合的对外界的反映上。那么，什么是素质呢？素质就可以理解为在先天基因的基础上，在后天环境的作用下，经过个人的长期实践（包括学、思、行）作用而内化的稳定品质。物理学家劳厄讲得十分准确、十分生动："重要的不是获得知识，而是发展思维能力。""当所学过的知识都忘记后，剩下的就是素质。"钱学森也指出："教育工作的最终机理在于人脑的思维过程。"也可以认为，人的最核心的素质就是在先天基因基础上在后天环境作用下经个人主观努力而形成的大脑神经系统的状态。这也是最重要的经"修道""率性"的"天命之性"。提高教育质量第一位的是提高人才培养的质量，而提高人才培养的质量本质就是提高人才的素质。

高等学校所提高的人才的素质，我十分赞同1995年原国家教委所提出的分四个方面：思想道德素质，这是素质的灵魂；业务素质，这是素质的主干；身心素质，这是素质的保证；文化素质，这是素质的基础，也是基础的素质。正如前述，教育就目的讲是素质教育，就手段讲是文化教育，按此推理，教育就是文化素质教育。一般的中小学教育从本质上讲就是文化素质教育，高等学校之所以提出四个方面，因为高等学校有"高等"两字。第一要培养高级专门人才，高级专门人才必定要有专门的高级知识、高级文化，必定要以主要时间学业务，业务素质是主干，这就不言而喻。第二要进行科学研究，进行文化创新，这样才可以去培养高级专门人才，才可以去服务社会。第三，培养的是高级人才。高级人才的质量与数量关系国家的前途与民族的命运，人才的"德"极其重要，因此，特别提出了思想道德素质，作为灵魂，作为方向。其实，对于任何一个国民，思想道德素质也是处于灵魂的地位。至于身心素质，对于一个国民也是必需的，无健康的身心，其他素质有何保证？而以应有的文化整体所熏陶、教化、养成所形成的文化素质，自然是基础的素质、素质的基础。早在1986年6月28日，邓小平同志在中共中央政治局常委会上就特别指出：法制观念与人们的文化素质有关，现在这么多年轻人犯罪，无法无天，没有顾忌，一个原因是文化素质太低。邓小平同志提出要培养"四有"新人，"四有"之一就是"有文化"。文化素质就是基础。1995年国家教委所提出的作为高等学校素质教育切入点、突破口的文化素质教育，就是顺乎潮流，针对当时的教育时弊而提出的。当时教育的时弊，华中科技大学文辅相教授概括为：过窄的专业教育，过弱的人文陶冶，过强的个性约束，过重的功利导向。今天，众所周知，有的时弊有了不少变化，但是，例如，过重的功利导向，不但没有减弱，而且增强，人文陶冶不少走向了负面，没落、腐朽的人文文化正在毒害着社会，如此等等。总之，文化素质教育所要解决的问题即人生价值的取向问题始终没变，仍然严峻。

胡锦涛同志在清华大学建校100周年大会上的讲话中告诫我们："要积极发挥文化育人的作用，加强社会主义核心价值体系建设。"这极为准确、深刻。当前社会的时弊关键，就是有人丧失正确而坚定的信仰、理想、人生价值追求。一个人的精神世界一定要有信仰、理想、人生价值追求，不但要坚定，而且更根本的是要正确。坚定而不正确，那是极其危险的，就会沦为与人民为敌的死硬分子，就会干出大坏事。所以，《国家中长期教育改革和发展规则纲要（2010—2020年）》（以下简称《教育规划纲要》）中明确指出：不但要"信念执着"，而且要"品德优良"。"信念执着、品德优良、知识丰富、本领过硬"是一个十分完整的"德才兼备，以德为先"的表述。显然，没有基础的素质，没有素质的基础，这是十分难以做到的。从而文化素质教育的思路是正确的，其所要解决的问题就是人生价值的正确取向；其锋芒是针对忽视人文教育，要加强人文教育，解决好做人的问题；其重点是针对忽视民族文化教育，解决好做中国人的问题；其核心是针对割裂文、理，严重偏科，加强科学教育与人文教育的融合，解决好做现代中国人的问题。所以刘延东同志在今年全面提高高等教育质量工作会议上，谈到加快教学改革时，强调要"探索科学基础、实践能力与人文素养融合发展的培养模式"。这就表明，文化素质教育是服务于高级人才培养，顺乎潮流，针砭时弊，涉及根本的。

我一直重视柳宗元的《种树郭橐驼传》这一名篇，它所提出的种树成功的基本经验就是八个字："顺木之天，以致其性"。这八个字，对种树而言，就是《中庸》开章明义的三句话。循乎树木本身生长的自然规律来植树，以发展其健康的本性，或者讲，让每棵树成为它自己。柳宗元讲得多么实在："橐驼非能使木寿且孳也，能顺木之天，以致其性焉尔。""故吾不害其长而已，非有能硕茂之也；不抑耗其实而已，非有能早而蕃之也。""顺"绝不是无所作为，难道果树成长之中，不要任何修剪、整理吗？但一定要"顺天""循乎规律""合于道"来修剪、整理。至于果树能长得硕壮、茂盛、早结果、多结果，这是树本性所决定的，橐驼无能为力，橐驼更不能"好烦其令"，来一个"虽曰爱之，其实害之；虽曰忧之，其实仇之"的南辕北辙的做法。我看过一篇文章，它引用了国外一位名家的话，我们无须硬教橡籽如何长成橡树，只要创造合适的环境，它就可以凭借自己的本能成长为橡树。这讲的是同一个意思。《教育规划纲要》中一再强调的"因材施教"，与这也完全是同一个道理。"因材施教"，涵义极富，至少有三：一是因先天基因不同、天生禀赋不同，"材"则不同，施教应异；二是因出生后的后天环境不同、熏陶不同、开发不同，"材"则不同，施教应异；三是因年龄不同、知识积累不同，"材"则不同，施教应异。"修道""率性"而致人的"天命之性"，坚持全面实施素质教育，主要以人文文化的价值理性来开发先天基因中所蕴含的人性，以科学文化的工具理性与人文文化的价值理性的紧密结合来开发先天基因中所蕴含的灵性，培养"德才兼备、以德为先"，既能爱国又会创新的高素质的高级人才，这就是《礼记·中庸》开始的一段话"天命之谓性，率性之谓道，修道之谓教"与《礼记·大学》开始的一段话"大学之道，在明明德，在亲民，在止于至善"加在一起应有的结论，也是当今高等学校"提高教育质量"的第一位任务。

（本文写作中，得到了涂又光、余东升教授的指教与支持，再次深表感谢。）

参考文献

[1] 马克思．1844年经济学——哲学手稿［M］．刘丕坤，译．北京：人民出版社，1979.

[2] 朱熹．四书集注［M］．长沙：岳麓书社，1987.

[3] 林语堂．中国哲人的智慧［M］．张明高，范桥，译．北京：中国广播电视出版社，1991.

[4] 周远清．周远清教育文集［M］．北京：高等教育出版社，2008.

[5] 李德顺．什么是文化［N］．光明日报，2012-03-26（5）.

[6] 王能宪．为什么要建设文化强国［N］．光明日报，2012-09-22（9）.

[7] 王中宇．文化与野蛮［N］．科学时报，2010-06-17（A3）.

[8] 朱庆葆．以文化育人促进人的全面发展［J］．中国高等教育，2012（17）.

[9] 赵沁平．教育规律究竟有哪些［J］．中国高等教育，2012（18）.

[10] 欧阳康．新时期大学生文化素质教育及其实践导向［J］．教育研究，2012（2）.

[11] 余东升．高等学校文化素质教育研究［M］．北京：高等教育出版社，2009.

[12] 杨叔子．杨叔子教育雏论选［M］．武汉：华中科技大学出版社，2011.

提高哲学自觉自信　深化文化素质教育*

胡显章

文化自觉自信是深化素质教育的重要前提与内涵，而哲学自觉自信是文化自觉自信的灵魂与最高境界。现谨就提高哲学自觉自信，深化文化素质教育谈几点认识。

一、从提高批判性思维能力谈起

自新世纪始，提高批判性思维能力已成为我国文化素质教育的一个重要命题。不可否认，从批判性思维教育实践看，现代高等教育，西方特别是美国是走在前面的。

古希腊哲学家、教育家苏格拉底继承发展了爱利亚学派的论证方法，提出了探索知识的问答法，主张并践行通过思辨、讨论发现真理。这被视为批判性思维教学法的发端。中世纪被称为"现代哲学之父"和"近代科学始祖"的笛卡尔为促使人成为自然界和自身的主人，提出"系统怀疑方法"，批判经院哲学和神学，对欧洲哲学、科学和社会的进步产生了重大影响。继而哲学家康德在其《纯粹理性批判》《实践理性批判》《判断力批判》等系列论著中提出了系统的批判哲学观。他强调"教育之目的就在于使人成为人"，突出人的主体性和人本主义精神，倡扬理性的自我批判，推进逻辑理性与思辨理性的结合，将仰望星空、追求真理和心中的道德律统一起来，他的哲学观、教育观产生了广泛而久远的影响。20世纪初，在工业革命持续推动之下，人类社会发生了广泛而深刻的变化，促进了科学和哲学的发展。美国实用主义哲学家、民主主义教育家杜威为适应美国社会的历史转型，提出教育的价值在于通过人的生长来促进社会的进步，他批判了传统的教育思想使受教育者以"知识旁观者"实现认知过程的理论，提出了"发现问题—分析问题—提出假设—确定假设—验证假设"五步思维法。确立问题意识、运用反思性思维、强调实践在认识中的作用和受教育者的中心地位，是这种教学模式的主要特点，他的教育思想奠定了美国现代教育的重要基础，杜威被称为近代倡导"批判性思维"的鼻祖。1919年，蔡元培、胡适、陶行知等邀请杜威来华讲学两年两个月，为推行杜威的哲学与教育思想提供了讲台，特别是将杜威的五步思维模式引入中国学校，这可

---

* 本文发表于《扬州大学学报（高教研究版）》2020，24（1）。

以说是西方批判性思维教育对我国最初而且比较广泛的影响。在20世纪特殊的历史境遇下，杜威的教育思想未能在中国得以持续推行，一度还成为被批判的对象，批判性思维并未成为中国教育明确追求的目标。20世纪40年代，在美国，批判性思维成为教育改革的主题。自20世纪70年代始，批判性思维教育得以进一步发展。1991年，美国《国家教育目标报告》明确"应培养大量具有较高批判性思维能力、能有效交流、会解决问题的学生"，将批判性思维能力当作重要的教育目标。美国加州大学批判性思维与道德批评中心保尔教授断言："批判性思维应当成为构成21世纪教育的本质性基础。"1998年联合国教科文组织发表《面向21世纪高等教育宣言：观念与行动》，第一条明确指出："教育与培训的使命是培养学生批判性和独立的态度。"北美高校普遍设置了批判性思维课程，并努力将批判性思维体现在教育过程中。相比之下，在一段相当长的时间里，中国高校缺乏必要的自觉和实践，批判性思维教育没有列入教育研究与教学实践的整体规划与目标。

21世纪之初，在向创新型国家转型的背景下，批判性思维教育开始在中国兴起，成为素质教育的一个重要关注点和深化文化素质教育的一个切入点。这一过程常被看成对美国教育思想乃至哲学理念的借鉴和对中国教育思想乃至哲学理念的批判。从教育实践看，美国批判性思维教育的确有值得我们学习借鉴之处，但是，对自身全盘否定，对他人完全照搬，并不符合建设性批判思维原则，也是缺乏文化自觉自信的体现。

深究中国历史文化，可以探寻到批判性思维的根源和表现形式。在白鹿洞书院，我们可以看到宋代大儒朱熹为书院制订的《白鹿洞书院揭示》（即《白鹿洞书院学规》）中所阐扬的为学之序："博学之，审问之，慎思之，明辨之，笃行之。"它源于古代经典《礼记·中庸》。这可以看成中国古代士人追求批判性思维的最初记录。我们还可以发现《论语》提出的："君子有九思：视思明，听思聪，色思温，貌思恭，言思忠，事思敬，疑思问，忿思难，见得思义。"这"九思"概括了人言行举止包括求学问道的各个方面，既体现批判性思维的基本特征，又为建设性的批判规定了有效途径。归纳起来就是，无论做什么，都要看得明白，听得清楚，能判断是非，辨明真伪，同时要抱恭敬谦和诚信忠厚的态度待人处事，要抱有敬业精神，要有问题意识，严谨审问，还要防止自己的情绪影响对事物的判断，要防止见利忘义。还有《墨经》，又称《墨辩》，它有着丰富的论辩内涵。如《小取》开篇语："夫辩者，将以明是非之分，审治乱之纪，明同异之处，察名实之理，处利害，决嫌疑。"强调了论辩察疑明理的重要性。同时，要求"有诸己不非诸人，无诸己不求诸人"，表示对论辩者的尊重。在中国古代思想文化发展史上有许多倡导批判与论辩的事例，如先秦的稷下学宫，"朝廷搭台，学者唱戏""不治而议论"，孟子、荀子等百家争鸣，十分活跃，形成《荀子》的《非十二子》篇，就是批判包括孟子在内的12位学者的思想。学者士人们继承了老子、孔子、商鞅等人的思想，在相互辩论过程中，形成了新的综合，推动了学术的发展和社会的进步。南宋时期岳麓书院的"朱张会讲"，大儒朱熹与书院山长张栻论辩《中庸》"三日夜而不能合"，继而"鹅湖之会"朱熹的客观唯心主义和陆九渊的主观唯心主义的论争，都推动了思想文化的发展。

事实表明，中国古代就追求批判性思维，而且，比起当代某些对批判性思维偏颇的理解，如将批判性思维与"否定"画等号，或批判矛头所指只有他人，而不反思自身，将批判性思维局限于方法和技巧，忽视精神和态度等，古代士人在"九思"中体现的批判性思维有许多值得弘扬之处。我们过去对于传统文化中批判性思维的认知是不够的，这需要文化自觉和自信。我们应该自觉认识到中华优秀传统文化中蕴含着朴素唯物主义、朴素辩证法、朴素进步历史观等，这是发展当代建设性批判性思维的基础，是中国特色社会主义先进文化植根的沃土。

二、文化自觉自信是素质教育的重要前提与内涵

多年来，我们为提高文化素质采取了多方面的措施，如开设文化素质或通识课程，开展丰富多彩的课外文化活动，加强网络文化建设，进行文化社会考察等，这些努力都取得了积极的效果。但是，对于文化素质教育，特别是强化相关的自我教育来说，提高文化自觉自信具有普遍而根本的意义。

顾名思义，文化素质教育离不开文化氛围的营建和文化的给养。要在不忘本来、吸收外来和面向未来中提高文化品质，这离不开文化自觉与自信。云杉在《红旗文稿》撰文指出：做好文化自信，"需要我们以理性、科学的态度进行文化的反思、比较、展望，正确看待自己的文化，正确对待别人的文化，充分认识中国文化的独特优势和发展前景，进一步坚定我们的文化信念和文化追求。做到文化自信，关键是不忘本来、吸收外来、着眼将来"。"不忘本来"就是勿忘"深厚的民族传统文化、科学的马克思主义指导思想、丰富的革命文化，就是我们文化安身立命的根基"；"吸收外来"是指"越是自信，就越能够以积极的态度对待外来文化，越能够在同外来文化的互动交流中得到丰富发展"；"着眼将来"是指"我们的文化自信，不仅来自历史的辉煌，更来自当今中国的蓬勃生机，来自未来发展的光明前景"。实现文化自信的前提是文化自觉，就是对生活在其中的文化的由来、特色包括优长与不足以及走向有清楚的认识，并如历史学家钱穆先生所述，对自己国家的历史文化抱有温情与敬意，继而对其价值与生命力充满信心，自觉植根优秀传统文化，吸纳优秀外来文化，弘扬适应现实需求和未来发展的先进文化。只有这样，文化素质教育才能收到充分的实效。

就培育批判性思维来说，以往外国学者常常认为中国人缺乏批判性思维，或者如几位美国哲学教授所说的，"中国的思想家看重做事的正确方式（道），而西方的哲学家更注重事物之真"，中国人"被告知要尊重长者，在等级规定

范围内行动，那么挑战假设和质疑指定的观点也许对中国人来说就成问题了"。但也是这几位哲学教授指出：经过反思，发现以上现象具有普遍性，并非中国所独有。而且中国思维和西方思维之间在技能的和心智习性上的任何差异，都并不必然是敌对的观点。"这些差异反而可以成为两种思维系统综合发展的出发点。"比如，在孔子倡导的"九思"中，我们可以发现，中国古代士人在强调质疑的同时，还提出了一系列人文要求，以今天的术语讲，体现了科学精神和人文精神的综合追求，体现了为学与为人的统一，而这正是建设性的批判思维所要求的特征，也正是多年来文化素质教育所追求的理念。中国式的思维方式长于综合和注重内在的修为，而西方的思维长于分析和求真，我们应该在理性会通中西思维特征中做好文化自觉自信自省，不断实现持续的自我超越。

三、哲学自觉自信是文化自觉自信的灵魂与最高境界

文化自觉的概念是费孝通先生在1997年于北京大学提出的，他还谈到，文化自觉是一个反思的过程。他说在生命的最后阶段，自己不断进行学术反思、思想的再思考，这可以说是个人的"文化自觉"，实际上就是批判性思维活动。他一再呼吁中国知识分子对中国社会和文化进行理性的实事求是的反思。这种通过反思来提高对主体思想的主动认识就是一种哲学自觉。因为"哲学是一种'反思'的思维活动，或者说，是一种'反思'的思维方式"。"人类思想的反思维度，在人类的理论思维的发展过程中，构成了反思的思维方式，这就是哲学的思维方式。"目前，中华民族正在加速实现伟大复兴，文化的反思和振兴是其重要的前提和内涵。中国大学在本质上是功能独特的文化机构，是优秀文化传承的重要载体和思想文化创新的重要源泉，对于民族伟大复兴肩负重大的责任。为此，大学人首先应该通过整体性的反思，认识在人类文明进程和中国历史文化的演变中，中国文化包括大学文化的由来、形成的过程、所具有的特色、有益的经验、存在的问题和发展趋向，以取得适应新环境、新时代的文化选择的自主地位，发挥好先进文化对自身、对社会的引领作用。

"按照哲学家黑格尔的观点，一个民族的主体意识自觉是一个民族现代复兴的基本标志，因此，这种社会自觉或文化自觉的呼唤，是奠基于哲学思维自觉之上的。"由于哲学对人的行为具有价值规范、思维导向和理论升华的功能，欲使文化行为具有高度自觉的意识并沿着理性方向前进，就应该使其上升到哲学的高度。正如马克思1842年在《科隆日报》社论中所指，哲学"是自己时代的精神上的精华"，"哲学正变成文化的活的灵魂"。大学人必须努力提升自身的文化自觉自信，特别是哲学自觉自信，哲学自觉自信是文化自觉自信的灵魂和最高境界，提高哲学自觉自信是文化素质教育的重要使命。

四、自觉砥砺哲学性格，深化文化素质教育

哲学家黑格尔说，一个有文化的民族，如果没有哲学，"就像一座庙，其

他方面都装饰得富丽堂皇,却没有至圣的神那样"。大学是社会的文化高地,哲学应该成为大学存在与运行的基础,哲学生活理应成为大学人不可或缺的精神生活。正如哲学家、教育家冯友兰先生所说:"根据中国哲学的传统,哲学的功能不是为了增进正面的知识,而是为了提高人的心灵,超越现实世界,体验高于道德的价值。""在中国,哲学是每一个受过教育的人都关切的领域。"没有哲学的导引,大学就会像一个没有"神灵"的庙堂。中国科协主席周光召在1999年中国科协首届年会上指出:为什么20世纪初德国成为世界科学中心?因为德国"发挥哲学的突破和指导作用"。"德国在哲学上率先脱离机械论和绝对论的束缚,发展了辩证法和唯物论。德国的科学家都有很高的哲学素养。"实际上,德国一度成为世界教育和科学中心,正是由于以柏林大学为代表的德国高校所实施的哲学与教育的融合,或者说康德、费希特、洪堡等哲学家兼教育家所奠定的哲学文化基础,还有马克思、恩格斯所发展的唯物辩证法的影响。

从中国看,在有了现代大学后,蔡元培时期的北大、梅贻琦时期的清华,以及以其为背景的西南联大,都是哲学家荟萃的,学校领导自身既植根于中国传统文化,受到中国古代哲学的熏陶,同时,又吸纳了德国、美国的哲学思想与教育理念,创造了中国高等教育的一个高峰期。梅贻琦的教育论文《大学一解》就是基于中国古代经典《大学》核心内涵的"大学之道",吸纳了美国通识教育理念的教育哲学成果。梅贻琦提出学问之最后目的、最大精神即在于《大学》之开篇语:"大学之道,在明明德,在新民,在止于至善。"其指出当今大学教育之种种措施,始终未能超越"明明德"与"新民"之二义,并强调"以无通才为基础之专家临民,其结果不为新民,而为扰民"。故大学教育应该"通识为本,而专识为末"。从中可看出,正是中国哲学理念造就了梅贻琦教育思想的核心与基础。

在新中国,以蒋南翔为代表的教育家十分重视马克思主义哲学教育,蒋南翔校长亲自任清华大学哲学教研室主任,领导开设哲学课,并且自身是力行马克思主义哲学的典范。问及清华五六十年代的老校友,什么是学校给予的最重要的教育?许多校友认为是辩证唯物主义和历史唯物主义的教育,比如从实际出发、实事求是、讲求实干,注意抓主要矛盾,防止片面性,以发展变化的观点看问题,要有大局观念、整体意识、群众观点等,这就是哲学思维的历练。

以上事实,对当今的师生砥砺自身的哲学性格应该有启迪意义。

实践表明,努力砥砺自身的哲学性格,是当今大学人文化自觉的重要体现,也是以文化人、文化育人的重要课题,应当予以充分重视。正如恩格斯所说,"一个民族要站在世界科学的最高峰,一刻也不能没有理论思维。"在中国实现向创新型国家转型,促进民族伟大复兴过程中,特别要强化理论思维,特别是哲学思维。习近平同志在2019年第1期《求是》杂志发表"辩证唯物主义是中国共产党人的世界观和方法论"一文,指出"今天,我们党要团结带领人民实现'两个一百年'奋斗目标、实现中华民族伟大复兴的中国梦，必须不断接受马克思主义哲学智慧的滋养，更加自觉地坚持和运用辩证唯物主义世界观和方法论，更好在实际工作中把握现象和本质、形式和内容、原因和结果、偶然和必然、可能和现实、内因和外因、共性和个性的关系，增强辩证思维、战略思维能力，把各项工作做得更好。"辩证唯物主义是我们党坚持实事求是路线的哲学基础，也是高等教育认识论的哲学基础，是我们认识世界、追求真理、改造世界、完善自我的思想武器，学习运用辩证唯物主义世界观和方法论，是我们提高理论思维能力的基本途径。2020年第1期《求是》杂志发表习近平同志《坚持历史唯物主义不断开辟当代中国马克思主义发展新境界》一文。习近平同志指出历史唯物主义"是关于人类社会发展一般规律的科学"，"是认识和研究社会历史发展的科学世界观和方法论"，应该通过学习历史唯物主义，"不断增强工作的原则性、系统性、预见性、创造性"；强调群众路线是党的生命线和根本工作路线，要坚持以人为本，"以百姓心为心"，尊重人民主体地位，发挥群众首创精神等。历史唯物主义也是高等教育政治论与生命论的哲学基础。我们应该引导广大师生学习运用好历史唯物主义基本原理和方法论，更好认识历史发展规律，回答好中国共产党为什么"能"、马克思主义为什么"行"、中国特色社会主义为什么"好"等重大问题。自觉加强家国情怀和天下责任，确立社会主义核心价值观，贯彻好以人民为中心，全心全意为人民服务的根本宗旨和群众路线，最大限度地调动人的创造力，大力促进人的精神生命的创新，将人的自由全面发展置于大学的中心位置。这些都应该成为深化文化素质教育，砥砺师生哲学性格的重要任务。同时，在现实生活中，文化越来越成为人们生活的基本环境，文化哲学也越发显示出其重要性。文化哲学是对文化现象和文化实践的理性思考，是对文化现象的哲学理解和历史阐释。当代文化哲学自身将人对真善美的综合追求和人的自由全面发展作为最高的价值目标，它对高校素质教育具有重要的指导意义；同时，文化哲学作为人类追求文化整体性时代的哲学表现形式，对于科学与人文、精神与物质、价值理性与工具理性的割裂等文化整体性消解现象具有抵制和导引作用。我们应该提高文化论哲学自觉，以"兼和"哲学观为导引，以博大的襟怀、宽广的视野，运用会通的学术范式，推进不同文化、不同学科的综合创新。当代文化哲学还有一个重要特征是突出人的主体地位，并从人的生命存在方式的高度界定文化，把握文化的意义与价值，这对于开展研究型教育，调动受教育者的自我教育的主动性积极性，具有导引作用，应该引起更多的关注。

最后，我们再回到批判性思维这个命题上。如上所述，哲学在本质上是一种反思的思维活动。"哲学智慧是反思的智慧、批判的智慧、变革的智慧。它启迪、激发和引导人们在社会生活的一切领域永远敞开自我反思和自我批判的空间，促进社会的观念更新、科学发现、技术发明、工艺改进和艺术创新，从而实现人类的自我超越和自我发展。"提高哲学自觉，砥砺哲学性格，不仅与批判性思维教育有着高度的一致性，而且，必定有利于批判性思维沿着建设性的方向前行，并在更加广泛的维度上为人的自由全面发展提供理性的精神文化保障。

引导哲学自觉自信，砥砺哲学性格，应该成为深化文化素质教育永恒的命题。

参考文献

[1] 周文彰．一篇具有重要指导意义的文化理论文献——学习云杉《文化自觉　文化自信　文化自强——对繁荣发展中国特色社会主义文化的思考》体会［J］．红旗文稿，2011（10）．

[2] 彼得·费希万，诺琳·费希万，爱格尼丝·蒂瓦里，等．作为普遍人类现象的批判性思维——中国和美国的视角［J］．北京大学学报：哲学社会科学版，2009（1）．

[3] 孙正聿．哲学通论［M］．沈阳：辽宁人民出版社，1998：146，150．

[4] 邹广文．什么是文化哲学［N］．光明日报，2017-06-19（15）．

[5] 黑格尔．逻辑学：上卷［M］．杨一之，译．北京：商务印书馆，1986：2．

[6] 冯友兰．中国哲学简史［M］．北京：新世界出版社，2004：5，3．

[7] 周光迅．哲学视野中的高等教育［M］．青岛：中国海洋大学出版社，2006：5．

落实教育评价改革与发展素质教育要并驾齐驱*

王义遒

一、当下由大学评价引发的办学"时弊"

前不久,中共中央、国务院印发的《深化新时代教育评价改革总体方案》(以下简称《总体方案》)对于纠正当下高等教育办学和教育中的"时弊",落实党的十九届五中全会通过的《中共中央关于制定国民经济和社会发展第十四个五年规划和二〇三五年远景目标的建议》所提出的"建设高质量教育体系"具有重要意义。我们需要认真学习,坚决严肃地贯彻执行。《总体方案》一开始就明确指出:"教育评价事关教育发展方向,有什么样的评价指挥棒,就有什么样的办学导向。"这就说明,教育评价实际上就是一根"指挥棒",它的指向就决定了办学的方向和教育的成败,至少会严重影响教育的质量。抓住教育评价,就等于抓住了"牛鼻子",才能使办学走上正轨。《总体方案》还指出,当下我国教育中存在着不科学的教育评价导向和"唯分数、唯升学、唯文凭、唯论文、唯帽子"的"五唯"顽瘴痼疾,要坚决予以扭转和克服。这也正是2018年9月10日全国教育大会上习近平同志讲话的重要内容。

笔者认为,不科学的教育评价和"五唯"现象在高等教育领域尤为严重,其影响也更为恶劣,可以说它们是当下高等教育或大学办学的"时弊"。一些高校不是严格地按照党的教育方针,根据德智体美劳全面发展的要求培养学生,而是有意无意地依照各种大学排行榜的指标来办学。

这些排行榜现在受到社会各类新闻媒体、学校、家长和学生的热捧,其传播可谓"无远弗届",影响恶劣。一些高校领导人往往为该校每年"排行"的进退而焦虑操心,因为这种"排行"成为他们政绩高低与声誉升降的标志。我以"恶劣"来形容其影响,还因为它们的影响不仅涉及那些在排行榜上有名次、有地位的高校,而且还间接影响了那些榜上无名的学校,甚至进一步延伸到中小学的基础教育,整个中国教育系统就这样被排行榜牵着走。这并非言过其实,因为虽然我们不断呼吁高校应分层分类、合理定位,并按照各自不同的定位进行评价,但实际上全国高校同质化现象相当严重。各类高校都比照着"双一流"高校或"985工程"大学的榜样来办学,而这些"榜样"大学则艰

---

* 本文发表于《中国大学教学》2021(1-2)。

难地拼命在各类世界大学排行榜上"力争上游"。而我国基础教育，客观上还是以学生能考上顶尖名牌大学为目的，高考"千军万马过独木桥"问题一直存在。为了不"输在起点"，学校与家长都对被挨过千万次批判的应试教育（其实不是"教育"，而是更像"应试训练"）乐此不疲。往上溯源，根子都是排行榜上的那些项目指标成了评价我国高校办学与教育成就的标准。而在笔者看来，这些标准恰恰就是不科学的，甚至还是"五唯"现象的集中表现。

难道我国那些顶尖大学的领导认识不到这一点吗？非也！我国多数大学领导还是有水平的，他们认识到各种排行榜并不能完全准确地反映大学办学的实际水平和教育质量。然而从媒体炒作和在一般公众心目中，这却似乎成为了事实。大学领导被公众舆论所绑架，身不由己。当下我国顶尖高校的奋斗目标都是要成为世界一流大学，那些在世界大学排行榜上名列前茅的大学似乎已经被公认进入"世界一流"了。这种"公认"难免成为一些大学领导的一时错觉，造成一些大学无形中依照排行榜的各类指标，而不是严格按照党的教育方针来办学，只图在各种排行榜上"力争上游"，以造成世界一流的虚幻印象。

笔者认为，这就是当下由大学评价引发的办学"通病"，或曰"时弊"。

二、现存大学排行榜不能反映对中国"世界一流大学"的要求

下面试图说明，为什么各种世界大学排行榜的指标是不科学的，甚至还是"五唯"的集中表现。而且，中国大学要进入世界一流行列还不能走常规道路，而是要有中国特色。为了叙述的方便，我们还是从后一个命题说起。

什么是中国的世界一流大学？笔者以为，中国的世界一流大学最主要的使命是要将中国引进世界一流强国的行列，并且能为人类文明做出中华民族的特有贡献。在这里，建设世界一流大学和建设世界一流强国两个命题互为因果，紧密联系。这就要求这些大学不仅能在科学文化上引领国家进步，培养出大批具有创新思维和创造能力的杰出人才，做出许多原创性的科学贡献，而且还能密切联系实际、融入经济，通过科学技术的创造发明强国富民。它们还要为全人类文明添砖加瓦，将其推向前进。对于我们这样一个具有14亿人口的大国，从站起来、富起来到强起来，成为富强民主文明和谐美丽的国家，还要披荆斩棘开辟新路。她所走的道路必然是独特的、别具一格的。中国的世界一流大学在探索这条道路中责任重大，应该留下自己的足迹。这就是我国世界一流大学的"中国特色"，这是任何排行榜都不可能反映出来的。

目前世界上发布大学排行榜的机构有几十家，它们基本上都是通过市场化运作的。其目的固然有为大学教育提高水平做参考的因素，但更主要的是为学生提供升学咨询以谋取商业利益。其中有四五家影响最大，其结果被各国媒体广泛转载，例如英国《泰晤士高等教育》、QS（Quacquarelli Symonds）世界大学排名、《美国新闻与世界报道》世界大学排名和中国上海交通大学软科世界大学学术排名。中国还另有30多家排名机构。这些排名都是通过对各项办学指

标评分排出来的。指标中有一些是主观印象分，而绝大多数都是根据各校提供的数据进行量化评分处理的，如科研项目、经费与获奖数、发表论文与被引用率、生师比、教师中获得高学位者的比例、毕业生的薪资收入、学校的总资产与总收入等。在不同排行榜中，这些项目与权重的选择会有不同。这些定量指标在一定程度上确实可以反映大学的教学质量和学术水平，但都充满着"五唯"成分，绝非精准衡量。上百篇物理学 SCI 论文能抵得上一篇爱因斯坦的相对论吗？几十位历史学博士能与没有学位的陈寅恪相比吗？教育不像工农业生产，其产出可以用货币来定量计算。爱因斯坦说过："不是一切有价值的都能量化，也不是一切能量化的都有价值（Not everything that counts can be counted, and not everything that can be counted counts）。"大学排行榜的这些定量指标显然只对规模大的学校有利，而对于大学的真正贡献与学术特色就只好弃之不顾了。这就促使许多大学对扩大办学规模、抢著名奖项获得者、争科研课题经费趋之若鹜。

事实上，大学作为一个文化单位，它对社会、国家乃至人类文明进步的贡献远非用量化指标来衡量。一些对人类文明做出过巨大贡献、很有特色，但规模较小的名校，例如加州理工学院和巴黎高等师范学校，就不可能在一些大学排行榜上处于最前列。即使排行榜有些指标可以表明一些大学的教育水平，但也不是绝对的。笔者曾在十多年前写过一篇文章《名校风范》[1]，说在美国大学办学指标数据中"教师中有博士学位的人数"一项，哈佛大学殿后，连一般社区大学都不如。笔者认为哈佛大学不愧为"名校"，颂扬它不受"常规"的约束，敢于聘用有真才实学而没有什么"头衔"的人当教授。当年北京大学校长蔡元培敢于聘用本想来北大当学生的梁漱溟为教师，也十足地体现了这种"名校"风度。

此外，以量化指标为基础的排行榜鼓励急功近利，对于强调"板凳需坐十年冷"的基础研究是很不利的。排行榜指标体系都是在总结过去西方著名大学办学经验的基础上构建的，但教育与大学本身都是指向未来的。面向未来的发展，我国大学不宜用"从跟跑、并跑到领跑"或"弯道超车"等言辞来表述，而是首先要做"开路先锋"，闯新路，走适合自己发展的路。

另外，我们还要考虑到在高等教育普及化与科学技术迅猛发展情况下，可能发生少数社会精英控制垄断智能工具，多数人却成为智能工具的俘虏而趋于"弱智化"，从而造成社会分裂甚至对立的现象。高等教育要为应对这种状况的发生做好充分的准备，真正在提高人才素质上下功夫。所以，落实评价改革是发展素质教育的一个抓手，两者互相促进。

所有这些都要求我国大学甩掉排行榜这根"指挥棒"，认真推进教育评价改革，真正建立起以立德树人为主旨的新时代教育评价体系，发展素质教育，全面落实党的教育方针。

三、改革教育评价需要发展素质教育

既然按照排行榜办学是一种"时弊",那么,如何将它扭转与克服呢?《深化新时代教育评价改革总体方案》提出:"全面贯彻党的教育方针,坚持社会主义办学方向,落实立德树人根本任务,遵循教育规律,系统推进教育评价改革,发展素质教育。"这就意味着,推进教育评价改革和发展素质教育都是"全面贯彻党的教育方针,坚持社会主义办学方向,落实立德树人根本任务"的手段或政策保障。它们是互补的、密切相关的。这就是说,落实发展素质教育,就能端正教育评价;反过来,正确实施了教育评价改革,就能保证素质教育的发展。

素质教育概念的提出已近30年了。它首先是在基础教育中针对应试教育(实际是"应试训练")现象而提出来的。尽管它在中小学中实施的成效不够卓著,在社会上还常受到"素质教育热热闹闹,应试教育扎扎实实"的讥讽,但在高等教育领域,由于它是冲着当时高校普遍存在的狭隘专业教育弊端并通过文化素质教育为切入点而开展起来的,其效果比较显著。但近年来,在大学排行榜的喧嚣和"争一流"的热闹中,整个素质教育显得有些萧条与冷落。

2017年党的十九大报告首次提出"发展素质教育"概念,中共中央、国务院于2019年6月发布的《关于深化教育教学改革全面提高义务教育质量的意见》和2020年10月印发的《深化新时代教育评价改革总体方案》都将"发展素质教育"与"全面贯彻党的教育方针""培养德智体美劳全面发展"两个概念并立。这说明发展素质教育与实施教育评价改革一样,都是为了更全面准确地贯彻落实党的教育方针,让学生德智体美劳全面发展。教育评价改革可以成为发展素质教育的一个"抓手",而发展素质教育则可以看成是否真正落实教育评价改革的"标志"。两者方向一致,相辅相成。

以素质教育来评价或衡量教育质量或办学水平,还有两个问题需要解决。

一是要弄清楚素质的内涵及实施素质教育的方法、手段、渠道、途径。应该说,经过大量的探讨,学界对素质的内涵已有了一些定论,对基础教育中"核心素养"的基本内容也已有了相当的共识[2],但对如何因校制宜、因材施教地实施素质教育,还有许多值得探讨的地方。在高等教育领域,通过通识教育进行素质教育也为多数高校所采纳,但这只是素质教育的一个方面,还远远不够。更何况通识教育是否做到位,也值得探讨。当下高校通过课程思政途径进行价值观教育已成风气,德智体美劳"五育并举"和全员全程全方位"三全育人"的做法尚需在实践中积累经验,逐步落实。

二是如何理解发展素质教育中的"发展"两字。对于素质教育的提法,在十九大前后有一个从"实施"到"发展"的演进过程,这意味着什么?不少作者对此曾做过讨论,笔者也发表了一些意见。现在看来,之前并未完全抓住问题的关键与要害。笔者认为,"发展"两字更要着重时代特征,要使人的素质

和素质教育更能贴近新时代。在科学技术日新月异、产业不断更新转型、全球化经济所带来的世界百年未有的大变局中，人应该进一步具备什么样的素质和能力才能立足于新时代，应对世界经济、政治的这种大变局？怎样培养这种素质和能力？这将成为以人为主体的发展素质教育的重要内容。对于这些问题，都还需要通过不断学习、讨论来提高认识。

上述这些问题恰恰也是改革教育评价所要面对的，因而它的落实需要发展素质教育。

四、落实教育评价改革与发展素质教育可以并驾齐驱

落实教育评价改革不仅需要发展素质教育，而且两者可以互为切入点，并驾齐驱。

记得1995年高等学校开展文化素质教育工作试点的时候，周远清同志曾用三句话来形容这项工作："切中时弊、顺应潮流、涉及根本"。这三句话说得很精辟，其中尤以"切中时弊"最为关键。这是因为文化素质教育理念正是冲着当时高等学校中普遍存在的"狭隘的专业教育"所产生的不少弊端而提出来的，因而方向明确，针对性很强，高校领导、教师和学生都很拥护，工作开展得生动活泼，轰轰烈烈。

当下，既然不少高校以大学排行榜为依据进行办学的现象已成为一种时弊，我们就可以开展有针对性的"战斗"了。这场战斗要以各种大学排行榜为靶子，充分揭露它们的片面性、局限性、误导性、商业性和危害性，以及由其带来的大学办学急功近利、好大喜功、恶性竞争现象。

笔者主张"不破不立"，同时要"破中有立"。第一，要把"破"大学排行榜作为改革教育评价的切入点。当然，在这种"破"的批判中，我们也并不否认排行榜在一定程度上也可作为大学检查问题、改进工作的参考。但是，决不能将它作为办学的指挥棒。

第二，针对世界百年未有的大变局，认识时代特征，给学生塑造时代精神。在构建人类命运共同体大背景下，融合、协同、分享等品质成为人们应对新时代挑战的重要素质。这些给发展素质教育增添了若干新的含义与内容，我们需要审慎地加以探讨。

第三，一个人素质的养成与实现是一辈子的事，父母、家庭、社会、学校发挥着各自的作用，有时家庭与社会的影响会远大于学校。因此，发展素质教育就不能将学生限制在校园里"发展"，要充分体现企业、科研院所、政府机构等社会组织在协同育人方面的作用。

第四，一批新科技新产业的发展，如人工智能、云计算、自动控制、机器人、量子技术、基因工程、脑与神经科学、空天科技等，将会对人类未来产生非常不确定、不可预测的影响。如何应对新科技对人类命运的挑战？素质教育工作者要将科技伦理与科学史教育提到重要日程，并将它作为发展素质教育的

重要内容。

第五，新的互联网、人工智能、大数据、云计算等智能工具会对素质教育带来千变万化的场景和丰富多彩的教育效果。如何充分利用这些工具做好素质教育工作，需要不断探索。

第六，素质评价既是素质教育的一个大难题，也是教育评价的复杂问题。从教育过程很难完全预见被教育者的素质结果。对学生不断地灌输某种高尚理想，而学生的行为却反其道而行之的事例屡见不鲜。所以，怎样推行发展素质教育，使学生受到深刻的、长远的、一辈子的正面影响，是一个值得不断探讨的课题。

参考文献

[1] 王义遒. 名校风范 [M]//王义遒. 湖边琐语. 北京：北京大学出版社，2008：97.

[2] 王义遒. 深刻领会、积极做好"发展素质教育"[J]. 中国大学教学，2018（1）：37－44.

"庖丁解牛"的解读及其对素质教育的启示[*]

陈 怡

在中国传统文化中，有着丰富的教育思想素材，其中有一些与今天所提倡的素质教育思想颇有相合之处，值得我们发掘。这类素材，在孔子的《论语》中有很多，且为人熟知。不大为人所知的是，在《庄子》中也有这样的素材，而且十分精彩。本文从著名的寓言故事"庖丁解牛"入手，剖析庄子的素质教育思想，以供今天的教育工作者参考。

一、"庖丁解牛"的解读

首先让我们来读读"庖丁解牛"的原文：

庖丁为文惠君解牛，手之所触，肩之所倚，足之所履，膝之所踦，砉然响然，奏刀騞然，莫不中音，合于桑林之舞，乃中经首之会。

文惠君曰："嘻，善哉！技盖至此乎？"庖丁释刀对曰："臣之所好者道也，进乎技矣。始臣之解牛之时，所见无非全牛者。三年之后，未尝见全牛也。方今之时，臣以神遇而不以目视，官知止而神欲行。依乎天理，批大郤，导大窾，因其固然；技经肯綮之未尝，而况大軱乎！良庖岁更刀，割也；族庖月更刀，斫也。今臣之刀十九年矣，所解数千牛矣，而刀刃若新发于硎。彼节者有间，而刀刃者无厚。以无厚入有间，恢恢乎其于游刃必有余地矣，是以十九年而刀刃若新发于硎。虽然，每至于族，吾见其难为，怵然为戒，视为止，行为迟，动刀甚微。謋然已解，如土委地，牛不知其死也。提刀而立，为之四顾，为之踌躇满志，拭刀而藏之。"文惠君曰："善哉！吾闻庖丁之言，得养生焉。"

"庖丁解牛"的故事虽然尽人皆知，但人们对它的解读却是见仁见智，于是古往今来就有了许多种解读，我粗略地概括为四种。第一种是技术的解读。初读这一故事时，人们首先佩服的是庖丁技术之高妙，如同故事中的文惠君一样，只是看到了庖丁的技术，于是问庖丁"技盖至此乎"。这一解读的代表人物当属欧阳修，他的《卖油翁》就是在这一意义上理解"庖丁解牛"的，强调的是熟能生巧（"惟手熟尔"）。现将《卖油翁》抄录如下："陈康肃公尧咨善射，当世无双，公亦以此自矜。尝射于家圃，有卖油翁释担而立，睨之，久而

---

[*] 本文发表于《中国大学教学》2019（2）。

不去。见其发矢十中八九，但微颔之。康肃问曰：'汝亦知射乎？吾射不亦精乎？'翁曰：'无他，但手熟尔。'康肃忿然曰：'尔安敢轻吾射！'翁曰：'以我酌油知之。'乃取一葫芦置于地，以钱覆其口，徐以杓酌油沥之，自钱孔入，而钱不湿。因曰：'我亦无他，惟手熟尔。'康肃笑而遣之。此与庄生所谓解牛斫轮者何异？"

需要说明的是，文中最后一句所说的"解牛"即"庖丁解牛"，"斫轮"则指的是庄子《天道》中的故事"轮扁斫轮"："桓公读书于堂上。轮扁斫轮于堂下，释椎凿而上，问桓公曰：'敢问，公之所读者，何言邪？'公曰：'圣人之言也。'曰：'圣人在乎？'公曰：'已死矣。'曰：'然则君之所读者，古人之糟魄已夫！'桓公曰：'寡人读书，轮人安得议乎！有说则可，无说则死！'轮扁曰：'臣也以臣之事观之。斫轮，徐则甘而不固，疾则苦而不入。不徐不疾，得之于手而应之于心，口不能言，有数存焉于其间。臣不能以喻臣之子，臣之子亦不能受之于臣，是以行年七十而老斫轮。古之人与其不可传也死矣，然则君之所读者，古人之糟魄已夫！'"

第二种是科学的解读。华中科技大学杨叔子院士有一篇文章强调"庖丁解牛"中所包含的科学知识、科学思维、科学方法和科学精神四个不可分割的方面，对当今的科学教育和工程教育具有很好的启迪作用[1]。

第三种是艺术的解读。代表人物当是新儒家的著名学者徐复观先生，他强调其中的艺术内涵："莫不中音，合于桑林之舞，乃中经首之会。"认为庖丁解牛"是由技术进乎艺术创造的过程。……他的解牛，成为无所系缚的精神游戏，……正是艺术精神在人生中呈现的情境。"并认为"庖丁解牛"可视为中国古代艺术精神的源头[2]。

第四种是哲学的解读。以上三种解读虽均有其价值，但我觉得，最值得体味的应是哲学解读，即"道"的解读，最需要把握的应是其中的哲学意蕴。正如故事中庖丁对文惠君的回答："臣所好者道也，进乎技矣。"这样的回答一下子就展现了庖丁境界的高度，也出乎文惠君的意料。由此可见，一个普通劳动者的精神境界是完全可以高于一个上流人士的。理解这一故事的最大难点也正在于如何准确把握它的哲学内涵。这个故事表面上讲的是"技"，而实质上讲的是"道"。具体而言，它强调了"道"的六个方面。第一，"道"的重要性："道""进乎技"，"道"高于"技"，属最高层次。从文章的描述中我们可以看到宰牛有三个层次：族庖的斫牛（砍牛）、良庖的割牛和庖丁的解牛。这是因为族庖既无"技"，也无"道"，只会生硬地砍牛。良庖有"技"，但"技"还未达到最高的水平，当然更未达到"道"的水平，所以只能割牛。只有庖丁，既有技术，又上升到了道的高度；既做到了熟能生巧，又做到了出神入化，所以才达到了解牛的境界。基于这一点，我称庖丁为"神庖"。第二，"道"的实质性。"技"要达到高境界，必须遵循"道"。"道"是什么？其实就是"依乎天理""因其固然"，即老子所说的"道法自然"，这正是"道"的实质性。

"道"并不是虚无缥缈的东西,而是实实在在存在于每一事物中的规律性。第三,把握"道"的辩证性。既要在战略上藐视困难("以无厚入有间"),又要在战术上重视困难("每至于族,吾见其难为,怵然为戒,视为止,行为迟,动刀甚微")。第四,认识"道"的长期性。要达到庖丁解牛的境界,使解牛不仅是一种技术,而且成为一种艺术("莫不中音,合于桑林之舞,乃中经首之会。")、一种哲学("道"),需要经过长期的努力,经历一个从"所见无非全牛"到"未尝见全牛"再到"以神遇不以目视,官知止而神欲行"的过程。这是一个辩证的全过程:从整体到局部再到更高层次的整体。其中经历了两次飞跃:一是"技"层面的超越,从生到巧,做到熟能生巧;二是"道"层面的超越,从巧到神,做到出神入化,才达到得心应手、"游刃有余","技"以"道"为体、"道"以"技"为用、"技"与"道"水乳交融的境界。这种两次飞跃的过程,非常类似于禅宗中一句非常著名的话"见山是山,见水是水"。《五灯会元》卷十七记吉州青原惟信禅师上堂云:"老僧三十年前未参禅时,见山是山,见水是水。及至后来,亲见知识,有个入处。见山不是山,见水不是水。而今得个休歇处,依前见山只是山,见水只是水。"借用同样的句式,可以表述为:"本庖三十年前刚出道时,见牛无非全牛,见马无非全马,仅为族庖。及至三年后,亲见知识,有个入处。见牛未见全牛,见马未见全马,乃成良庖。而今得个休歇处,依前见牛只是牛,见马只是马,方以神遇而不以目视,官知止而神欲行,始成神庖。"由此而体会出禅宗和庄子之间的渊源。这里的关键在于必须对牛的内部结构有准确的了解。有人在研究中西文化差别时认为:中国人重整体,西方人重局部;中国人重综合,西方人重分析。"庖丁解牛"的故事告诉我们,这样的观点是值得商榷的,因为道家,包括墨家,都是十分重视局部、重视分析的。第五,把握"道"之后获得的自由感和成就感。正是由于上升到了"道"的高度,就进入了一种化境,就获得了最高的自由——"游刃有余",就获得了最大的成就感——"踌躇满志",从而使宰牛这种劳动成为自由的劳动和美的创造活动,而这正是人生的最高境界。第六,"道"的普适性。这个寓言中最需要理解的是:为什么文惠君在听了庖丁的话后会发出"善哉!吾闻庖丁之言,得养生焉"的感叹?解牛和养生有什么关联?我认为,道理在于:从形而上说,二者的"道"在本质上是相通的,是具有同一性的,而这正是庄子在《齐物论》中所强调的"道通为一"原理的又一内涵——"万道相通",所有的道在本质上都是相通的,都具有同一性,都必须"依乎天理、因其固然",解牛如此,养生亦如此。著名作家王蒙说:"我相信,学问从根本上说是相通的,真理有自己的统一的品格,世界的统一性既表现为物质的统一性,又表现为事体情理上的统一性。"[3]

二、对素质教育的启示

1. 重视和谐发展的思想

爱因斯坦在其于1945年所写文章《论教育》中强调:"学校应该永远以此为目标:学生离开学校时是一个和谐的人,而不是一个专家。"从"庖丁解牛"中可以看到,庖丁就是一个和谐发展的人:一方面是科学和人文的和谐发展,另一方面又是知识、能力和素质的和谐发展。因为他的解牛,既体现了科学(建立在对牛肌理、结构充分了解的基础上),又体现了人文(变成了艺术表演);既体现了对知识的充分掌握,又体现了极强的能力,更体现了高超的素质。而这正是爱因斯坦所推崇的人才培养目标,也是素质教育所推崇的人才培养目标。我将这样的人才称为A型人才。因为A的两撇可以用来分别代表科学和人文,二者共同支撑成为一个最稳定的结构,意味着人才的和谐和可持续发展。A的底部的两个小横线,代表科学和人文的知识体系分属不同的领域。A的中部的一条横线代表能力和方法,表明科学和人文两个学科领域在方法层面是相通的,可以互相借鉴。A的顶部代表素质和精神,在这个层次上,科学和人文融为了一体,科学精神成为人文精神。这样的A型人才,既形象地表现了素质教育人才培养的目标,又揭示了素质教育的本质。而庖丁就是这样的A型人才。其实,庄子本人也是这种和谐发展的人。他堪称多学科完美结合的典范:在《庄子》中,既有文学的风采,又有哲学的睿智,还有美学的情趣,更有潇洒的人生,甚至还有一些科学的因素。他完全可以作为素质教育的典范,是中国传统文化中的瑰宝,值得好好学习和借鉴。

2. 重视"道"的思想

庖丁强调:"臣之所好者道也,进乎技矣。"由此可见,庖丁所站的高度大大超出了他的主人文惠君,因为他所追求的是"道","道"是高于"技"的,既超越了知识,也超越了能力。从教育的视角看,素质教育就是一种超越了知识、也超越了能力的教育,站在了教育的制高点,抓住了教育的本质:"教育的目的是提高人的素质,提高全民族的素质。"可以说,素质教育是一种"务本"的教育,也就是以"道"为根本目标的教育。《学记》第二十三章云:"君子曰:'大德不官,大道不器,大信不约,大时不齐。'察于此四者,可以有志于学矣。三王之祭川也,皆先河而后海,或源也,或委也。此之谓务本。"重视"大德""大道""大信""大时",而不是重视"官""器""约""齐",才是"务本"的教育,而这恰恰就是素质教育的目标。需要指出的是,在中国传统文化中,不仅道家重视"道",儒家也重视"道",如《论语》中孔子所说:"朝闻道,夕死可矣。"甚至可以说,中国文化就是以求道为目标的文化。正如金岳霖先生在《论道》中所说:"国人对之油然而生景仰之心的道,万事万物不得不由、不得不依、不得不归的道,才是中国思想中最高的概念、最基本的原动力。"如果我们的每一个老师、每一个学生都以求道为目标,我们的素质教育就会得到很好的推进。"道"不仅具有高层次性，而且具有普适性，即普遍适用。这种思想庄子称为"道通为一"。"道通为一"是庄子哲学思想的核心，其内涵十分丰富，既体现为《齐物论》中的"天地与我并生，而万物与我为一"，即"万物一体"，也体现为"庖丁解牛"中的"吾闻庖丁之言，得养生焉"，即"万道相通"。素质教育也体现了这种"通"的思想，因为其强调的是"素质"，是最核心的东西，是最根本的东西，具有普适性。一个素质高的人，不管做什么都能将事情做好。

3. 重视实践的思想

庖丁能达到现在的境界，是经历了长期的实践才实现的：从"族庖"到"良庖"，用了3年，从"良庖"到初级的"神庖"用了12年，从初级的"神庖"算起，又历练了19年，共计34年。正是基于长期的实践，才使庖丁的解牛达到了"出神入化"的境界。同样，素质教育注定是一个长期的过程，内化于心，外显于行，不可能急功近利、一蹴而就，必须静下心来，持之以恒，而且要重视实践。当今特别强调的创新也正是要"基于实践、始于问题"。

4. "两次超越"的思想

庖丁强调，他能达到现在的境界，是因为经历了"两次超越"：第一次是从"生"到"熟"（熟能生巧）的超越，第二次是从"熟"到"神"（出神入化）的超越。同样，素质教育要达到提高素质的目的，也必须经历"两次超越"：第一次是从"知识"到"能力"的超越，第二次是从"能力"到"素质"的超越。这里顺便讨论一下"素质教育"和"通识教育"的"同"与"异"。"同"在于：二者都强调知识的全面性，强调学科的打通，强调科学和人文的融合。这是一种横向的超越。"素质教育"和"通识教育"的"异"在于：素质教育还强调纵向的超越，即从知识向能力、向素质的超越。"通识教育"如果要想真正做到"通"，同样应该是在"道"层面上的"通"。理解了这一点，"通识教育"和"素质教育"也应该是相通的，用不着互争长短，反而可以互通有无。我不大赞同在当前使用"博雅教育"这个名词。因为了解教育史的人应该知道，"博雅教育"指的是教育发展的最早阶段，即贵族和上层人士所接受的一种教育，他们不需要从事任何具体职业，只求使自己变得渊博和高雅。随着社会的发展，教育事业随之发展，教育便成为职业性质的教育，是由于从事职业工作的需要而培养人才。由于过于强调职业的需要和专业的重要，又出现了新的问题，即人的发展的不和谐，成为单向度的人，于是西方才提出"通识教育"来矫正。也许在社会得到充分发展后，会有可能回归到"博雅教育"，应该说是回归"自由教育"，因为"博雅教育"的原文"liberal education"本来应译为"自由教育"。但在目前的社会发展阶段，是不可能全面实施"博雅教育"的。

还需强调的是，素质教育绝对不是不要知识，更不是不要能力，而是应以优化的知识为基础，以重要能力的培养为重点，以核心素质的提高为目标。

参考文献

［1］杨叔子．"庖丁解牛"对科学教育的启迪［J］．天津大学学报（社会科学版），2003（3）．
［2］徐复观．中国艺术精神［M］．桂林：广西师范大学出版社，2007：39．
［3］王蒙．王蒙自述：我的人生哲学［M］．北京：人民文学出版社，2003：47．

大学素质教育实践探索

改革创新大学素质教育
全面提高人才培养质量[*]

郭大成

全面提高高等教育质量已成为教育界的广泛共识。国务委员刘延东同志曾指出:"衡量高等教育质量的第一标准就是看人才培养水平"。如此看来,全面提高高等教育质量的第一要义就是要提高人才培养质量。这一命题实际上蕴含了教育的两个根本问题,即"培养什么样的人"和"怎样培养人"。

对于"培养什么样的人",党的十八大报告指出:"要把立德树人作为教育的根本任务,培养德智体美全面发展的社会主义建设者和接班人。着力提高教育质量,培养学生社会责任感、创新精神、实践能力。"这是党中央在新的历史条件下对人才培养工作提出的新要求,是对新形势下培养什么样的人的最新诠释,也是切实提高人才培养质量的着力点和出发点。

对于"怎样培养人",也就是如何提高人才培养质量,党的十八大报告同样也做出了明确指向,即"要全面实施素质教育,深化教育领域综合改革"。因此,要提升高等教育的人才培养质量,必须不断深化人才培养体制机制的综合改革,深入推进大学素质教育。

多年来,素质教育在推动高校教育教学改革、提高人才培养质量上发挥了不可替代的重要作用,特别是在《国家中长期教育改革和发展规划纲要(2010—2020年)》提出"坚持以人为本、全面实施素质教育是教育改革发展的战略主题"之后,素质教育的影响不断在扩大和深入。2011年,在教育部、中国高等教育学会的支持下,大学素质教育研究分会成立,这就进一步吹响了向素质教育迈进的号角。北京理工大学作为大学素质教育研究会理事长单位,一直在积极牵头开展大学素质教育相关研究工作,组织各方面专家学者深入探讨新形势下大学素质教育面临的问题及其解决途径,还努力将理论研究的最新成果应用到育人实践中,通过教育教学实践来检验理论的科学性和可行性。

几年来,在深入推进大学素质教育的过程中,学校有了越来越深刻的认识和体会,并结合高等教育的新形势、新特点,提出了构建"立体型、联动化、交互式"的大学素质教育体系,并努力将其付诸实践。

---

[*] 本文发表于《大学(学术版)》2013(6)。

一、大学应当着力培养立体、丰满的人

大学要培养什么样的人，是大学提高质量必须达成共识的重要问题。不同时期、不同层面对学校应当培养什么样的人有不同的界定。在20世纪五六十年代，教育目标是使受教育者在德育、智育、体育各方面得到发展，成为有社会主义觉悟、有文化的劳动者；之后又提出德智体美全面发展；现在，提出要培养德智体美全面发展的有社会责任感、有创新精神和实践能力的中国特色社会主义的建设者和接班人。那么，在大学教育实践过程中，学校应当如何培养人？从哪些方面培养？这是每个高校都回避不了的问题。

近年来，北京理工大学结合自身的思考和实践，提出了具体的育人目标，即"高远的理想、精深的学术、强健的体魄、恬美的心境"。

"高远的理想"首先要有道德修养，即做人的修养和品德是基础，如果没有这个前提，理想再高也是有问题的；其次，要有较高的目标，特别是对大学教育来讲更是如此。尽管现在我国的高等教育已经从精英教育阶段进入了大众化的阶段，但是从整个国家人口的比例来看，能够进入大学学习的人数还是不高。据统计，目前我国高等教育毛入学率刚刚接近30%，因此大学应该能够承担比较重要的责任，为国家的建设、民族的复兴，甚至人类的发展做出贡献。作为当代的大学生，应当怀有这样的理想和抱负。

"精深的学术"指的是理论和素养方面。学校应当为学生打下较好的基础，使其掌握较深的基础知识和基本技能。现在我国企业还不像发达国家企业那样普遍具有较强的科技开发能力，因此，像北京理工大学这类以理工科为主的院校还应该在产品开发、新技术发明方面有所作为。也就是说，在人才培养上，"学"和"做"两个方面都要强调。

学校提出"强健的体魄"是有针对性的。从"强健"两个字来讲，一个全面发展的人应当首先具有健康的身体。这些年从小学到中学再到大学，对学生的体质都有所忽视。特别是近年来大学生在心理和观念上出现的问题都非常值得思考。学校一直在强调由清华大学率先提出的"健康工作五十年，幸福生活一辈子"的口号，但是倘若没有一种锻炼身体的理念和习惯，既定目标也是很难实现的。因此，北京理工大学对体育教学和体育学习提出了以下两方面要求：首先要使学生能够树立锻炼身体的理念，其次还要养成锻炼身体的习惯。体育教学能够帮助学生掌握一种与自己习惯特点、兴趣相适应的体育活动技能，两方面互动最终才能达到强健体魄的目的。

"恬美的心境"是要培养学生乐观的心态，特别是遇到困难不气馁，执着向前的健康心态和意志品质。这应该是当前大学教育应该给予学生的，或者说学校应当有意进行培养的。

近年来，北京理工大学从上述四个方面探索和推进人才培养工作，同时也做了一些思考和实践。例如，学校开展了"德学理工"的实践，把德智体美几

方面结合起来。从管理层面来看，学校从组织结构上把教学和学生管理合到一起，把育人和管理工作合在一起，将教务处、学工处、团委、心理中心等纳入同一位校领导的管辖中。此外，学校还组织实施了"德学理工"计划，首次运用项目化管理方式，试行教育与教学资源统一调配，教师和干部全员参与，教育与教学两线合一，构建全面育人模式，提升人才培养质量。首批43个项目涵盖党团建设、制度建设、科技创新、文化建设、平台建设五个方面，初步建立了以思想政治教育体系、第一课堂课程体系、实践教学体系、课外科技创新体系、人文素养培养体系、体育文化建设体系、社会志愿服务体系为内容的"德学理工"教育体系，形成了"课堂教学＋创新实践＋校园文化"三位一体，"管理和服务"两统一，"德育和教学"一体化的素质教育格局。

二、大学应当内外联动形成人才培养合力

大学在人才培养方面承担着非常重要的任务，然而仅靠大学自身是不可能完成的，必须要考虑人才成长过程的规律和各个阶段的特点。完整、多元育人体系的建立，对于人才培养质量的提高至关重要。因此，这些年来，北京理工大学不断通过校内校外调研来摸索推进这项工作。

比如，在育人方面，很重要的一个问题是学校如何与家庭联手培养人才。在一个问卷调查中，我们询问学生"如果遇到困难和问题，你首先找谁"？从回答情况来看，学生们第一找的是朋友和同学，第二找的是家庭，第三才是找学校的老师、辅导员和班主任。这让我们深刻感受到，尽管学生进入大学离开了家庭，但是家长在他们的成长过程中仍然起到很重要的作用。在后续访谈中发现，一部分学生每天晚上都要和家长通电话，特别是一、二年级学生和女生。由此看来，家长在育人方面起到了非常大的作用。所以，北京理工大学在实践过程中把学校和家庭这个教育链条有机地衔接了起来。从去年开始，学校为大一年级新生建立了一个网络平台，把学生在校成绩、学习表现都录入进去，在学生自愿公布的基础上，允许家长、教师和学生上网查看。目前，大一年级共3 000多名学生，其中已有2 000多人加入了这个平台，约占总人数的2/3。通过这种交流建立起的家校联系在共同育人方面起到了一定的积极作用。

其次，北京理工大学与中学建立了合作关系。在一个人的整个受教育过程中，大学不应当是孤立的，而是应当作为其中的一个环节，和前后的学习经历相联系，特别是和中学教育相联系。为此，北京理工大学在与中学共同建立教育体系方面也进行了探索。现在，北京已有2所中学和北京理工大学签订了联合开办科技辅导课程的协议。大学的专家、教授到中学去传道授业解惑，使学生在读大学之前就能获得一些学科领域和科学技术方面的培养和指导；同时还组织专家、教授与中学生进行面对面交流，这不仅能开拓学生的知识面，还能锻炼学生与人交往的能力。目前，从中学反馈情况看，无论是校方领导、教师还是学生都认为这个活动办得非常好。事实上，这对于大学也有好处，学校因

此可能会招收到更多对本校专业感兴趣的学生,这对于大学培养拔尖创新人才也是有好处的。近些年,北京理工大学也和其他一些学校建立了生源校的合作关系。通过举办活动,使中学生提前发现大学和中学学习的不同,从而为大学学习做好准备。

此外,大学和用人单位也进行相关合作。北京理工大学一直致力于培养国防科技等领域的高级应用型人才,因此与企业的联系一直非常紧密。实际上,"2011计划"提出的在协同创新中育人对于北京理工大学并不是新课题。学校一直坚持和企业用人单位进行联动,主要是让学生和企业一起进行项目研究,参与者主要是研究生和部分高年级学生。让学生参与、接触企业的实际工作可以使学生在知识运用、人际交往等方面得到锻炼和提高,同时,企业的科技工作者还可以对学校培养什么样的人给予一些指导,这样就解决了大学对社会、对人才需求信息了解不足的问题。这些年,北京理工大学也主动和政府合作,争取得到更多支持和指导。这样由多方面联动合作而形成的育人体系,应该说对于大学的人才培养工作非常有好处。

三、大学应当充分调动内部要素实现交互育人

大学的人才培养工作应该是全员参与的。北京理工大学提出"三服务"的理念,即干部要为教师服务、教师要为学生服务、全校都要为人才培养服务,以此作为人才培养的基本理念。形象地讲,学校像一个大食堂,学生是来用餐的贵客,教师是厨师,领导干部是服务员。这几年,北京理工大学的干部、教师、管理者、工勤人员甚至包括离退休老同志都动了起来,参与到人才培养工作中。

首先是干部层面,学校所有领导班子成员和中层干部在每年学生入学以后都要承担联系一个班级的任务,其中一项很重要的工作叫作德育答辩。经过多年实践,目前这个活动主要是促使学生思考并形成对自己大学四年在校期间的发展规划。活动在形式上没有任何要求,学生可以自由发挥,要面对全体同学,面对年级管理干部、老师、辅导员说出自己的想法。通过这项活动,学生为今后大学四年的学习生活做了良好的铺垫。当学生步入三年级时,会面临一个中期的检查和评价。学校中层以上的领导干部都要参加并对学生加以指导,也包括教师和管理人员,还有离退休老同志。德育答辩过程包括一个评价环节,受到广大学生欢迎,实际效果比较好。

学校不断加强辅导员队伍建设,建立完备的考核激励机制来培养和锻炼辅导员。在学生中开展深度辅导,为每一名学生的健康成长提供良好服务和支持。在班主任队伍建设上,学校注重吸引有专业特长的专业课老师以及富有经验的离退休老同志,让他们共同参与到育人中,为学生提供有针对性的学习方法指导和思想认识引导。学校还发挥离退休老教师和老干部的作用,择优聘请一部分老教师和老干部作为低年级学生的德育答辩辅导员,引导学生成长。

在一些教师主动倡议下，学校基础教育学院和青年科协共同创办了"科研培育坊"和"青年科学家工作坊"，引进青年教师科研团队和实际科研项目，吸引青年教师和青年科技工作者投入到指导学生科技创新的工作中来，切实提高学生的实践创新能力。组织体育教师到学院、社团中指导并开展特色体育活动，培养学生的体育爱好，养成体育锻炼的习惯。

在后勤服务上，我们始终以学生的需要和诉求为核心，建立了比较完善的服务应答与质量监督机制；设立"学在理工、食在理工、住在理工、行在理工、购在理工"网上服务平台，发布信息，及时回复学生疑问；开通了"网上超市"，为学生提供购物便利。

我们重视发挥优秀学生的榜样示范作用，开展"青春北理"榜样评选活动，涌现了"北京高校成才表率"、光电学院博士生程德文，2012中国大学生年度人物候选人、"中国大学生自强之星标兵"、身残志坚却努力成才的计算机学院博士生张大奎等一批优秀学生典型；组织高年级学生与新生谈心活动，对新生开展大学发展规划指导；聘请优秀毕业生担任"德育小导师"，做低年级学生成长的引路人；重视发挥学生宿舍的文化育人作用，探索以学生为主体建立学生宿舍楼委员会和党团小组进宿舍制度，引导学生自我管理、自我服务、自我约束。鼓励各学生社团开展"文化艺术节""深秋歌会"等普及性文艺活动，以丰富多彩的艺术形式陶冶学生情操，引导学生积极向上、健康成长。

总之，大学素质教育是培养国家所需素质全面的人的重要途径，这不仅需要高校积极行动，还需要联合中学、家庭、用人单位、政府，共同构建、丰富、完善立体型、联动化、交互式的素质教育育人体系，从而全面提高高等教育质量，培养出一大批德智体美全面发展，富有创新精神、实践能力和社会责任感的社会主义建设者和接班人，为建设高等教育强国做出更多贡献。

素质学分制

——大学生评价模式的新探索*

赵作斌

素质学分制旨在通过对大学生进行素质评价来促进大学生素质的提高。素质学分制的基本内容包括素质测评、素质学分两个方面。

实现由学分制向素质学分制的根本转变,是大学全面实施素质教育的必然要求。

素质教育是我国教育改革发展的战略主题。习近平总书记在党的十九大报告中进一步强调要"发展素质教育"。《国家中长期教育改革和发展规划纲要(2010—2020年)》提出要"改革教育质量评价和人才评价制度""完善学生成长记录,做好综合素质评价"。高校实施素质教育,必然要建立与之相适应的大学生评价模式,素质学分制就是一种大学生评价模式的新探索。

素质学分制的内涵及本质

素质学分制是一种以提高大学生素质为目的,以素质测评结果为依据,以素质学分为计量单位,以专业素质、通适素质、创新素质"三维"评价为基本内容,对大学生进行素质评价的评价模式。

素质学分制的关键词是"素质"。素质是人通过潜质开发和知识内化而形成的决定其外在表现的观念、品德、能力、身体、心理等方面的基本品质。素质作为人的内在基本品质,可以通过人的外在表现反映出来,因此,素质是可以测评的,即可通过对大学生的外在表现来测评其素质状况。

高校全面实施素质教育的目的是培养适应经济社会发展需要的高素质人才。素质学分制旨在通过对大学生进行素质评价来促进大学生素质的提高,从而实现素质教育的目的。素质学分制的这一目的符合我国高校实施素质教育的要求。

当今社会对人才的要求不仅要具备扎实的专业素质,而且要具备过硬的通适素质和创新素质(以下将这三种素质简称为"三维"素质),这就要求高校将专业知识教育转化为专业素质教育,同时要进行通适素质教育和创新素质教

---

* 本文发表于《中国高等教育》2018(20)。

育。与此相适应,对大学生的评价内容必然是"三维"素质评价而不是"一维"知识评价。

素质学分制的本质是对大学生进行素质评价。素质本质上是知识内化的产物,大学生的素质是专业知识、通适知识、创新知识内化的产物,因而对大学生的素质评价本质上是对其知识内化及其程度的评价。

素质学分制的基本内容

素质学分制的基本内容包括素质测评、素质学分两个方面。基于前文所述的"三维"素质评价,素质测评要从专业素质测评、通适素质测评、创新素质测评三个维度设置素质测评体系;素质学分也相应地涵盖专业素质学分、通适素质学分、创新素质学分三个方面。

1. 素质测评

大学素质测评是通过科学的测评程序、测评手段和方法,对大学生专业素质、通适素质、创新素质状况的评价。

素质测评本质上是对大学生知识内化及其程度的测评。知识一旦内化为大学生素质,就不再以知识的状态存在,而是以观念、品德、能力、身体、心理等素质状态存在。观念、品德、能力、身体、心理等五个方面素质的内化过程及标志各不相同。知识内化为观念、品德素质的过程为"认知—认同—践行",其中"认知"为初级阶段,"认同"为中级阶段,"践行"为高级阶段,"践行"是观念、品德素质形成的标志。知识内化为能力的过程为"认知—训练—掌握和运用",其中"掌握和运用"是其高级阶段,是能力素质形成的标志。知识内化为身体素质的过程为"认知—践行—健康",知识内化为心理素质的过程为"认知—调适—健康",其中"健康"是身心素质形成的标志。知识内化为素质的最高状态是"创新"。大学生素质测评就是对知识内化及其内化程度的测评。

素质测评的关键是选择正确的测评方式和方法。大学生素质测评既可采取结果性测评,也可采取过程性测评,还可采取二者相结合的方式,最重要的是根据不同素质测评的要求选择正确的测评方法。如理论课测评应主要采取预习测评、复习测评、练习测评、课堂互动测评、素质考试等方法;实践课测评应主要采取现场操作测试、跟踪观察、项目成果考核等方法;涉及观念、品德素质的测评应主要采取行为表现跟踪观察、重大活动考核、问卷调查、综合评价等方法;创新素质的测评应主要采取创新实践考核、创新成果鉴定等方法;身心素质的测评应主要采取体检、身体达标检测、心理量表测试、日常行为表现观测等方法。其中,素质考试与传统考试存在本质的区别。传统考试的目的在于测评学生掌握的课业知识是否达到规定的水准,其命题主要考查学生对课程知识的记忆、理解状况。素质考试不仅测评学生对教学内容的记忆、理解状况,更重要的是测评其是否会"运用"及其熟练程度。素质考试的基本形式是开卷，学生难以找到现成答案，主要通过考核学生分析问题和解决问题的能力来评价其素质状况。

客观性是素质测评的基本要求。为保证大学生素质测评的客观性，还必须做到：设置的测评指标体系科学合理，符合素质培养目标和培养规格的要求；搜集素质表征信息要具有素质性、全面性、真实性；测评方法选用恰当，运用得法到位；制定并严格遵循测评规则；测评人员必须具备相应的观念、品德素质和业务水平，对每个学生一视同仁，不带个人主观偏见，保证素质评价结果与学生的素质状况基本吻合。

根据大学素质教育"三维"培养特征，应从专业素质、通适素质、创新素质三个维度设置素质测评体系。专业素质测评主要包括专业观念和专业品德、专业能力三个方面的测评。专业观念主要表现为大学生对所学专业的社会价值及其对自身发展价值的认同感，以及在此基础上产生的专业归属感和自豪感。可通过测评学生平时学习的积极性、主动性和创造性以及是否热爱专业、是否勤奋、是否坚持等学习态度来评价。测评时，由全体任课教师分别给学生作出量化测评，再取其平均值。专业品德指大学生在专业学习中所表现出的良好职业操守。可通过学生平时学习和实践中的表现来测评，如是否诚信、能否自律等。专业品德的测评可采取加、扣分的方法，由全体任课教师测评，同样取其平均值。专业能力是指运用专业理论知识分析问题和解决问题的能力，主要通过各门专业理论课程的素质考试和实验、实训考核来测评。全部专业课程的加权平均分可以作为对学生专业能力的评价。

通适素质是指大学生必备的、不具有专业属性、普遍适用于各种职业的素质。"通适"不同于"通识"，前者是指适用于各种职业的素质，后者指的是知识。通适素质测评主要包括对学生思想观念、社会公德、通适能力、身心素质等方面的测评。思想观念素质是世界观、价值观、人生观在大学生思想观念中的反映。可通过素质考试来测评学生对思政课教育教学内容的"认知"状况，通过问卷调查测评对社会主义核心价值观的"认同"状况，更重要的是通过任课教师、辅导员、班主任根据学生平时的行为表现测评其"践行"状况，取其加权平均值。社会公德是指大学生在社会交往和公共生活中应该遵守的行为准则和道德规范。可根据对学生日常行为表现过程的跟踪观察记录，由辅导员、班主任以及相关教辅人员按一定权重，采取在设置的基础素质学分之上用加、扣分的方法进行量化测评。通适能力是指大学生在社会生活中必须具备的、不具有专业属性的能力，主要包括学习能力、交往能力、表达能力、适应能力、自律能力等。对其测评需要根据不同能力的特点选择恰当的测评方法。如可通过各门课程素质考试的平均分测评学生的学习能力；通过学生关系问卷调查和情景测试测评学生的交往能力；通过文稿写作和演讲测评学生的表达能力；通过素质拓展实训、社会实践测评学生的适应能力；通过平时表现和情景测试测评学生的自律能力。可由任课教师、辅导员、班主任及相关教辅人员按一定权重予以量化测评。身心素质可通过体检、体育课、体育达标测试、心理量表测试等进行测评。

创新素质测评主要指对学生创新精神和创新能力的测评。对大学生创新精神的测评主要通过考查学生在课程学习中的互动以及创新实践活动的表现，评定学生是否具有问题意识、批判意识、求新意识、科学精神等。测评时，由专业课及创新特色课教师评价，取其平均分。对大学生创新能力的测评由任课教师通过课堂互动、创新实践活动，特别是创新成果鉴定等，测评学生发现问题、分析问题和解决问题的能力。

需要注意的是，以上素质测评的关键是测评指标的量化标准和权重设置。

2. 素质学分

素质学分同学分一样，都是对大学生评价的计量单位，所不同的是，素质学分是建立在素质测评基础上，将素质测评的结果转换成的表示学生素质状况的一种学分，反映的是学生特定素质状况，而不是对知识的记忆、理解状况。传统的学分制只通过某一门课程的一次性考试，由某一位任课教师给出评价，不能反映学生的综合素质状况，对用人单位也没有太大的参考价值。素质学分则是全部专业课程、实践课程的素质测评结果的加权平均值，从而得到学生的专业素质、通适素质、创新素质三个维度素质的素质学分，反映的是学生的综合素质状况。

素质学分的表现形式是"大学生素质学分报告单"。它反映了大学生在一定时期内的综合素质状况，具有以下主要功能：一是可对每个学生"三维"素质状况作出完整、准确的画像；二是便于学生正确认识自己的素质状况，发扬长处，补充短板，修正生涯设计，提高素质；三是可使用人单位全面了解学生的素质状况，有利于用人单位准确选材用人。

实行素质学分制的必要性

学生评价模式体现着育人的方向，对高校整个教育教学活动具有"指挥棒"的导向作用。素质学分制是对学分制的扬弃：一方面，素质学分制继承和保留了学分制的积极因素，如目标管理、学分计量等；另一方面，素质学分制克服了学分制不适应素质教育的局限性，对学分制进行了重构、升级、创新，是对学分制具有革命意义的新发展。

其一，从评价目的看，素质学分制通过素质测评、素质学分、素质状况报告单，达到提升大学生综合素质，实现全面发展和个性发展相统一的目的，因而本质上是一种"素质本位"的评价，必然引导和促使教师的"教"和学生的"学"紧紧围绕提高素质这一目标，充分发挥双边积极性和主动性，从而有利于培养适应社会需要的高素质人才。

其二，从评价体系和评价内容看，素质学分制设置了系统的素质学分体系，既有对学生的专业素质的评价，又有对学生通适素质和创新素质的评价。在专业素质方面,既有对专业能力的评价,又有对专业观念、专业品德等素质的评价。在通适素质评价中,不仅有对学生思政理论知识的评价,更有对其观念、品德的践行状况、通适能力运用状况及身心健康状况的评价;同时素质学分制特别强调对学生创新素质的评价。可见,素质学分制是对学生素质的综合评价和全面评价。素质学分制将原学分制的"一元"评价上升为"多元"评价,将"一维"评价上升为"三维"评价,有利于学生综合素质的培养,有利于用人单位鉴别人才。

其三,从评价方式方法看,素质学分制的评价方式是素质测评,素质测评不仅以素质考试取代传统的课业考试,而且根据不同素质外化特点采取不同的测评方法。更重要的是,素质学分不同于传统学分来源于一位任课教师对课程考试成绩的评分,而是全部课程加权平均分的结果,能够比较真实地反映学生的素质状况。

其四,从对评价结果的报告形式来看,传统的学分制对学生评价结果的最终报告形式是毕业生的各门课程考试的成绩单。这种成绩单呈现的是毕业生专业课程的考试成绩,而对用人单位最需要了解的毕业生的思想、品德、能力、心理等素质状况却没有评价;素质学分制对学生评价结果的最终报告形式是"大学生素质学分报告单",这种报告单为用人单位提供的是毕业生的综合素质状况,使用人单位不仅可以全面了解毕业生的专业素质,而且可以全面了解毕业生的通适素质和创新素质,有利于用人单位准确选材用人。

综上所述,在学生评价模式上实现由学分制向素质学分制的根本转变,是大学全面实施素质教育的必然要求。在素质学分制"指挥棒"的导向下,学生的学、教师的教,以及学校的管理必然会紧紧围绕培养高素质人才这个根本目标,从而使素质教育真正落地,从根本上提高我国大学的人才培养质量。

参考文献

[1] 赵作斌. 重新认识素质教育中的素质概念 [J]. 中国高等教育, 2018 (3): 72–74.

[2] 赵作斌, 大学成功素质教育理论与实践 [M]. 武汉: 武汉大学出版社, 2009.

[3] 赵作斌, 大学素质学分制理论与实践 [M]. 北京: 现代出版社, 2012.

[4] 韩磊磊, 源国伟. 中国高校学分制30年——大学教学制度改革讨论述评 [J]. 高教探索, 2008 (4): 62–67.

素质教育与大学教育改革*

庞海芍　郇秀红

自 20 世纪 80 年代以来，随着"素质"成为当代中国的一个核心词汇，素质教育也日益成为富有中国特色的教育思想而家喻户晓。特别是自 1995 年开始，在大学实施的以文化素质教育为切入点和突破口的素质教育，与从西方概念 general education、liberal education 翻译而来的通识教育、博雅教育交织在一起，引发了中国高等教育的三大变革。

一、素质教育概念漂移与教育理念的深刻变革

20 世纪 90 年代，伴随着素质教育思想的提出及实践，众多专家学者、教育家、管理者探索了素质、素质教育、文化素质教育的内涵，知识、能力、素质三者之间的关系，文化素质教育的时代意义等，逐渐形成了一些共识[1]。如认为"素质是在人的先天生理基础上、经过后天教育和社会环境的影响，由知识内化而形成的相对稳定的心理品质"。"高质量的人才应该是知识、能力、素质的高度和谐和完美统一。传授知识、培养能力往往只解决如何做事，而提高素质的核心就是学会如何做人、学会为人之道"[2]。高等教育的人才素质包括四个方面，即思想道德素质、文化素质、业务素质、身体心理素质，针对当时大学教育普遍存在的重智轻德、重理轻文、科学和人文教育割离等弊端，以文化素质教育为切入点和突破口的素质教育切中时弊，一呼百应，在各个大学轰轰烈烈迅速展开。

进入 20 世纪，上述素质教育内涵发生了两个漂移，且在政府和民间存在着漂移错位现象（见图 1）。

一个漂移是在与我国港台地区以及西方的教育交流中，通识教育（general education）、博雅教育（liberal education）概念开始被引入我国大陆，并借助文化素质教育的推广和普及迅速得到认同。在很多大学在实践中，以"文化素质教育为主要抓手的素质教育"开始向通识教育、博雅教育漂移，更强调通过对知识的融会贯通，使受教育者具备"择其善而识之"的能力，成为人格健全、视野开阔、和谐发展的完整之人。2000 年之后，很多大学开始使用"通识教育选修课"概念，也有称作"文化素质教育选修课"或"文化素质通选课"的；

---

* 本文系国家社会科学基金项目"以学生为本的专业选择与高等教育制度创新研究"（项目批准号：13BGL127）的研究成果，发表于《中国高教研究》2015（9）。

图 1 素质教育的概念漂移

一些大学还提出本科实施"通识教育基础上的宽口径专业教育"的人才培养模式[3]。此时,素质教育、文化素质教育与从西方翻译而来的通识教育、通才教育、博雅教育、自由教育、全人教育等概念混合使用,令人们眼花缭乱,不知就里①。本研究者认为,通识教育在西方常常指通识教育课程,强调通过对知识的融会贯通,塑造健全人格;素质教育的内涵则更为丰富、立意更为高远。它既是一种教育理念,也包含了十分丰富的教育内容,如德智体美、社会责任感、创新精神、实践能力等;在实践路径上则贯穿于教育的全过程,包括课内课外、校内校外、渗透专业教育等,而通识课程只是素质教育的实践路径之一;它还引发了教育模式的巨大变革,以往狭窄的专才培养、过度的应试教育均有很大改观。

另一个漂移是,随着时代的发展以及素质教育在大中小学的普及,全社会的文化素质已经大大提升,深化素质教育不仅仅是提高文化素质教育,还亟须找到新的切入点和突破口。也就是说,素质教育的内涵需要随着社会的变化发生变迁。事实上,在中国政府文件中素质教育的重点也有所变化,开始由德智体美全面发展②转向更突出强调"社会责任感、创新精神、实践能力"的全面素质教育③。相关表述见 1999 年出台的《中共中央、国务院关于深化教育改革全面推进素质教育的决定》和 2010 年颁发的《国家中长期教育改革和发展规

---

① 关于素质教育、通识教育等相关概念的内涵辨析在此不再赘述,请参阅:杨叔子,余东升. 文化素质教育与通识教育之比较 [J]. 高等教育研究,2007(6);陈向明. 通识教育有关概念的辨析 [J]. 北京大学教育评论,2006(3);王义遒. 大学通识教育与文化素质教育 [J]. 北京大学教育评论,2006(3);庞海芍. 通识教育内涵解读 [J]. 北京大学教育评论,2010,8(12).

② 1999 年出台的《中共中央、国务院关于深化教育改革全面推进素质教育的决定》中指出:全面贯彻党的教育方针,以提高国民素质为根本宗旨,以培养学生的创新精神和实践能力为重点,造就"有理想、有道德、有文化、有纪律"、德智体美等全面发展的社会主义事业建设者和接班人。

③ 2010 年颁发的《国家中长期教育改革和发展规划纲要》提出:坚持以人为本、全面实施素质教育是教育改革发展的战略主题,是贯彻党的教育方针的时代要求,其核心是解决好培养什么人、怎样培养人的重大问题,重点是面向全体学生、促进学生全面发展,着力提高学生服务国家服务人民的社会责任感、勇于探索的创新精神和善于解决问题的实践能力。

划纲要》等文件。但令人遗憾的是，实践中并没有把"社会责任感、创新精神、实践能力"作为"大学素质教育"的新抓手、新的切入点和突破口广泛推广，使得"以文化素质为抓手的素质教育"发生了漂移，却没有抛锚靠岸。

尽管人们对素质教育、通识教育的概念、内涵存在各种各样的看法乃至争论，但毋庸置疑的是素质教育思想引发了高等教育全面而深刻的变化，不仅教育理念发生了深刻变革，课程体系、教学内容乃至人才培养模式也在发生巨大变化。我们知道，中华人民共和国成立后，为了适应社会主义现代化建设对专门人才的迫切需求，开始学习苏联建立了专才教育的培养模式，且贡献卓著、影响深远，人们的教育观念、课程设置、教学方式方法、大学的组织结构……无不深深打上了培养专才的烙印。改革开放后，专才教育存在的知识结构单一、专业面狭窄、视野局限、人文与科学教育失衡、缺乏创新能力等弊端日益显现。而文化素质教育、素质教育正是切中了专才教育的时弊，顺应了教育的发展规律和潮流，涉及了大学的根本目标和任务——即培养什么人，如何培养人[4]。

素质教育从20世纪90年代在大学实施，到2010年成为中国教育改革和发展的战略主题，大学理念的深刻变化有二：一是从专才培养强调的"制器"，转向了素质教育凸显的"育人"[5]。大学不仅仅是造就一个高级专门人才，而是培养一个具有一技之长并和谐发展的健全之人。二是从社会本位论的教育目的观开始逐渐转向个体本位论的教育目的观，开始强调以人为本的教育，以学生为中心的教学；更加重视全体学生的全面发展，教育要一切为了学生，为了学生的一切，为了一切学生[6]。

二、素质教育与本科教育课程体系改革

教育理念的变化必然影响到教育目的的调整和教育内容的选择。事实上，20世纪90年代中期与文化素质教育同步推进的还有"面向21世纪教学内容和课程体系改革"，这也是继50年代学习苏联加强专业教育，全国进行大规模课程体系改革之后，又一次由教育部主导进行的、有系统、有组织的全国较大规模的改革[7]。这次教学内容与课程体系改革与文化素质教育交织在一起，重在探索大学生的知识结构更新和综合素质培养。与1950—1980年相比，一是思想政治类课程的内容大为丰富，同时增设了通识教育选修课类别，这是专门为文化素质教育目的而增设的一组课程。尤其是对理工大学而言，人文社会科学课程的数量和内容大大丰富。二是大大增加了选修课程的比重和数量，给了大学生更多的选择自主权。

笔者曾经研究了北京理工大学自1950年以来的本科教学计划修订与变迁，发现了人文社科类课程在本科课程总学分（总学时）的变化（见表1）。可以发现，从1980年开始，随着大学对过分狭窄的专业教育的纠正以及素质教育思想的影响，理工科大学人文社会科学类课程逐渐增加。1999年全校任意选修课纳入本科培养方案中的"公共基础课"部分，更名为公共基础任选课；2003年

发展为通识教育选修课，内容涉及人文社会科学、自然科学、工程技术等领域，课程数量大大增加，要求每位学生修读 8 学分。

表 1　北京理工大学人文社科类课程变化①

时间	人文社科类课程形式及内容	
	必修	选修
1957	马列主义基本原理，哲学，中国革命史，政治经济学，俄文	第二外语
1963	思想政治报告，马列主义基本理论，外国语	
1979	政治理论，外语	
1986	马克思主义理论课，外语	任意选修课： 1. 科学技术史； 2. 逻辑学； 3. 文学概论； 4. 美学概论； 5. 经济学； 6. 管理科学基础
1992	中国革命史，中国社会主义经济建设，马克思主义原理，思想教育，外语	1. 外语专业阅读； 2. 任意选修课（同 1986 年）
2005	思想道德修养，法律基础，马克思主义哲学原理，政治经济学，毛泽东思想、邓小平概论与"三个代表"，外语	1. 专项英语选修； 2. 通识选修课，在六大类 120 余门课程中选修 4 门课 8 学分： A. 历史与社会； B. 经济与法律； C. 文学艺术； D. 语言； E. 自然科学； F. 工程技术
2014	思想道德修养与法律基础，中国近代史纲要，马克思主义基本原理，毛泽东思想与中国特色社会主义理论体系概论，大学生心理素质发展，知识产权法基础，外语	1. 专项英语选修； 2. 通识教育专项，包括五大类课程： A. 哲学与历史类； B. 文学与艺术类； C. 健康与社会类； D. 经济与政治； E. 科学与技术

① 根据北京理工大学各年度本科生培养方案整理。

进入21世纪,在素质教育思想、通识课程理念的影响下,各高校普遍形成了如下本科教育课程体系(见表2)。

目前,中国高校的通识课程建设呈现出两个主要变化:一是通识选修课从无到有,从少到多,已经从注重增加"数量"发展到提升"质量",开始构建通识教育核心课程。经过20多年的发展,各高校开设了少则几十门、多则达到二三百门的通识选修课,内容大都涵盖了人文学科、社会科学、自然科学三大知识领域。多数高校采取了分布选修的方式,即将通识选修课程根据学科性质划分为几个模块,要求学生从不同领域中选修一定的学分。

表2 中国高校本科教育课程体系

公共基础课(通识教育课程)	公共必修课	思想政治理论、英语、计算机、体育、军训等;此外,理工类专业必修数学、物理、化学等自然科学课程,文科专业一般必修大学语文
	文化素质课(通识选修课)	一般开设几十门或数百门,划分为几大类,不同高校要求学生选修6~30学分不等,有些学校称之为文化素质选修课、公共选修课等。近几年一些学校开始建设通识核心课、新生研讨课
学科基础课/大类专业平台课	必修课/选修课	旨在为进一步专业学习打基础,一些学校按照学科大类招生和培养,因此也称之为大类专业平台课
专业教育	必修课/选修课	实践教学与毕业设计
第二课堂/非正式课程	素质教育活动	课外讲座、读书活动、大学生科技创新竞赛、文化艺术及体育活动、大学生社团等
	社会实践	志愿者服务、社会调查、暑期社会实践等

通识选修课程是迄今为止中国高校自主设置的凸显素质教育思想和特色的课程。设立初期,由于缺乏深刻认识和有效管理,通识选修课普遍存在着"内容杂、结构乱、质量差、地位低"的问题,难以有效发挥素质教育作用[8]。近几年,一些大学加强了通识选修课的顶层设计和政策支持,在原有通选课的基础上开始重点建设一批"通识核心课程"。一些高校还成立了通识课程委员会,聘请多个学科专业的学者对通识课程进行总体设计和质量审核;采取多项措施提升质量,如激励名师授课、配备助教、小班研讨、阅读经典等。这一系列举措使通识选修课程开始向"系统化、规范化、精品化、核心化"方向发展,课程质量和地位正在改善和提高。

如上海交通大学从2009年9月开始将原有的通选课改造为通识教育核心课

程，采取遴选立项、期满验收、定期复评、不断更新的方法进行建设①。对于通过立项的课程，每年给予 2 万元的建设经费；在校年终考核时可等同于上海市精品课程。为了保障通识核心课程质量，上海交通大学成立了通识课程委员会，组建了 4 个课程模块（人文学科、社会科学、自然科学与工程技术、数学或逻辑学）专家组进行顶层设计。学校规定，通识教育核心课程应由教学经验丰富的骨干教师承担，提倡小班教学，每班 50 人，且配备一名助教随堂听课，进行课外辅导及负责小班讨论等。

一些大学如清华大学、浙江大学、南京大学等开设了新生研讨课（freshman seminar），在高水平教授的引导下，通过小班化研讨式教学、过程体验、团队合作、讨论交流，使新生认识了解专业，体验学术活动的一般过程，启发研究和探索的兴趣，学习科学的思维方式与研究方法，并顺利完成从高中阶段向大学阶段在学习上和心理上的转换和蜕变。一般而言，新生研讨课 16 或 32 学时，持续一学期。

此外，丰富多彩的第二课堂的潜在教育也成为中国高校素质教育的一道靓丽风景和独有特色。

第二大变化是随着人们对通识教育课程内涵的深入理解，逐步将通识课程外延由选修课扩大到公共必修课。一些大学提出了本科培养模式实施"通识教育基础上的专业教育"，开始将公共必修课纳入通识教育课程体系，与通选课一起担当素质教育使命。如浙江大学将本科课程体系划分为四个部分：通识课程、大类课程、专业课程、实践教学。其中，通识课程包括必修课（思政类、军体类、外语类、计算机类）和通识选修课、通识核心课等。复旦大学将全校的通识教育课程划分为三大板块：一是体现国家意志的四大专项教育——思想政治教育、外语、军事、体育；二是凸现复旦价值的通识核心选修课，分为七大模块；三是开阔知识视野的通识选修，分为四组。

但目前主要还是课程形式结构和名称的改变，课程的实质——包括内容、价值取向、教学理念及方式方法还没有根本改变。原因则在于，强调社会本位论的专才教育和注重个体本位论的素质教育具有两种不同的课程构建思路。专才教育的课程构建是从培养一个专才所需要的专业知识和能力出发设计专业课程，根据专业课程需要设计学科基础课程和公共基础课程。学习公共基础和专业基础课程都是为了更好地学习专业，使大学毕业生成为某个专业领域的专门人才。一般的课程结构为：公共基础课＋专业基础课（大类平台课）＋专业课。这是 1952 年学习苏联建立的"专才"培养课程体系——"三层楼"式的课程结构，影响中国大学本科教育半个多世纪。而素质教育的课程构建思路则是从塑造一个健全人所应该具有的"素养＋能力＋一技之长"出发，构建通识

---

① 上海交通大学通识教育核心课程选课手册（2012 级）。教务处，2012 年 9 月。http://www.physics.sjtu.edu.cn/academics/node/79。

课程和专业课程，让大学生通过学习通识课程，打牢两个基础（为一生如何做人打牢基础，为专业学习打牢基础）和拓宽视野（对本专业之外的领域也有所涉猎）；在此基础上选择一组专业课程进行学习，掌握一技之长。如美国大学的一般本科课程结构为：通识课程＋主修课程＋自由选修课程。

事实上，中国高校的公共基础课部分本来就应该属于通识教育课程，它是面向不同学科专业背景学生，着力于人格完善、能力提高和知识结构优化的非专业教育课程。由于专才教育的深远影响，以及社会的政治文明、经济水平、历史条件等众多因素的制约和影响，中国高校的公共基础课更注重发挥"打牢专业基础"的作用。如"大学语文"1952年之前是中国各大学必修的基础课程，对于提升大学生的人文素养、训练表达能力等大有裨益；但是1952年之后，理工科大学生不再必修，人文社科类专业则出于专业学习的需要必修中文。那么在强调素质教育的今天，本科教育课程体系改革的出路则在于，必须从素质教育的目的出发，转变教育观念，精心构建整个本科课程体系，改革教学方式和方法，充分发挥基础必修课在培养核心能力、健全人格方面的作用。如开设中文必修课，加强人文与科技的融合课程等。特别是所有大学生必修的"思想政治理论课"是非常富有中国特色的通识课程，应着力提升课程品质，增强学习效果。

三、素质教育引发的人才培养模式改革

教育学家叶澜认为，教育系统是功能选择在先、结构形成在后。只有确定了希望教育发挥什么作用，才能进一步制定教育目标、构建教育制度、选择教育内容、安排组织具体的教育活动等[9]。由于我国长期实行专业教育的人才培养模式，不论是教育目标、课程体系、教学方式方法，还是行为习惯、组织权力结构、相关制度都已经与专业教育模式相适应，仅靠局部的课程改革很难真正实现素质教育理念。

就组织结构和管理体制而言，实施素质教育主要面临两大阻力：一是素质教育与专业学院之间的张力。我们知道，现代大学普遍形成了按照学科专业划分院系的组织机构，学院和大学的组织与权力围绕在专门知识的周围，学科专业教育在其中占有主导地位和支配地位。没有学科专业归属的素质教育或通识教育课程难免处于"无权无势"的尴尬地位。以通识教育选修课为例，它是由各个专业院系为全校所有学生提供的选修课程，一般由教务处进行组织和协调，并根据各院系承担的教学工作量核算编制或经费。由于课程的非专业性以及选修性，再加上目前普遍存在的"重科研、轻教学"氛围，通识选修课难以得到专业院系的重视和支持，常常处于边缘化地位，"教师不愿讲，学生不爱学"的现象普遍存在。再以本科教学计划修订为例，通识课程与专业课程的学分和比重一直是大学和专业学院之间的矛盾之一。

素质教育的第二个阻力是学生的归属与管理模式。众所周知，中国大学的

专业学院普遍包揽了本科生、硕士生、博士生的全部教育过程和学籍管理，尤其是本科生高考时即选定专业，一入学即隶属于大学的某一专业学院，如果专业兴趣发生变化，很难在专业学院之间进行转换和调整。大学生按照专业和年级编班集中住宿，大学期间学生进行跨学科的学习和交流机会较少。随着素质教育的日益深入，人们逐渐认识到，实施素质教育、通识教育，绝不是仅仅开设一些通识教育选修课，开展一些文化素质教育活动，需要教育理念和人才培养模式的深刻变革，也必将涉及大学的组织结构和管理模式的变革。因此，一些大学开始从管理体制上加强素质教育，率先进行了"通识教育人才培养模式"的实验探索。主要有以下三个改革路径：

一是成立与院系平行的、实体化的"文化素质教育基地"或通识教育中心。其主要职能一般包括建设通识教育选修课、举办文化素质教育系列讲座、开展文化艺术活动等，将通识教育选修课程与第二课堂的素质教育活动进行统筹规划，如清华大学、哈尔滨工程大学、南京理工大学、大连大学、东南大学等。此模式与港台地区高校的通识教育中心颇有相似之处。

二是创办"通识教育实验班"，进行"通识教育基础上的专业教育"人才培养模式改革实验。如北京大学的元培学院、南京大学的匡亚明学院、中山大学的博雅学院、清华大学的新雅书院等，属于小规模、全方位的改革试验。这些学院每年仅招收几十名或者一二百名大学生，但大都进行了较为完善的制度设计，本科四年进行全程教育和管理。如：大学一二年级不分专业，进行良好的通识教育，之后根据兴趣自主选择专业；打乱专业混合住宿，加强不同专业学生之间的交流；实行导师制。

三是建立书院或住宿学院、通识学院，改革专业选择机制和学生管理组织模式。一些高校成立了覆盖全校部分本科生的住宿学院、书院或通识教育学院，力图通过组织变革加强全校的通识教育。如浙江大学的求是学院以及本科生院、复旦大学的复旦学院、西安交通大学的书院制学生管理体制、北京理工大学的基础教育学院、西南财经大学的通识教育学院、宁波大学的阳明学院、汕头大学的至诚书院（住宿学院）、湖北大学的通识教育学院等。

这些学院主要有如下特点：一是负责全校一年级或一、二年级本科生的教育教学管理，建立书院制度，改革大学生住宿管理，不同专业学生混住，充分发挥宿舍的育人功能。二是很多高校开始实行大类招生、延缓专业选择时间，将一、二年级本科生从专业学院剥离出来，按学科大类进行培养和管理，打下了坚实的基础，之后根据兴趣和学业情况进行专业分流，学生进入各专业学院学习。如浙江大学实行大类招生，求是学院专门负责全校一年级新生及专业确认前学生的通识教育培养。本科生在主修专业确认之后，回到各专业学院学习。西安交通大学将全校一~四年级所有本科生纳入8个书院进行管理，不同专业学生住在一起，将宿舍改造为温馨的育人场所，构建了丰富多彩的课外育人体系，提升大学生的综合素质和能力。

事实上，这样的组织变革已经悄然改变了大学全部由一系列专业学院组成的组织结构，变成了由本科生院（通识教育学院）和专业学院共同组成大学（见图2）。虽然通识学院在运行之初必然与传统的管理体制进行磨合和适应，但毕竟从管理体制上加强了素质教育和通识教育。

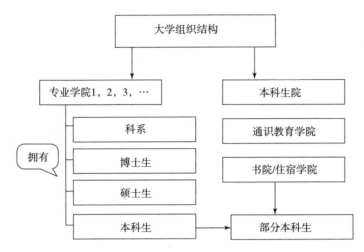

图2　通识教育学院与大学组织结构变化

即便如此，在专业院系林立的大学里，没有学科专业归属的素质教育或通识教育机构难免要处于"无权无势"的尴尬地位。因此，要从根本上提高通识教育的地位，还需要更深层次的组织制度变革。实际上，大学的院系既是一级行政机构，也是将某一类学科、专业连接起来的机构，也就是说院系这一组织形式将不同学科专业的人员维系在一起，使不同学科之间的界限进一步明晰化，并以行政机构的方式形成学科壁垒。那么，与之相适应，课程与教学体系也是以学科为中心组织进行的，由此又实现着专业化的人才培养目标[10]。实施素质教育，表面看需要改革课程设置，实际上是一场大学的综合改革，是对大学教育目的的重新思考，是对本科教育教学目标的重新定位，是对人才培养模式的重新构建，也终将涉及大学的管理制度乃至组织制度变革。因此，必须在素质教育办学理念的统领下，重新全盘考虑大学生应具备何种知识与素养，改革课程体系，建立有关制度，改变组织结构，最终建立素质教育的人才培养模式。

参考文献

[1] 周远清，阎志坚. 论文化素质教育［M］. 北京：高等教育出版社，2004：64-69.

[2] 周远清. 素质·教育文化·素质教育［J］. 中国高等教育，2000（8）：

3-5+30.

[3] 庞海芍. 通识教育内涵解读 [J]. 北京大学教育评论, 2010, 8（高等教育管理专科）.

[4] 周远清. 努力提高两个文化自觉 [J]. 中国高教研究, 2012（1）: 4-6.

[5] 杨叔子. 是"育人"非"制器" [J]. 高等教育研究, 2001（2）: 7-10.

[6] 杜玉波. 全面推进素质教育, 培养高素质创新人才——在中国高教学会大学素质教育研究会成立大会上的讲话 [J]. 中国高教研究, 2012（1）: 1-4.

[7] 周远清. 加强文化素质教育提高高等教育质量 [J]. 教学与教材研究, 1996（1）: 4-7.

[8] 庞海芍. 通识教育: 困境与希望 [M]. 北京: 北京理工大学出版社, 2009: 118-124.

[9] 叶澜. 教育概论 [M]. 北京: 人民教育出版社, 1991: 319.

[10] 余东升. 通识教育: 知识、学科、制度整合的范式 [J]. 医学教育探索, 2005（1）: 4-7.

从通识教育深入到通识学习*

卢晓东

一、通识教育——一个开放的概念

何谓"通识教育"？教育学家们有许多定义，其中哈佛大学第 25 届校长博克（Derek Bok）所提出的定义值得认真思考。

"大学生在知识学习上，应该深度及广度兼备。一方面应该通过专业课程，对某一知识体系作深入的研究，一方面应该对其他领域作广泛的涉猎。""大学生应该对不同文化的价值、传统及体制有所认识。通识教育应该给大学生充分的选择机会，让他们接触不同的事物，使他们能对学术及文化发展产生长远的兴趣。增进他们对自我的了解，最后能对其未来的生活及生涯做出明智的抉择。经过与不同的学生相处的经验，培养他们成熟的处事及处人能力，并且也通过这种经验培养人们对人类多元本质的容忍度。"

以上所说的通识教育，大体说来就是我们所说"专业"或者"职业"知识之外的教育。这种教育常常被认为没有"职业"的知识有用，或者说是无用的，这是通识教育被考生和家长忽略的原因，当然也有许多大学对其有所忽视。然而，这种"无用之用"反而非常实用，甚至说有大用。

儒家强调"正名"，名不正则言不顺，持续尝试寻找概念的精确定义。道家强调"道可道，非常道；名可名，非常名"，似乎强调经由语言媒介，定义与事物的本质间仍存在客观距离。佛家中的禅宗强调，要突破文字的迷障直接去感知概念的本质。

在尝试把握通识教育的过程中，我们可以通过多维度比较去感知通识教育的本质。

（1）与专业教育相比较，比如培养一名卓越的土木工程师，通识教育是什么？

（2）学生也许会成为一个可预测的人，比如会计学专业的学生，60 岁时可以预测他是一名会计，那么通识教育会导致什么？

（3）学生也许会成"器"，比如一个大机器中的螺丝钉，健康工作 50 年，

---

* 本文系国家社会科学基金项目"以学生为本的专业选择与高等教育制度创新研究"（批准号 13BGL127）成果之一，发表于《中国高校研究》2015（Z1）。

与之相比，通识教育会培养出大写的"人"吗？

（4）与按照操作规程认真工作，完成精致的任务相比，通识教育与超越范式陷阱的创造性有关系吗？

在与专业教育的比较中，我们可以引入"太极图"去理解通识教育与专业教育的关系。如果一所大学的整体教育呈现为一个圆，我们可以将其中的"阴"理解为专业教育，将其中的"阳"理解为通识教育。不同高校阴阳之间比例有所不同。比如，有些高校几乎全是阳——通识教育，如美国的4年制文理学院圣约翰学院（St. John's College），或者如学者甘阳先生在中山大学博雅学院正在进行的试验；有些大学几乎全是阴——专业教育。大部分大学阴阳之间保持适度比例，体现该校教育者对通识教育和专业教育的认识和努力程度。

在与专业教育的比较与共生中，在教师和学生对教育目的和成长目的的反思与比较中，在阴阳变化生生不息的太极图中，通识教育呈现为一个开放的概念。我们也许不必寻求精确的定义，也不必寻求特别广泛的共识，但可以自己努力去感知、行动、探索、倾听并且修正，继续行动，通识教育因此也将一直走在成熟的路上。

二、通识学习，何为障碍

在教与学两个因素中，学生的学习是无法绕过的关键道路。任何教育活动如果没有学生愿意学习，都很难发挥作用。如果说通识教育是教师指向学生的教育活动，那么这里就会有一个重要的关键概念需要创造出来——"通识学习"，这是学生自己的学习活动，意味着学生对"无用"知识认真和用心地学习、对专业知识之外知识认真和用心地学习。没有通识学习，通识教育基本会是无效的。

当我们从通识学习这个角度反思一所大学的通识教育，会忽然吃惊地发现，即使一所大学通识教育的观念、课程设置都十分接近完美，但经由学生的通识学习，学校在通识教育方面严密与完美的设计在每一个学生身上效果也大打折扣。比如，学生对通识教育并没有与学校一样的认知，也没有形成正确的态度。例如在北京一所师范类大学，学生会使用"休息课"这个概念描述他们的通识课程，认为通识课上课时是逃课、玩手机和补作业的最佳选择。当他们大三时，已经回忆不起自己选了哪门通识课程了。比如，即使学生对通识教育非常重视，也认真构建自己的通识学习，但由于选课人数限制，自己也许能选到的课程与自己的构想完全不一致，等等。

目前概括而言，阻碍学生通识学习大约有两个障碍。第一是专业主义。学生刚一进入大学，他是有专业的，比如一名学生是"轨道交通信号与控制"专业的学生。你让他学习一门"欧洲文艺复兴"的课程，或者学一门"政治哲学"的课程，他会问你："我学这门课程有什么用呢？"这是很难回答的问题。专业主义的问题也会在教师心里存在，教师也会问，"轨道交通信号与控制"

专业的学生，为何需要学习"欧洲文艺复兴"的课程呢？有些教师在内心深处也会认为，学生选择与专业无关的通识教育课程是浪费时间。

第二是功利主义。我们处在一种快速的功利主义时代，"有用"往往被学生理解为能够立竿见影马上看到作用。学生在选课之前会问："我为何要选择这门课程呢？这对于我找工作有好处吗？我为何不花时间去考会计证书呢？为何我不去学习一个驾照？通识课程要求轻松吗？课程成绩高吗？"

以上两种思想情况成为通识学习的障碍，成为高等学校通识教育难以产生实际效果的障碍。

三、开放教师的心灵

克服以上障碍首先需要教师的转变，需要教师转变之后对学生努力做些工作。清华大学经济管理学院院长钱颖一教授2012年8月16日对该学院新生发表演讲，题目为"无用知识的有用性"，其目的就是帮助教育经济管理类专业的学生认识到通识教育的重要性，主动投入通识学习之中。这是努力的方向之一。但有时我认为其成效不一定很大。

教师克服专业主义需要一种本质上的认识，就是学生的未来是难以预测的，学生不一定能确定地成为教师希望他成为的那个专业人才，这是因为学生本人在成长和变化，环境本身在变化，学生会适应和引领环境变化。几个变化叠加在一起会导致学生的未来难以预测。另外，教师有时候需要挑战学生，使其超越自己对学生未来的想象，这样才会出现某种难得的创造性。

这里有一个小的例子供大家参考。冯唐是北京大学和协和医科大学的校友，他是当代中国一名作家，其身份显得有些复杂。在百度百科中，冯唐的介绍如下：

冯唐，原名张海鹏，1971年生于北京，金牛座。诗人、作家、医生、商人、古器物爱好者，2013第八届中国作家富豪榜上榜作家。1990—1998年就读于北京大学和协和医科大学，获临床医学博士，妇科肿瘤专业，美国Emory University Goizueta Business School 工商管理硕士。现居香港，曾就职于麦肯锡公司。曾为华润集团战略管理部总经理。2011年10月，当选为华润医疗集团有限公司CEO。已出版长篇小说《万物生长》《十八岁给我一个姑娘》《北京北京》《欢喜》《不二》，散文集《猪和蝴蝶》《活着活着就老了》《如何成为一个怪物》《三十六大》，诗集《冯唐诗百首》。2013年12月5日，2013第八届中国作家富豪榜发布，冯唐以295万元的版税收入荣登"第八届作家富豪榜"第39位。

1990—1998年，协和医科大学的8年制医学教育仍是中国大陆医学教育皇冠上的明珠，是当时大陆唯一一所8年一贯制开展医学教育的高校，毕业生直接授予博士学位。学生前两年半在北京大学生命科学学院学习医学预科，主要课程就是生物学专业的基础课程；之后学生返回协和学习医学课程，核心课程大约就是内科、外科、妇科、儿科等，在理论学习之外在医院各科室轮转，在观察和参与诊疗的过程中使得书本所学逐渐生发出意义。在那时，直接考入协和8年制的学生是当时高考中的佼佼者，他们于高考之前应当发现自己与医学的某种渊源，于是一口气决定了8年不变的医学学习，以实现成为良医的人生愿景。北京大学生命科学学院的教师们知道协和的培养目标以及学生的大致期望，在教学过程中大约因材施教了；协和医科大学的教师们当然也如此因材施教了。但是，冯唐在获得一个临床医学博士学位后又去攻读MBA了，在从事咨询业和实际的商务工作之余，坚持写作，成为当代中国一个知名的作家了！

2014年春夏之际，冯唐受协和医科大学邀请为协和的师弟师妹做了报告，其题目是"我在协和学到的十件事"。其中，他回顾了大学教育中重要的东西。

"我觉得我在协和学到了十件东西。第一，系统的关于天、地、人的知识。在北大上医学预科，学了6门化学，和北大生物系生物化学专业学得一样多。学了两门动物学，无脊椎动物学和有脊椎动物学。我第一次知道了鲍鱼的学名叫作石决明，石头、明快、决断。学了一门被子植物学。还学了各种和医学似乎毫不相关的东西，包括微积分。在中国医学科学院基础所学基础医学，当时学了大体解剖、神经解剖、病理、药理，等等，从大体到组织到基因，从宏观到微观都过了一遍。在协和医院学临床，内、外、妇、儿、神都过了一遍。我们去北大之前，还去了信阳陆军学院军训一年。当时我们学了如何带领一个十人左右的班级、如何攻占一个山头、如何利用一个墙角射击、如何使用三种枪支，等等。进军校的时候，我身高1米80，体重108斤，出来的时候，身高没变，体重150斤，如果没有军训，我可能活不到今天。军校期间，我看了11本英文原文的小说，包括一本劳伦斯小说。现在回想起军训、北大、基础、临床，我常常问一个问题，学这些东西有什么用啊？第一点用途，在大尺度上了解人类，了解我们人类并不孤单，其实我们跟鱼、植物、甚至草履虫有很多相近的地方，人或如草木。第二点用途，所有学过的知识，哪怕基本都忘了，如果需要，我们知道去哪里找。因为我们学过，我们知道这些知识存在，我们不容易狭隘。第三点用途，是知道不一定所有东西都需要有用。比如当时学植物，我还记得植物学汪劲武教授带着我们上蹿下跳，在燕园里面看所有的植物物种。在北大的第一个暑假，同四个同学一起，和汪劲武教授去四川和甘肃，寻找一种非常少见的山竹。我完全忘了那种山竹的重要性在哪儿，似乎找到之后可以改写被子植物史或者呼唤神龙。我记得的是，师徒五人，漫游二十天，每天住旅店，每顿有荤有素，最后在有限的预算之内，找到了那种山竹。"

冯唐已经不是医生，他所学的具体的生物学、医学知识的细节已经被遗忘，或者说没有职业的意义了。这时所留下的、帮助他拥有"无用而自由的灵魂"的教育因素，他在演讲中提到了。这就是通识教育，是北京大学教育的灵魂之一，是值得北京大学骄傲和格外珍惜的东西。

从教师角度看，第一点重要之处就是需要认识到学生是有着极强潜能的生机勃勃的人，他们的未来难以预测，因而需要教师的倾听和宽容，需要容忍和鼓励学生看小说，等等。

从教师角度看，第二点重要之处就是通识教育并不仅仅是通识课程体系，专业教育中也可以和应当蕴含着丰富的通识教育因素。正如在太极图中，阴中有阳的成分，阳中有阴的成分，这意味着专业教育中蕴含着通识教育，而通识教育中也蕴含着专业教育。双方的关系并非绝对对立。

从教师角度看，第三点重要之处就是我们需要知道，专业人才也许从其他途径中出来，例如，交通方面的人才并不一定出自交通运输类专业。

加州大学伯克利分校现任学术委员会主席是伊丽莎白·狄金（Elizabeth Deakin）教授，这位教授是一位女士，是伯克利城市与区域规划教授，目前的研究领域为交通与土地利用政策（transportation and land use policy）、交通及其对环境的影响（environmental impacts of transportation），1998—2008 年十年间担任加州大学交通研究中心主任（Director of the California Transportation Research Center），目前从事关于中国、拉丁美洲、印度的城市发展与交通的系列研究。想一想最近中国各城市的交通情况，就知道狄金教授的研究多么重要！

中国有多所著名大学以"交通"为名。2012 年本科专业目录中工学类中有"0818——交通运输类"的大类，下面包含交通运输、交通工程、航海技术、轮机工程和飞行技术 5 个本科专业。狄金教授作为交通领域的权威研究者，其学术背景如何呢？

狄金教授的本科和硕士教育在麻省理工学院（MIT）完成，其本科专业是"政治学"（political science），硕士专业是"土木工程与交通系统"（civil engineering transportation systems）。这在我国的系统中是由文科专业保研到了一个工学专业了！在获得硕士学位后，狄金发现交通问题与法律问题紧密联系在一起，于是申请了波士顿学院的法学院，继续学习一个法律硕士学位。之后走上了现在的学术道路。狄金教授的学历呈现出非常强的学术交叉的背景，这可能与我们目前交通研究领域的人才知识背景呈现出非常大的不同。

另外一位交通领域的杰出创新者为埃隆·马斯克，在百度百科中介绍如下：

埃隆·马斯克（Elon Musk），1971 年 6 月 28 日出生于南非，18 岁时移民美国。他集工程师、企业家和慈善家各种身份于一身，是 Paypal（贝宝，最大的网上支付公司）、Space X 空间探索技术公司、特斯拉汽车以及 SolarCity 四家公司的 CEO。埃隆·马斯克做过 Paypal、电动跑车公司特斯拉、空间探索技术公司的首席执行官兼首席技术官，特斯拉汽车的产品设计师。

埃隆·马斯克在交通方面制造出电动汽车特斯拉，以及以太阳能充电为主的 SolarCity。在空间探索方面的公司 Space X 掌握了火箭和龙飞船制造技术，将交通的概念扩展到宇宙交通。他还提出了超级回路系统（hyper-loop），作为一种超高速的火车系统。这样一位交通领域的创新者本科毕业于宾夕法尼亚大学，主修物理学，辅修经济学。

2014年1月,纪语访问了加州大学三所学校。与狄金教授的会谈主要关注伯克利的学术委员会如何运作,实现教师和行政共同对大学的治理。但其间,仍然提出了有关创造性人才培养的问题。狄金教授对此的回答非常简单:

"开放学生的心灵(open their mind)!"

开放学生的心灵之前,也需要教师心灵的开放。

四、适度"空"去学生的专业束缚

当学生具有极强的专业意识的时候,通识教育是很难有效的,通识学习很难发展,此时学生类似盛满了杯子的水,难以装进其他东西。

反之,当学生忽然认识到自己有着其他可能时,通识学习就会自然地发展出来。2005年乔布斯受邀在斯坦福大学毕业典礼发表演讲,这一演讲成为教育史上最为经典的演讲之一。在这一演讲中,乔布斯讲到了他退学的历程。

"17年之后,我真上了大学。但因为年幼无知,我选择了一所和斯坦福一样昂贵的大学,(笑声)我的父母都是工人阶级,他们倾其所有资助我的学业。在6个月之后,我发现自己完全不知道这样念下去究竟有什么用。当时,我的人生漫无目标,也不知道大学对我能起到什么帮助,为了念书,还花光了父母毕生的积蓄,所以我决定退学。我相信车到山前必有路。当时做这个决定的时候非常害怕,但现在回头去看,这是我这一生所做出的最正确的决定之一。(笑声)从我退学那一刻起,我就再也不用去上那些我毫无兴趣的必修课了,我开始旁听那些看来比较有意思的科目。

"我跟随好奇心和直觉所做的事情,事后证明大多数是极其珍贵的经验。我举一个例子:那个时候,里德大学提供了全美国最好的书法教育。整个校园的每一张海报,每一个抽屉上的标签,都是漂亮的手写体。由于已经退学,不用再去上那些常规的课程,于是我选择了一个书法班,想学学怎么写出一手漂亮字。在这个班上,我学习了各种字体,如何改变不同字体组合之间的字间距,以及如何做出漂亮的版式。那是一种科学永远无法捕捉的充满美感、历史感和艺术感的微妙,我发现这太有意思了。

"当时,我压根儿没想到这些知识会在我的生命中有什么实际运用价值;但是10年之后,当我们设计第一款Macintosh电脑的时候,这些东西全派上了用场。我把它们全部设计进了Mac,这是第一台可以排出好看版式的电脑。如果当时我大学里没有旁听这门课程的话,Mac就不会提供各种字体和等间距字体。自从Windows系统抄袭了Mac以后,(鼓掌大笑)所有的个人电脑都有了这些东西。如果我没有退学,我就不会去书法班旁听,而今天的个人电脑大概也就不会有出色的版式功能。当然我在念大学的那会儿,不可能有先见之明,把那些生命中的点点滴滴都串起来;但10年之后再回头看,生命的轨迹变得非常清楚。"

乔布斯突然退学,"空"(空为佛教名词,例如色即是空,此处作为动词使用）去了大学学习和专业，于是让书法课进入了头脑，这是极端的但有启发的经验。"空"去学生的专业意识才能有助于让通识教育得以进入。在高等教育组织管理方面，可以让本科一、二年级的学生没有专业，"空"去他们的专业意识，让他们意识到他们还有着多种可能，让学生在大学本科教育前两年经过适当的通识教育后，更高效地认识自己和认识学科领域差异，再选择专业。这是北美高校文理学院教育组织制度的基本逻辑之一，这种逻辑与我国高校在高考前后选择专业的逻辑顺序是相反的。

值得注意，这也是北京大学元培学院的逻辑。元培学院人才培养的逻辑核心就是通识教育为基础（本科前两年）、学生自由选择专业（专业的本质变为一组课程）、促进跨学科学习以帮助学生超越单一学科知识的束缚。通识教育在元培学院，并不仅仅意味着一组课程。

五、选择——被忽略的本质

通识教育的本质在育人而非制器，其所育之人应是大写的人，生机勃勃的人，他可以在未来进行积极的选择，为自己的名字赋予意义。通识教育这个概念在其本质中蕴含着重要的元素就是选择。通识本身意味着什么？意味着学生在未来的生涯中可以选择，他的选择有知识基础、价值观基础，意味着学生不是顺着既定的命运，或者既定的规则按部就班地生活。通识教育对于当下的学生也意味着可以选择，他可以选择专业、选择课程，建构自己的知识结构和未来。忽略选择这个重要因素，而将通识教育仅仅作为课程，那么一所高校的通识教育一定有着极大的欠缺。

因此，通识教育在通识课程之外，意味着大学内部人才培养模式，以及国家整体高等教育系统间需要进一步方便学生选择，促进学生选择。这大约包含以下重要的教育元素：

（1）在大学相对自由地选课，跨院系选课；
（2）相对自由地选择专业，以及转换专业；
（3）在不同大学之间，相对自由地转学；
（4）灵活自由的辅修/双学位制度；
（5）个人专业的创设和发展；
（6）文理学院与住宿学院；
（7）研究生阶段的双硕士；
（8）导师制的深入发展和更为普遍、深入的师生交往；
（9）弹性学习年限的普遍化；
（10）支持学生在各个阶段的教育选择；
（11）第二学士学位、第二硕士学位；
（12）暑期学校；
（13）教育阶段的衔接，最大限度的学习自由；

（14）互联网学习、混合课堂（hybrid classroom）和传统校园学校经验的整合；

（15）教师和学生对无限可能的想象力、宽容和鼓励，学校相关制度的建设。

参考文献

［1］纪语"极端"的通识教育——我在美国圣约翰学院的经历与反思［J］.（复旦大学）通识教育，2013（1）：1－11.

通识教育课程：问题与对策[*]

庞海芍

通识教育课程是实现通识教育理念和目标的关键因素之一。那么，通识教育课程指什么？目前，我国高校的通识教育课程存在哪些问题？如何走出困境？围绕上述问题，论文首先对通识教育课程的内涵进行了界定，然后解析了一般意义上的通识教育课程在内容构成、教学目的、教育效果等方面存在的问题，最后提出了通识教育课程建设要从"大处着眼、小处着手，实施三步走"的发展策略。

一、通识教育课程指什么

通识教育课程指什么？是指哈佛大学的核心课程，麻省理工学院（MIT）的人文艺术社会科学课程，还是我国高校的通识教育选修课？它是否应该包括公共基础课？由于不同国家、不同大学的教育理念不同、课程体系结构不尽相同，所以人们对通识课程的理解和界定也常常混乱不清。通识课程究竟所指是什么，还应根据通识教育的内涵来界定。

通识教育作为一种教育理念，之所以产生并在一些国家和地区受到推崇，是因为以下几点认识：一是大学过分偏重专业教育导致大学生所学知识割裂、目光局限、视野偏狭，学习只为谋得一份好职业，很少考虑社会责任，不会做人。二是作为一位社会公民，应该掌握人类文明的基本知识、方法，拥有做人不可或缺的基本素质。[1]通识教育就是要教给大家基本的、共同的基础，这既是进一步学习专业的基础，更是做一个健全人的要求。三是每个人都具有相当大的可塑性，很少人狭隘到只能在一门学科专业里出入。大学施以通识教育，可以使毕业生具有高度自我调整的能力，以适应快速变迁的社会，无论就业、转换职业或继续深造，都有伸缩、取舍的空间。[2]

正是基于这些认识，通识教育理念主张大学教育除专业教育内容之外，还应该重视通识教育内容。如果说专业教育旨在培养学生在某一知识领域的专业技能和谋生手段，那么通识课程则要通过知识的基础性、整体性、综合性、广博性，使学生拓宽视野、避免偏狭，培养独立思考与判断能力、社会责任感和健全人格，也就是教化他们学会做人。美国一般将通识教育目标表述为使受教

---

[*] 本文发表于《大学（学术版）》2011（5）。

育者成为一个"富有责任感的公民",[3]我国香港和台湾则表述为培养一个"健全的人""完整的人"。

正如哈佛大学红皮书中所指出的:通识教育一词,它既不是指通用知识(如果这种知识存在的话)的教育,也不是指教育的全部,通常是指一个学生所受的全部教育中的一部分——即培养其成为富有责任感的公民的那部分教育。与之相对应,"专业教育"强调的是培养学生职业能力的那部分教育。[4]

据此,笔者认为,通识教育内容可以分为广义的、一般的和狭义的,见图1。广义的通识教育内容是指除专业教育之外的所有内容,既包括正式课程G1,也包括非正式课程G2,如社团活动、社会实践、各类讲座、校园文化等,目的均在于培养健全的人格。狭义的通识教育内容仅指冠以"通识教育课"称号的课程(G12)。在我国大陆及台湾,初期实施通识教育时,主要是通过一定学分(6~8学分)的通识教育选修课来进行的,所以,一些人非常狭隘地认为"通识教育"就是指"通识教育选修课"。事实上,仅靠少量的通选课很难实现培养健全人的通识目标,所以,这种狭义的理解并不可取。一般的通识教育内容主要指在本科培养计划中为体现通识理念、实现通识目标而设计的那部分正式课程(G1)。无疑,这是大学教育体现通识教育理念的主要途径和核心内容。下文也将重点分析一般意义上的通识教育内容,即正式的通识教育课程。

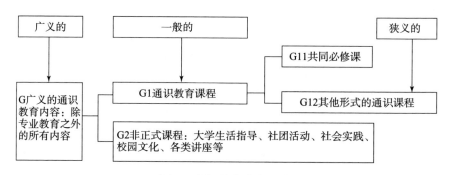

图1 通识教育内容构成

美国大学的本科教育课程是基于通识教育理念构建的,一般由三大部分组成:通识课程+主修的专业课程+自由选修课程。[5]其通识课程包括:两三门的共同必修科,一般为英文写作、外国语言、计算机等;不同形式的通识课程,最常见的有分布必修、核心课程、自由任选等,其内容一般涵盖人文、社会、自然科学三大领域,目的是向学生提供不可缺少的知识领域的主要方法和思维方式,也为进一步学习奠定共同的基础。以哈佛大学为例,本科毕业需修满32门课程,其中需要修习通识教育课程12门,包括3门共同必修和9门核心通识课(见表1),占总课程的37.5%。[6]

表 1　2006 年哈佛大学通识教育课程一览

课程类别	内容
共同必修课（3 门）	写作：1 门；外语：2 门
核心课程（11 个领域）：学生必须至少选修 7 个领域（非自己主修的领域）的课程（共 9 门课）	（1）外国文化；　（2）历史研究 A；　（3）历史研究 B； （4）文学与艺术 A；（5）文学与艺术 B；（6）文学与艺术 C； （7）道德思考；　（8）数量推理；　（9）科学 A； （10）科学 B；　（11）社会分析

麻省理工学院（以下简称 MIT）的学士课程主要由公共必修课和专业课程（含自由选修课）构成（见表 2）。公共必修课部分即相当于通识课程，包括自然科学课、人文艺术和社会科学课、科学技术限选课及实验课等，课程门数合计 17 门，约占本科课程总量 38 门的 44.7%。其中，人文、艺术和社会科学课 8 门，占总课程的 21.1%。

表 2　2008 年 MIT 学士学位课程及学分要求

	课程类别	说明
学院公共必修课	自然科学课，共 6 门	包括生物课 1 门、化学课 1 门、物理课 2 门、微积分课 2 门
	实验课，12 学分，1~2 门	从 40 多门实验课中选取，锻炼动手能力
	科学技术限选课（REST），2 门	至少在本专业以外的课程中选取 1 门，拓宽视野
	人文艺术和社会科学课（HASS），8 门	学生至少修读 8 门课程，每门课程至少 9 学分
其他	体育课，4 门	8 学分
专业课	主修专业课，15~17 门	必须完成既定的 180~193 学分的专业课，其中含无限制选修课 48 分

我国大学的本科课程体系一般由"公共基础课＋学科基础课＋专业课"三部分构成。以北京理工大学为例，获得学士学位需要修读 180 学分，包括 81.5 学分的公共基础课、31.5 学分的学科基础课以及 67 学分的专业教育内容。其中，在公共基础课中设有通识教育选修课，要求学生在六类课程历史与社会、经济与法律、文学艺术、语言、自然科学、工程技术中修读三四门，6~8 学分。

事实上，我国高校的公共基础课大同小异（见表 3），主要包括思想政治理论课（以下简称"两课"）、外语和计算机课、体育课和军训、通识选修课，理工类大学一般还有数理化等自然科学基础课。其中，通识选修课（很多高校称作文化素质教育选修课）是开展文化素质教育后，各大学在公共基础课中专门开设的选修课，各校要求本科生选修学分不等，多数要求修读 6~10 学分。根据图 1 中的界定，通识教育课程绝不是仅指修读几门通识选修课，所有公共基础课均应"视作"通识教育课程。

表3 我国部分大学的通识教育课程[7]

大学院系名称	公共必修课及学分	通识选修课及学分
北京大学力学与工程科学系（总学分140）	大学英语8，思想政治理论课10，计算机与数据结构6，军训2，体育4 合计30学分，占总学分的21.4%	通选课，五个基本领域：①数学与自然科学；②社会科学；③哲学与心理学；④历史学；⑤语言学、文学与艺术。 16学分，占总学分的11.4%
清华大学信息科学技术学院（总学分170）	大学英语6，思想政治理论课14，数学及自然科学基础40，军训3，体育4。 合计67学分，占39.4%	文化素质教育课程体系，八个课组：①历史与文化；②语言与文学；③哲学与人生；④科技与社会；⑤法学、经济与管理；⑥当代中国与世界；⑦艺术教育；⑧科学与技术。 理工科学生修满13学分，占7.7%
华中科技大学机械设计制造及自动化专业（总学分195.5）	通识基础必修课：大学英语14，政治思想理论课14，数学18.5，物理10.5，工程化学2.5，军事理论1，体育4。 合计64.5学分，占33.0%	通识教育选修课，包括人文社会科学公选课、自然科学公选课两大系列。要求理工类专业修满10学分，占5.1%
复旦大学飞行器设计与工程专业（总学分142）	综合教育必修课：大学英语12，政治与德育12，计算机基础3，军训1，体育4。 合计32学分，占24.2%	通识教育核心课程，六大模块：①文史经典与文化传承；②哲学智慧与批判性思维；③文明对话与世界视野；④科技进步与科学精神；⑤生态环境与生命关怀；⑥艺术创作与审美体验。 要求修读12学分，占8.4%
北京理工大学机械类专业（总学分180）	思想政治理论课14，英语16，计算机6，数理化等自然科学基础30，军训2.5，体育4，通识教育选修课8。 合计80.5学分，占44.2%	通识教育选修课，六类课程：①历史与社会；②经济与法律；③文学艺术；④语言；⑤自然科学；⑥工程技术。 要求学生修读6~8学分，占4.4%

（注：数据来源于各大学本科生2007年培养方案）

那么，这些课程是否体现了通识教育理念？是否为培养健全人的目标而设计？教育效果如何？下文将逐一进行分析。

二、通识教育课程存在的问题

从本科生课程结构看，我国大学的公共基础课性质与MIT的公共必修课、哈佛大学的通识教育核心课程非常相似。仅从学分比例看，我国大学的通识教育课程占总学分的比例与哈佛大学、MIT相比并不低（见图2）。但具体分析通识教育课程的内容构成，则差异较大。

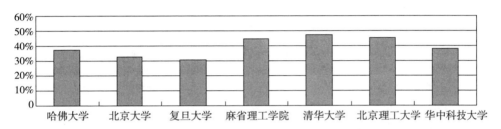

图2 部分大学通识教育课程占总学分比例

"两课"是我国大学教育内容的一大特色，其主要目的是对大学生进行政治教育和思想道德教育，学分10~14不等，是我国大学最重要的人文社会科学通识课程，与MIT的人文艺术和社会科学（Humanities, Arts, and Social Sciences, HASS）课程地位相似。MIT要求学生至少修读8门HASS课程，占总课程的21.1%；目的在于"使学生对人类社会及其传统、制度有宽广的理解，加深各种文化和专业知识的理解，激励他们作为一个人、一个专业人员、一名社会成员很好生活拥有必需的情感和能力"。为了保证学生在人文艺术和社会科学领域学习的"广度"和"深度"，MIT对HASS课程体系及修读规定进行了精心设计（见表4），采取了分类选修D、集中选修C，以及自由选修相结合的原则，要求每个本科生：一是必须修完8门HASS课程（包括2门写作技巧和交际能力课），每门课程至少9学分，保证每个学生都能对人文艺术和社会科学领域有一定的了解；二是8门课程中的3门必须选自不同门类的HASS分类课程，目的是保证学生在人文艺术和社会科学领域的"宽度"；三是8门课程中的3或4门必须联合起来形成一个人文艺术和社会科学的"集中"，保证学生对某一领域认识和理解的"深度"，避免认识肤浅、流于表面；四是8门课程中既不属于分配也不属于集中的课程属于HASS自由选修，鼓励学生选修更多的HASS课程。相比之下，"两课"的学习形式过于单一，应该在教学方式方法上进行改革，增强对大学生的吸引力，提高教育效果。

表 4　MIT 人文艺术和社会科学课程结构

类别	课程	说明
HASS-D	5 个门类：文学和原著阅读、语言思想和价值观、视觉与表演艺术、文化与社会研究、历史研究	学生可以在 5 类课程中的不同 3 类选 3 门课程
HASS-C	29 个领域：美国研究、人类学、东亚研究、经济学、工艺建筑史、音乐、哲学、科学技术与社会、戏剧艺术、城市研究、妇女研究、政治科学、宗教研究、俄国研究等	学生可在 29 个领域中任选一个作为自己的"集中"学习领域，学习 3~4 门形成"集中"
HASS自由选修	可在上面两个课程体系中任意选修	多出的 HASS 学分可以冲抵专业课程中无限制选修学分

外语和计算机主要是提高基本技能的工具性课程，也是当代大学生必须掌握的重要技能。这本无可厚非，但我国的大学英语所占学分比例之高、学生投入精力之多难免有些"异化"，不能排除极强的功利学习目的。相比之下，美国的大学都把本国语言作为必修课程，训练大学生清晰表达与有效沟通的能力。我国的"大学语文"作为公共必修课从 1952 年学习苏联专才教育即消失，从此中断。直到 1978 年以后，一些高校如南京大学、南开大学自发地恢复了。目前，大学语文只是在一些在综合大学或文科专业开设，而颇需要加强人文素养的理工科专业反而开设不多。事实上，语言应该是非常重要的通识教育内容，正如钱理群先生所说："大学语文应该定位为通识教育课，它对人类精神文化传承、学生人文素养培养、健全人格形成、审美能力提高有着重要的作用。"[7]

自然科学基础课程在理工科大学和综合性大学有较大差异，或者说理工科专业和文科类专业要求不同。理工科专业一般把数学、物理、化学等自然科学基础作为公共必修课程，学分多达 30~40。但目前这类课程的教学更侧重为进一步的专业学习奠定基础，服务于专业教育的目的远远大于通识教育目的。文科专业学习用到的自然科学知识少，因此，文科学生仅学习数学等非常少的自然科学课程。事实上，自然科学的思维方式、推理能力等基本素养和技能，不论文科还是理科的大学生都非常需要，其通识教育作用同样不容忽视。

通过分析不难发现，我国大学的通识教育必修课过分突出了政治教育功能、工具技能掌握，以及服务于专业学习的自然科学基础教育，没有很好地体现通识教育精神。事实上，我国的大学普遍没有立足于通识教育的办学理念和目标而专门设计公共必修课，也没有把公共必修课看作是通识教育课程的一部分，而是把通识教育的重任交给了"通识教育选修课"。

在现阶段，通识选修课是各大学专门为通识教育目标而设的课程，也是大学自身有较大自主权的课程。课程普遍效仿哈佛大学的核心课程分类方式，内容都力争涵盖人文学科、社会科学、自然科学三大知识领域，采取了分布选修的模式，学分要求从 6~16 分不等（见表3）。但是，无论是课程的质量还是分量，我国大学的通识选修课与哈佛大学的核心课程都难以同日而语。笔者的调查结果表明，"内容杂、结构乱、质量差、地位低"已经成为我国大学通选课的通病，并因此导致其"边缘化""次等化"，形成了恶性循环，难以赢得教师和学生的尊重。再加上通选课学分很少，实难担负起实现通识教育目标的重任。

究其原因，在于我国大学的本科教育教学目标难以摆脱专业教育模式的影响，奉行的依然是社会本位的知识—道德教育教学目的观，即主张教育和教学目的应该使学生确立以社会为本位的道德，"培养共产主义社会全面发展的积极建设者"。具体的教学目的和任务是：传授和学习系统的科学基础知识和基本技能；在此基础上发展学生的智力和体力；在这个过程中培养学生树立共产主义世界观和道德品质。[8]这是20世纪50年代全面学习苏联、进行专才教育建立的教学观。我国大学的本科课程结构也学习苏联形成了"三层楼"的设计模式，即从培养一个专才的需要出发，构建专业所需要的学科基础课和公共基础课，形成了"公共基础课—学科基础课—专业课"体系；在课程内容上，则突出了思想政治教育、工具技能教育、自然科学基础教育以及专业教育。1978年以来，我国大学开始纠偏专业教育、拓宽基础、淡化专业等。近年来，有的大学也采取了新的课程划分方式，如复旦大学将本科课程划分为综合教育课程、文理基础课程、专业教育课程、任意选修。[9]华中科技大学划分为通识教育课、学科基础课、专业课程、实践教学环节。[10]但是，目前主要还是课程形式结构的改变，课程的实质包括内容、价值取向、教学目的及方式方法还没有根本改变。

三、通识教育课程建设出路

实施通识教育实际上是对大学教育目的的重新思考，是对本科教育教学目标的重新定位。目前，针对通识教育课程存在的问题，亟须澄清两点认识。

一是对教育的政治功能认识问题。不可否认，教育是具有政治性的，政治对教育有着直接的制约作用。问题的关键不是教育要不要为政治服务，而是如何为政治服务。以目前我国大学公共必修课的构成为例，思想政治理论课、军训、外语均是教育部明确规定必开的课程，其学分合计占去了公共基础课的50%~80%。在有限的学分和课时总量内，大学的必修课程受国家干预过多。尤其是思想政治理论教育亟待改善，要充分提高课程的吸引力，在注重发挥教育的政治功能时，还必须尊重教育自身的发展规律，根据人的身心发展特点开展思想政治教育。如在基础教育阶段，学生的身心发展还很不成熟，对思想政治教育进行标准化的统一要求很有必要；在高等教育阶段，大学生已经具备一定的独立思考与判断能力，思想政治教育课程可以形式多样，如多结合社会实践进行，简单地强制灌输已经很难奏效。

二是对通识教育在大学教育中的定位问题。这主要取决于大学决策者对通识教育与专业教育关系的定位。目前，通识教育还远没有成为我国大学的办学理念，通识教育并不是作为一种独立的教育模式，而是作为专业教育的基础、补充、纠正。"通识"只是使学生知识拓宽、视野开阔，为他们进一步的专业学习打下更好的基础。在这样的定位下，很多大学的公共必修课承担的主要功能便是为专业学习打下坚实的基础。[11]理工科专业需要坚实的数理化基础，所以就开设了大量的自然科学基础课程；文科专业缺乏自然科学基础并不直接影响专业学习，所以修习的自然科学课程非常少，相反则开设了有利于文科专业学习的"大学语文"。

因此，通识教育课程要想摆脱困境，必须从"大处着眼、小处着手，实行三步走"的推进战略。"大处着眼"，就是要转变教育观念，着眼于把通识教育作为整所大学的办学理念，建立通识教育的人才培养模式。但这需要一个漫长的过程，因此还要立足现实从"小处着手"，就是从通识课程建设入手，从易到难，实行"三步走"的推进策略。

第一步，从现有的通识教育选修课入手，精心设计和管理，使其精致化、核心化、规范化，提高品位和地位。各大学的通识选修课大多是从全校公共任意选修课演变而来，经历了从无到有、从少到多的发展过程。最初，为了能开设出更多的课程，满足广大学生的选课需求，各大学普遍采取了教师自愿申请开课的方式，虽然也仿照哈佛大学的核心课程进行了不同的分类，但由于缺乏更深入的整体规划和精心设计，所以课程因人（教师）开设、随意开停（课），导致通选课结构杂乱无章、质量不高，难以保证通识教育的效果，而且严重影响了通识教育课程的声誉。当务之急是要给予通选课足够的重视，一改以往粗放管理、随意开设、无人重视的"杂乱差"现状，最好有专门的机构进行管理，从教学目的、课程体系、教学方式、授课师资、学习要求等多方面进行精心设计和严格管理，有专项经费和相关制度予以支持。这样，才能改变其"杂乱差"的现状，使有限的通选课学分真正发挥作用。此项措施因为不涉及整个课程体系及学分的调整，相对比较容易改进。

第二步，在保持现有课程结构的前提下，将一些公共必修课程通识化，真正发挥通识教育作用。通识课程改革首先遇到的困难便是有限的课程总量与各方面需求的矛盾。从我国大学课程的学分结构看，公共基础课和通选课所占比重并不小，通识教育选修课学分有限，发挥作用的空间也十分有限。因此，在保持学校现有课程结构不变的前提下，要想谋求通识教育更大的发展空间，关键在于将共同必修课"通识化"。如可以适当减少外语学分，增设大学语文课程；可以将现有的"两课"扩展到更广阔的历史、哲学、文化等人文社会科学领域,让学生广泛领略人类文明带给人的精神愉悦和震撼;也可以将"两课"与现有的通识选修课整合设计,构建通识课程体系等。

第三步,逐步改革大学四年的课程体系,建立通识教育的人才培养模式。由于我国长期实行专业教育的人才培养模式,不论是教育目标、课程体系、教学方式方法,还是行为习惯、相关制度,都已经与专业教育模式相适应,仅靠局部的课程改革很难真正体现通识教育理念。因此,必须在通识教育办学理念的统领下,重新全盘考虑大学生应具备何种知识与素养,改革课程体系,建立有关制度,最终建立通识教育的人才培养模式。

参考文献

[1] [美] 罗伯特·M. 哈钦斯. 美国高等教育 [M]. 汪利兵,译. 杭州:浙江教育出版社,2001:35-51.
[2] 虞兆中. 通才教育在台湾大学的起步 [J]. 台大评论,1989(春季).
[3] [美] 亨利·罗索夫斯基. 美国校园文化——学生·教授·管理 [M]. 谢宗仙,等译. 济南:山东人民出版社,1996:90-92.
[4] Harvard Committee. General education in a free society [M]. NY: Harvard University Press, 1945: 51-52.
[5] 自由选修课程是学生根据兴趣的自由选择,既可以选修通识课程,也可以选择主修的专业课程,还可以选择与本专业毫不相干的其他课程。
[6] Harvard University. HCCR – report [EB/OL]. [2007-10-10]. http://www.fas.harvard.edu/curriculum – review/HCCR_Report.pdf.
[7] 张英,朱晴依. 大学语文修成正果? [N]. 南方周末,2007-05-24.
[8] 施良方,崔允. 教学理论:课堂课程教学的原理、策略与研究 [M]. 上海:华东师范大学出版社,1999:48-49.
[9] 复旦大学. 复旦大学2006年教学培养方案修订说明 [EB/OL]. [2007-04-30]. http://www.fudan.edu.cn.
[10] 华中科技大学. 华中科技大学机械设计制造机器自动化专业本科培养计划 2006 [EB/OL]. http://www.hust.edu.cn.
[11] 王义遒. 大学通识教育与文化素质教育 [J]. 北大教育评论,2006(3):2.

大学生通识教育课程实施效果评价研究*

李曼丽 张 羽 欧阳珏

20世纪90年代中期以来，部分中国大学在教育部的推动下开展了加强大学生文化素质教育的改革。北京大学、清华大学、华中科技大学（原华中理工大学）等32所大学建立了大学生文化素质教育基地。通过近20年来中国教育理论界的讨论与高校的实践，通识教育理念逐步为众多高校所理解，在部分"985"高校中接受和实施程度尤为深入。① 这些大学为了加强通识教育，通过借鉴国外经验并自我探索，不断推进体制上的创新和变化，比如北京大学的元培计划、复旦大学的复旦学院、南京大学的匡亚明学院、中山大学的博雅学院，以及清华大学的文化素质通识教育核心课程等，都是中国高等教育课程与教学史上前所未见的新模式。

虽然各校在通识教育实践模式上有了创新，但近几年来大学通识教育进展的困难和各方面的质疑，使得对通识教育效果的检验成为学术界和高等教育界日益关注的问题。

20世纪80年代后期开始，美国高等教育协会（The American Association for Higher Education，AAHE）、美国大学和学院联合会（The Association Of American Colleges And Universities，AACU）、六个区域性认证机构如美国南部院校联盟委员会（Southern Association of Colleges and Schools）开始对美国各高校的本科生教学进行评估，评估准则包括对通识教育的评估。因此，自20世纪90年代以来，美国很多大学都成立了通识教育评价评估委员会或在校评价评估委员会下面设专门机构来评估通识教育，制订了新的通识教育评估计划。

然而，由于通识教育课程及其自身的特点，通识教育评估计划的设计与实施至今还是个很有挑战性的话题。尽管有着诸多困难，但有效的通识教育评估会产生积极的效果，比如通过评估能知道学生是否到达了学校的培养目标、能够更有针对性地改革学校的通识教育课程、更好地满足学生的需要等。因此，很多高校都在不断完善校本通识教育评估计划。

目前，美国高校的通识教育评估计划多是着重关注学生的学习成果，高校

---

* 本文系北京市哲学社会科学规划重点项目"高校通识教育改革实施效果研究"（14JYA001）的部分成果，发表于《教育发展研究》2014，34（Z1）。

① "985工程"是我国政府为建设若干所世界一流大学和一批国际知名的高水平研究型大学而实施的高等教育建设工程。截至2011年年末，"985工程"共有39所高校。

通识教育课程目标各有不同。玛丽·阿伦（Mary Allen）综合了美国几十所院校的通识教育目标后，指出美国所有的通识教育课程仍具有广泛而核心的共同期望目标，比如写作及口语沟通、批判性思维能力、信息阅读能力和数学技能。基于此，美国大学通识教育的评估基本上是检验学生对以上能力的掌握水平。

我国香港、台湾地区受西方尤其是美国教育的影响较大，一直以来就有较好的通识教育传统。香港数所大学都设有通识教育部等专门管理通识教育的部门，负责通识教育的评估。以香港中文大学为例，从2004年开始，每三年大学通识教育部会负责收集及存储大学通识教育科目有关资料，对该校的通识教育课程进行检讨；并且还会邀请校外专家来进行三年一次检查，从整体上评估通识教育的课程。[1]近年来，香港大学的通识教育评估开始侧重于用标准化测试来测评学生通识教育的学习成果。[2]台湾从20世纪90年代开始进行大学通识教育的实践评估，方法体系都很成熟且效果良好，从委托通识教育学会研究"评鉴架构的设计"开始做评鉴的准备，依据黄俊杰教授等人关于评鉴的理论与实施的研究，做了一系列理论与实证的研究，为台湾高校通识教育评鉴工作的顺利开展奠定了一定的理论基础。

我国大陆地区关于通识教育评估方面的研究很少，但近年来越来越多的学者开始关注通识教育评估领域。四川大学的学者冉昌光在《关于大学生文化素质教育评估的思考》中，提出了开展文化素质教育评估的原则和策略，确定大学生文化素质的评估内容和评估体系，最后还详细介绍了评估的操作及过程控制。李曼丽等在吸纳美国和我国港台地区等评估研究成果的基础上，结合内地大学通识教育的目标，设计了《大学生通识能力评估问卷》并发表了初步结果。[3]冯惠敏等从评价目标、评价对象、评价方法和评价内容等四个方面对通识教育的质量评价体系进行了指标设计的探讨。[4]

通过以上的文献分析可以看出，通识教育课程评估不仅能检验学生通过通识教育课程的学习是否有了提高，也可以找出哪些因素会影响学生的学习效果，从而可以"对症下药"，这无疑为通识教育的质量保障提供一定的理论依据。然而，我国高校自通识教育实施20年来，从教育行政主管部门到高校的具体实施部门，还未对高校通识教育的实施情况进行过全面、深入的评价评估，到底各校实施效果如何，至今没有实证性的研究，这在很大程度上影响了我国通识教育课程改革的深入。有鉴于此，本研究采用李曼丽等开发的《大学生通识能力评估问卷》对A大学E学院、B大学M学院2009级学生在批判性思维能力、信息整合及决策能力、表达交流能力等通识能力进行施测，① 进而希望

---

① 《大学生通识能力评估问卷》包括两个部分，A部分为学生的基本信息，B部分为测量能力的问卷。B部分由五个分量表组成，分别是批判性思维能力、创新能力、辨别价值能力、信息整合及决策能力、表达交流能力。问卷整体信度整体α达到0.89。

利用研究结果，以评促改提高通识教育实施效果。

一、研究设计与研究方法

1. 研究设计

（1）研究对象。A 大学 E 学院 2009 级全体学生、B 大学 M 学院 2009 级全体学生。A 大学是教育部首批大学生素质教育试点院校之一，是一所有着深厚通识教育传统和宝贵资源的中国名校，它在推行文化素质教育的过程中一直努力寻求和探索实施通识教育的方向和方法。A 大学在研究了国外世界一流大学的本科教育和国内顶尖高校本科教育的改革现状后，① 决定将该校的 E 学院作为全校本科教育改革的试点，率先尝试改革。

从 2009 年开始，E 学院实行"三位一体"的本科教育课程体系。第一部分是通识教育，目标是完整人格养成；第二部分是专业教育，目的是专业知识传授；第三部分是任选课程，用以超越专业界限。方案保持 140 总学分要求不变，但在学分分配上做了调整：扩大了通识教育部分，约占一半，即 70 学分；降低专业教育部分学分至 50 学分；剩余的 20 学分是任选课程部分。[5] E 学院希望通过这次本科教育改革，能够既要为拔尖创新人才脱颖而出创造优良环境，也要为每一个学生个性发展和人格养成提供充分条件，并且决心把培养批判性思维能力放在重要位置。E 学院通识教育课程见表 1。

表 1 A 大学 E 学院本科通识教育课程

时间	基础技能课程			核心课程组		
	中文	英语	数学	人文	社会科学	自然科学
大一秋季	中文写作	英语口语（1）	线性代数	西方文明		
			一元微积分			
大一春季	中文沟通	英语口语（2）	多元微积分	中国文明	社会科学	
大二秋季		英语写作（1）	概率论与数理统计	批判性思维与道德推理		生命科学
大二春季		英语写作（2）		艺术与审美	中国与世界	物质科学

2012 年适逢该计划执行期满 3 年。接受 E 学院通识教育课程计划教育的

---

① 包括北京大学的元培学院、复旦大学的复旦学院和浙江大学的竺可桢学院等。

学生目前已面临毕业，那么 E 学院的改革效果如何？为了回答这一问题，本研究选择了另一所同样声誉卓著的大学（本文称为 B 大学）内专业相同、生源类似的 M 学院的学生作为参照群体。① E、M 两院生源基本一致，专业及课程相似，不同的是 E 学院的学生接受了大幅度的、系统的通识教育课程改革而 M 学院的通识教育改革只是延续了教育部建议的统一规定，以及学校的基本要求。

E 学院与 M 学院的通识教育计划相比，突出的不同表现在：

①通识教育学分要求差距大，E 学院通识教育学分占了总学分的一半，而 M 学院的通识教育学分只占总学分的三分之一[6]。

②E 学院的课程体系经过了精心选择和设计，如特意设计了培养批判性思维的《批判性思维与道德推理》课程。

③E 学院从校内外精心挑选延聘相关科目的任课教师，例如找到专业语言类高校的老师来教授英语口语写作等课程。

（2）测量工具。本研究采用李曼丽、张羽、欧阳珏（2012）研制的《大学生通识能力评估问卷》对研究对象进行测试。该问卷从五个维度来测量通识教育的目标能力：批判性思维能力、创新能力、辨别价值能力、信息整合及决策能力和表达交流能力。下面是对这个五个能力维度的简要解释。

批判性思维主要指为了决定该相信什么、不该相信什么而进行的合理的、反思性的思维过程。批判性思维能力是通过质疑一个论证的假设和逻辑过程来判断该论证正确与否的能力和素养。

创新能力指不受陈规和以往经验的束缚，不断改进工作学习方法，提出具有社会价值和经济价值的新理论、新方法、新观点和新措施，以及创出新产品或产生新成果的能力。

辨别价值能力指对各种价值观的判断和辨别的能力。由于价值观所涉及的范围非常广泛，且不是每一种价值观都是普适的，本次使用的问卷只从追求真理和审美的角度对大学生的辨别价值能力进行测量。

信息整合及决策能力是指把掌握的各种信息综合在一起，用某种标准对掌握的信息进行分析，并进行有效鉴别的能力。其行为特征包括善于把握关键、建立判断标准和能够及时做出反应。

表达交流能力包括口头表达能力和书面表达能力。口头表达能力指通过语言、肢体动作等方式，在不同的场合得体、流畅、准确地表达自己的意见、看法或见解的能力。书面表达能力是指根据不同的工作要求，以书面的形式准确、清晰、简洁和完整地传递信息的能力。

---

① 近3年来，在武书连的中国大学排行榜中两所学校均排名前5位，本次研究的两个学院的专业排名同属 A++级，两学院的学生均在各生源地排名前100位。

2. 研究方法与抽样

（1）研究假设。学生在价值辨别能力上没有显著性的差异。

假设1：A大学E学院与B大学M学院的通识教育课程在批判性思维能力上没有显著性的差异。

假设2：A大学E学院的学生与B大学M学院的学生在创新能力上没有显著性的差异。

假设3：A大学E学院的学生与B大学M学院的学生在价值辨别能力上没有显著性的差异。

假设4：A大学E学院的学生与B大学M学院的学生在信息整合与决策能力上没有显著性的差异。

假设5：A大学E学院的学生与B大学M学院的学生在表达交流能力上没有显著性的差异。

（2）问卷调查法收集研究数据。向A大学E学院、B大学M学院2009级所有学生发放《大学生通识能力评估问卷》。

（3）实证分析模型。本研究利用STATA12.0统计软件包，首先对数据进行基本描述统计，然后采用三种对比方法对问卷数据进行分析。包括：

①独立样本T检验。

② SL回归分析。

把学校（A校E学院＝1，B校M学院＝0）、性别、户口所在地、学科分类、社会经济地位、保送生、统招生、自主招生、是否有艺术特长，还有各种课外活动信息作为控制变量，分别建立学校对批判性思维能力、创新能力、价值辨别能力、信息整合与决策能力、表达交流能力的回归方程。

$Y = \beta 0 + \beta 1 X1 + \beta 2 X2 + \beta 3 X3 + \cdots + \beta k Xk$，其中$Y$为各能力分数，$\beta$为回归系数，$X1, X2, X3, \cdots, Xk$为回归变量。学校虚拟变量的系数就是控制了其他因素后，A校E学院通识教育课程改革的效果。

③倾向性分数配对法。

考虑到两个学院的学生在择校时可能有自选择偏误，我们采用了倾向性分数配对法估算控制生源质量差异后的比对结果。以A大学E学院2009级学生为实验组，应用倾向性分数配对法选取B大学M学院2009级学生为对照组，在性别、户口、学科分类、社会经济地位、艺术特长、课外活动情况等方面进行配对，建立倾向性分数配对模型，对两所学校的学生在五种能力上的得分进行差异性检验。应用倾向性分数配对法可以从统计意义上保证分组的独立性，以控制"样本非随机选择问题"的干扰对照组。[7]

因变量：问卷中各分量表（批判性思维能力、创新能力、价值辨别能力、信息整合及决策能力、表达交流能力）的分数

分组变量：是否是A大学E学院

分组变量：学生背景特征指标

$$Px = Pr(D = 1 | x = X)$$

Px：倾向性分数

$D = 1$ 为 A 大学 E 学院学生

$X =$ 性别、户口、学科分类、社会经济地位、艺术特长、课外活动情况

我们采取了 4 种不同的配对方式以保证结果的稳定性：nearest neighbors，radius，kernel 和 local linear regression。

二、结果与分析

1. 被试基本信息的分析

（1）被试构成情况描述统计。本次研究向 A 大学 E 学院 2009 级学生发放《大学生通识能力评估问卷》240 份，回收有效问卷 141 份；向 B 大学 M 学院 2009 级学生发放问卷 200 份，回收有效问卷 137 份。对有效问卷进行数据清理后，各个变量的缺失值情况见表 2。其中招生类别和学科分类这两个变量的缺失值较多。由于数据的缺失会导致后续的数据模型有偏差，所以对"学科分类"这个变量的缺失值做了处理。

表 2 被试个案汇总

项目	有效值	缺失值	总计
性别	278	0	278
户口	274	4	278
招生类别	271	7	278
学科分类	270	8	278
艺术特长	275	3	278
去博物馆次数	274	4	278
观看艺术表演次数	272	6	278
参加艺术类社团	277	1	278
参加演讲比赛或辩论赛	277	1	278
参加某类创新大赛	277	1	278
参加艺术表演	277	1	278

（2）两组被试的差异性检验：

①关于个体差异性检验：问卷中的两组被试的个体特征情况见表 3。

表3 被试个体特征描述统计

项目		A 大学			B 大学			A + B		
		N	M	SD	N	M	SD	N	M	SD
学校		141			137			278	100%	0.501
女生		75	532.2%	0.501	78	43.1%	0.497	153	55%	0.498
农村		16	11.3%	0.318	14	10.5%	0.308	30	10.9%	0.313
招生类别	统招	74	52.5%		89	68.5%		163	60.1%	
	自主招生	27	19.1%		31	23.8%		58	21.4%	
	保送生	25	17.7%		9	6.9%		34	12.5%	
	特长生	15	10.6%		1	0.8%		16	5.9%	
学科分类	理科	66	46.8%		64	49.6%		140	51.9%	
	文科	67	40.4%		53	41.1%		120	44.4%	
	不分科	18	12.8%		12	9.3%		30	11.1%	
去博物馆次数		139	3.99	5.633	135	3.23	4.482	274	3.62	5.104
观看艺术表演次数		138	3.54	3.206	134	4.06	4.176	272	3.8	3.718
参加艺术类社团		21	14.9%	0.357	33	24.3%	0.430	54	19%	0.397
参加演讲比赛或辩论赛		24	17%	0.377	13	9.6%	0.295	37	13%	0.341
参加某类创新大赛		20	14.2%	0.350	32	23.5%	0.426	52	19%	0.391
参加艺术表演		30	21.3%	0.411	30	22.1%	0.416	60	22%	0.413
艺术特长		58	41.7%	0.495	63	46.3%	0.500	121	44%	0.497

对 B 大学 M 学院和 A 大学 E 学院的学生的性别构成、生源地户口、学科分类、招生类别和艺术特长进行卡方检验分析，结果显示，两组学生在性别构成、生源地户口、学科分类和艺术特长上没有显著性的差异，在招生类别上差异性显著（$\chi^2 = 21.024$，$P = 0.000 < 0.05$）。通过表3可以看出 A 大学 E 学院的保送生和特长生比 B 大学 M 学院的多。

把问卷中父母职业、父母受教育水平和家庭收入这五个变量采用主成分分析法进行因子分析，综合出一个新的综合变量"社会经济地位（SES）"。对 SES 指数进行标准化后进行独立样本 T 检验，结果显示两组学生的 SES 没有显著性差异。

②关于课外活动差异性检验：问卷中的课外活动信息情况主要包括参加艺术类活动、其他课外的比赛和艺术活动的频率。从表3中看出在艺术活动的频率上，2011年B大学M学院和A大学E学院的学生去艺术馆和观看艺术表演次数都在3次左右。A大学E学院的学生方差比B大学M学院的小，说明B大学M学院学生参加艺术活动的频率内部差异比较大。

对B大学M学院和A大学E学院学生参加课外活动人数比例进行分析发现，两所学校在是否参加艺术团（$\chi^2 = 3.874$，$P = 0.049 < 0.05$）、某类创新大赛（$\chi^2 = 3.965$，$P = 0.046 < 0.05$）的人数比例方面有差异，其中B大学M学院参加艺术团的学生比例比A大学E学院的大，但是A大学E学院参加某类创新大赛的学生比例比B大学M学院的大。

对A大学E学院和B大学M学院的学生参观博物馆次数和观看艺术表演次数标准化后进行独立样本T检验，结果表明两组学生参观博物馆次数和观看艺术表演次数都没有显著差异。

2. 三种通识能力差异性检验分析

采用三种方法对实验组和对照组的学生做差异性检验分析，结果见表4。三种实证模型的结论基本一致：实验组学生在批判性思维能力上显著低于对照组学生，在其他四种能力上与对照组学生没有显著差异。第一列给出通过简单T检验对比A大学E学院和B大学M学院的学生在五种能力得分上的差异，前者在批判性思维能力上的得分比后者显著低0.246个标准差。第二列给出回归方程中虚拟变量"学校"的系数和标准差，A大学E学院的学生在批判性思维能力上的得分依然比B大学M学院的学生显著低0.228个标准差。后面四列给出使用不同配对法在控制了择校时生源质量的自选择偏误后，两个学院学生在批判性思维能力上的得分差异，基本上也是0.2个标准差。而在其他四种能力上的差别则不显著，只有辨别价值能力在用OLS回归时体现出两组学生有显著差异，但因为其他模型的结果都不显著，所以尚不能下结论。

表4 五种通识能力差异性检验结果

能力	T检验	OLS回归	倾向性分数配对法			
			nearest neighbors	radius	kernel	local linear regression
	（1）	（2）	（3）	（4）	（5）	（6）
批判性思维能力	-0.246** (0.118)	-0.228* (0.127)	-0.226 (0.185)	-0.297*** (0.086)	-0.282** (0.125)	-0.276
创新性能力	0.005 (0.118)	0.091 (0.127)	-0.019 (0.188)	-0.015 (0.090)	-0.013 (0.130)	0.033

续表

能力	T检验	OLS回归	倾向性分数配对法			
			nearest neighbors	radius	kernel	local linear regression
	（1）	（2）	（3）	（4）	（5）	（6）
辨别价值能力	0.181 (0.117)	0.286** (0.122)	0.044 (0.185)	0.079 (0.094)	0.125 (0.127)	0.082
信息整合及决策能力	-0.019 (0.116)	-0.006 (0.129)	-0.230 (0.193)	0.022 (0.091)	-0.017 (0.129)	-0.128
表达交流能力	0.044 (0.114)	0.058 (0.124)	-0.107 (0.191)	0.074 (0.092)	0.045 (0.127)	0.037

注：*表示在0.1水平上显著，**表示在0.05水平上显著，***表示在0.01水平上显著

表5显示配对前后实验组和对照组学生背景变量的比较以及倾向性分数上的差异。可以看到，两组学生即便在配对前，在背景信息上也没有显著差异。

表5 配对前后学生背景变量的比较

项目	配对前			配对后			
	实验组（A大学）	对照组（B大学）		实验组（A大学）	对照组（B大学）		
	N	Mean	N	Mean	Difference	N	Mean	N	Mean	Difference

项目	N	Mean	N	Mean	Difference	N	Mean	N	Mean	Difference
女生	141	0.532	137	0.569	-0.037	124	0.516	118	0.551	-0.035
		(0.501)		(0.497)	(0.06)		(0.045)		(0.5)	(0.064)
农村户口	141	0.113	133	0.105	0.008	124	0.121	118	0.119	0.002
		(0.308)		(0.318)	(0.038)		(0.327)		(0.324)	(0.042)
理工科	141	0.468	137	0.495	-0.027	124	0.484	118	0.516	-0.032
		(0.501)		(0.487)	(0.059)		(0.502)		0.489	(0.064)
社会经济地位	141	0.136	137	0.079	0.057	124	0.139	118	0.02	0.12
		(1.05)		(0.97)	(0.122)		(1.089)		0.99	(0.134)
有艺术特长	139	0.417	136	0.463	-0.046	124	0.395	118	0.432	-0.037
		(0.495)		(0.5)	(0.06)		(0.491)		(0.497)	(0.064)
倾向性分数值						124	0.518 (0.055)	118	0.507 (0.05)	0.011 (0.07)

三、讨论：如何理解通识教育课程改革的效果？

从前述研究发现，从量化研究的结果看，A 大学 E 学院和 B 大学 M 学院的学生在创新能力、信息整合及决策能力、辨别价值能力、表达交流能力上没有显著差异；后者的批判性思维能力优于前者。对于两院学生在表达交流能力、信息整合及决策能力和创新能力上没有显著差异的结论，可以借用 1977 年田纳西州高等教育委员会有关大学生通识教育学业成果评估的基本观点来解释，即"承认这些技能主要是小学和中等教育所教授的"。在目前没有更多证据的情况下，我们也认可这一观点，即认为两院学生具有非常相似的大学前教育背景和学业成就，因此，在这几项技能上无显著差异是可以理解的。在此暂不做重点讨论。

但是，为何 A 大学 E 学院的学生在通识课程改革计划中重视批判性能力培养的情况下，还是没有比没有专门批判性课程训练的 B 大学 M 学院的学生显得更有优势？为了回答这一问题，我们又使用参与性观察和深度访谈方法搜集资料，进行进一步解释。为了能够比较客观地对这一结果做出解释，我们深入上述两所学院，先后访谈 3 位通识教育授课教师、4 位 2009 级的学生。我们还对其中 A 大学 E 学院的批判性思维课程进行了课堂观察，对 B 大学 M 学院的法理学课程进行了课程内容分析。①

我们在访谈中了解到，A 大学 E 学院有着很好的课程理念，并设计了相应的课程体系。通过访谈和课程观察，发现在课程体系的实施方面尚有不足。被访谈对象还不约而同地提到通识教育师资、校园文化，这也是帮助我们理解学生通识教育课程学习成果的不可忽视的因素。

第一，良好的课程体系设计在实施中遇到障碍

本次课程体系改革主要是在参考国内外其他高校的基础上设计出来的，在设计之初难以充分考虑 E 学院的实际情况。首先，虽然 E 学院设计了"共同核心课程"，但学生普遍反映部分课程质量不高，学不到什么知识；有些课程很好，但需要大量的经典阅读，在专业课程和 GPA 的压力下，学生没有时间和精力去细读经典。其次，E 学院没有给上通识教育课程的教师配备助教，大多采用大班教学的形式（整个课堂有一两百人），无法和学生进行充分的交流。有些教师为了保证课程效果，自己招纳高年级本科生做助教，进行小班讨论课，但小班助教只是本科四年级的学生，没有受过专门的教学培训，自身的知识和能力不足，不能有效地组织小班讨论。最后，没有有效的评估机制对课程的实施效果进行反馈调节。E 学院的课程实施没有有效的监督措施，也没有有效的评估机制，不能及时发现课程实施中出现的问题从而进行及时调整。

第二，缺乏经过专门训练的通识教育师资。

---

① 这两门课程的选择源于被访谈学生的口碑推荐。

通识教育是对一个人自身素养的熏陶和技能方面的全面提升，这种课程对于教师的要求是很高的。访谈得知，学生期望中的通识教育良师首先要有足够的人格魅力，其次要具有渊博精深的知识、较高的演讲水平，还应该具有课堂传授知识的高超技能。调查发现，A大学E学院很多上通识教育课程的教师虽然专业造诣精深，但年轻教师较多。这些年轻教师的经验和能力尚不能很好地驾驭通识教育的课堂；更重要的是，他们自身有工作量、升职等方面的压力，往往会不经意地将通识教育课程当成额外的负担，很难全身心地投入通识课程的教学中去。

虽然B大学M学院没有开设专门的批判性思维课程，却在很多课程的讲授上自然贯通着培养批判性思维的理念和训练。这也是符合国外高校对批判性思维的培养——不是靠一门课来教学生批判性思维，而是尽量在每一门课上都培养和训练学生的批判性思维能力。所以，师资力量不足和教学理念上的差异，也是造成A大学E学院与B大学M学院的学生能力没有显著性差异原因。

梅贻琦先生曾经提出老师不但要"以己之专长之特科知识为明晰讲授"，而且要为学生的"自谋修养、意志锻炼和情绪裁节"树立榜样。为此，提出"从游"这一生动的比喻，以老师为大鱼，学生为小鱼。认为"学校犹水也，师生犹鱼也，其行动犹游泳也。大鱼前导，小鱼尾随，是从游也。从游既久，其濡染观摩之效自不求而至，不为而成。"[8]以教师的高尚品行、丰富学养来自然地引导学生，达到"不为而成"，这也说明在课程效果的传递中教师的因素影响是很大的。

第三，校园文化是陶冶学生通识知识、能力和素质的"空气"。

访谈中，有教师指出"有时候营造一种教育气氛和适宜的环境可能比上一门通识教育课程更有效"。这说明课堂外隐性的通识教育实践，其作用并不亚于显性的通识教育课程。比如，前面数据分析的结果说明"参加创新大赛"对创新能力的提高有益，"观看艺术表演"对学生的辨别价值能力有帮助，"参加演讲比赛或辩论赛"有助于表达交流能力的提高等。校园文化拓展了通识教育实践空间，使通识教育能够时时、处处对学生的身心发展起积极作用。

这一现象在课程论上还可以得到进一步解释。根据莱瑞·库班（Larry Cuban）的理论，[9]课程根据传递程度可以分为官方规定课程（the official curriculum）、教师传授的课程（the taught curriculum）、学生习得的课程（the learned curriculum）和测试应试课程（the tested curriculum）。官方规定课程是指学校官方对课程的设计和安排。教师传授的课程主要是指教师课堂的教学，包括教师对学生的态度、教学的内容、教师的个人素养。学生习得的课程指学生的测试成绩所反映的学习内容之外，在整个教学课堂氛围、学校氛围中所学到的东西（如特定的信息加工方式、任课教师为人处世的方法）。测试应试课程指与考试内容直接相关、学生最为重视的课程内容，它只是以上三种课程效果中很有限的一部分。

以库班的课程理论分析A大学E学院的通识教育改革，建议教学管理者在设计课程体系的时候增加授课教师和学生的话语权，充分考虑教师和学生的意见，开设一些教师能够胜任、学生感兴趣并能从中受益的通识教育课程，更好地把官方课程、教师教授课程、学生习得课程、测试应试课程结合在学生的学习计划当中，减少四者中间的裂隙。例如：重视通识教育课程的质量而不是数量，并注重与专业课程的整合，控制学生每学期的选课数量，让学生能有充足的时间精读经典；教师在对学生进行通识教育考核时要弱化考试和评分，关注学生平时的表现而不是考试分数，让学生真正享受通识教育的课堂。

另外，校园文化是一种隐形的教育氛围，以一种春风化雨的方式使学生对价值有所理解并且产生热烈的感情，获得对美和道德上的鲜明辨别力，发展独立思考和独立判断的能力，这是完成通识教育目标的一条重要途径。因此，不考虑校园文化氛围而进行局部的通识教育改革是比较困难的。学校要营造良好的校园文化氛围，在继承学校历史传统的基础上不断创新，丰富学生的课外活动及艺术文化生活。

参考文献

[1] 梁美仪. 香港中文大学通识教育的使命和实践 [J]. 国家行政学院学报, 2005 (10): 70 – 76.
[2] STEVEN J F. Outcomes, learning, and assessment in general education [J]. 大学通识报. 2009 (4).
[3] 李曼丽, 张羽, 欧阳珏. 大学生通识能力评估问卷研制 [J]. 清华大学教育研究, 2012 (4): 11 – 16.
[4] 冯慧敏, 黄明东, 左甜. 大学通识教育教学质量评价体系及指标设计 [J]. 教育研究, 2012 (11): 61 – 66.
[5] A 大学 E 学院 2009 级本科生培养方案（内部资料）[Z].
[6] B 大学 M 学院本科生培养计划（内部资料）[Z].
[7] 张羽. 教育政策定量评估方法中的因果推断模型以及混合方法的启示 [J]. 清华大学教育研究, 2013 (3): 29 – 40.
[8] 梅贻琦. 大学一解 [J]. 清华学报, 1941, (1).
[9] CUBAN L. The hidden variable: how organizations influence teacher responses to curriculum reform [J]. Theory Into Practice, 1995, 34 (1): 4 – 11.

基于 OBE 理念，构建通识教育课程教学与评估体系*

——以清华大学为例

苏 芃　李曼丽

一、问题的提出

中国的高校从 1950 年以后进行院系调整，行业化办学、高度专业化培养成为办学的基本形式，曾经为社会主义建设培养了大批急需的人才。但是随着社会、经济、科技与文化的发展，高度专业化的培养模式呈现明显的局限性，与现代社会对人才素质所要求的培养过程尚有较大差距。教育部自 1995 年来，在部分高校进行"文化素质教育"工作试点，这与西方大学提倡的博雅教育（liberal education）、通识教育（general education）有着相似的目标。经过多年的探索实践，本科阶段注重通识教育、实行宽口径的专业培养成为越来越多国内大学的共识。清华大学推行通识教育与专业教育相融合的本科教育、建立文化素质核心课程体系、设立新雅书院，北京大学实行通识公选课、设立元培学院，复旦大学建立复旦学院形成以核心课程为主轴、以住宿书院制和导师制为辅翼的通识教育培养体系、中山大学开立博雅学院等，凡此种种，不一而足，我国高等学校探索实施通识教育有效途径已经蔚为大观。

虽然通识教育理念在高校内外已得到较为普遍的认可，但其效果仍然难以采集证据得以明证，当然这在国外也一直是难题。在我国，由于历史原因，1990 年以后的某些具体做法受到质疑，质疑主要集中在通识教育课程和组织管理两方面。其一，就实践情况来看，批评集中在通识教育课程学分多了，增加开阔眼界的通识选修课导向虽好，但是课程没有挑战度，容易通过，用学生的话说是比较"水"，或者被称作"软"（soft）课。其二，一些高校采纳的管理形式（例如书院制）面临如何与已有的本科课程与教学、招生等体制进行融合解决通识教育问题。

19 世纪初，帕卡德教授在美国首先把通识教育与大学教育联系在一起。[1]200

---

* 本文系北京市社科基金重点项目"高校通识教育改革实践与实施效果研究"（14JYA001），发表于《高等工程教育研究》2018（2）。

余年来，美国各高校又根据时代发展特点不断探索通识教育内涵。长达两个多世纪的实践表明：通识课程仍是实现通识教育理念的主要载体和渠道，研究通识教育，课程是其最重要的切入点。国内部分专家的研究也表明，能够体现通识教育的课程和其课程组织方式是通识教育成功与否的重要影响因素。[2]因此，如何系统思考和建设通识教育课程是亟须解决的问题。

二、通识教育课程体系构建为什么可以借鉴OBE

关于人才培养理念，清华大学在不同的历史阶段都在不断探索思考。在有关通识教育课程体系设计、通识教育课程质量评估体系两个方面，清华近几年在尝试具有引领性的有效措施。学校从2013年开始进行新的一轮本科教育教学大讨论，其中一项任务就是针对实践中反复绕不开的一个重点、难点问题：每当谈及通识教育效果，最后必定回到通识教育课程结构问题上。如何实现目标与课程的最佳耦合？对于这个问题的解决，清华大学受到早几年在工程教育专业认证中已经采纳的成效基准教育理念（OBE）的启发，经过反复讨论，尝试从引入OBE的质量评估理念与模式入手，从OBE的理念出发阐述通识教育课程建设的要素，实现以'教'为中心向以'学'为中心的转变。那么，通识教育课程建设为何引入OBE？

1. 课程史上通识教育"散"和"水"的问题，本质上是通识教育目标和具体课程缺乏逻辑对应关系

根据我国的实际情况，国内大学的通识教育课程体系主要包括思想政治理论课、外语、计算机、体育、军事理论等教育部规定的公选必修课，以及后来在20世纪90年代中期陆续累加的文化素质教育（通识教育）选修课。就实践情况来看，增加开阔眼界的通识选修课导向很好，批评集中在通识教育课程学分多了后造成的两个问题：一个是"散"，指课程没有结构体系，堆砌而成；一个是"水"，指课程内容没有挑战度，容易通过，有的课程甚至被称为"淼"课。①

事实上，美国、日本大学的通识教育课程史上，均有这样的历史阶段。例如，美国哈佛大学历经三次大学通识教育改革，几乎每30年左右一次，针对的问题之一就是大学通识教育课程的结构和学分量的问题。日本从1946年引入美国通识教育到1991年大纲化改革前，也是每隔15年左右就有一次较大变动。[3]

以日本最近一次通识教育改革为例，日本中央教育审议会在2008年发表"面向学士课程教育的构建"和2012年发表"面向构筑新未来的大学教育质量转换"的咨询报告，对大学教育的质量提出更高的要求，各大学又悄然地开始了重大的

---

① "淼"字由三个"水"构成，取其意指那些特别水的课程。

通识教育改革。在日本七所基干大学中，自20世纪90年代初大纲化①改革后的十余年间或多或少地都进行了通识教育课程质量和实施体制的改善。但是，此次改革是面向通识教育课程更为直接的改革，九州大学2011年开始着手进行了全面的课程改革，东京大学、京都大学、东北大学、大阪大学近年在课程或实施组织上都进行了改革。

可以发现，2012年改革后，在七所大学的人才培养理念中，各大学都明确界定了通识教育的培养目标，"教养"与"广博"关键词频频出现，通识教育的基本理念得到了一定的体现。与大纲化前相比，大纲化以后的通识教育不仅关注培养学生广博的视野，更多地强调了培养学生合理的能力结构。综合来看，多出现的是对基础能力、综合判断力、协作沟通能力、学习能动性、批判性思维、理解能力以及解决现代社会面临问题的能力的培养。同时，随着社会不断进步，全球化的发展，对国际化人才的培养，对现实问题的探究、发现、解决能力的培养赋予了通识教育目标与时俱进的新内容。

而且，大纲化后日本大学通识教育课程的挑战度提高。大纲化前通识教育课程的"形式化""空洞化"被广为诟病[4]，这也是我们常说的"水课"。瘦身后的通识教育在取舍中，舍"量"逐"质"，注重改进通识教育的质量，关注学习的过程，提高了课程内容的挑战度，通识教育的内容要素、教学方式有所丰富。现行的通识教育课程更贴近此要求，与大纲化之前相比通识教育的内容有所扩充，在原来的人文、社会、自然、外语、体育保健的科目之外，增加了属于大学一年级教育的补习教育科目和大学教育适应科目、信息处理相关科目，增加了现代社会课题以及专题科目、综合科目、专业基础科目以及对非本专业学部学生开放的科目的改革尝试等。七所大学逐渐开始以"小班教学"、小班讨论课以及高年级讨论课等为导向的教学形式的改革。

可见，通识教育课程建设也是个长期的过程，对于中国大学来讲，也一定会是一段绕不过去的经历。

2. OBE及能力导向课程设计是值得关注并可以借鉴的课程设计理念

以什么样的指导思想来主导通识教育课程的建设？回顾美国大学课程史，有永恒主义、要素主义、进步主义等一直作为指导思想。然而，无论是芝加哥大学的"经典名著"课程、哥伦比亚大学的"西方文明"课程还是布朗大学的通识教育课程"自由选修制"，都各有其追寻者和批评者。这些大学通识教育课程发展的历史表明，通识教育的理念、管理、课程设计与实施都需要有一定的校本特色。清华大学在综合分析了美国、日本等深受通识教育思想影响的国家地区的大

---

① 1991年实施的大学设置基准大纲化的目的在于使各大学能够"在适应学术、社会等方面需求的同时，制定和实施有特色的课程大纲，充实高等教育，培养出社会需要的优秀人才"。大学设置基准大纲化为日本高等教育放宽了限制，提高了大学的自主性，有助于大学实施有特色的教育，促进了高等教育形式的多样化，但也出现重专业教育、轻通识教育的现象。

学通识教育特点之后，做出了自己的判断和思考。

清华大学最初在实践中接触到 OBE，契机在于近几年美国工程教育认证体系 ABET 在清华工科专业中的认证试点，ABET 采用了 OBE 理念，要求工程教育各专业对核心课程的设立进行学习成效的分析，该理念对工程教育课程质量成功地起到保障作用。英国的高等教育质量保障机构（QAA）、澳大利亚、新西兰、南非和中国香港等地高等教育质保体系也都已陆续引入使用。

事实上早在 1937 年，卡内基教学促进会的沃尔特（Walter A. Jessup）就提出能力导向教育理念：对学生学习成果的判定不应该受限于学期课时，而是依据他们展现出自己能做什么来决定，能力导向教育最开始是在职业教育中开展，20 世纪 70 年代，开始逐渐用于大学生的培养。1994 年，《成效基准理念的教育》在美国出版。[5] 该书作者 Spady 提出："基于成效的教育是从使每个学生能成功地展示学习经验为出发点而来组织和运行一个教育系统。成效是指我们希望学生能够通过学习经验结束后展示的清晰的学习结果。"该书作者还强调，学生学到什么和是否学习成功了比什么时候以及怎么学习更重要。OBE 要求在学习产出、教与学的活动、评估这三个方面统一起来，形成整个教学体系，换句话说，OBE 教育模式就是围绕"定义预期学习产出—实现预期学习产出—评估学习产出"这条主线而展开，学生产出评估构成了教育质量持续改进的闭环。[6]

OBE 以能力为成效导向，关注学生能力的提升，关注以学生为中心。OBE 有如下优点：①目标清晰性。教育者对学生的表现有一个明确的预期，学生展现出来的表现相比他的评价或计划处于优先级。培养方案、指导、评价等规划都需要围绕学习成效来进行设计。学生和教师都对 OBE 的理念清晰明了，知道各自的学习和教学工作都将围绕此而开展。[5] ②过程灵活性。OBE 为成功的学习提供更多扩展的机会和支持。由于学生自身的情况各不相同，学习进度不再整齐划一，学生可以按照自己的情况各自安排。教师需要在时间、方法、表现的标准等方面给出灵活的具有可操作性的方法，对某部分不了解、理解有难度的就多花点时间，对自己熟悉的就少花点时间。③标准的可比性。OBE 因为明确了产出标准，使得不同地区、不同学校的学生之间有了可比性。这也使得 OBE 能够在华盛顿协议、欧洲的博洛尼亚进程这样的高等教育国际协议和组织中发挥了重要的作用。同样，因为标准的明确，也让我们的教育体系更加灵活，为不同地区之间学生的交换、课程的替代认定提供了很好的参考。[7] 举例而言，2014 年年初，威斯康星大学正式开设自己的能力导向课程——弹性选择，这被认为是能力导向教育开始被美国高等教育主流接受的象征。"弹性选择"强调以学生的学习进度来决定何时进行评价考核。只要学生表示已经准备好了，就可以进行下个阶段的学习，同时，学校还会为学生提供量身定制的学习目标，提供必要的学习资源。[8]

尽管研究者也指出了 OBE 存在的一些问题[9]，譬如成效需要由多方利益共同体参与来确定，如何界定得明确、科学，其本身就是一件非常困难的事情。因为成效很明确，就有过于具体化、简化之嫌，教育过程中一些不可言喻的部分被轻视或者忽略了,而这往往在艺术学科、人文社科更加重要。同时,教育有时并没有那么明确的目标导向,也许不经意的一些教育过程会对学生产生很重大的影响,过度使用 OBE 也会存在功利化、僵化的导向。但是,自 20 世纪 90 年代以来,普遍认可的课程设计思想是以 OBE 理念为基础的能力导向课程设计能够被众多高校接受,说明其范式对通识教育课程的建设会有借鉴作用,值得进一步关注和研究。

三、如何借鉴 OBE 理念梳理通识教育课程建设与评估体系

美国学者 Richard M. Felder 提出基于 OBE 模式的课程设计模型。[10]对课程而言,首先,要确认课程的目标。课程的目标要与学校的整个育人目标相匹配,要能明确在学生的培养方案中的位置;其次,需要设计能够达成目标的具体教学方法,如讲授、实验或者田野考察等;再次,要能够给予一定的资源配置,如教室的格局需求、助教的匹配等;最后,需要围绕学生的学习成效对课程进行评价,并提出持续改进的建议,从而形成课程建设的闭环,见图 1。

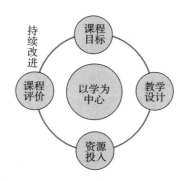

图 1 基于 OBE 理念的课程建设模型

第一,通识教育课程建设要明确通识教育课程的目标。

通识教育课程的目标与学校整个通识教育的定位密不可分。2007 年哈佛的《通识教育工作组报告》明确提出四项课程目标:一是要为学生承担公民责任做准备;二是让学生理解自己是传统艺术、思想和价值的产物,并将参与其中;三是为学生对变革做出批判性和建设性的回应做准备;四是让学生对个人言行在伦理方面有深刻的理解。[11]MIT 所提倡的通识教育有其鲜明的理工科特点。MIT 明确提出,本科教育把理工科看作出发点,要求其通识教育把其理工大学翘楚的特点体现得淋漓尽致,强调实用,强调技术创新。以科学基础原理为基础的教育,加上对人类文化的深厚理解,MIT 创造了良好的环境,教育学生综合发展、全面准备,更好地应对以后生活中面临的各种挑战。[12]从上面两个例子我们可以很明确地看到,哈佛和 MIT 都充分认识到自己培养人所要承担的历史使命,在已有的良好办学传统上继续前进,适应新时期的发展变化,不断保持其办学优势。

表1是目前我国若干高校对通识教育目的的表述。由表中可见，这几所大学所提出的通识教育主要在全面素质发展（完整人格）方面达成了一致。这种提法其实与我国20世纪90年代提出的"文化素质教育"不谋而合。在研究国内各个大学通识教育理解和实施的过程中，我们会发现各自概念内涵并不是非常清晰，一个最鲜明的特点是不具备各个学校自己的特色。一所大学通识教育的目标与学校的人才培养定位是密不可分的。每所大学都拥有独特的使命、历史发展轨迹和文化积淀，拥有未来一段时间内学校发展的定位。MIT从其历史中归纳出五种主要的教育精神：①对学习保持恒久的热情；②知识的多样性；③对核心知识的创新理解；④合作学习；⑤领导能力的培养。清华"自强不息，厚德载物"、北大"思想自由，兼容并包"、复旦"博学而笃志，切问而近思"，等等，这些不同的校训都是大学不同文化、传统、氛围的体现，这些也都应在其各自通识教育的目标和模式中有所体现。

表1 国内几所高校的通识教育目标

学校	复旦[13]	南大[14]	北大[15]	浙大[16]	清华
通识教育的目的	不是指"拥有广泛的知识"，要提高学生的人文修养，开阔学生的思想视野，增强其独立思考的能力和学术创新的能力	促使学生的感情和理智都得到发展，造就一个具有完整人格的人，开阔学术视野，培养文化通感和科学精神	非灌输知识的细节要拓宽基础、强化素质，培养通识的跨学科基础教学新体系，其教学内容重在启发思想、掌握方法	着重于学生全面素质的提高，有利于学生形成均衡的知识结构	培养具有宽厚的基础知识、多元的文化视野和敏锐的思维习惯，全面、均衡和谐发展的人

国内几所著名大学的通识教育对"知识"有不同的认识。复旦明确提出不是指"拥有广泛的知识"，"不是为学生去设计提高就业竞争力的知识结构"，而北大提出的"拓宽基础"和浙江大学的"均衡的知识结构"都有拓宽相关知识面的意思。在这点上大家还存在一定的分歧。通识教育一定要以相关的知识为载体，但不是以纯粹的获取知识为目的，而是在一定知识的载体上更多地启发学生去树立一定的价值观，学会思考的方法，培养人文素养和科学精神，成为一个现代社会的文明人。在这种认识下，每门通识教育课程应该更加注重能力和素质的培养。

国内这几所大学对通识教育的课程建设做出了很多的探索，从大体框架来看，与国外一流大学的通识教育课程有了一定的"形似之处"。但是，从现有各高校的通识教育课程来看，课程门数众多，往往把全校选修课都当作通识教育课程，以至于课程与其通识教育的目标有背离，课程边界不够清晰，距离

"体系"的建立还相差较远。近几年，不少学校纷纷提出通识教育核心课，对此问题有所改善。另外，就中国高校的实践情况来看，通识教育课程还有很多人认为是简单地开阔眼界的课程，用学生的话说是比较"水"，容易通过，课程没有挑战度。这种情况与通识教育定位不明确有非常大的关系。

我们来看清华大学2016年度通识教育核心课程大纲中对课程目标的描述，85门核心课程，对知识掌握都提出了明确的要求，但对能力和素质的培养并没有形成一定共识，近30门课在课程目标中没有提到有关能力和素质的培养。对能力和素质关键词抽取后如下：

从表2可见，85门课里达成最高的共识度的价值观和思维方式的训练只提到了12次，说明任课教师对课程本身的目标定位还需要进一步的明确，对于通识教育所注重的培养目标，在课程目标中并未充分阐明。一般而言，课程体系及课程教学是实现学校通识教育目标的主要方式，通识教育不能仅仅只是一些零散课程拼凑，而是一个系统工程，这个课程体系里的每一门课程都应该指向通识教育的总体目标，而能力目标是一种最容易描述、观测和测量的目标，所以我们采用了在OBE理念指导下的能力导向通识教育课程设计思路。

表2 通识核心课程中关于能力素质的要求

价值观	12次	团队合作能力	2次
思维方式	12次	动手能力	1次
创新意识	3次	节能、绿色	2次
文化艺术素养	8次	科学素养	5次
分析问题能力	3次	表达能力	5次
批判性思维	8次	学习能力	1次
阅读能力	8次	写作能力	7次

我们建议的能力目标框架包括能力维度和等级，等级是指能力需要达到的要求，分为重点评价、涵盖、涉及三个级别，详情见表3。

表3 能力目标框架

能力	等级	能力	等级
沟通能力（书面表达）		团队合作能力	
沟通能力（口头表达）		科学素养	
批判性思维		人文素养	
创新能力		终身学习能力	

第二，课程应该有符合教学目标的教学设计。

  基于每门课程的目标,应该在教学设计中有明确的对应体现。此外,学习科学提出的几点有效学习如何产生也对教学设计提供借鉴:[17]更深刻地理解概念非常重要,在实际场所中运用知识时,学习者会对知识理解把握得更加深刻;要重视学习者已有的知识基础;学生对自己所学的知识进行表达时,学习效果更好,表达方式包括撰写论文、报告,或是其他创新作品。通识课程需要进一步细化每单元课程的设计都能对哪些能力的培养做出贡献,并且能够把阅读、写作、展示等要素明确到课程要求中来。比如很多课程提到的写作能力的提高,需要明确在教学中分别有几次写作任务,又是如何反馈写作质量并进一步指导学生的。现有的85门核心课程中绝大多数是讲授型课程,除新雅书院新设立的14门明确阅读和写作的课程外,剩余的课程中只有3门有明确要求的读写课程,有25门课程明确标识有讨论环节,2门课程配有小班讨论。绝大多数的通识教育核心课还是传统的讲授的形式,再加上绝大部分课堂是100人以上的大课,学生只能是知识的接受者,很难产生有效的师生互动。另外没有阅读和写作的保证,很多课程就成为学生带着耳朵来上课,课后不用付出的"水"课了。

  清华从2015年开始要求理工科的学生必修一门读写基础课程,加强学生"批判性写作能力"培养。以读写基础课程为例,强化学生"阅读"与"写作"环节。例如,必读书目不少于500页,选读书目在5本以上;读书报告不少于2 000字,期末论文不少于4 000字,并通过反复批改而切实提高学生这两方面的能力。在教学设计上,我们不仅关注教师讲授技巧,也关注学习者的有效学习如何产生。例如,我们借鉴普林斯顿写作课程的教学法,明确了学生的初级、中级、高级学习环节及成效目标,同时我们利用"清华大学研究生助教能力证书提升项目"① 培训了数量可观的合格助教,对选择大课的本科生进行实质性的小班教学辅导,课程效果的达成度明显。

  第三,通识教育课程建设加大了资源投入,同时强化了评价环节。

  同样,围绕课程目标和教学设计,需要有相应的资源配置,创设建立有利于学习者深刻理解概念的学习环境。如大班授课及小班讨论,助教的数量和质量是如何保障的?有的课程提出的提高艺术修养,如何落实学生的艺术品品鉴、绘画制作?明确有讨论环节的课程是在什么样的教室环境上课的,是否能

---

  ① 该项目由清华大学教育研究院、清华大学研究生院、清华大学教学研究与培训中心共同设计并组织实施,此证书项目有如下特点:①本证书项目面向在校研究生,同时欢迎感兴趣的本科生参加(特别是本校已经推研的学生,本科高年级学生进入该项目,研究生阶段完成证书项目)。②三级进阶、四模块课程体系包括入门课程模块、基础课程模块、专业选修模块和实践模块四个模块;本证书项目的目的,是鼓励研究生在攻读学位期间,学习教育学、教学设计、心理学的原理和思维方法,并通过助教工作的实践深化对教育的认识,也促进研究生个人发展。根据自己的需求、时间、职业规划选择不同模块课程进行学习。学习合格者可分别获得清华大学初级助教、中级助教、高级助教的三级助教上岗资格。项目试点课程是清华大学文化素质教育课程。

够有效支持讨论的开展？

仍以基础读写课程为例，学校采取大班上课、小班讨论的方式。在小班讨论环节，学校专门改造了教学楼的讨论教室若干间，此外，每20~30人配置一位受过专门培训的助教。学校还鼓励教师发起微沙龙辅导学生，并予以适当资助。

基于OBE理念，课程评价要基于课程目标的设立，特别要注重学生的学习成效。对于通识教育核心课程来说，要重视各项能力和素质的培养情况。如被大家广泛认为的通识教育课程应能够培养学生的批判性思维，在课程结束时，要通过什么样的环节来进行检测。绝大多数的通识教育核心课程最后是通过大作业作为课程的最终考核，另外现有的清华的课程评价中用的较多的是学生的评教，但是其指标与别的课程也没有差异。课程并没有什么特别的客观的指标能显示在各项能力培养中的切实成效。

在课程目标不明确和评价不到位的情况下，通识教育课程的持续改进也成了不现实的假想，所谓的闭环建设就无从做起。在ABET认证的过程中，通过对课程的评估，任课教师能够精准地发现课程讲授中的问题，针对学生掌握得不到位的地方进行重点强调和改变教学方式，第二年学生对该项能力有明显的提升。

四、结语

某种程度上说，OBE对传统的课程设计思维进行了一定的反转。我们以往很强调"教"，OBE的提出让我们反向思考整个课程体系，从培养目标着手，反向来思考和确定需要什么样的教育教学环节。同时，灵活性的安排对我们现在的大众化的教学模式也提出了很大的挑战，学校需要提供学生更多的自主化学习的空间和机会。在机会多元丰富的情况下，所有学生有更高的成功期待。[18]

OBE的提出对于课程建设和评价确实给我们提供了新的视角。之前我们在评价课程时重在资源的投入，现在注重学生学到了什么。例如，2006年清华的课程建设提出六要素：课程目标、课程理念、知识体系、教学模式、教学资源、教师[19]；2003—2007年，国家精品课的评价指标包括教学内容、实践教学、教学条件、教学方法与手段、教学效果、教师队伍、特色及政策支持，在涉及教学效果中包含同行及校内督导组评价、学生评教、录像资料评价、学生实践活动评价几个二级指标。[20]可见，我们还是非常重视"如何教"，确实是以教为中心，对学生真正地学到了什么关注较少，而教师教得多、资源投入多其实与学生的实际收获并不画等号。随着学习科学的兴起，理论界越来越关注有效学习是如何发生的，而OBE正是让我们更多地关注学习成效，让我们从以往以教为中心向以学为中心转换，这是在学习科学日益广泛影响教育实践之时非常值得借鉴的思路。

清华大学在 2014 年启动几个专业的 ABET 认证，在全校进行精品课程 OBE 的重塑，并在所有课程大纲中增加学习成效等要素，积极探索用 OBE 的理念进行课程建设，包括工科方案中的通识教育。从对清华通识教育核心课程简单的分析来看，第一步，也是最重要的一步：课程目标需要明确。首先，高校需要认真结合时代背景和学校的办学定位，提出实事求是，具有中国特色、学校特色的通识教育目标，并把这一追求在整体课程框架设计、每门课程建设、教师培养等方面落到实处。如果教师对自己课程要承担对学生进行哪些能力和素质的培养不明确，相应的课程设计和资源匹配很难跟上来。教师也要在考核阶段设计对各项能力和素质的评价，并且根据结果进一步改进课程的设置，从而不断地优化课程设计。在 OBE 理念的指导下，明确课程的学习产出，并围绕此来配备教学资源、设计教学环节，相信我们的通识教育课程会对学生批判性思维、沟通能力等方面产生切实的提升。

参考文献

［1］李曼丽，汪永铨. 关于"通识教育"概念内涵的讨论［J］. 清华大学教育研究，1999（1）：96－101.

［2］甘阳. 大学通识教育的两个中心环节［J］. 读书，2006（4）：3－12.

［3］刘爽，李曼丽. 日本大学之通识教育变革（1991—2015）：进步抑或倒退［J］. 清华大学教育研究，2016，37（1）：39－46.

［4］大学審議会. 21 世紀の大学像と今後の改革方策について―基于 OBE 理念，构建通识教育课程教学与评估体系競争的環境の中で個性が輝く大学（答申）［R］. 1998：39－41.

［5］WILLIAM G S. Outcome－based education：critical issues and answers［J］. American Association of School Administrators，Arlington，Va.，1994：22.

［6］顾佩华，胡文龙，林鹏，等. 基于"学习产出"（OBE）的工程教育模式［J］. 高等工程教育研究，2014（1）：27－37.

［7］TAM，MAUREEN. Outcomes－based approach to quality assessment and curriculum improvement in higher education［J］. Quality Assurance In Education，2014（2）：158－168.

［8］郭坤. 以能力为本位考核不能"失位"［J］. 麦克思研究，2016－5：102－104.

［9］EWELL P. Building academic cultures of evidence：a perspective on learning out comes in higher education，paper presented at the symposium of the Hong Kong University Grants Committee on Quality Education，Quality Outcomes－the way for ward for Hong Kong，Hong Kong，June，available at：www. ugc. edu. hk/eng/ugc/activity/outcomes/symposium/2008/present. html （accessed 15 September 2010）.

[10] RICHARD M F, REBECCA B. Designing and teaching courses to satisfy the ABET engineering criteria [J]. Journal of Engineering Education, 2003, 92 (1): 7 - 25.

[11] Harvard university. Report of the task force on general education [R]. Faculty of Arts and Science. 2007: 70 - 72.

[12] Report of the task force on the undergraduate educational commons to the president of the massachusetts in stitute of technology [R]. October, 2006.

[13] 2009年本科教学培养方案 [EB/OL]. http://www.jwc.fudan.edu.cn/s/67/t/179/2b/22/info11042.htm.

[14] 南京大学培养方案及教学计划 [EB/OL]. http://jw.nju.edu.cn/NJU Education/files/jiaogai/.

[15] 北京大学本科生教学手册（2009年版），通选课手册 [EB/OL]. http://dean.pku.edu.cn/jxbgs/jxbgs - main.htm.

[16] 浙大培养方案必读说明 [EB/OL]. http://bksy.zju.edu.cn/redir.php?catalog - id = 166128.

[17] R 基思·索耶. 剑桥学习科学手册 [M]. 徐晓东，等译. 北京：教育科学出版社，2010：1.

[18] WILLIAM G S, Outcome - based education: critical issues and answers [J]. American Association of School Administrators, Arlington, Va., 1994: 24.

[19] 冯婉玲，段远源. 课程建设的内在规律与制度保障 [J]. 中国大学教育，2006（8）：10 - 12.

[20] 王欣，陈锡宝. 我国精品课程评审工作现状及存在问题 [EB/OL]. http://www.cnsaes.org/homepage/saesmag/jyfzyj/2007/10b/gj071021B.htm.

通识教育核心课程质量监测诊断：
"高能课"与"吹水课"的成因分析与甄别*

陆 一

通识教育在中国大学已经历了十几年自发的探索实践。今年，《国家教育事业发展"十三五"规划》中明确提出要深化本科教育教学改革，探索"通识教育和专业教育相结合的人才培养方式"，标志着"通识教育"的地位在中国大学得到了全面确立。可以预见，越来越多的大学将系统化地开设大量通识课程，而通识课程的质量保障无疑关系到通识教育改革的成败。在课程建设初期，通识教育理念与目标还比较模糊，课程质量标准无从谈起。开出足够数量、门类齐全的通识课程几乎是所有大学通识课程建设的第一步。与目标明确、积淀深厚的基础课、专业课比肩并立在学生的课表中，新开的通识课往往得不到同等的重视。几年下来，承载着崇高育人目标的通识课程竟然获得了"水课"的风评。这种现象已然成为所有大学通识教育不能回避的问题。

本文将指出在世界范围内通识课效能低下的普遍现象，分析通识教育改革过程中"水课"的成因。进而接续论文《把握通识教育的真实效果："复旦大学通识教育学生调查"工具的研制与信度、效度检证》[1]阐明一套精细定制设计，并在复旦大学和北京大学实施两年后证明可行的质量保障调研方法，供兄弟院校参考借鉴，以支持中国大学通识课程质量的全面提升。

一、"水课"：大学通识教育的世界性顽疾

作为全世界大学通识教育的先驱和榜样，美国大学对其通识课程未曾停止过批判性反思。20世纪末，艾伦·布鲁姆曾尖锐地指出许多美国大学标榜其通识课程的广泛性和选择性，于是学生不得不学习庞杂零碎的课程，周旋于不同教授的学术领域之间，到头来学无所成。[2]哈佛前任校长德雷克·博克坦言，教师往往一厢情愿地认为通识课程能够达到教学目标，能够让学生形成持续的学术兴趣，但通常情况下不能。[3](29-30)美国大学常常把写作、外语等必修的通识课程交给课时费不高、对学生要求宽松、教学能力不足的研究生或兼职助教

---

* 本文系复旦大学"卓学计划"项目，复旦大学人文社会科学"青年创新团队发展计划"项目，发表于《复旦教育论坛》2017，15（3）。

来承担。[3](26-27)即使是美国一流大学的教师会也在"学术自由"的名义下忽视教学方法,拒绝接受相关的集体研讨、质量评估和改进建议,对教学效果掩耳盗铃。[3](30) 2015年2月,哈佛大学通识教育评估委员会的中期报告指出,哈佛学生一方面希望通识核心课提升质量以变得更值得严肃对待,另一方面在实际行动中却倾向于选修课业压力较小、给分较宽松的核心课,这种风气已经成了师生相互不满的导火索。[4]哈佛通识教育评估委员会主席肖恩·凯利教授认为,近五年来通识教育在哈佛盛名之下其实难副①,许多授课教师和学生都搞不清楚当前分布式核心课程的设置和通识教育目标之间有什么样的关联,还有些教师为了能实现更多的选课人数向选课学生承诺降低课程的学业要求并提高给学生的分数。[5]

日本在第二次世界大战后立即仿照美国模式推行大学通识教育,命名为"一般教育"(general education 的直译)。由于课程普遍含金量不高,学生戏谑地将通识类课程简称为"ン教"②,相当于"水课"的代名词。通识课程质量和效果问题成为20世纪90年代日本大学大范围取消"教养部"的一大原因。[6]

我国台湾的大学通识教育滥觞于1956年的东海大学。[7]20世纪90年代起通识教育在台湾推行后大规模建设了数十年,课程质量和学习效果仍不够理想,教育主管部门所规定的通识教育必修学分被师生当作"营养学分"[8],好比通识课程是日常膳食之外可有可无、效果不明或起"安慰剂"作用的营养补充剂。[9]

2011年北京大学老教授教学调研组曾明确指出北大通选课存在"水课"问题:有的"教师不够认真,经常迟到或找人代课;或内容浮泛,不得要领;或知识陈旧,了无新意;或照本宣科,索然无味";"个别课程属基本知识或科普讲座一类,并无理论深度和多少启发,教师却利用录像、电影剪辑或某些物质奖励,吸引学生,甚至普遍给高分,迎合学生的某些趣味和要求"。[10]浙江大学的本科核心课程建设中也遇到"水课",即内容"水"或要求"水"的课程。[11]还有研究从教学角度罗列了"水课"的典型特征:①出勤率不高;②作业(考试)要求不高;③为了"混学分"而选课、听课;④学习效果不明显,收获不大;⑤教师没有调动学生学习的积极性,缺乏互动。[12]

另外,学生对"水课"的形成也负有责任。通识课程建设者发现,学生喜选"水课",学习任务较重的核心课程不受欢迎。[13]对复旦、清华、北大的学生联合调查披露,学生认为"水课"是指老师要求松、打分好、容易过的课程,并且他们常常追捧"课水、人好、分高、好过"的课。[14]2014年清华学生的一

---

① 原文用了"chimera"(赫西奥德的《神谱》中记载的羊身、狮头、蛇尾合体的怪物)一词作比喻。

② ン即为一般教育中"般"的读音,同时也是日语"面包"的读音,带有营养单薄的含义。

项深度调查认为,同学对"水课"的期待在慢慢改变老师的教学,"严师遇冷,水课被捧"的现实足以令以世界一流大学为目标的清华自省。[15]

同为大学本科课程,如果通识课程无法摆脱"水课"之名,其教学质量、学习效果始终不如专业性课程,那么方兴未艾的中国大学通识教育改革将成为空谈,通识教育理想将不可逆地被败坏,通专结合以达到更好的本科教育的目标将无法实现。

二、通识"吹水课"的界定

所谓"水课"本身还不是一个严格的概念,本文创制"吹水课"一词对其做学术化的界定。"吹"代表吹牛,指非学术、缺乏准备、夸夸其谈的教学形态,"水"代表掺水,意味着教学效能低下,学习收获少。"吹水课"与"高能课"相对,这组概念的含义不涉及是否容易拿学分等成绩评分因素①,仅抓住教与学的核心过程中教学投入不充分、学习投入少、学习收获少三个基本现象来界定。

通对国内高校通识课程的大量观摩②发现,与一般低效能的大学课程相比,通识课的问题既有共性也有一定的特殊性。本文对通识"吹水课"的诱因归纳为以下四个方面,这四项诱因往往还呈叠加效应。

其一,教的不重视、不到位。由于教学工作量的认定、考核、激励等机制不健全,或者教师对通识教育理解的偏差、对非本专业学生缺乏教学兴趣等各种外部与内部原因,教师在通识课程的教学准备与实施中投入不足,态度松懈,表现为课程大纲编制粗糙、课程内容缺乏含金量等。同时,由于对通识教育缺乏经验和学习体会,教师在课程编排、教学实施中会发生各种不成熟、不到位的问题。教师的态度、未经充分打磨的教学行为会潜移默化地传达给学生轻视通识教育的看法。

其二,学的不重视、不投入。由于对通识教育的目标与价值缺乏体认,学生容易认为专业才是本分,非专业的学习不是"分内之事"。所以通识课属于闲暇的兴趣拓展,应当学得轻松愉快,而不用投入太多精力刻苦地学习。又如一些院校把通识课程全部安排在晚间,进一步强化了学生的这种差别化认知。学生中一旦形成了此类偏见,仅凭授课教师一人之力很难转变。课程的实施是教与学不断互动的结果,学生会认为通识课上要求严格的教师是"刻意为难",

---

① 教学投入、学习投入和学习收获都较高的课程,假如给分偏高也不属于"水课",而那些含金量不高却评分严苛的课程不能说不是"水课",所以本研究未将给分宽松程度作为"水课"的限定条件。哈瑞·刘易斯在其名作《失去灵魂的卓越》中花了整整一章阐明为什么分数贬值问题并不重要,笔者同样认为有效的教学才是问题关键。

② 笔者对复旦大学、北京大学、清华大学、中山大学的通识课程累计旁听观察了50门次以上。

反而认为不太较真的教师"恰如其分",进而通过评教等反馈给教师带来压力。在缺乏质量保障机制的情况下,受挫教师妥协的结果必然是"放水",学生则进一步固化了通识课本就不应该太较真的误解。

其三,与课程体系脱轨。不论专业的学习还是通识的学习,课程之间应当有机联系,构成系统。中国大学的通识课程多数采取了统一规划设置,而由全校各专业院系分担授课的方式。这就意味着通识课教师不像专业课教师那样直接属于一个紧密的共同体,造成课程名称设计是通识的,但内容是教师自设的,或者本来就是"因人设课"。久而久之,虽然课程名称还体现了对多数大学生有价值、有意义的内容,课程实施的却是教师个人最近的研究兴趣,也不对学生提出学习训练要求(因为那只是教师的兴趣)。于是,一门门通识课之间的实质性关联断裂了,学生学到的只是一些孤悬在本专业知识体系之外的一些片鳞半爪,了无意味。通识教育的总体目标就无法通过课程传达到学生内心。

其四,非专业即科普。由于目前中国大学绝大多数的教师本人没有受过大学通识教育,也没有经过系统化的教学法训练,他们的教学方式往往来自当年求学的记忆。在某些专业规训较强的学科,教师擅长严格的专业训练,然而面对非专业志向的学生,他们若不是一如既往地实施专业训练,就是把课上成仅仅提供初级知识和研究结论的科普讲座。前者学生可能由于缺乏准备知识和专业兴趣应对困难,后者则对学生提不出学习要求:虽然教师精心准备,但是这些课就好像一本课外书、一部纪录片,仅仅展示了一些互联网上容易获得的知识资料,学生没有深度系统的学习参与,也就没有真正的收获。

实际上,专业学术造诣深厚、教学投入较大的教师也会产生第四类情况。对外行无法深入浅出地讨论本专业知识意味着教师本身通识性能力的欠缺。进而,如何通过专业训练传达特定专业的精神、审辨问题的方式、看待世界的系统化视角则是突破第四类问题的关键。因此,和前三类问题通过管理手段就能够相对直接干预不同,第四类问题则需要教师自我突破,管理上只能提供间接的教研支持。

三、指标设计:刻画有效的通识教学

近年来,以学习为中心的教学理念[16]被越来越普遍地接受。现代大学的课程质量保障不能只关注制度设计和师资投入,更重要的是切实把握学生的学习情况与学习效果。有效教学应当成为所有大学课程的质量标准,建设中的通识课程概莫能外。笔者团队自2015年起为复旦大学和北京大学设计并实施了针对通识核心课程的学生调查,相关理论依据、设计思路、统计验证,特别是如何刻画通识学习效果等内容参见已发表论文。[1]本文侧重于从两所大学的实践经验出发,用实例来说明常态化的学生调查能够对院校层面通识课程质量建设发挥重要作用。

表1列出了调查指标体系设计。作为一级指标的教学质量、学习投入和学习收获是对任何大学课程都具有通用性的有效教学框架[17],反映了教和学的互动过程及其结果。由于调查针对学生实施,学习投入和学习收获是学生的自我报告,属于直接信息;教学质量则通过学生实际感受来反映,也就是学生对教学的评价,属于间接信息。

表1 通识课程质量保障指标体系

一级指标	二级指标	
	基本指标	高阶指标
教学质量	教学态度、讲课水平、有效指导、提出学业挑战、激发兴趣	教师个人影响力
学习投入	选课动机、课上参与、课后投入、延伸讨论	学习意义感
学习收获	总体通识学习收获、增进通识理解	经典研读能力提升

在参考了 The Course Experience Questionnaire (CEQ)[18] 和多套 Students' Evaluations of University Teaching (SET)[19] 指标体系设计的基础上,从本土实际出发,设计了适用于中国大学现阶段通识课程教学的二级指标,除了总体通识学习收获题项较多,其余每个指标包括3~5个具体问题。

教学质量的二级指标中教学态度、讲课水平、有效指导、提出学业挑战和激发兴趣是理想的大学课程质量要求,不仅对通识课程适用,对专业课程或其他大学课程都应当适用。先行研究显示,学生评价教学和评价教师是相关但不同的调研取向,应当区别对待。[20] 考虑到通识教育的目的不是课程教学,而是成人,指向心灵的锤炼、人格的完善,在某些情况下教师作为活生生的个人所传达的"通识"比课程内容更重要。所以将教师个人影响力,即作为学术大师或人格榜样的魅力和感召力设置为参考性的高阶指标。

学习投入的二级指标中选课动机是分类变量,选项来自实地调查所得,大致可分为积极的动机与消极的动机,内部动机与外部动机等;课上参与、课后投入、学习意义感和延伸讨论,均为学生自我报告的课程学习行为,操作化为定序变量。通过多次调查分析,我们意识到对通识课程而言,"学习意义感"的指标敏感性很突出。因为学生选修通识课和专业课的心理准备和投入预期有质的不同,通识类课程对多数学生而言起初只是孤悬在专业知识体系之外的内容。为什么要学这门课?这门课和其他课程是什么关系?我要从这门课中学到什么?如果不是为了专业上的成就,到什么程度能说学好了这门课?不弄清这些问题,学生就无法自主自律地展开学习,只能迷茫地完成课业任务。作为影响教学效果的一个重要指标,如果不重视学习意义感会造成努力教学却陷入事倍功半的境地。

学习收获指标包括总体通识学习收获、经典研读能力提升和增进通识理解三方面。总体通识学习收获通过文质—知行两个视角设定了四个维度：经典体悟（文—知）、品识力（文—行）、科学素养与多元视野（质—知）、践行力（质—行）。[1]由于北京大学和复旦大学的通识核心课程设置注重经典研读，并且，经典研读能力的提升是总体通识学习收获（文的方面）的重要基础，某些课程可能达到了经典研读训练目标，但尚未在最终的通识学习收获上有所体现，对这样的课程效果也应当认可。而那些内容不涉及经典研读的课程对该指标不作要求。

通识教育最终要改变受教育者的心智模式，所以对通识教育的理解是一个在参与中逐渐习得的过程，通识的概念不容易被文字简单地描述和界定出来，就好比食品说明书无法替代亲自品尝的体验。因此通识课程不仅传授相关知识、技能和素养，一门门课程作为范例也在建构学习者的通识教育观念。某些课程在增进通识理解上特别积极有效，而某些课程则难以单独起到这种作用，需要学生在学习一系列课程后形成一种概观的认识——这是通识课程建设中需要兼顾的两个层面。为此，我们设计了"增进通识理解"作为参考性结果指标用以识别。

四、数据分析与运用

在使用数据之前，有必要检验样本的代表性。在北京大学和复旦大学的多次调研实践中，总体和课程组（模块）的代表性都不成问题，但对单门课程而言，有效样本数必须大于选修人数的50%，否则将视为代表性不足。有效样本数占实际选课人数30%~50%的课程在数据报告上标明"可能样本代表性不足"，有效样本数低于30%者将不做单门课程的数据统计。在有效样本量达标的前提下，对通识课程的教学质量可以做以下4种基于客观数据的统计分析。

1. 相对分值比较

相对分值比较取决于该校所有核心课的总体平均水平，目的是辨识出哪些课程在某些方面表现较高或较低。依据课程建设的结构可以确定不同的总体。复旦大学设置了七个模块及五十多个基本课程单元，因此对每项指标，在样本量充分的前提下，我们可以获得三个层面的数据：单门课程得分；基本课程单元平均得分；模块平均得分。于是可以将单门课程得分与基本课程单元平均得分、模块平均得分做统计比较，并将结果反馈给相应课程教师、基本课程单元和模块负责人。见图1，同属于N模块的A、B两门课程，在相对分值检验中A课程所有指标均高于模块平均得分，教师个人影响力和有效指导优势更大；B课程的教学态度、学业挑战和模块平均得分基本持平，讲课水平、有效指导、教师个人影响力高于模块平均得分，而激发兴趣和体现通识特点两个指标则相对较低。一般而论，A、B两门课的教学都较好，而相对分值比较有助于更确切地把握课程建设的优势点和薄弱点。

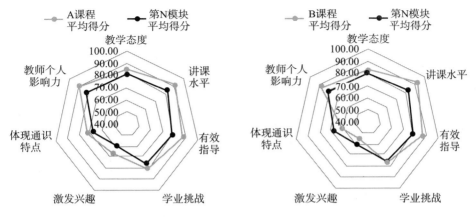

图 1 相对分值比较课程示例

2. 绝对分值比较

绝对数值比较时，我们提出两个指数来刻画教与学。首先，将教学态度、讲课水平、有效指导、学业挑战加权合并为"高能教学指数"（或"吹水指数"）。在总体上"吹水课"问题较严重的建设初期，为了生动凸显教学投入不足，态度不重视，课上夸夸其谈，不对学生提出智识上的挑战，缺乏有效的指导和反馈，考核评价标准随意松懈等问题，调查使用逆向计分题，在报告中称作"吹水指数"以强化警示效果。该指数数值越高说明学生反馈的教学问题越大，设置超过25（百分制）意味着有"吹水课"嫌疑。同时，将课上参与、课后投入、延伸讨论、学习意义感加权合并为"刻苦指数"。数值越高说明学生自陈的在该课程上刻苦努力程度越高，设定高于75（百分制）意味着课程促使的学习投入较大，很可能属于投入大、收获大、含金量高的"高能"课程。图2中X模块的C课程"刻苦指数"较高，进入了高能课程区，是高质量核心课的范例。图2中Y模块的D课程"吹水指数"较高，进入了"水课"嫌疑区，并且Y模块平均也处于"水课"嫌疑区，意味着该课程和该模块都需要改善教学。真正的教育效果总是产生于师生间实实在在的教学互动之中，两个指数的设计体现了课程质量应当由教师和学生共担责任的理念。

3. 历史分值比较

通过几年持续的调查与诊断，对同一门或一批课程的历史分值比较能够把握住变化趋势。特别是历史数据能够凸显出一些教师把握住了改善教学问题的关键所在，改变了原有的教学行为，显著提升了教学效果，从而给教师本人和管理者明确的积极反馈。图3显示了某课程2015年春季学期和2016年春季学期两次授课质量提升的证据。2015年春季，该课程的教学态度、讲课水平、激发兴趣等多项教学质量指标都较高，然而有效指导指标显著低于模块平均值，尤其是"我不知道如何才能学好这门课，不得要领"一题得到较多学生认同。

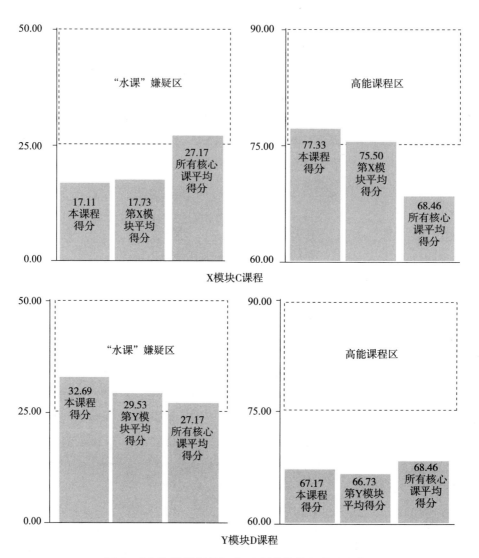

图 2 "高能教学指数"与"刻苦指数"课程示例

教师根据这组数据意识到只是精心地准备、努力地讲课是不够的,以学习为中心的教学理念要求教师更注重传授应该如何投入学习,对学习方法、门径、标准做出确切的指导,课程学习不只是上课听讲。于是教师对自己的教学内容和方式做了针对性的调整,在 2016 年春季学期的调查中,该课程的有效指导大幅提升,显著高于模块平均得分。还值得关注的是,该课程两次调查的学习投入指标中课后投入也有显著的提升。可以说,有效指导教学改善的同时促进了学生课后投入的增加,两个指标的变化互相印证,显示出实证数据对教学提升的切实效果。

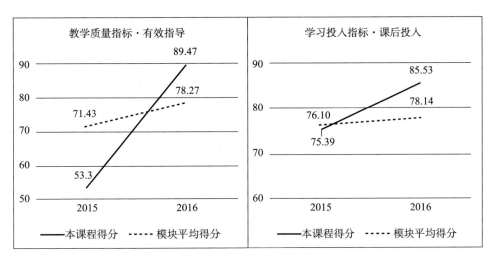

图 3　历史分值比较课程示例

4. 综合评价与分类

基于多个指标维度，对同次调查的一批通识课程做特征归类（并非排名），以回应本文对几种"吹水课"成因的分析。图 4 是对某大学 2015 年秋季学期所有通识核心课程质量分类结果的桑基图。我们抽出了教学质量、学习投入、学习意义感和通识学习收获四个指标，对所有通识课程的每个指标做了简单的分值聚类，区分出"高""较高""中""低"四组，进而综合每门课程的四项评价，得到了六类通识课程。

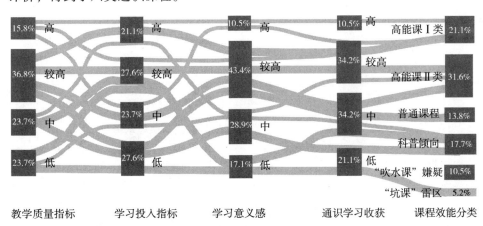

图 4　综合各指标的通识课程质量分类结果（桑基图）

（1）高能课 I 类：教学质量高，学生学习刻苦，学习意义感高，通识学习收获的分值也较高。这类课程接近专业课特征，不少是通识、专业双编码课。

（2）高能课 II 类：教学质量高或较高，学习投入中等，学习意义感强，通识学习收获较高。这类课程是典型的通识好课。

（3）普通课程：各方面都属于中等。

（4）科普倾向：教学质量较高或中等，学习意义感也不低，然而学习投入、学习收获均不太高。

（5）"吹水课"嫌疑：教与学的投入都比较低、学习收获也低的课程。这类课程需要找到问题加以改善。

（6）"坑课"雷区：教学质量低，学习投入高，缺乏学习意义感，学习收获中等或较低。学生对这类课程意见最大，必修时态度消极，选修则会逃离。这类课程需要改善教学，激发兴趣或学习意义感。

可见，教学质量、学习收获等某一方面的指标都不足以刻画不同的课程特征，教学质量较高的课程学习投入、学习收获可能偏低。

高能课Ⅰ类、普通课程和"吹水课"嫌疑三类在各指标上的表现比较一致，而高能课Ⅱ类、科普倾向与"坑课"雷区课程的识别则需要从多个维度来测量。进一步，针对数据刻画出的课程教学特征，提出了管理上的六类对策（见表2）。

表2　调查数据、实际教学情况与相应的管理对策

	数据刻画的教学质量特征	对应课程分类	对应教学情况与"吹水课"成因	管理对策
教学有力且学习刻苦	教学质量高、学习投入很高、通识学习收获相对稍低	高能课Ⅰ类	近似专业好课	1. 提出表彰，并借助调查数据证据，宣传介绍有效教学经验、独特优势等，树立典范
	教学质量很高，学习投入相对稍低，通识学习收获很高	高能课Ⅱ类	典型通识好课	
教学有力但学习投入低	选课动机消极，学习意义感低	"吹水课"嫌疑	"吹水课"成因二：学得不重视/不投入	2. 加强在学生中的引导、讨论和宣传教育，提升学生对通识教育理念与目标的认知和认同，使其理解通识与专业相辅相成。如果此类课程较多，则需学校在制度设计上切实体现对通识教育课程和教师的重视
	选课动机积极或一般，学习意义感不低，但学习收获偏低	科普倾向	"吹水课"成因四：非专业即科普	3. 建议教师改变讲授式教学，增加学生参与式学习、自主学习的环节，提出学业上的挑战，并提供有效的方法指导，提升学习投入。同时，酌情容许部分通识课程维持现状

续表

数据刻画的教学质量特征		对应课程分类	对应教学情况与"吹水课"成因	管理对策
教学"吹水"但学习投入高	各项教学质量指标均低	"吹水课"嫌疑	"吹水课"成因一：教得不重视/不到位	4. 要求教师全面改善或重新设计课程教学。如果此类课程较多，可能意味着学校在理念上对通识教育的宣传和内化不足，或在制度上没有给予通识课程应有的重视和保障
	教学态度或教学水平不太低，但学习意义感低，学习收获与课程定位有偏差	普通课程或"吹水课"嫌疑	"吹水课"成因三：与课程体系脱轨	5. 加强课程体系设计者、课程团队和该课程授课教师的沟通，进一步明确该课程在通识教育体系中的位置、分工与承担的教学责任。通过管理和公布教学大纲约束教师的教学发挥需以完成通识教学任务为前提
教学"吹水"且学习投入低		"坑课"雷区	学生评价最低、意见最大的课程	6. 建议教师加强教学准备的同时明晰教学目标、调整课程大纲。建议教师设置精练、针对性强、学习目标明确的作业要求，并提供有效的方法指导，以提升学生学习意义感、收获感

五、小结与反思

1. 超越"学生评教"

国内外既有文献显示，过去传统的"学生评教"存在只问学生好恶、脱离教学本质[21]，评价教师个人与评价课程教学混淆[22]，难以排除学生背景等干扰因素[23]，对非极端的教学情况区分度（敏感性）很低[24]，以及学生评教数据过度阐释和误用等问题[25]。为免重蹈覆辙，本研究所展示的调查工具在以下六个方面与"学生评教"有质的差别。

第一，这项调研工作的出发点是为了促进教师、学生和管理者之间的有效沟通，特别是使教师能从总体上把握学生的反馈，横向与同类课程、纵向与本课程的历史数据做比较。数据分析结果只为管理评价提供参考，而不是最终评价结论。

第二，本测量工具关注学生反馈客观的教与学行为，通常"学生评教"所重视的学生对教师的主观评价则是次要的。这在一定程度上增强了测量效度。

第三，它不仅是学生对教学和教师的反馈，也要求学生自我评估（学习行为、学习收获等），调查促使学生反观自身，对学习自我负责，这符合通识教育精神。

第四，本工具对教与学行为的量化刻画比一般"学生评教"更详细，十分有利于事后利用统计方法控制学生背景和非课程教学因素，确切提炼课程丰富的教与学特征。数据分析方法是利用多指标维度进行课程分类，不计算总分，不做简单排名。

第五，数据分析最重要的目的是为教师提供自我诊断的支持——详细的可视化诊断报告，提示学生的学习行为和收获是否符合预期，哪些得到了学生积极的反馈，哪些问题值得注意、需要调整改善。最终的裁量和对策仍掌握在教师手中。

第六，实践证明，本工具能清晰地捕捉到大部分课程各不相同的教学特征，区分度显著优于"学生评教"。

2. 体制机制上仍存在促成"吹水课"的因素

利用本工具已经完成的调研表明，通过师生共同努力，一部分通识核心课程确实卓有成效，通识课不必然是"吹水课"。然而本工具所能揭示的不同课程教学情况的差别仍局限于一定的制度框架之下。那么，"吹水课"成气候背后隐含着的体制机制上的原因也不容忽视。

第一，课堂规模过大是中国高等教育大众化后通识教育面临的客观现实，短期内不可改变。[26]这直接导致了师生间距离疏远，互动大大减少。在上百人的课堂上，哪怕教师和学生都有积极的动机，学生却只能被动听讲，个人化的学习兴趣难以被激发，更难以获得针对性的有效指导和反馈。国内多所大学在近几年开始着力建设"大班授课、小班讨论"型课程，试图作为一种有效的补偿。然而这种课程仍然存在一些问题：首先，教师和助教需要为此大幅增加投入，演练组织讨论的技能，这大大提高了教学成本；其次，"大班授课、小班讨论"并非只涉及教学方式的变化，传统的大教室并不能有效服务于小班讨论，扩建、改建出足够数量适合小型研讨的物理空间成为当务之急。

第二，本科培养方案中设置了过多的课程，总学分要求较多而每门课程的学分较少，每学期选十多门课才能毕业的情况下，制度并不鼓励学生在每一门课上都投入大量精力。近年来各大学、各专业都已经开始了减少总学分数的改革努力，但从专业培养的系统性和基本要求来看，进一步减少的空间已非常有限。更成问题的是，被减少的学分往往来自原先高学分（6~8分）的专业核心课程，而门类的减少并不显著，这可能导致本科学业变得零散，知识体系重心不稳，削弱原有的专业培养优势。课程体系的改革全面影响着学生的选课和学习行为乃至教师的教学方式，目前只能说还在艰难摸索过程中。

第三，当学生学业评价机制中非常重视分数（或学分绩），比如专业排名取决于平均绩点小数点后两位,并以此决定保研、奖学金等的情况下,有学生会极端理性地选择一种"东食西宿"的方式,即选修比较"水"的课刷分,再旁听同主题要求严格、含金量高的课。[15]更常见的是学生趋向于依靠非专业课刷高分、通过专业课学知识的选课原则。以上两种学生私利最大化的策略对于严格要求的通识课教师都非常不公,过度看重学分绩的学业评价制度将导致学生选课意愿与通识课程质量背离。

第四,大学对教师教学投入的激励远不如对科研投入的激励,每位教师都不得不平衡两者的压力。然而在这个天平上,通识课程的教学比专业课程的教学更没分量。虽然部分大学已经为开设通识课程的教师在教学工作量、绩效奖励等方面做了一定的倾斜性制度设计,但还是只能体现学校对开课的承认,与课程质量关系不大。高质量的专业课教学能够为本专业培养下一代接班人,能吸引优秀的学生投到自己门下,还可能为自己的研究工作找到助手——这些能够打通教师本人教学与科研的好处在通识课程上几乎不存在。教师用心尽责的通识课程教学的益处主要在于帮助学生成人,个别教师也可能在通识教育的平台上成为明星教师,进而发挥全校性影响力,以及激发学生投身本专业的兴趣,但对多数教师来说,可能看不到较大的成功概率。

通识教育课程建设可以说是在原本已经构建成型的高度专业化的中国现代大学教学体系中"横插一杠"的工作。体制机制需要转型与理顺,每一门课程的教学效果也要保障,两个层面的变革正在同时推动,其间的纠葛与挑战正是当代大学通识教育工作者迎难而上的使命。

3. 以院校研究支持教育改革

我们试图以院校研究支持并强化大学的课程建设与质量管理,不仅使学术研究具有更实在的价值,也使管理层获得科学的测量技术和严谨的学术支撑。复旦大学和北京大学在通识教育课程建设上先行一步,相应课程质量保障的研究需求也就应运而生。我们将有依据地回应对通识核心课程建设效果的质疑,用实证数据说明究竟"吹水课"占比多少,造成"吹水课"的主要原因是什么,"吹水课"的占比是否正在减少等。可以说通识教育改革赋予了我们开展院校研究的使命。

"吹水课"问题并非通识教育所独有。中国高等教育在迈向世界一流的道路上,教师、学生、管理者和研究者要围绕教育质量提升形成合力。我们希望分享探索经验,推动中国大学教学质量保障的范式革新。

参考文献

[1] 陆一. 把握通识教育的真实效果:"复旦大学通识教育学生调查"工具的研制与信度、效度检证 [J]. 复旦教育论坛, 2016 (1): 23-30.

[2] [美] 刘易斯. 失去灵魂的卓越——哈佛是如何忘记教育宗旨的 [M]. 上海: 华东师范大学出版社, 2007: 20.

[3] 德雷克·博克. 回归大学之道 [M]. 上海：华东师范大学出版社，2008.

[4] KELLY S D, et al. General education review committee interim report [EB/OL]. [2017-02-10]. http：//harvardmagazine. com/sites/ default/files/FAS_Gen_Ed_Interim_Review. pdf.

[5] ROSENBERG J S. General education under the microscope [EB/OL]. [2017-02-10]. http：//harvardmagazine. com/2015/05/harvard-college-general-education-criticized.

[6] 陆一. 21世纪日本大学通识教育再出发 [J]. 北京大学教育评论，2015，13 (1)：166-179.

[7] 陈以爱. 毋忘初衷——通识教育在东海大学的理念与实践 [J]. 通识教育学刊，2015 (12)：9-50.

[8] 宣大卫. 我国大学通识教育整体架构之策略规划 [J]. 通识教育，1996，3 (3)：137-149.

[9] 戴东清. 创新与感性：论通识教育之意义 [J]. 立德学报，2007 (12)：54-62.

[10] 北京大学老教授教学调研组，张翼星. 北京大学通选课的现状、问题和建议 [J]. 现代大学教育，2011 (2)：96-101.

[11] 陆国栋，周金其，金娟琴，等. 从"制器"到"成人"的系列核心课程建设 [J]. 高等工程教育研究，2014 (3)：85-94.

[12] 梁林梅. 大学通识课程教学现状调查：教师的角度——以N大学为例 [J]. 高教探索，2015 (5)：73-77.

[13] 马凤岐. 核心课程作为通识教育的主要途径 [J]. 中国大学教学，2015 (4)：24.

[14] HUANG C，沈晴，白玉，等. 被高估的"水课"——学霸不从"水课"出 [J]. 大学生，2014 (19)：14-18.

[15] 沈晴，白玉，骆怡男，汪晗. 何时向"水课"说不？[N]. 清华大学清新时报，2014-03-23.

[16] HUBA M E, FREED J E. Learner centered assessment on college campuses：shifting the focus from teaching to learning [J]. Community College Journal of Research and Practice，2000，24 (9)：759-766.

[17] LIZZIO A, WILSON K, SIMONS R. University students' perceptions of the learning environment and academic outcomes：implications for theory and practice [J]. Studies in Higher Education，2002，27 (1)：27-52.

[18] RAMSDEN P. A performance indicator of teaching quality in higher education：the course experience questionnaire [J]. Studies in Higher Education，1991，16 (2)：129-150.

[19] MARSH H W. Students' evaluations of university teaching：research findings,

methodological issues, and directions for future research [J]. International Journal of Educational Research, 1987, 11 (3): 253 – 388.

[20] SCHMELKIN L P, SPENCER K J, GELLMAN E S. Faculty perspectives on course and teacher evaluations [J]. Research in Higher Education, 1997, 38 (5): 575 – 592.

[21] ALEAMONI L M. Student rating myths versus research facts from 1924 to 1998 [J]. Journal of Personnel Evaluation in Education, 1999, 13 (2): 153 – 166.

[22] FELDMAN K A. Identifying exemplary teachers and teaching: evidence from student ratings [M]//PERRY R P, SMART J C. The scholarship of teaching and learning in higher education: an evidence – based perspective. Springer Netherlands, 2007: 93 – 143.

[23] SPRINKLE J E. Student perceptions of effectiveness: an examination of the influence of student biases [J]. College Student Journal, 2008, 42 (2).

[24] MARSH H W. Students' evaluations of university teaching: dimensionality, reliability, validity, potential biases and usefulness [G]//PERRY R P, SMART J C. The scholarship of teaching and learning in higher education: an evidence-based perspective. Springer Netherlands, 2007: 319 – 383.

[25] WACHTEL H K. Student evaluation of college teaching effectiveness: a brief review [J]. Assessment & Evaluation in Higher Education, 1998, 23 (2): 191 – 212.

[26] 史静寰, 陆一. 不断逼近理想: 中国大学通识教育课程建设路径分析 [J]. 通识教育评论, 2015 (1): 107 – 119.

践行通识教育理念提升通识教育品质[*]

冯惠敏　彭　锦　熊　淦　杨　波　吕蒙蒙

武汉大学是我国最早实施通识教育课程的高校之一。早在20世纪70年代，武汉大学就开创了高校课程选修制的先河，开始了早期通识教育的探索。90年代以来，在全面推行素质教育的思想指导下，武汉大学本科教育始终坚持通识教育理念，努力推动通识教育的改革和实践。自2003年起，武汉大学全面启动通识课程建设工程，在通识教育改革方面取得了显著的成绩。

一、武汉大学通识教育实施现状

近年来，武汉大学提出了建设国内外知名大学的目标，推行通识教育和专业教育并重的人才培养模式，充分利用学科综合优势，使学生在进行专业学习的同时，有机会领略人类文明的思想精髓，了解不同学科的知识及思维方法，提供思考问题的多种视角，启迪心智，健全学生人格，从而培养出具有良好德行、学识宽广、发展后劲足的高素质人才。

1. 通识教育理念得到广泛认同

通识教育是武汉大学本科教育的重要组成部分。为适应人才培养目标和学生需求的变化，武汉大学不断修订本科人才培养方案，以确立科学合理的通识教育实施依据。从实施至今，已开设了千余门涵盖领域广泛的通识课程，构建了七大课程模块，基本上形成了具有武汉大学特色的通识教育课程体系，出现了一批受学生欢迎的通识课程和通识教师，编写了一系列高质量的通识教材，形成了一批高质量的通识教育精品课程，并积累了大量的成功教学经验。同时，通识教育理念得以普及和逐步巩固，基本上得到了广大师生的认同。

2. 通识课程体系不断完善

2003年，武汉大学修改了本科人才培养方案，明确提出了"通专并重"的思想，并将原来培养方案中的"公共基础课"统一改为"通识教育课程"，通识教育课程包括通识教育必修课和通识教育选修课。四年制本科毕业生必须修满不低于150学分，其中通识教育课程占总学分的40%~45%。

2013年，武汉大学再次修订了本科人才培养方案。新的培养方案提出，通识课程是面向全体学生而实施的共通课程，力图使学生兼备人文素养和科学素

---

[*] 本文发表于《中国大学教学》2016（2）。

养，培养具有正确价值分析与判断能力，和谐健全人格，并有良好的语言运用与沟通能力、领导能力、管理思维和国际视野的复合型高素质人才。

在新修订的培养方案中，课程结构由通识课程、专业课程和任意选修三大板块组成。四年制大学本科生毕业修习学分数最低为145学分，其中通识课程平均学分数为66，约占总学分的46%。通识课程分为必修和选修。通识教育必修课程包括思想政治理论课、大学英语、体育、军事理论等，约26学分，占通识课程总学分的39%。思想政治理论课、大学英语、体育、军事理论课程大学四年不间断开设，学生可以根据自身情况选择学习时间。历史学、哲学、思想政治教育专业中涉及与此相关的课程，在覆盖其教学基本要求的前提下，可以与专业课程统筹考虑。

通识选修课程要求至少30学分，占通识课程总学分的54%。2014年以后通识选修课程要求改为至少选修20学分，占通识课程总学分的36%。通识教育选修课将原有的通识教育指导选修课程重新划分为数学与推理、人文与社会类、交流与写作类、自然与工程类、中国与全球类、艺术与欣赏类、研究与领导类七大领域。并重新规定了通识选修课的学分要求：数学与推理类4学分、自然与工程类4学分、交流与写作类2学分、人文与社会类4学分、研究与领导类2学分、中国与全球类2分、艺术与欣赏类2学分，总共不低于20学分。七类通识选修课程共计991门。

新的人才培养方案把公共基础课程和专业基础课程纳入全校的通识教育课程中，制定了新的本科生通识教育课程表，包含1 000多门通识选修课程。任意选修课的具体学分数以达到各专业毕业最低总学分要求为准。新的培养方案中通识教育的重要性进一步提升，扩大了通识选修课程比例，为学生提供了更多自主选择的机会。新的通识教育选修课程体系进一步突破了学科专业的限制，为学生今后的专业学习建立了更为宽厚的知识基础。

3. 通识课程管理逐步规范

武汉大学通识教育的统筹和管理主要由学校层面负责，院系参与管理。学校每年召开通识教育研讨会，统筹规划，制定政策，规划和设计通识教育发展的方方面面，院系只按要求负责通识课程的申报、开设，通识教育的监管和考核则由学校督导团管理。

通识课程的申报依据2004年颁布的《武汉大学通识教育指导选修课程实施意见》进行，由教务部门采取招标的办法，层级审批、择优聘讲。先由教师自行申报，学院初审后汇总到学校评审。通识课程可以由教师一人开课，也可以由一人牵头、多人合作开设。学校还以"课程立项"的方式积极建设和提升通识课程品质，面向全校已开课或未开课进行招标，并组织专家评审筛选。根据每年的教学需要和检查评估的情况，不断增设和淘汰。被批准立项建设的课程，学校将给予3万~5万元的经费支持，予以重点建设，建设周期为三年。截至2012年，我校共计立项建设439门通识教育课程，建成了一大批通识精品课程和公开出版的优秀教材。为做好课程建设，学校每年召开通识教育研讨会，开展通识教育经验总结和交流[1]。

4. 通识教育师资队伍日益壮大

武汉大学通识教育师资队伍庞大且素质较高。目前，武汉大学拥有三百多位以中青年教师为主的通识课程教师，且以青年教师居多，超过70%的通识课程教师具有博士及以上学历，70%以上通识教师拥有教授或者副教授职称。这些教师每学期可以开设三百多门不同门类的通识课程。在通识课程教师的选拔上，武汉大学通过资格审查、比较淘汰、专家复审、学生评教等多种途径择优聘请，并逐步建设优质通识课程教学团队。例如，我校开设的"社会性别与女性发展"通识课程由8个不同学科的老师合作完成，他们各自从不同的学科角度剖析女性在社会发展中的作用及女性自身的发展问题，深受学生的欢迎。

二、通识教育实施中存在的问题

多年来，武汉大学在通识教育改革方面取得了显著的成绩，基本上形成了具有我校特色的通识教育课程体系；出现了一批受学生欢迎的高质量通识教育精品课程，并积累了一些成功的教学经验；通识教育理念得以巩固并逐步普及，得到了广大师生的认同。但是毋庸讳言，当前武汉大学在推行通识教育过程中还存在一定的问题。

1. 通识课程班级人数过多

根据学校统计数据分析，2014年开设的1 083门通识选修课程中有571门上课人数在70人以上，有85门上课人数在200人以上，平均每门通识课程所容纳的学生人数为89人，有的班级上课人数甚至高达298人。班级人数过多，首先不利于学校课程安排。课程教学只能在有限的几个教室中进行，小教室难以容下如此规模的学生，若出现变动教室安排难以周转。其次，班级人数过多不利于通识课程教学的开展，影响教学质量。教师很难进行教学互动和分组讨论，教学方法上局限于讲授法，期中和期末的考核形式和方法也会因为人数过多而受到限制，只能采取单一的作业或测验。

2. 通识课程教师的教学能力有待提高

通识课程的教学方法与专业课的教学方法有很大区别。我校通识课程教学提倡运用课堂模拟、项目参与、社会实践、角色扮演等多种多样的教学方法。但调查中发现，有超过20%的通识课程教师认为通识课程教学方式方法与专业课没有太大区别，68.28%学生也认为通识课程的教学方法大都以教师讲授为主，方法单一；6.03%学生对通识课程教学方法感到不满意。采用专业课教学方式对待通识课程，是调查中发现的较为严重的问题。除此之外，教学形式呆板，班级人数太多导致师生互动困难，也是调查中发现的比较严重的教学问题。

对通识课程教学内容难度的把握是通识课程教师教学能力高低的评价之

一。绝大部分通识课程教师（占80.81%）在通识课程深度的把握上，难易适中，保证了本门学科基本结构的完整性。15.12%通识课程教师设计通识课程过于浅显，把通识课理解成了"通俗课"，这种过于浅显的通识课程，低估了学生的思考和接受能力，也使得有些通识课程毫无挑战性，不利于激发学生学习的积极性和主动性。另有少数通识课程教师（占4.07%）设计的通识课程与专业课程难度一样，把通识教育当成了专业基础课程，没有考虑到不同专业学生的基础差异。

对通识课程教学内容广度的把握是通识课程教师教学能力高低评价的又一指标。调查数据显示，34.30%通识课程教师所教课程的内容跨多种学科，55.23%通识课程教师的课程跨相近学科，还有10.47%通识课程教师的课程不跨学科。

以上数据说明，绝大部分通识课程教师承担的通识课程带有跨学科性质。说明部分通识课程教师了解了通识教育培养学生多角度认识问题和思考问题的目标，而且自身也具备了较高的通识教学素养，能够将本专业的知识与其他学科相联系进行教学。但还有部分通识课程教师授课内容不跨学科，说明这些教师对通识课程教育的内涵了解得还不够透彻，或者受自身条件限制无法进行跨学科教学。通识课程教学对教师的业务素质提出了较高的要求，既要在本专业有较高的造诣，又要有较宽泛的知识面；同时，还要具备运用本学科的知识分析和解决其他学科问题以及从不同学科的角度分析和解决本门学科问题的能力。目前，部分教师不具备这个能力，导致他们所开设的通识课程与专业课程没太大差别。

3. 通识课程教师的培训和进修机制缺失

通识课程教学方法的实际效果是与教师的教学法修养及对教学方法的掌握、运用的具体状况直接相关的。开展通识课程教师的培训和进修，就是为了在交流研讨中更新教师的理念和教学方法，不断提高其业务能力和素质。大部分通识课程教师是在专业教育的氛围中成长的，缺乏综合素质的训练，教学时难以摆脱专业教学的干扰。要使每一位通识课程教师都能随着时代的变化及时掌握最新的通识教育理念与方法，就需要进行培养和培训。

目前，学校虽然有一些小范围的通识课程教师交流会，但是，还没有建立系统的通识课程教师培训和进修机制。因此，建立通识课程教师的培训和进修机制，是学校通识教育可持续发展亟待解决的问题。

4. 通识课程教师的考核和监督机制尚不完善

调查显示，学校通识课程的教与学都没有规范合理的评价考核机制和监管机制，教师授课情形、考试情形、课程优缺等均没有严格规范的评价标准。因此，部分教师的责任心不强，对学生无严格要求。少数教师因为通识课程教学轻松、容易应付而授课，这些教师仅仅满足于完成教学任务、学生获得学分、自己拿到教学报酬。

通识教学是一项繁重的任务，考核和监督都是为了对教师履职情况和工作效果进行价值判断，形成激励机制，使通识课程教师队伍得到优化，提高通识教学质量。教学质量没有监督机制，教学成果得不到认可和鼓励，也导致教师积极性不高。

三、深化通识教育改革、提升通识教育品质的建议

1. 加强通识课程教学管理

通识课程的申报和审批不应限制过紧，应给予教师更多的课时和内容选择的自主权。教学反思、专业发展等是通识课程教师个人拥有的自主权，而不是通识教育管理部门赋予的被动义务。因此，要提高通识课程教师教学与管理的自主权，必须赋予教师在通识课程的审批、教材选择、教学评价、课程名称、课时等方面的自主权。学校及学院层级审批通识课程，应仔细听取任课教师个人的想法，包括课程名称和课时，以及班级人数、上课地点和场所。对于教学过程中分组讨论的教室和时间等，需要与通识教师协调安排。另外，教师应在通识教育规章管理制度、通识教育决策、通识教育改革等方面享有自主参与的权利。教师亲自参加做出的决策才会使教师更有认同感。

通识课程的开设要考虑学生的知识需求。学生的选课要放开，允许学生根据兴趣自由选择，加强选课过程中课程内容的介绍。学生期望"多了解学生的需求后再开课"，多开设"有意义的、有趣的课"。调查中有位同学提出一个有趣的建议，即"希望能众筹开课"。我们觉得这是个非常有创意的建议，众筹开课迫使学校把部分开课的主动权交给了学生，让学生参与课程开发，发挥学生的主动性，这既能提高学生的学习兴趣，又可创新课程设置。学校不妨试试这种具有创造性的开课方式。

增加优质通识课程的开课门次。选课人数较多的优质通识课程应多开几个班级，鼓励优质、热门通识课程的授课教师增加开课的频次。有几种方式可考虑：一是热门、优质课程的教师可以每周开设两个班次甚至更多班次的相同课程。现在的各种通识课程每学期只开一次课，虽然有大教室可以容纳二三百人上课，但是相对于上千学生的需求而言，还是远远不够的，建议实行小班制，人数最多不超过80人。二是鼓励多位教师申报并开设相同科目的通识课程。一方面可以满足学生的兴趣需求，学生更能选上自己感兴趣的课程；另一方面可以促进教师之间的竞争，促进通识课程教学质量的提高。三是为通识课程教师配备助教，鼓励年轻优秀的教师参与通识教学。

重视MOOC课程开发和建设。本调查显示，超八成的学生并不反对MOOC教学，超半数学生明确支持，因此学生有通过MOOC学习的主观意愿。而且，MOOC学习没有人数的限制，因此可以解决所有学生选课难的问题，也有利于有效利用优质通识课程资源。

为了推动MOOC学习，学校应采取如下措施：成立专门的通识教育MOOC

研究部门，负责 MOOC 的研发，如录制优质课程、提供网络技术支持等；成立 MOOC 管理部门，对 MOOC 进行规划、评价、管理等；划拨专项经费，用于通识教育 MOOC 建设，保障 MOOC 研发和管理，激励优秀教师开展 MOOC 教学；加强校际通识教育 MOOC 合作，共同研发优质在线通识课程，或者共享优质通识课程。

2. 加强通识课程师资队伍建设

通识课程师资队伍建设可以从以下几个方面着手：

一是重视通识课程的师资遴选。武汉大学作为历史悠久的综合性大学，文、法、理、工、商、医等各科齐全，教授的视野应比普通单一科类大学更加开阔，这是武汉大学推行通识教育的优势资源之一。学校应该充分发挥这一优势，精选优秀的通识课程教师，以确保通识课程的品质。

通识课程贵在其"通"。所以，要尽量选择有较深的学术素养，教学经验丰富，视野开阔的资深教师开设通识课程。遴选的方法是，由学科领域内同行推荐，也可以竞聘上岗，通过公开试讲的方法让学生挑选通识课程教师。要让那些真正有学术水平，又有教学热情，同时又熟谙教学技巧的教师走上通识课程的讲台。

二是加强通识课程教师的梯队建设。一方面，我们要倡导名家上通识课程；另一方面，我们还要培养后备力量，要鼓励优秀的年轻教师开设通识课程，并组织他们到校内外进行通识课程的教学观摩，从校内外，甚至是海内外优秀通识课程教师那里汲取经验，从而切实提高通识课程的教学水平。

鼓励教师积极参加有关通识教育的学术研讨会，不断提高通识课程教师的通识意识、教学技巧、教学水平。学校也要经常组织通识课程教学的经验交流会，安排通识教育专家给不同学科领域的通识课程教师开设相关讲座，其目的是让通识课程教师更深入地了解通识教育的内涵、目的，帮助每名教师确定适合其课程特点的教学目标、教学方案[2]。

三是建立通识教育激励机制，提高通识课程教师教学积极性。通识课程的性质和特点决定了要取得较好的通识课程教学效果，就必然要花费大量的精力和时间。由于学校对教师的考核主要集中在专业教学和科研成果上，所以很多教师的精力也主要集中在专业教学和科研上，不愿意花太多时间在通识课程的教学上。

为了激发通识课程教师教学积极性，有必要加大通识课程教师的奖励力度，适当增加通识课程工作量在教师整体评价中的权重，合理分配通识课程教学、专业课程教学和科研成果在教师评价中的比例；建立通识教育奖励制度，奖励教学质量高、教学效果好、教学方法新颖等品质高、受欢迎的通识课程和教师，对优秀、高品质的通识课程教师在职称评定上给予一定的倾斜，如优秀副教授及时或破格提升为教授，把讲授通识教育课程作为评选教学名师的标准之一；增加通识课程教师课酬，激发通识课程教师的教学积极性。

参考文献

[1] 肖安东,漆玲玲,王赟. 武汉大学通识选修课的改革和发展 [J]. 科教论坛, 2015 (7): 26-28.
[2] 冯惠敏,李里. 哈佛大学核心课程改革的最新动向及启示 [J]. 武汉大学学报(哲学社会科学版), 2008, 61 (4): 592-596.

大学素质教育回顾与展望

大学素质教育的历史审视与现实反思*

张德祥　林　杰

我国高等教育领域探究与开展素质教育至今已20余年，20余年既取得了可喜的成绩，同时，也还存在一些问题，需要澄清和研究。本研究就大学素质教育相关问题发表一些看法，与学界同仁交流互动。

一、大学素质教育是一个具有中国特色的高等教育思想

十八大报告提出，全面实施素质教育，深化教育领域综合改革。至此，国家已旗帜鲜明地提出素质教育是我国教育改革发展的战略主题，大学素质教育也成为一个具有中国特色的高等教育思想。

（一）大学素质教育是我国高等教育理论研究的本土化创新

素质教育最初是针对基础教育领域存在的应试教育倾向提出，其后才以大学文化素质教育之名引入高等教育领域，以解决我国高等教育领域中存在狭隘专业教育与人文教育缺失的问题。随着我国高等教育理论研究与实践探索的不断深化与发展，社会各界对大学素质教育内涵与外延的认识也不断丰富与完善，并逐渐以大学素质教育之名取代大学文化素质教育的称谓。可以说，大学素质教育是为破解我国高等教育领域存在的各种弊端与问题而进行的本土化探索与创新，不是其他任何国家高等教育理论的简单移植或借鉴。正如中国高等教育学会瞿振元会长所指出的那样，大学素质教育思想是我国改革开放实践尤其是教育改革发展实践的产物，是运用马克思主义基本理论解决当代中国教育实际问题的理论创新，是继承和弘扬中华优秀传统文化的集中体现，同时，也是以开放包容的胸怀、互学互鉴的态度，汲取西方先进教育理念，不断创新发展的理论成果[1]。

（二）大学素质教育是人们对高等教育本质理论认识的深化

从本质上来讲，高等教育是培养高级专门人才的社会实践活动。然而，长期以来人们对高级专门人才应具有什么样的素质，缺乏系统科学的认识。近代以降，由于国家经济基础薄弱，急需大批专业人才发展工业与科技，又加上"以苏为师"一边倒政策的影响，从而导致在理论上，人们普遍地将高级专门人才窄化为专业技术人才；在实践上，随着高等教育的不断发展，专业划分也

---

* 本文发表于《中国高教研究》2017（6）。

越来越细、越来越窄，培养的人才在新的时代背景下逐渐表现出诸多的不适，尤其是文化素养缺乏引起了各界的诟病与质疑。由此人们也逐渐认识到，高级专门人才不仅要具有专业技术知识，还应具有人文素养。在此背景下，大学素质教育才以大学文化素质教育为切入点进入高等教育领域，以培养高级专门人才。然而，随着理论研究的不断深入和实践活动的不断发展，各界进一步认识到大学素质教育不仅仅是业务素质教育与文化素质教育，还包括思想道德素质教育和身心素质教育等多个要素，并且各要素之间相互渗透、相互促进，是一个有机的系统整体。也就是说，文化素质教育、业务素质教育、思想道德素质以及身心素质教育之间应是彼此衔接、相互协调、有机统一的，唯其如此，才能培养高级专门人才，才能践行"立德树人、以人为本"的本质使命。

（三）大学素质教育是全面发展和个性发展的辩证统一

在理论界，关于大学素质教育与全面发展教育之间关系的问题一直存在争议，有研究者甚至发出"高等学校何必套用'素质教育'"[2]的质疑。我们认为大学素质教育与全面发展教育是一脉相承的，大学素质教育是对全面发展教育的具体化，是全面发展和个性发展的辩证统一。在宏观层面，大学素质教育是面向全体学生的发展，也即全面发展，同时也是促进学生实现与自身的遗传素质、生活环境以及价值追求等相适应的发展，也即个性发展；在微观层面，大学素质教育是促进学生实现德智体美劳等素质的综合发展，也即全面发展，同时也是促进学生实现德智体美劳等素质的协调发展，也即个性发展。无论是在宏观层面，还是在微观层面，全面发展都是大学素质教育的基本价值追求，个性发展都是大学素质教育的基本实现途径。只有坚持全面发展的大学素质教育，大学素质教育才有正确的方向与目标；只有尊重个性发展的大学素质教育，大学素质教育才有坚实的基础与动力。

（四）大学素质教育是我国高等教育界集体反思的结果

大学素质教育思想不是某个人提出来的，也不是某几个人提出来的，其形成与发展是我国高等教育理论界、政策界以及实践界针对高等教育领域存在的各种弊端与问题而进行的集体反思。这主要体现在以下三个方面：一是国家政策大力推动大学素质教育的开展和实施。自1995年原国家教委发布《关于开展大学生文化素质教育试点工作的通知》以来，国家先后发布多个政策文件对大学开展素质教育做了战略部署与规划，大学素质教育逐渐成为国家推动高等教育改革发展的主线之一；二是大学积极探索与开展素质教育实践，建立了一大批素质教育基地，开设了多门素质教育课程，开展了多项素质教育活动，有力地推动了大学素质教育实践活动的深入开展；三是学术界对大学素质教育进行了系统、深入、持续的探究，成立了中国高等教育学会大学素质教育研究会，为专门交流、探讨与研究大学素质教育相关问题提供了良好的平台，出版了一系列学术著作，发表了一大批学术文章，产生了广泛的学术影响，为大学素质教育相关政策的制定与实践活动的开展提供了有力的理论支撑。可以说，正是我国高等教育理论界、政策界以及实践界的有机协调、系统衔接、互促共进，才促成了我国大学素质教育繁荣发展的良好局面。同时，大学素质教育思想的形成、发展与完善，也是我国高等教育界的集体反思。概而言之，大学素质教育是随着高等教育理论研究与实践探索的不断深化与发展，是为破解我国高等教育领域存在的诸多弊端与问题而进行的本土化探索与创新，是人们对高等教育本质理论认识的深化，是全面发展与个性发展的辩证统一，是我国高等教育界的集体反思，是一个具有中国特色的高等教育思想。正如瑞典著名教育学家查尔斯·赫梅尔评价终身教育思想时所说的，"可以与哥白尼学说带来的革命相媲美的终身教育概念的发展，是教育史上最惊人的事件之一"。素质教育思想也具有革命性的意义，素质教育的思想光辉，必将对我国高等教育的发展产生重要而深远的影响。

二、文化素质教育在推进大学素质教育中的历史贡献及启示

大学文化素质教育为我国大学素质教育的开展和推进做出了重要的历史贡献，同时也对当前全面推进大学素质教育具有重要的启示意义。

（一）文化素质教育在推进大学素质教育中的历史贡献

大学文化素质教育是我国高等教育改革与发展特定历史时期的产物，对大学素质教育的开展和推进做出了重要的历史贡献。

1. 大学文化素质教育开启了大学素质教育的先河

我国高等教育领域素质教育实践活动的开展与理论研究的推进，都起始于大学文化素质教育。高等教育领域开展和实施素质教育之初所发布的相关政策文件、建立的试点基地、召开的相关会议以及学术界的理论研究等，基本上都是使用"大学文化素质教育"之名。这主要是因为当时学术界与实践界普遍认为，大学文化素质教育是大学素质教育的核心与基础，而在实践过程中大学文化素质教育又最为缺乏。也就是说，当初提大学文化素质教育，在其本质上就是直接指向大学素质教育的。所以，我们认为大学文化素质教育开启了大学素质教育之先河。周远清同志也曾多次指出，大学素质教育是以大学文化素质教育作为切入点和突破口来开展的[3]。杨叔子院士也认为，大学文化素质教育工作作为一个教育思想与教育改革，作为深化教育改革的切入点或突破口，亦即作为全面推行素质教育的切入点或突破口，在认识与实践上已经"切入"教育改革，"切入"素质教育[4]。可以说，大学文化素质教育的开展与推进，拉开了我国大学素质教育改革与发展的大幕。

2. 大学文化素质教育深化了高等教育教学改革

高等教育内外部关系规律告诉我们，在外在发展诉求和内在发展逻辑的共同作用下，高等教育教学改革可以说是一个永恒的主题。改革开放以来，我国高等教育领域发生了天翻地覆的变化，这些变化必然也会不同程度地反映到高

等教育教学改革过程之中。大学文化素质教育提出与实施的这些年,恰好是我国高等教育教学大变革时期。众所周知,在高等教育领域长期存在着"专业基础太窄、人文熏陶太弱、个性约束太大、功利导向太强"[5]等弊端,这些积弊在一定程度上强化了社会各界对高等教育教学改革的期待。正是在高等教育教学亟须变革的背景下,大学文化素质教育走进了高等教育领域,被认为是解决上述积弊的良方。大学文化素质教育所隐含和传达的知识与能力相结合、理论与实践相结合以及科学与人文相结合等基本思想、理念与原则,为深化我国高等教育教学改革发挥了重要的推动作用。

3. 大学文化素质教育为大学素质教育的全面推进积累了经验

大学素质教育是一个具有中国特色的教育思想,是扎根于我国高等教育实践本土化的理论创新。又加上大学开展和实施素质教育的时间相对较短,所以大学推进素质教育并没有现成模式可作参考。可是,作为一个教育思想,大学素质教育的实施与推进必然要依托于具有可操作性的抓手。当时我国高等教育领域中文化素质教育缺失问题较为突出,因而大学文化素质教育就顺其自然地成为这样的抓手。大学文化素质教育提出与实施至今的20余年间,积累了丰富的实践经验,这些实践经验可以在不同程度上为大学素质教育的全面推进提供参考与借鉴。如在大学文化素质教育开展过程中,所强调的第一课堂与第二课堂相结合等基本做法,都可以为大学素质教育的全面推进提供有价值的参考。此外,大学文化素质教育作为大学素质教育的一个重要方面,它的有效开展与实施对大学素质教育的顺利推进也具有重要的促进作用。

(二) 文化素质教育对推进大学素质教育的启示

大学文化素质教育是时代的产物,大学文化素质教育对推动高等教育教学改革和推动大学素质教育开展功不可没。今后,大学文化素质教育作为大学素质教育的重要组成部分仍需要持续地开展下去,文化素质教育不可放松、不可忽略,这既是开展大学素质教育的需要,也是深化高等教育教学改革的需要。但是,我们必须看到,全面推进大学素质教育,仅仅开展大学文化素质教育是不够的,大学文化素质教育不是大学素质教育的全部,不能代替大学素质教育。当年,大学文化素质教育作为大学素质教育的突破口,为大学素质教育开启了先河。今天,我们必须继续前进,从开展大学文化素质教育进入全面推进大学素质教育的新阶段。

一方面,大学素质教育起初主要是针对高等教育领域中存在的人文教育缺失的弊端而提出的,所以在实践开展过程中为了突出解决问题的针对性,就直接采用了大学文化素质教育的称谓。但是,就像有研究者所指出的那样,大学的素质教育是针对大学生人文素质的缺陷而提出的,但并不局限于此[6]。并且,随着高等教育实践的不断发展,高等教育培养出来的人才在社会责任感、创新精神和实践能力等方面也日益受到社会各界的质疑与诟病。诸如有研究者所指责的"学生正被培养成精致的利己主义者"等问题,已不是单纯的大学文化素质教育缺失所能解释的,也很难通过单纯地开展大学文化素质教育而彻底解决。今天大学所面临的环境与存在的问题与文化素质教育提出时相比,已不可同日而语,仅仅开展大学文化素质教育已不能完全适应今天我国高等教育实践发展的客观需求了。因为这"不只是称谓的问题,而是关系到教育理念和教育方法的问题"[6]。

另一方面,大学素质教育是一个有机的系统整体,文化素质教育只是其中一个组成部分。大学素质教育包含思想道德素质教育、文化素质教育、业务素质教育以及身心素质教育等丰富的要素,各要素彼此衔接、相互协调、相互促进,是一个不可分割的系统整体。在大学素质教育开展过程中,各要素之间只有彼此协调、互促共进,才能有效实现大学素质教育的目的。很显然,大学文化素质教育只是其中一个组成部分,单纯强调文化素质教育,很容易导致视野狭隘甚至认识偏差,从而势必会轻视甚至是忽视其他素质,这与大学素质教育"立德树人、以人为本"的本质追求相悖。大学素质教育是一个有机的系统整体,需要从整体与全局的层面来把握,而不应局限于某些方面。虽然,目前有研究者"仍然主张使用'文化素质教育'这个称谓"[6],但持有这种观点的学者毕竟是少数。

总而言之,大学文化素质教育是大学素质教育的重要组成部分,在特定历史时期也发挥了重要的作用。然而,在新的时代背景下,必须继往开来,对全面开展大学素质教育应有更深刻的认识,对全面开展大学素质教育应有更扎实、有效的行动。

三、全面推进大学素质教育势在必行

全面推进大学素质教育,既是高等教育回应社会转型对高素质创新型人才培养带来挑战与冲击的必然之举,也是满足国家创新驱动发展战略对高素质创新型人才需求与期待的必然选择,又是彻底解决高等教育沉疴与积弊的必由之路。

(一)社会转型对高素质创新型人才培养带来的挑战与冲击,要求全面推进大学素质教育

大学是人才培养与输出的战略基地,在社会发展过程中具有不可替代的作用。当前我国正处于社会转型期,经济、政治、科技以及文化等领域都在发生着深刻变革,这为大学培养高素质创新型人才带来了巨大的挑战与冲击。社会主义市场经济体制建设逐渐完善,为激发市场活力与释放市场潜能等提供体制机制保障的同时,也在无形之中成为大学生功利主义思想滋长与蔓延的重要推手。政治领域各种社会思潮不断涌现,多元价值观的激荡与碰撞对大学生人生观、价值观以及世界观等的形成与发展产生了巨大冲击。随着改革开放的不断深入和网络信息技术的突飞猛进,多元文化社会已然形成。各种优秀与腐朽的文化、进步与落后的文化以及激进与保守的文化等,都在不断影响和冲击着大学生正确文化观念与思维方式。科学技术的迅猛发展促使人们解决问题的能力得到了大幅度提升，与此同时，各种资源浪费、环境污染、生态失衡、道德滑坡以及心灵扭曲等社会与道德问题也层出不穷，甚至泛滥成灾。概言之，大学生所处的环境日益复杂与恶化，所接触的文化也逐渐多元与开放，这对大学生素质的养成、提升与发展形成了巨大的挑战与冲击。正如杨叔子院士多年前就已明确指出的那样，各种不良因素往往会导致学生只务"实"而不务"虚"，往往只计个人实利，而缺乏"胸怀祖国、放眼世界"的情怀[7]。当前，广受关注的大学生"空心病"，就是这个问题的时代表征。所以，推动高等教育内涵式发展，必须全面推进大学素质教育，培养与我国精神文明建设要求和国际大国地位相符的大批高素质创新型人才，如此才能从容应对社会转型发展过程中面临的挑战与冲击，成为时代的弄潮儿。

（二）国家创新驱动发展战略对高素质创新型人才的需求与期待，要求全面推进大学素质教育

党的十八大明确提出"科技创新是提高社会生产力和综合国力的战略支撑，必须摆在国家发展全局的核心位置。"强调要坚持走中国特色自主创新道路、实施创新驱动发展战略，是我国放眼世界、立足全球、面向未来而做出的重要战略决策，是提高国家综合国力和国际竞争力的重大战略举措。国家创新驱动发展战略的实施与推进，是一项系统工程，也是一项前所未有的伟大创新事业。习近平主席在中国科学院第十七次院士大会、中国工程院第十二次院士大会上指出，创新的事业呼唤创新的人才。实现中华民族伟大复兴，人才越多越好，本事越大越好。知识就是力量，人才就是未来。我国要在科技创新方面走在世界前列，必须在创新实践中发现人才、在创新活动中培育人才、在创新事业中凝聚人才，必须大力培养造就规模宏大、结构合理、素质优良的创新型科技人才[8]。培养大批高素质创新型人才的基础与关键在教育，尤其是高等教育，大学是开展与实施高等教育活动的基层行动主体，是培养高素质创新型人才的战略基地，是国家创新驱动发展战略的重要组成部分，在国家创新驱动发展战略实施过程中肩负着重要的历史使命与时代责任。培养高素质创新型人才是大学推进与实施素质教育的本质追求，大学推进与实施素质教育也是高素质创新型人才形成与发展的基本途径。由此可见，国家创新驱动发展战略对培养大批高素质创新型人才的需求，在客观上就要求全面推进大学素质教育。

（三）彻底解决高等教育的沉疴与积弊，要求全面推进大学素质教育

我国教育尤其是高等教育历来就具有崇尚实用与功利的传统，较为强调灌输、服从、背诵、分数，不注重学生的问题意识、质疑与批判精神以及创新精神与实践能力的培养。培养的学生"唯师、唯上、唯权，不唯真"，善于记忆、考试，不敢质疑与批判，没有创新性[9]。在高等教育领域，学科高度分化导致的科学教育与人文教育的分离与对立，并没有在学科高度融合与交叉的发展趋势与背景下得到缓和，甚至两者之间分离与对立的状态还在不断加剧。此外，高等教育领域长期存在的以"课堂、教材以及教师"为中心的基本状况，并没有随着高等教育的改革与发展发生实质性的改变。在这种背景下，大学培养的学生功利性追求较强，人文关怀与社会责任感薄弱，创新意识淡薄、创新能力与实践能力低下，也就不难理解了。然而令人遗憾的是，这些矛盾与问题不但没有随着高等教育改革与发展而得到解决或缓和，反而愈积愈重。这显然与高等教育发展的主旋律极为不符，也严重地影响与制约着高素质创新型人才培养的进程与质量，亟须解决与治理。正如杨叔子院士曾深刻指出的那样，大学的主旋律应是"育人"，而非"制器"，是培养高级人才，而非制造高档器材[10]。大学素质教育作为一个具有中国特色的高等教育思想，是教育工具意识向本体意识的回归[11]，是高等教育践行"立德树人、以人为本"使命的必由之路，需要全面推进大学素质教育。

四、全面推进大学素质教育的若干建议

"立德树人、以人为本"是高等教育的本质要求，是大学的根本任务，是大学一切活动的立足点与落脚点。大学素质教育则是"立德树人、以人为本"落实的基本途径与核心依托，践行"立德树人、以人为本"要全面推进大学素质教育。大学素质教育是一个有机的系统整体，不是一些构成要素的机械组装。因而，全面推进大学素质教育，既涉及大学外部的文化与制度等方面，又涉及大学内部的制度、课程以及教师等方面。相对而言，影响大学素质教育全面推进的外部影响因素较为复杂，并且对大学而言，既难以控制，短期内也难以改变。大学应立足于既有条件与环境，从自身着手积极推进素质教育。有鉴于此，本研究基于大学内部的视角，为全面推进大学素质教育提几点看法。

（一）深刻认识全面推进大学素质教育的重要性与迫切性，是全面推进大学素质教育的基础与前提

思想是行动的先导，只有在思想层面得到确认，实践活动才能顺利开展。在思想上认识到全面推进大学素质教育的重要性与迫切性，是全面推进大学素质教育的基础与前提。

提高高等教育质量、建设高等教育强国，最终要体现在高素质创新型人才培养方面。可以说，全面推进大学素质教育，是培养高素质创新型人才的必然之举。高素质创新型人才是思想道德素质、文化素质、业务素质以及身心素质等多方面的综合体现，某些方面存在偏差或不足就很难称为高素质创新型人才。然而，纵观我国高等教育人才培养现状，可以说高素质创新型人才培养依然任重而道远。①社会各界对大学生社会责任感、社会担当以及人文精神等缺失的批判与质疑不绝于耳；②当前大学毕业生就业问题是政府、大学、家长以及学生的共同之痛，各方为解决这个问题可谓费尽心力，然而，很多大学生依然未能走出"毕业即失业"的尴尬境地。应该说就业难问题是内外部多种因素共同作用的结果，暂且不论当前经济社会转型与大规模扩招所产生的结构性矛

盾等外部性因素，对大学生素质而言也是一种无声的叩问与质疑，近年频现的招工难现象或问题就是最好的明证；③近年来大学生因身体原因猝死，因感情、工作、家庭、学业以及与他人关系等问题发生自杀或他杀的现象，匪夷所思、触目惊心。虽然，从总体上来看，上述现象或问题只是个案，但所反映出的问题却不容忽视。

在全面推动高等教育内涵式发展的时代背景下，要转变思想观念、廓清理论认识，要深刻认识到大学素质教育不是简单地等同于文化素质教育，而是一个具有中国特色的高等教育思想，是人的全面发展教育的操作化与具体化，其内在包括思想道德素质、文化素质、业务素质以及身心素质等多个层面，是一个有机的系统整体。在全面推进大学素质教育过程中，必须将思想道德素质、文化素质、业务素质以及身心素质等融会贯通、整体协调、全面推进，形成立体化协同育人体系，如此才能为全面推进大学素质教育提供坚实的思想基础，才能培养出高素质创新型人才。

（二）培养与提高大学生的社会责任感、创新精神与实践能力，是全面推进大学素质教育的着力点

思想与理念上对大学素质教育的强调与重视，是全面推进大学素质教育的基础与前提，但这并不必然带来大学素质教育的顺利推进与切实落地。实际上，我国大学素质教育实践之所以举步维艰、困难重重，一个重要原因就是没有准确抓住与深刻把握大学素质教育的着力点。

如前所述，我国大学素质教育实践是以大学文化素质教育的开展为切入点而推进的。然而，随着大学素质教育实践不断走向深入，大学文化素质教育实践并没有与思想道德素质教育、业务素质教育以及身心素质教育等形成有机整体。实际上，在大学素质教育实践开展过程中，思想道德素质教育、业务素质教育以及身心素质教育等被有意无意地轻视了，至少没有受到应有的重视。由此也就不难理解，我国大学素质教育实践为何至今依然磕磕绊绊、成效不彰，且问题愈加突出。在此背景下，通过实施"核心素养"教育、开展名著名作选读活动以及开设核心课程等推进大学素质教育的认识与实践，虽为破解大学素质教育困境进行了有益的尝试与探索，但并没有实现大学素质教育有效开展与顺利推进的目标。究其缘由，本研究认为这主要是因为没有准确抓住与深刻把握大学素质教育的着力点。实际上，早在2010年发布的《国家中长期教育改革和发展规划纲要（2010—2020年）》就为推进与实施大学素质教育指明了方向，亦即要"着力提高学生服务国家服务人民的社会责任感、勇于探索的创新精神和善于解决问题的实践能力"[12]。基于此，本研究认为，培养与提高大学生的社会责任感、创新精神与实践能力，是全面推进大学素质教育的着力点。没有以大学生的社会责任感、创新精神与实践能力的培养与提高为着力点，大学素质教育就缺少可行且可靠的抓手，就缺少科学而合理的定位。如此一来，大学素质教育也就难以切实落地。

（三）将大学素质教育思想贯穿于教育教学的全过程之中，是全面推进大学素质教育的核心与关键

将大学素质教育思想贯穿于教育教学的全过程之中，是全面推进大学素质教育的核心与关键，但这在宏观层面与微观层面具有不同的指向与意蕴。在宏观层面上，将大学素质教育贯穿于教育教学的全过程之中，主要体现在以下4个方面：①加强大学文化建设，将全面推进大学素质教育与大学文化建设有机结合。长期以来，缺少文化氛围、文化认同、文化支撑以及文化引领，是大学推行与实施素质教育进展缓慢、成效不彰的重要原因。在整个社会环境不利于全面推进大学素质教育的背景下，大学自身更应以全面推进素质教育为旨归加强文化建设，促进与深化"大学人"对全面推进大学素质教育的思想认识与文化认同；②大学要破除党委与行政、行政与学术、党委与学术以及教学与科研之间的矛盾、冲突与抵牾，以全面推进大学素质教育为宗旨，形成大学的党委工作、行政工作、科研工作以及教学工作等彼此协调、相互配合的新格局；③校级的顶层设计、院级的系统协调以及系级的具体操作，要以全面推进大学素质教育为宗旨，形成彼此衔接、上下协同、前后统一、全面协调的大学素质教育新环境；④要打破大学各职能部处之间彼此割裂的单兵作战状态，以全面推进大学素质教育为宗旨，打通学校的学生处、学科处、科研处以及教务处等职能部门，形成互联互通、协同育人的新局面。

在微观层面上，将大学素质教育贯穿于教育教学的全过程之中，主要体现在以下3个方面：①将大学素质教育思想贯穿于课程建设的始终，加强课程体系建设。大学素质教育必须依托一定的课程，但绝不是一系列不同名目课程的简单叠加，而必须形成完整的课程体系才能发挥应有的作用和效果。课程体系建设要促进不同学科之间的交叉与融合，扩大课程知识含量、增加课程吸引力、更新课程内容、优化课程结构，增加课程总量、丰富课程选择，以形成科学教育与人文教育、理论探索与实践锻炼、知识积累与人格塑造、创新精神与实践能力以及社会责任感与人文关怀等相结合的大学素质教育课程体系。②深化教学改革、加强教学创新，打通传统上不同课程教学之间泾渭分明的界限，形成大学素质教育思想一以贯之的课程教学。大学素质教育理念必须借助于具体的课程教学活动才能达成与实现，这是由大学教育属性决定的。课程教学活动是实现大学素质教育理念的基本途径与中介，但这些承载素质教育思想的课程教学不应是彼此割裂的机械相关，而是以素质教育思想为核心的彼此衔接、相互协调的有机统一。只有以素质教育为主线，深化教学改革、加强教学创新，打破传统上不同课程教学之间泾渭分明的界限和相互割裂的状态，才能形成大学素质教育思想一以贯之的课程教学。③创新教学方式，激发学生学习的积极性与主动性。耶鲁大学前校长莱文曾指出，制约学生创新能力发展的主要因素应该是教学方法的问题，不同的教学方法取得的效果不大一样[13]。全面推进大学素质教育，必须要鼓励与支持教师更多地采用诱导式、启发式、探究式以及讨论式等教学方式,激发学生求知欲望、调动学生学习兴趣、释放学生发展潜能,只有如此才能使大学素质教育真正落地。

(四)加强师资队伍建设,是全面推进大学素质教育的依托与支撑

师资队伍建设是大学素质教育顺利推进与开展的基础支撑,也是决定大学素质教育效果与质量的核心因素。可以说,加强师资队伍建设,着力于全面提高教师素质,是全面实施素质教育的先决条件[14]。加强师资队伍建设主要解决两方面的问题,亦即解决大学教师有没有能力胜任和愿不愿意积极投入与践行大学素质教育的问题。

大学教师胜任能力的问题涉及两个方面:一方面是大学教师能不能胜任大学素质教育的基本要求,另一方面就是师资队伍能不能形成全面推进大学素质教育的有机整体。大学素质教育思想既贯穿于人才培养全过程之中,又贯穿于教育教学活动的全过程之中,而教师始终是人才培养和教育教学活动的重要参与主体之一,可以说大学教师素质直接决定着素质教育实施与开展的质量与效果。由于素质教育思想在我国高等教育领域实施与开展的历史相对较短,与此同时,我国相当一部分大学教师又是在应试教育环境中成长起来的,与素质教育对教师素质的高要求存在现实的差距。所以,在全面推进大学素质教育对大学教师素质与能力的要求越来越高的背景下,一方面要加强师资培训,不断提高教师的科学素养与文化素养,促进教师转变教育观念,以符合全面推进大学素质教育的基本要求;另一方面,构建优秀教师共享机制,促进不同学校、院系以及学科(专业)之间优秀教师实现交流与共享,从而形成结构合理、素质互补、能力协调,符合全面推进大学素质教育要求的师资队伍。

大学教师愿不愿意积极投入与践行素质教育,主要取决于有没有良好的制度环境。正如邓小平同志曾深刻指出的那样:"制度好可以使坏人无法任意横行,制度不好可以使好人无法充分做好事,甚至会走向反面。"[15]同样,良好的制度环境对大学教师积极投入与践行素质教育具有不可替代的重要作用。构建与完善大学教师积极投入与践行素质教育的良好制度环境,主要是解决高等教育领域中普遍存在的"重科研、轻教学"和对教师的评价与考核脱离学生自身素质提升与发展等方面的问题,其核心与关键就是建立科学合理的大学教师评价与考核制度。在科研至上、论文至上、项目至上、经费至上以及获奖至上的教师评价与考核制度环境中,大学教师很难安心于教学,何谈积极投入与践行素质教育。同时,素质教育的成效与质量最终要体现在学生个人身上,不考虑学生素质提升与发展的大学教师评价与考核制度是不科学,也是不合理的。因而,应构建以学生素质提升与发展为导向的大学教师评价与考核制度,为全面推进大学素质教育提供正确的制度导向与制度环境,破除当前"数字化"评价机制对教师的"绑架",促进科研与教学在推进与践行素质教育过程中实现融合与共进。构建以学生素质提升与发展为导向的大学教师评价与考核制度,既是全面推进大学素质教育的制度航标,也是大学实施与开展素质教育的基本要求。

参考文献

[1] 瞿振元. 高校素质教育有待真正落地［N］. 光明日报，2015－04－21.

[2] 萧宗六. 高等学校何必套用"素质教育"［J］. 江苏高教，1999（1）.

[3] 周远清. 我的素质教育情怀［J］. 中国高教研究，2015（4）.

[4] 杨叔子. 文明以止化民成俗——纪念我国高等学校文化素质教育开展10周年［J］. 中国高教研究，2005（11）.

[5] 杨叔子. 文化素质教育的今日再审视［J］. 重庆高教研究，2013（4）.

[6] 张岂之. 大学文化素质教育感言［J］. 中国高教研究，2009（6）.

[7] 杨叔子. 继承传统，面向未来，加强人文素质教育［J］. 高等工程教育研究，1995（4）.

[8] 习近平. 坚定不移创新创新再创新 加快创新型国家建设步伐［EB/OL］.［2015－04－27］. http://news.xinhuanet.com/politics/2014－06/09/c_1111056325.htm.

[9] 林杰，刘国瑞. 关于深化中国特色高等教育人才培养体系改革的几个问题［J］. 中国高教研究，2015（3）.

[10] 杨叔子. 是"育人"而非"制器"——再谈人文教育的基础地位［J］. 高等教育研究，2001（2）.

[11] 黎琳. 中国大学素质教育回顾与展望［J］. 清华大学教育研究，2000（3）.

[12] 国家中长期教育改革和发展规划纲要（2010—2020年）［EB/OL］.［2016－11－28］. http://www.moe.gov.cn/srcsite/A01/s7048/201007/t20100729_171904.html.

[13] 沈祖云，唐景莉，等. 耶鲁大学校长：教学方法影响创新能力培养［N］. 中国教育报，2006－07－20.

[14] 张德祥. 坚持不懈、形成合力深入推进高校素质教育［J］. 中国高等教育，2006（1）.

[15] 邓小平. 邓小平文选（第2卷）［M］. 北京：人民出版社，1993：333.

论大学素质教育本土话语体系构建*

李和章　刘　进

党的十八大以来，以习近平同志为核心的党中央高度重视哲学社会科学的本土话语体系建设，总书记本人数十次提到哲学社会科学的话语权问题[1]。在此背景下，回归教育本真、突出本土实际、形成鲜明特色、构建话语体系，是当前促进大学素质教育科学发展的重要任务。从研究层面来说，当前如何清醒认识话语权与学术话语权的本质内涵、如何有效把握本土话语体系建设之于大学素质教育发展的关键意义、如何扎实有效开展大学素质教育本土话语体系建设等是关键内容，亟待开展深入研究。长期以来，中国高等教育学会大学素质教育研究分会密切关注、持续推动大学素质教育的本土话语体系建设工作，在2017年年会上率先提出了将"素质教育"英文词条直接翻译为"Suzhi Education"的倡议，引起强烈共鸣，得到各方支持。这为大学素质教育本土话语体系构建开了好头、做了示范。未来，继续深入推进大学素质教育本土话语体系建设进程，至少应在三个方面持续下功夫。

一、要深刻认识话语权与学术话语权的本质内涵

学术界关于话语权的定义有很多。其中最具影响力的界定来自法国后现代主义思想家福柯的观点，他提出了著名的"话语即权力"的论断，认为任何权力的实施，都是话语创造和创新的过程[2]。他指出，"话语"是掌握权力的关键，是权力交往、利益诉求和维护的一种工具[3]，围绕话语与权力的关系，其他一些学者也进行过类似的论述。吉登斯认为，话语权是不同利益群体表达自身利益诉求的工具[4]。可以认为，西方主流的关于话语权的观点，一般将话语权的本质定位为一种权力或利益，既包含权力或利益与话语表达的互动联系，也包含权力或利益的表达途径与方式，并将其奉为现代文明阶段权力或利益表达的关键机制。

近年来，中国学界广泛引用了福柯等人的观点。在此基础上形成了一些对中国本土关于话语权本质的看法，相关研究大致可分为三个层次。第一个层次的研究聚焦语言本身，认为话语权就是语言本身的传播力和传播规律。比如有学者认为，"话语指说话、写文章，话语权就是说话、发表意见的资格、权

---

* 本文发表于《中国高教研究》2017（7）。

力"[5]，或认为"话语是思想方式的外在体现，话语权是社会中主流话语的标志。"[6]第二个层次的研究聚焦于话语的权力，认为话语的本质是权力的占有和使用。这与西方的话语权界定较为一致，但中国一些学者认为这种权力除包含显性权力外也包含隐性权力。比如有学者认为，"话语意味着对言说者地位和权力的隐蔽性认同"[7]，或认为"话语权是指一种信息传播主体潜在的现实影响力"[8]。第三个层次的研究则更多强调话语背后的社会关系映射，核心是政治。该类研究文献数量较多，比如有学者认为"文化话语权是一个国家自主提出、表达、传播本国文化话语、维护本国文化安全、主导本国文化发展、维护本国文化权益和根本利益的权利和权力。"[9]

可以认为，中国学界对于西方关于话语即权力的内涵界定是认同的，但所谓的"权力"到底是语义本身的权力、社会公民的权力还是国家的权力（尤其是国家的政治权力），中外存在较大的不同。笔者认为，当前对话语权内涵的理解显然早已超过其语义本身，对话语权本质的理解应从两个维度进行更深入的思考。

1. 历史的维度

从更广阔的历史发展视角看，话语权的本质是什么？话语权一般掌握在谁手里？主动掌握话语权和被动接受别人话语权的国家民族各自走向了何种发展道路？历史视角下话语权是恒定的还是变化的？如果是变化的，那遵循怎样的变化规律？

从历史视角看，话语权的本质既是文明竞赛的手段，也是文明竞赛的结果。按照历史唯物主义的观点，任何一国对于话语权的掌握都不可能是一成不变的，因此在漫长的历史长河中，各类文明不断地交锋，通过话语权的争夺，勾勒出历史发展的基本轨迹。在此方面，亨廷顿曾提出过著名的文明冲突理论，他认为，冷战之后各国之间越来越"根据文明来确定自己的利益"，"具有相似或共同文化的国家合作或结盟，并常常同具有不同文化的国家发生冲突"。[10]而这种文明冲突的核心表现形式之一就是"话语权的冲突"[1]。也即话语权更迭的背后是国家或民族的文明竞赛，文明与文明之间既可能对话也可能冲突，旧文明往往被新文明所取代，伴随其间的正是话语权的更新。

话语权对于文明竞赛的现实解释可以从正反两方面来分析。从正面看，新的文明的兴起基本都伴随有新的话语体系的广泛传播。一些掌握新话语权的文明往往具有很强的优越性，比如兰克在讨论西方中心主义时就明确提出，"人类思想只有在伟大民族中才能产生"，而"有些民族完全没有能力谈文化"[11]。从反面来看，旧的文明的衰落也往往与话语权羸弱有关，也即虽然完成了硬实力的构建，但以话语权为代表的软实力建设是缺位的，并最终引发了文明的崩塌[12]。

对此，马克思主义经典理论和马克思主义的中国化理论成果都有着非常深刻的认识。马克思本人就曾指出，"话语中充满神秘的力量"[13]。对于话语权的重要性中国一直保持着高度关注,而中国对于话语权的理解还包含有文化安全等更为深刻的思考。习近平总书记就曾谈到,"我们党带领人民就是要不断解决'挨打''挨饿''挨骂'这三大问题。经过几代人不懈奋斗,前两个问题基本得到解决,但'挨骂'问题还没有得到根本解决"[14],"落后就要挨打,贫穷就要挨饿,失语就要挨骂"[15]。总书记对于话语权的重要性阐述是相当深刻和生动的,其背后正是当前中国转型发展面临激烈地对西方话语权的争夺问题。因此,新时期对西方话语权向中国的持续渗透要保持足够警惕。一段时间以来,伴随西方资本主义社会制度在经济等方面的成功,主流资本主义国家的话语体系开始在全球范围内传播,这些带有明显西方文明特征的话语体系占据主导地位、拥有主动权,并长期对"落后文明"指手画脚。而且,西方国家已经建立起国际体系、传媒优势和技术优势,话语权上"西强我弱"[9]的局面已经形成并有固化趋势。近年来,我国经济社会发展不断取得进步,但话语体系建设却与之并不匹配,甚至还面临新的挑战。西方国家话语权逐渐渗透,并"蓄意制造意识形态和学术的割裂"[14]。此外,西方话语权传播方式也发生了变化,西方话语霸权往往开始通过各种社会思潮的"外衣",对国人的价值判断和行为意向"进行潜移默化的影响"[16]。

总结来看,历史维度下关于话语权本质的讨论,往往可以归结到政治、文化和文明等更迭上来,往往涉及话语权制高点的争夺,往往从以话语权所代表的软实力特征入手分析背后的经济霸权、政治霸权和军事霸权等硬实力内容。因此,和上述福柯等人对于话语权主要从公民权利等角度的定义不同,马克思主义对于话语权本质的探讨更为宏观和兼具历史发展眼光。新时期我国在实现中华民族伟大复兴的中国梦过程中,在经济社会发展方面已经迈出非常稳健的步伐,而在本土话语体系构建和国际话语权争夺方面仍需求迫切、任务艰巨。当前,探讨大学素质教育本土话语体系的构建,应站在更宏观的历史视角,站在文明复兴和话语权争夺的高度,置身于大的国际环境和历史阶段之中,切实增强话语体系构建和话语权争夺的紧迫感和时代性。对此,中国高等教育学会副会长陈浩的论述非常深刻也很有代表性,他在谈及大学素质教育本土话语体系构建时说:"与弱国无外交类似,一国的学术思想文化要想在国际舞台上有话语权、影响力,客观上讲,主要取决于你的国力强弱;主观上则是看提出来的主张和话语的科学性、道义性、互鉴互惠性及价值认同性。中国高等教育大国的崛起,由大变强战略目标的确立,正在为中国特色高等教育话语体系构建和增强国际话语权带来天赐良机,尽管西方强国还不愿低头轻言向东方学习,但在学界心领神会之处总会有的,而且会与日俱增,只要我们自己努力做优做精。"[17]

2. 方法(学科)的维度

话语体系的形成、传播和话语权的争夺到底是怎样开展的?笔者认为,一国话语体系的构建,其核心应落脚到学科上。一方面,高等学校和具体学科承担着本土话语体系建构的关键使命,"高校既是文化意识形态领域较量的主阵地"[13],也是本土话语体系建构人才、技术、研究等核心支持的来源地。学科话语权并不完全等同于一国的话语权,却是一国话语权的核心组成部分,即"学术话语权是国家话语权的一部分"[1]。尤其是哲学社会科学学科在构建学术话语体系的过程中,将大大提升本国的国家话语权。习近平总书记在哲学社会科学工作座谈会上指出,"哲学社会科学是人们认识世界、改造世界的重要工具,是推动历史发展和社会进步的重要力量,其发展水平反映了一个民族的思维能力、精神品格、文明素质,体现了一个国家的综合国力和国际竞争力。一个国家的发展水平,既取决于自然科学发展水平,也取决于哲学社会科学发展水平。一个没有发达的自然科学的国家不可能走在世界前列,一个没有繁荣的哲学社会科学的国家也不可能走在世界前列"[14]。另一方面,学术话语权形成的方式方法与普通话语权的形成具有一致性,学术成果的传播规律与载体是话语权传播的关键依托。社会科学在社会认识和社会决策中发挥着巨大作用,它已经成了话语权争夺的核心领域[16]。而学术话语权的形成和发展,则"遵循社会科学发展的一般规律"[1]。

那么,学术话语权究竟是如何形成的?核心还是依赖于扎实深入的理论与实践研究,最终形成一门门学科话语,即"以该学科的世界观、历史观和方法论为基础,在基本观点、分析框架和特定视角下构成的一整套话语体系"[18]。在此方面,一些具体学科已经开始有意识地构建本土话语体系并取得有效成果。比如,近年来中国社会学开始将"关系"作为重要的研究话题开展深入分析,基于中国实际情况,有意识地与西方现有词汇(如 relationship, social network 等)做了区分,直接用其音译"Guanxi"作为研究概念,形成了一套研究话语体系和理论体系,受到国内外学者的高度重视,形成了一批国际顶级学术研究成果,在国际学界产生了重要影响,一些西方学者也逐渐开始使用这一新的研究概念。

当然,中国哲学社会科学构建本土话语体系也面临严峻困难,一些现实困难,如学术质量与数量的结构性失衡、学术评价功利化、国际话语传播平台建设的滞后、设置国际议题能力不足、研究方法的落后等[19],仍待有效克服。比如,由于历史惯性,改革开放以来,大量成体系地引入了西方的理论成果和学科评价标准,中国哲学社会科学界已经逐渐确立了"以欧美等西方国家为中心的学术知识生产体系"[20],因此,中国哲学社会科学本土话语体系的构建,要扭转的已经并不是简单的概念、理论等条目,而是对既有体系的修正和改造,难度很大。具体到某些学科而言,一些研究型大学,无论是教材、理论、案例还是学术职业从业人员(教师)很大比例来自西方,本土"社会科学的说明和预测能力却在下降"[16],一方面是对西方学科体系的"拿来主义",另一方面是本土学科发展不良,也形成了本土话语体系构建的客观困难。

具体到大学素质教育研究与实践领域。大学素质教育因与马克思主义、中华传统文化的良好结合，第一课堂与其他多课堂的有机融合，本应成为本土高等教育话语体系构建的有效抓手，尤其是近年来经过理论界与实践界的不懈努力已经形成了部分本土大学素质教育规律和思想，具备了开展本土话语体系建设的基础，但话语体系的建设成果仍不显著。正如陈浩所认为的，"素质教育思想是在借鉴西方通识教育、博雅教育等合理内核基础上创构的，更具时代精神的、更适合中国国情的、更能有效促进学生全面发展的先进教育思想"，但当前学界对素质教育思想却"患得患失""若即若离"[17]。从方法（学科）视角来看，问题的核心还是在于大学素质教育话语体系的建设既未提上议程，也未按照学科和研究领域层面话语体系建设的一般规律，开展深入而卓有成效的工作。下一步，构建大学素质教育的本土话语体系应遵循哲学社会科学话语体系构建的一般规律，突出方式方法的有效性，探寻更为有效的创新路径。

二、要形成构建大学素质教育本土话语体系的目标方向

新时期，大学素质教育本土话语体系构建势在必行，明确构建大学素质教育本土话语体系的目标面向是其中的关键。在此方面，中国高等教育学会大学素质教育研究分会已形成统一共识，并着手组织开展相关工作，如已通过课题立项等形式分解开展中国本土素质教育思想的系列研究。其中，在2017年年会上正式发布了《关于将素质教育英译为"Suzhi Education"的倡议书》，并着手撰写大英百科全书"Suzhi Education"词条，取得了一定经验。笔者认为，在本阶段内，大学素质教育本土话语体系的构建，核心仍然是要达到学界普遍认为的"能说话""说清楚""说动听"[20]这三个关键目标。

所谓"能说话"，就是要基于本土的大学素质教育研究与实践，形成符合中国大学素质教育实际的汉语表达方法。如果像肢解某一具体研究领域一样来展开分析，则应包含基本的大学素质教育研究的汉语概念体系、理论体系、方法论体系和实践体系（如课程体系、多课堂互动体系）等。该套大学素质的本土表达方法，不应为创新而创新，为与西方不同而不同，反而应主动对接现有的西方概念与理论体系，明确区分与西方若干理论与概念（如"通识教育"）的异同，按照严格的学科规范开展研究，有意识地构建起中国大学素质教育研究的理论体系框架。总体而言，"能说话"解决的是有没有的问题，核心在于要有意识、有组织地开展相关研究活动，实现从无到有、从粗到细、从少到多的研究突破与积累。

"说清楚"则是在上述理论体系框架内，不断"添砖加瓦"、细化研究内容，形成点（概念）、线（理论）、面（具体研究领域）相互连通、研究广度与深度渐次增加的大学素质教育研究领域，甚至形成专门的学科领域。也即在上述概念框架下，不断形成本土化的研究与实践成果，将大学素质教育本土话语体系内容"夯实"。其核心是要有效区分全球通行的素质教育基本内容与中国本土的素质教育特色内容，后者将可能包括中国本土对于素质的要求与其他

国家的差异、中国传统文化与马克思主义理论体系对本土素质教育的影响、中国各历史阶段本土化的素质教育实践经验总结（如"书院制"中蕴含的素质教育思想和近年来的大学文化素质教育实践的思想归纳等）等。"说清楚"目标的实现并非易事，既要通过不懈努力说清楚中国本土大学素质教育与西方的异同，说清楚中国本土大学素质教育对全球学界的核心理论与实践贡献，也要说清楚中国本土大学素质教育未来与全球其他国家大学素质教育的"同"与"不同"，全球化共识达成与本土化个性保留等。

"说动听"强调的则是话语质量与传播力的问题。真正好的大学素质教育本土话语体系应具有高质量特征，其核心检测标准在于其是否具有足够的传播活力，"创构创立一个新思想、新理念、新表述绝非轻而易举之事，好不容易创构起来了，如果不自珍自崇、不能一以贯之地执着地加以理论完善，诚心付诸实践及持续的政策和舆论跟踪配合，再好的新创思想理念，也可能热闹一阵子就半途而废"[17]。如果所创立的本土高等教育话语体系质量不高、传播力不足，则可能沦为自说自话、自娱自乐、自我陶醉，甚至自我麻痹，缺乏文化竞争力，本土话语体系的构建就会以失败收场。因此，真正好的大学素质教育本土话语体系，应经得起检验并具备一定的文化输出功能，应接受理论界与实践界的检验。当然，该种检验并不完全是占领主流学术杂志等传统路径，也应创新方式方法，真正形成有鲜明特色且具活跃度和传播力的本土话语。比如，历史上中国的科举制度不仅是中国独创、在中国相当长历史阶段发挥关键作用，而且受其影响形成了欧洲的文官制度。类似的经验可以供大学素质教育本土话语体系的构建参考。

笔者认为，大学素质教育本土话语体系构建关键是要立大志、迈大步、向前进，不能再持观望情绪，而是勇敢地走出前几步，最终步入正轨，这"前几步"核心可能在于话语体系"点"和"线"的建设上，如上述提及的素质教育的英文表达、素质教育的本土理论等。

有学者认为，中国哲学社会科学话语体系构建和影响力提升，取决于五个方面，即创立者要创造"真经"，传播者要"真懂"，实践者要"真用"，接受者要"真信"，在解决时代问题和掌握人民群众上要"真灵"[21]。笔者认为，这是对上述"能说话""说清楚""说动听"总体目标的进一步细化，可以作为构建大学素质教育本土话语体系的具体目标。以近年来中国高校掀起的大学文化素质教育为例，一段时间以来各高校尤其是理工科为主的高校在此方面进行了大量卓有成效的探索，大量经验涌现，的确是"一呼而起，久盛不衰"。这为本土化大学素质教育话语体系的构建提供了绝佳素材。但恰恰相反，近年来我国学术界花费大量精力反复介绍西方的各类通识教育、博雅教育、全人教育等成果，却要么忽视了这一本土成功实践的存在，要么简单将其纳入现有的西方概念框架，而没有按照上述"五真"的要求构建本土话语体系，实在是非常可惜。近代以来，中国高等教育发展亦步亦趋，经历了辗转向多国学习的不同阶段,形成了缺乏本土高等教育自信的持续惯性。但新时期中国高等教育正逐步从大国步入强国行列,无论是打造高等教育平原还是下一步攀登高等教育高峰,都不可能缺乏本土元素的支持。因此,话语体系构建的目标达成,也在于理论界与实践界自身坚定信心。

三、要探索构建大学素质教育本土话语体系的方法路径

传统高等教育话语体系更多掌握在西方国家,与这些国家经济社会发展水平有关,也与其大多以具有国际影响力的英语为母语有关,还与各主要学术标准的制定、出版机构的设立等集中在西方国家等因素有关。也因为此,"学术殖民主义"[22]长期甚嚣尘上,中国等后发国家在打造本土话语体系过程中要打破传统路径依赖困难重重。

虽然如此,构建本土学术话语体系并非无可作为。近年来,我国学术界对于本土话语体系构建的方法路径,围绕学术话语权形成源头、学术话语权传播平台、研究范式与研究方法[23]等方面已经取得部分成就,达成了部分共识。在此过程中,学术质量、学术评价和学术平台被认为是构建学术国际话语权的三大基本要素[20],笔者认为,未来在构建大学素质教育本土话语体系过程中也可以重点围绕这三个方面进行思考。一是要在学术质量方面严格把关。任何本土化大学素质教育概念、理论和实践的提出,要反复论证、审慎思考。以素质教育英文译法为例,前期我国学界已经意识到现有中英文译法概念内涵与外延并不匹配,已有英文词汇既无法体现中国本土大学素质教育活动的全貌,也彻底否定了其本土性。2015 年,在大学素质教育研究分会内部研讨会上,中国高等教育学会会长瞿振元教授介绍了其在海外学术报告中将素质教育直译为"Suzhi Education"的经验,引起了与会各方的高度关注。但审慎起见,相关学者在继续深入研究中国本土大学素质教育与西方各有关概念异同的基础上,于 2017 年才正式进行词条修订和倡议发布。二是要在学术评价上下功夫。要形成自身的学术评价体系,而不再完全扮演西方话语体系的执行者。尤其是关于中国需要培养什么人、如何培养人方面要突出本土大学素质教育培养目标与西方的差异。在此方面要有清醒认识,学术可以是国际化的,但人才培养一定是本土化的,唯其如此,构建本土的大学素质教育评价体系,才能真正按照社会主义接班人和建设者的标准评价所培养人才的素质水平。三是要在学术平台上有所突破。前些年哲学社会科学领域过度强调在英文学术杂志上的论文发表,反而丧失了本土哲学社会科学的主体性。大学素质教育本土话语体系的建设,在平台搭建方面,既要坚持走出去的原则,到各个国际学术与非学术舞台充分宣传已有话语体系构建成果,也要遵循本土化原则,不媚外、不崇洋、不以英文学术发表为最高准则,而是真真正正以有多少本土化价值、在多大程度与中国马克思主义理论和传统文化实现了有机结合等为准则,既不盲目自大,也不妄自菲薄,最终通过有效举措形成国内外兼顾的立体化的学术平台。

总体而言，大学素质教育本土话语体系建设已扬帆起航，但也任重而道远，需要长期不懈努力。这与学术话语的行动支配权的持续性特点密切相关，"因为'让'什么'发生'和'让'什么'不发生'都不是一次性完成的，是多次的、不断的过程"[21]。我们坚信，未来必将有更多更优秀的本土化研究成果渐次出现，只要方向准确、目标明确、信心坚定，大学素质教育本土话语体系构建一定会取得新的更大的成功。

参考文献

[1] 陶文昭．论中国学术话语权提升的基本因素［J］．中共中央党校学报，2016（5）．

[2] 刘经纬，董前程．对完善高校意识形态工作话语体系、掌握话语权的探讨［J］．思想教育研究，2015（9）．

[3] 宋丽娟，杨晓培．政府与民办高校互动的理性与规范——以话语权为视角［J］．教育学术月刊，2016（11）．

[4] ［英］安东尼·吉登斯．民族——国家与暴力［M］．胡宗泽，等译．北京：北京三联出版社，1998：225．

[5] 李亚彬．马克思主义中国化中的话语和话语权问题——以两次飞跃为例［J］．哲学研究，2015（6）．

[6] 刘洪波．高校意识形态话语权研究［J］．学校党建与思想教育，2016（11）．

[7] 阮建平．话语权与国际秩序的建构［J］．现代国际关系，2003（5）．

[8] 张宏宝．"中国模式"新型大学智库话语权的建构与发展［J］．中国高教研究，2015（10）．

[9] 骆郁廷，史姗姗．论意识形态安全视域下的文化话语权［J］．思想理论教育导刊，2014（4）．

[10] ［美］塞缪尔·亨廷顿．文明的冲突与世界秩序的重建［M］．周琪，等译．北京：新华出版社，2002：15．

[11] 张世定．维度·价值·取向：中国哲学社会科学国际话语权论析［J］．学术论坛，2016（9）．

[12] ［美］汉斯·摩根索．国家间政治：权力斗争与和平［M］．徐昕，等译．北京：北京大学出版社，2006：100．

[13] 孙英．高校思想政治理论课话语权建设的基本内涵与根本要求［J］．思想理论教育导刊，2016（10）．

[14] 习近平．在哲学社会科学工作座谈会上的讲话［N］．人民日报，2016-5-19．

[15] 习近平．在全国党校工作会议上的讲话［J］．求是，2016（9）．

[16] 梁本，童萍．话语权：社会科学普遍性与特殊性之争的焦点［J］．思想战

线，2011（1）．
- [17] 陈浩．自创自珍可信可爱方有话语权［J］．中国高教研究，2015（6）．
- [18] 黄家亮．社会调查与中国社会科学的学术话语权——兼评郑杭生"社会调查系列丛书"［J］．中国图书评论，2012（2）．
- [19] 王兴．国际学术话语权视角下的大学学科评价研究——以化学学科世界1387所大学为例［J］．清华大学教育研究，2015（3）．
- [20] 胡钦太．中国学术国际话语权的立体化建构［J］．学术月刊，2013（3）．
- [21] 韩庆祥，王海滨．提升中国哲学社会科学的话语权和影响力——以"理论的命运"为例［J］．中国特色社会主义研究，2014（3）．
- [22] ［美］菲利普·G.阿特巴赫，陈运超．学术殖民主义在行动：美国认证他国大学［J］．复旦教育论坛，2003（6）．
- [23] 郑杭生．学术话语权与中国社会学发展［J］．中国社会科学，2011（2）．

发展普及化高等教育与素质教育[*]

别敦荣　夏　颖

普及化高等教育与素质教育有关系吗？乍一看，二者之间好像还真的没有什么联系。素质教育思想提出于我国高等教育精英化阶段，在大众化阶段得到进一步的实施，但到目前为止，我国高等教育仍然处于大众化发展阶段，所以，将二者联系起来讨论似乎缺乏合理性的基础。但如果透过表象，从我国高等教育发展的趋势和需要看，情况可能就是另外一回事了。根据相关研究[1]和国家高等教育发展规划目标[2]，在未来两三年内我国将迎来高等教育发展的普及化阶段，这也就是说，我们已经听到了普及化高等教育发展的脚步声。试想一下，真的到了那一天，应该拿什么思想来指导我国高等教育的发展？我们认为，素质教育是在中国大地上生长起来的高等教育思想，是适合今天和未来我国高等教育发展要求的思想，前瞻性地探讨素质教育与发展普及化高等教育的相关问题，非常必要。

一、普及化高等教育阶段素质教育的意义

普及化是世界各国高等教育发展的共同趋势，我国也不例外。我国社会正处于向现代化和工业化迈进的关键时期，推进经济社会转型发展、建设创新型国家，必须发展规模更大、质量更高的高等教育。我国高等教育总规模已经位居世界第一，形成了巨大的规模优势，普及化发展将进一步增强我国高等教育的规模优势。但仅有规模是不够的，如果高等教育所培养的人才素质不高，是不可能对国家经济社会发展发挥积极促进作用的。因此，在普及化高等教育阶段，坚持弘扬素质教育，以提高每一个学生的素质为基础，全面提高高等教育人才培养质量，具有重大战略意义。

1. 有助于全面提高高等教育质量

我国普及化高等教育是超大规模的，它将传统上被认为大批不具有接受高等教育能力和资质的人口吸纳进来，在扩大高等教育覆盖面和容量的同时，也改变着高等教育的内涵与外延。所以，发展普及化高等教育需要有新的认识，不能固守传统的高等教育思想。普及化高等教育不是低质量的高等教育，也不是少数人"圈养"、多数人"放养"的教育[1]，更非一个标准下少数人通过、

---

[*] 本文系教育部人文社会科学重点研究基地项目"创造性人才培养与大学教学文化研究"（14JJD880002）的研究成果，发表于《中国高教研究》2017（7）。

多数人被淘汰的教育。而应是所有各级各类高等教育质量都得到不断提高的教育，是每一个接受高等教育的人都能得到应有发展的教育。素质教育不仅是全面素质的教育，而且是覆盖全体学生的教育，还是包括所有各级各类高等教育的教育。以素质教育思想指导普及化高等教育的发展，可以避免畸重畸轻，杜绝在高等教育发展中只片面地考虑少数学生发展、部分高校办学、个别层次或类型高等教育水平提高的现象，而要兼顾所有学生、所有高校、所有各级各类高等教育发展的需要，达到全面提高高等教育质量的目的。

2. 有助于发展个性化的高等教育

普及化高等教育发展的难点在于学生个体的发展和高校的特色办学。在精英化高等教育阶段，虽然学生个体的发展也受到关注，但总体上教育模式是统一的，教育方法是一致的，教育的标准和要求是相同的。在大众化高等教育阶段，虽然统一的教育标准和方式有所松动，开始向差异化和多样化方向发展，但由于传统的观念影响甚深，精英化的质量标准常常对大众化高等教育具有重要影响。我国现代高等教育发展只有100多年的历史，在绝大部分时间里，就办学规模而言，高等教育都处于精英化阶段，只是在近十多年里，才快速进入大众化阶段，而且奇迹般地开始向普及化阶段迈进。因此，可以说，在我国高等教育发展进程中，大众化只是一个短期的过渡阶段[3]，基本上还来不及形成成熟的多样性的教育模式。如果不能建立适应每一个学生的教育模式，那么，要想在普及化高等教育阶段全面提高高等教育质量，只能是痴人说梦，美梦虽好，不能成真。所以，坚持弘扬素质教育，根据普及化阶段高等教育生源的特点和教育要求，以每一个学生素质的提高为根本目的，建立个性化的人才培养模式，才能实现发展普及化高等教育的初衷。只有这样，才能发挥普及化的全纳功能，不放弃任何一个大学生，从而全面提高国家人口质量。

3. 有助于进一步加强高等教育适应国家经济社会发展的能力

发展普及化高等教育有两个动因：一是民众接受高等教育的需求；二是国家经济社会发展对劳动者素质提高的要求。二者有联系，也有差别。人们往往将前者视作内动力，而将后者视作外动力。从某种意义上讲，发展普及化高等教育更多的是外动力作用的结果。这也就使得发展普及化高等教育必须适应国家经济社会发展的需要，更好地发挥高等教育的社会功能。恰恰在这个问题上，我国高等教育表现得还不是很尽如人意，高等教育与社会需求脱节的问题还比较突出。如果不解决好这个问题，发展普及化高等教育的结果可能是消极的：要么进展缓慢，要么严重地不适应社会需要，激化高等教育发展与社会需要之间的矛盾。因此，坚持弘扬素质教育，提高包括专业素质在内的大学生的全面素质，有助于增强大学毕业生适应社会的能力，有效地缓解高等教育发展与社会需求之间的矛盾冲突，从而使普及化高等教育能够更好地促进国家经济社会发展，促进社会和谐、文明与进步。

二、普及化高等教育阶段素质教育的特点

素质教育思想已经在我国精英化和大众化高等教育阶段得到实践，因此，到了普及化阶段，它不是一个全新的高等教育思想，在继承和保留前两个阶段思想的合理内涵的基础上，应当有更富有适应性的发展。普及化高等教育是平民教育，具有大规模、多样性、个性化和社会化等特点[4]。统计表明，世界上实现了高等教育普及化的国家（地区）共有68个，其中，高等教育毛入学率超过80%的国家（地区）有18个，毛入学率在60%~80%的国家（地区）有38个，毛入学率在60%以下的国家（地区）有12个①。据预测，当我国高等教育发展进入普及化阶段的时候，将在2014年总规模的基础上净增800万人左右，我国高等教育总规模将达到4 359万人左右[1]。要覆盖如此庞大人口群，使每一个受教育者都能得到应有的发展，且适应国家经济社会发展的需要，这必然对素质教育提出新的要求。那么，是不是有另外一种什么思想，比如，通识教育、专业教育、卓越教育，或者"新工科教育"，等等，能够取代素质教育，而成为我国发展普及化高等教育的指导思想呢？我们认为，这些高等教育思想都有其特定的适应范围，与素质教育思想不在一个层面上，它们所发挥的作用一个是局部的，一个是全面的，大不一样。有鉴于此，我们认为，素质教育思想是指导我国发展普及化高等教育的基本指导思想，它的特点主要表现在以下四个方面。

1. 中国特色

素质教育是在中国高等教育实践中生长起来的教育思想，是适应中国国情的思想。经过20多年的发展，素质教育思想已经深入人心，深深地扎根于我国高等教育，对我国高等教育发展发挥了积极的促进作用。在我国高等教育发展史上，还没有哪一种高等教育思想如此广泛地为人们所认同，我们曾经向其他国家学习，借鉴和移植过一些国家的高等教育思想、人才培养模式和高校办学制度，虽然它们对我国高等教育发展产生过一定的积极作用，但并没有一种思想能够长久地对我国高等教育发展发挥影响。据统计，当我国高等教育进入普及化阶段的时候，我国高等教育总规模将会是美国的两倍以上，接近或达到所有发达国家高等教育的总规模。在一个人口众多、发展水平差别巨大的国家，高等教育要解决的问题与其他国家是不同的，我国发展普及化高等教育的目的是解决我国经济社会发展的问题，是为了满足我国人民群众的需要。驾驭如此庞大规模的高等教育，美国没有经验，欧洲更没有经验，只能靠我们自己摸索。要让我国高等教育解决我们的问题，不能寄希望于任何一个其他国家的高等教育模式，更不能依靠其他国家的高等教育思想，因为任何思想都是在特定

---

① 根据 UNESCO UIS 公布的相关数据整理而得，http://data.uis.unesco.org/#.

的社会环境条件下产生的，离开了培育它的土壤，它就丧失了赖以有效地发挥作用的基础。素质教育是在我国高等教育改革与发展过程中产生的，是针对我国高等教育发展存在的问题提出来的，有着极强的针对性。素质教育没有过时，对我国发展普及化高等教育仍然有着重要的指导意义。

2. 多样性

我国高等教育已经发展成为规模庞大、层次多样、种类复杂的社会系统，迈入普及化阶段，上述特征将更加突出。普及化高等教育不是精英教育，也不是大众教育，它需要满足大多数适龄青年接受高等教育的需求，进而满足大多数国民接受高等教育的需求。这不是空想或臆想，而是事实。世界上有18个国家高等教育毛入学率超过了80%，这样高的毛入学率绝不只是意味着高等教育规模的增长，它必将带来高等教育性质的改变，包括高等教育结构的多样化和复杂化，以及高等教育构成要素的多样化。因此，当我国进入普及化阶段的时候，而且随着普及化程度不断提高，高等教育自身的多样化必将酝酿和产生多样化的高等教育思想。素质教育就是这样一种具有多样性的高等教育思想，能够包容各级各类高等教育发展的需要。它要求面向每一个学生，追求每一个学生素质的提高；面向全面素质，要求每一个学生都得到应有的全面发展；面向每一所高校，所有高校都要提高人才培养质量。这样一种高等教育思想不会只有一种教育标准，也不会只有一种教育模式，它要求不同类型、不同层次的高等教育和高校在遵循其核心意旨的同时，根据自身的特点和定位，决定自身的教育标准，发展自身的教育模式，适应不同学生的发展要求。所以，素质教育具有多样性，能够指导我国发展普及化高等教育。

3. 适应性

对于高等教育而言，素质教育不是为了孤芳自赏，也不是为了就教育论教育，它是要使高等教育全面提高质量，增强适应性，从而更好地满足国家经济社会发展的需要。可以说，素质教育是立足于高等教育的发展，谋求学生素质的全面提高，以达到高等教育的外向性目的。这与我国发展普及化高等教育的目的是高度一致的。进入普及化阶段后，我国每年培养的各级各类高等教育毕业生将达到1 000万以上，如此庞大规模的新增劳动力无疑将有力地提升我国社会劳动生产率，提高经济产业生产水平，促进国家和社会转型发展。从这个意义上可以说，我国经济社会转型发展在很大程度上取决于普及化高等教育发展的质量。在一个劳动力以中学毕业生为主的社会，要实现转型发展，建设学习型社会和创新型国家，都是不现实的。高新产业的繁荣发展，并在国家经济社会发展中占据重要地位，是以高等教育的普及化程度为基础的，因为它要求其从业人员接受高质量的高等教育，并且要求高等教育源源不断地输送优秀毕业生，保证其人力资本始终保持在一个较高水平上。素质教育将使我国发展普及化高等教育拥有无限的社会功能空间，提高高等教育发展对经济社会发展的适应性，使二者之间形成相互促进、良性互动的关系。

4. 文化性

高等教育文化是在长期的实践中形成的人才培养体系及其内在的支持体系，包括高等教育思想以及与之相关的价值观和行为方式等，人们一般更愿意将后者，即影响高等教育人才培养过程的思想观念、价值观等看作是高等教育文化。如此看来，素质教育本身就表现为一种高等教育文化，它是以素质和质量为核心、由一系列高等教育思想观念所构成的一种文化形态。从这个意义上讲，文化性是素质教育的本质特征。作为一种高等教育文化，素质教育的价值在于被用来丰富高等教育文化，其更大的意义在于被用来取代另一种高等教育文化。长期以来，我国高等教育秉承一种专业教育思想，形成了一整套高度专门化的人才培养体系，这种专业教育文化的影响是全面而深刻的。专业教育本身没有错，但过度的专业化教育则使我国高等教育既不能满足受教育者个性化发展的要求，又不能满足经济社会发展对多样化高级专门人才的需要。40年的高等教育人才培养改革，包括人才培养模式改革、课程体系改革、学分制改革、选课制改革、大类招生大类培养制度改革、双学位制度改革、转专业制度改革，等等，都是针对过度专业化教育问题的，也就是要改革专业教育文化，建立一种新的高等教育文化。尽管改革取得了一定的进展，但与发展普及化高等教育的要求相比，仍有很大的差距。素质教育着眼于每一个学生个性的充分发展和高等教育质量的全面提高，与40年高等教育人才培养改革相向而行。因此，以素质教育思想为指导，发展普及化高等教育，有助于促进高等教育文化创新，建立以素质教育思想为基础的新的高等教育文化。

三、普及化高等教育阶段素质教育的策略

素质教育从提出至今已有20多年时间，所发挥的作用有目共睹，但由于眼界、机制和传统的高等教育文化的影响，素质教育并没有完全发挥应有的作用，尤其是作为一种新的高等教育文化的主导地位还没有确立起来。发展普及化高等教育，应当准确把握素质教育思想的精髓，遵循素质教育的核心意旨，采取有效的策略和措施，全面推进素质教育改革，使高等教育在规模扩张的同时，建立素质教育导向的高等教育文化。

1. 以素质教育思想整合其他高等教育思想

思想是行动的先导，是计划和实践的基础。在未来一个时期，我国高等教育发展主要面临两大任务：一是发展普及化高等教育；二是建设高等教育强国。普及化高等教育的实现指日可待，只要按照现行的高等教育发展节奏，我国很快就能迎来普及化高等教育的时代。但高等教育强国建设却远非一日之功，需要持续不断努力。尽管两大任务表面上看是不同的，但实质上是一致的。我们不是要发展一个低水平、低质量的普及化高等教育，而是一个高质量的普及化高等教育，这就是高等教育强国。因此，素质教育在完成两大任务中担负着重大使命。应当积极推进高等教育思想创新，牢固地树立素质教育思想

的主导地位,并以之为基础将其他各种高等教育思想统整起来,共同服务于高等教育的改革与发展。在以往的改革实践中,素质教育往往还是孤立地单独发挥作用的,没有能够与其他高等教育思想相融合,更少发挥主导作用。高校在推进素质教育的时候,常常是采用了一种打补丁的方式,即成立文化素质教育中心,由该中心负责实施素质教育,而教务处及其他相关部门则很少参与或基本不参与。不能成为总的人才培养的指导思想,不能融入主流的教育教学过程中去,素质教育的作用非常有限。这种做法不符合我国发展普及化高等教育和建设高等教育强国的要求。要发挥好素质教育思想的作用,应当在两个层面采取行动:一个是国家层面;一个是高校层面。在国家层面,素质教育应当成为发展各级各类高等教育政策的根本依据,各级各类高等教育发展都要着眼于保证每一个学生的充分发展和全面提高人才培养质量。在高校层面,素质教育应当成为全校所有教育教学活动的核心指导思想,人才培养方案、教育教学活动、师生教学行为、教学条件保障、教育教学管理等都要保证素质教育的落实,也就是要建立起以素质教育为导向的人才培养体系。

2. 完善以个性化教育为基础的人才培养方案

普及化高等教育是个性化的教育,没有个性化的教育,普及化高等教育发展就不可能有稳固的基础。进入普及化阶段以后,高等教育不但规模大了,学生多了,而且学生构成变得复杂了,求学目的和要求也各不相同。在毛入学率40%、30%,甚至更低的阶段,高等教育所面临的问题远远没有普及化阶段那么复杂。普及化不仅意味着接受高等教育的人多了,而且还表明高等教育的性质发生了重大变化,高等教育几乎与社会每一个公民都发生了紧密的关系,高等教育必须使每一个公民都得到应有的充分的发展,否则,就没有实现其功能。为此,建立个性化的人才培养体系,保证每一个受教育者得到应有的发展,就成为发展普及化高等教育的根本任务。我国高等教育一向一致性有余、多样性不足,个性化发展不能说没有受到关注,但实际效果非常有限。我国发展普及化高等教育,必须解决个性化人才培养的问题。只有重视每一个学生的发展要求,为每一个学生提供有利于其兴趣爱好得到发展的教育,发展普及化高等教育才有了最可靠的保障。个性化教育的基础在于人才培养方案,我国高校曾经对人才培养方案进行多次修订和完善,取得了一些进展,但刚性过强的问题还没有完全解决,各学科和专业画地为牢,各种教学计划和课程模块壁垒森森,学生的选择往往被降低到了最小范围,这些问题严重地制约了个性化教育的实现。所以,改革人才培养方案对发展普及化高等教育具有重要意义。改革可以在三个方面持续努力:一是制订个性化的人才培养目标。以提高每一个学生的全面素质为目标,完善人才培养目标与规格。二是进一步淡化专业界限。加强不同学科、不同专业课程和教学资源的交流与共享,转变学科专业孤立办学的局面。三是建构以学生为中心的教学模式。在各教学环节的要求和标准中,将学生的主动学习和全面发展作为基本要求,在所有教学活动中予以贯彻落实。

3. 大力发展师生学习共同体

素质教育不能只是政策口号,不能只是文化素质教育讲座,更不能只是课外文体娱乐活动和各种素质拓展活动,而应当是普及化高等教育的灵魂,是各级各类高等教育人才培养的指南,是高校各种具体的教育教学实践。素质教育要真正落到实处,归根结底,必须体现在师生的教学行为上,因为只有师生的教学行为才能产生最终的教育质量。如果师生的教学行为与素质教育的要求不相符合,不管政策提得有多么重要,不管高校领导如何努力推进,都是不可能有好的效果的。我国高校师生的教学行为存在严重的问题,教师为了教学工作量而教学,学生为了完成学分要求而学习,教师讲、学生听是两种基本的教学行为,师生交流互动少之又少。以这种教学状况迎接普及化高等教育的到来,结果可想而知。改革是当务之急,不但为了发展普及化高等教育,而且为了提高当下的人才培养质量。建立师生学习共同体是改善高校教学过程中的师生关系,转变人才培养模式,提高高等教育质量的重要举措。师生学习共同体是一种教学活动主体关系形态,师生以共同成长、共同进步为目标,在课内课外、线上线下彼此信任、相互交流、联系紧密、互动频繁、友好和谐[5],共同致力于高等教育目的的实现,从而达到每一个学生成人成才、充分发展。建立师生学习共同体既是师生的事情,又不只是师生的事情。师生,尤其是教师应当转变观念,树立以学生为中心的思想,重视发挥学生的主体性,放下身段,围绕学生的学习与发展,主动地与学生建立交流互动频繁的紧密关系;学生要积极地建设性地参与教学活动,以提高个人全面素质为目标,主动参加到师生学习共同体中去,发展良性互动的人际交往关系。与此同时,学校干部职工应当为师生学习共同体的建立提供支持和帮助,为师生学习共同体的活动创造条件。

4. 营造素质教育的文化环境

素质教育既是纲领,又是行动,是国家和各级各类高校发展高等教育事业的纲领,是提高高等教育质量的实际行动。对于高校而言,实施素质教育,既要有思想观念的更新,又要有人才培养体系的改革,还要有文化环境与氛围的营造。素质教育不是在真空环境下的实践,它所要面对的不只是教育思想、培养方案、课程设置、学习行为、办学条件等方面的问题,还有很重要的教育传统、师生员工的心理预期和心理定式、师生员工的行为习惯以及社会心理、社会舆论等方面的问题。前者往往可以通过正式的改革文件和行为逐步予以解决,后者则存在对象不明、作用不定且不易感知、难以把握的特点,所以,解决起来要更棘手一些。这就是所谓的文化环境。要推进素质教育,发展普及化高等教育,必须加强文化环境建设,营造有利的环境,提高高等教育改革与发展的成效。营造优良的文化环境,高校要立足自身,在全校倡行全面素质教育,创建风清气正的校风,创造干事创业的氛围,建立公平合理的激励机制。与此同时,高校还应当加强与社会各方面的联系与沟通,主动宣传改革宗旨、实施进展和相关成效，用积极的舆论引导社会公众，争取社会支持，为全面推进素质教育，更好地满足发展普及化高等教育的要求创造有利的社会环境。

参考文献

［1］别敦荣．普及化高等教育的基本逻辑［J］．中国高教研究，2016（3）．
［2］国务院关于印发国家教育事业发展"十三五"规划的通知国发〔2017〕4号［Z］.2017．
［3］别敦荣．创造性人才培养的新视野［J］．中国高教研究，2016（12）．
［4］王严淞．普及化高等教育理念及其实践要求［J］．中国高教研究，2016（4）．
［5］瞿振元．现代师生关系：学习共同体［N］．中国青年报，2016－12－02．

中国高校素质教育/通识教育：回顾与展望*

庞海芍　郇秀红

中文"通识教育"一词是由美国的 general education 概念翻译而来，同时也吸收了古希腊 liberal education 的思想。这两个英语概念在不同历史时期、不同国家和地区曾有多种翻译，如中国曾将 general education 译为通才教育、普通教育、一般教育、全人教育、通识教育，liberal education 曾译为自由教育、博雅教育。直到 21 世纪初，"通识教育"这一概念才得到了华人社会的普遍认同，并逐渐流行开来。通识教育的内涵是指通过对知识的融会贯通，使受教育者具备"择其善而识之"的能力，成为人格健全、视野的一致，都强调"以人为本"，培养人格健全、全面和谐发展的完整之人；在内容上均提倡不论何种学科专业学生，都需要涉猎人文、社会、自然科学三大知识领域；在途径上，西方的通识教育课程体系比较完善值得借鉴，中国文化素质教育第二课堂蓬勃发展值得发扬。在大学针对教育的过分专业化用通识教育更为恰当，在中小学针对较强的应试取向用素质教育更为贴切。表 1 为通识教育与文化素质教育比较。

表 1　通识教育与文化素质教育比较

项目	通识教育	文化素质教育
目的一致	针对狭隘功利主义，过度专业化带来的知识破碎、视野狭窄、缺乏教养，强调经"通"而"识"，培养人格健全之人	针对过弱的文化熏陶、过窄的专业教育、过重的功力导向、过强的共性约束，强调培养全面发展之人
内容相似	人文、社会、自然科学三大知识领域的整合学习	理工科学生多学一些人文社科，文科学生多学一些自然科学
途径各具	通识（核心）课程系统深入	第二课堂蓬勃发展

一、中国高校开展素质教育/通识教育简史

中国高校开展通识教育的历史起点在哪里，不同学者对此有不同的观点。

---

* 本文发表于《高校教育管理》2016，10（1）。

如台湾大学黄俊杰教授等认为儒家、道家与法家诸子的教育观中即蕴含着通识教育思想[1]；武汉大学冯惠敏教授以清末民初为起点，梳理了中国现代大学通识教育的概况[2]。通识教育作为一个舶来概念，虽然与中国传统文化中的一些教育思想不谋而合，但从西方引入中国并进行系统实践先后有两次。

第一次实践是民国时期，通识教育（当时也称作通才教育）曾被蔡元培、梅贻琦、潘光旦、朱光潜等教育家引入中国的大学教育并进行实践[3]，提出了"培养学生之完全人格，体智德美四育和谐""通识为本、专识为末"等一些著名论断。20世纪50年代，中国高校全面学习苏联建立了专才教育培养模式，素质教育/通识教育几乎"销声匿迹"。

第二次实践始于1978年改革开放以后，通识教育开始再次出现在一些研究者和管理者的视野中。如1987年即有文章介绍香港中文大学的通识教育[4]，1988年杭州大学张维平的博士论文研究的就是《高等学校中的普通教育》，1989年杨东平教授出版了专著《通才教育论》[5]。在国际交往中，一些大学领导也开始接触到通识教育理念，如前华中师范大学校长章开沅在文章中谈到，1988—1990年多次参加国际教育会议及对外交流活动，感受到"通识教育与人文精神是当今世界各国有识之士关心的热点"[6]。20世纪末，海峡两岸和香港多次召开通识教育与文化素质教育研讨会[7]，使国内大学的管理者开始更多地接触和了解"通识教育"。这些无疑都促进了通识教育理念在中国的传播。

20世纪90年代，时任教育部副部长周远清、华中科技大学校长杨叔子院士等提出了富有中国特色的文化素质教育理念，在教育部的大力推动下，各高校轰轰烈烈地开展了文化素质教育活动。至此，自20世纪50年代开始由于过分强调专才教育而中断了近半个世纪的通识教育再次拉开帷幕，与中国的素质教育理念相辅相成，引发了高等教育深刻而全面的变革。鉴于中华人民共和国成立后对旧制教育的全面改造，民国时期教育的历史继承性和当今的影响力微弱，中国高校文化素质教育和素质教育/通识教育的发展历程应该从1995年算起，大致可以划分为三个阶段①。

（一）发起和推广阶段（1995—2000年）

这期间有三个重要文件：一是1995年7月，国家教委发出的《关于开展大学生文化素质教育试点工作的通知》，正式吹响了实施文化素质教育的号角。二是1998年，教育部《关于加强大学生文化素质教育的若干意见》，进一步明确了加强文化素质教育的重要性和紧迫性、途径与方式、师资队伍建设等具体问题。三是1999年召开的全国第三次教育工作会议，中共中央、国务院颁发了《关于深化教育改革全面推进素质教育的决定》，将素质教育推向高潮。

该时期产生了一批素质教育理论研究成果，探索了素质、素质教育与文化

---

① 关于阶段划分参阅：余东升. 高校文化素质教育研究 [M]. 北京：高等教育出版社，2009：34-62.

素质教育的内涵，知识、能力、素质三者之间的关系，文化素质教育的时代意义等[8]。素质教育实践活动蓬勃开展，各高校普遍成立了文化素质教育工作指导委员会，开展了大量丰富多彩的"第二课堂"活动，开设了文化素质教育选修课程。素质教育研究及实践交流活动繁荣，"素质教育""文化素质教育"从无人知道到家喻户晓，迅速在教育界乃至全社会引起强烈反响并得到普遍认同。1995年以来，先后两批设立了"大学生文化素质教育试点院校"157所，批准建立了93个"国家大学生文化素质教育基地"，大大推动了中国高校文化素质教育和通识教育实践的发展。

（二）改革与探索阶段（2000—2010年）

进入21世纪，文化素质教育开始"沉寂"，论文及研讨交流活动均大大减少。也许是人们关于文化素质教育的话语已经穷尽，也许是理论上的"应然"与实践中的"实然"难以统一，文化素质教育在2000年之后逐渐降温，与此同时，"通识教育"悄然出现并逐渐升温。此时的教育行政部门也缺乏及时指导和应对措施，各高校则试图从美国和我国香港、台湾地区的大学通识教育中借石攻玉，寻找新的出路，自发开始了五花八门的通识教育实践探索。如很多大学开设了"通识教育选修课"（有的称作文化素质教育选修课）；一些大学如清华大学、上海交通大学、武汉大学等提出本科教育实施"通识教育基础上的宽口径专业教育"人才培养模式；还有一些大学创办了通识教育人才培养模式改革实验班、通识教育学院，如北京大学元培学院、复旦大学复旦学院、浙江大学求是学院等。这些改革引起了很多关注，高校自发的通识教育交流与研讨活动增多。

伴随着文化素质教育理念在中国的大力提倡，通识教育的意义和重要性很快得到较高认同。作者2007年的一项调查表明，79.2%的教师认为"现在的大学教育应该更注重通识教育与专业教育的结合"。这一时期，通识教育与文化素质教育相辅相成，相伴发展。

（三）深化与提高阶段（2010年至今）

2010颁发的《国家中长期教育改革和发展规划纲要（2010—2020年）》首次把素质教育上升到了教育改革发展的战略主题的高度，指出："坚持以人为本、全面实施素质教育是中国教育改革发展的战略主题，是贯彻党的教育方针的时代要求，其核心是解决好培养什么人、怎样培养人的重大问题。"事实上，随着教育改革的不断深入，实施了一二十年的文化素质教育也开始由表层的繁荣进入深层的改革，开始触及人才培养模式和大学管理体制改革等深层次问题。在通识教育实践中，不论是局部的课程改革还是全方位的培养模式探索都显现出重重困难。如各高校普遍存在重科研轻教学、重专业轻通识现象，使得素质教育常常"说起来重要，做起来不重要"。北京大学、复旦大学等进行的通识教育人才培养模式探索则遇到了"双轨制"的冲突、转变专业教育模式的困难等[9]。大学师生对文化素质教育的评价也不乐观，作者所做的调查表明，认为"自1995年至今文化素质教育成效非常好"的师生只有4%，26%的师生认为"比较好"，43%评价"成效一般"，还有17%和10%的师生认为文化素质教育成效"不太好和不好"[10]11。究其原因则在于，我们的大学教育已经深深铭刻了专业教育的印记，通识教育的推进，从知识到课程、从教师到学生、从培养目标到管理制度，都要走"拓宽"之路，打破现有的体制局限[11]。高校人才培养模式改革开始进入深水区，文化素质教育的进一步深化和提高必然涉及本科教育理念、人才培养模式的综合改革，也终将引发大学组织结构、管理体制和运行机制等更深层次的变革。

2011年成立的中国高等教育学会大学素质教育研究会作为全国首个大学素质教育学术研究与交流组织，凝聚了一批热爱、关心、从事素质教育事业的仁人志士，对于深入开展素质教育重大理论和实践问题的研究探索，推动素质教育的深化和提高无疑具有重要意义[12]。再加上21世纪高等教育的内部和外部环境已经发生了很大变化，培养高素质创新人才的重任更为迫切，素质教育和通识教育需要从理论和实践两方面进行深入研究和积极探索。

二、中国高校素质教育/通识教育的实践路径分析

从1995年至今实施文化素质教育和通识教育20年来，的确引发了中国高等教育领域深刻而全面的变革，在促进高等学校教育教学改革、提高人才培养质量，促进大学文化建设、提升大学文化品位，促进大学生全面发展、培养德智体美全面发展的高素质人才等方面发挥了不可替代的重要作用。目前，各高校的素质教育/通识教育普遍形成了第一课堂的通识教育课程、第二课堂的素质教育活动、人才培养模式改革实验三大主要路径（表2），开展了丰富多样的实践探索。

表2 中国高校素质教育（通识教育）内容体系

路径1：正式的通识教育课程（公共基础课）	公共必修课	思想政治理论课、英语、计算机、体育、军训等；此外，理工类专业必修数学、物理、化学等自然科学课程，文科专业一般必修大学语文
		通识教育选修课一般开设几十门或数百门，划分为几大类，不同高校要求学生选修6~20学分不等
路径2：非正式课程（素质教育活动）	素质教育活动	课外讲座、读书活动、科技竞赛、文化艺术及体育活动、大学生社团……
	社会实践	志愿者服务、社会调查、暑期社会实践……
路径3：其他路径	通识教育人才培养模式改革 专业教育中渗透素质教育理念	

（一）通识教育课程建设

中国高校通识课程建设呈现出两个主要特点。一是通识选修课从无到有，从少到多，已经从注重增加数量发展到提升质量，开始进行系统设计、政策扶持、培育精品、提升品质和地位。一般而言，中国高校的本科课程主要由公共基础课、专业基础课、专业课三大部分组成，这是学习苏联建立的"专才"培养课程体系——"三层楼"课程结构。课程构建的思路是从培养一个专才所需要的专业知识和能力出发设计专业课程，根据专业课程需要设计学科基础课程和公共基础课程。学习公共基础和专业基础课程的目的都是更好地学习专业课程，使大学毕业生成为某个专业领域的专门人才。20世纪80年代开始，随着大学对过分狭窄的专业教育的纠正，各高校在本科培养方案中的"公共基础课"部分普遍增设了公共选修课，1995年开展文化素质教育以来，逐渐将其改造为文化素质教育选修课或通识教育选修课。如北京理工大学1986年即开设了5门全校任意选修课，目的是增加学生的学习自由度，加强人文社会科学教育；1999年更名为公共基础任选课，要求每个大学生修读6学分；2003年发展为通识教育选修课，内容涉及人文社会科学、自然科学、工程技术等领域，课程数量大大增加[10]68。

经过二十多年的发展，各高校普遍开设了从几十门到数百门数量不等的通识选修课（有的称作文化素质教育选修课）。多数高校采取了分布选修的方式，即将通识选修课程根据学科性质划分为几个模块，要求学生从不同领域中选修一定的学分。表3列举了5所高校的通识教育选修课程情况。

表3　中国5所大学的通识选修课程/学分

大学名称	通识选修课程/学分
北京大学	素质教育通选课，12学分，6个领域： 数学与自然科学类；社会科学类；哲学与心理学类；历史学类；语言、文学、艺术与美育类；社会可持续发展类
清华大学	文化素质教育课程体系，13学分，8个课组： 哲学与人生；历史与文化；语言与文学；艺术与审美；科技与社会；当代中国与世界；基础社会科学；数学与自然科学 包括2门文化素质教育核心课程和1~2学分的文化素质教育讲座课程
北京理工大学	五大类通识教育选修课，8学分： 哲学与历史类；文学与艺术类；健康与社会类；经济与政治；科学与技术

续表

大学名称	通识选修课程/学分
浙江大学	共修读17学分,包括: 通识核心课程:限选1门3学分; 通识选修课程6个课程组:文学与艺术;历史与文化;社会与经济;领导与沟通;科学与研究;技术与设计
上海交通大学	通识教育核心课程模块,21学分: 人文学科;社会科学;自然科学与工程技术;数学或逻辑学

注:相关数据由各校教务处或本科生院公布资料整理而成。

通识选修课程是中国高校自主设置的凸显通识教育理念和特色的课程。设立初期,由于缺乏深刻认识和有效管理等原因,通识选修课普遍存在着"内容杂、结构乱、质量差、地位低"的问题,难以有效发挥素质教育的作用。近几年,一些大学意识到了这一问题,开始加强了通识选修课的顶层设计和政策支持,有的在原有通选课的基础上重点建设一批"通识核心课程",有的将原有的通选课通过政策扶持改造为通识核心课程。一些高校还成立了通识课程委员会,聘请不同专业学者对通识课程进行总体设计和质量审核;采取多项措施如激励名师授课、配备助教、小班研讨、阅读经典等提升质量。这一系列举措使通识选修课程开始向"系统化、规范化、精品化、核心化"方向发展,课程质量和地位正在不断改善和提高。如清华大学文化素质教育基地2006年开始在八大课组的文化素质教育课程基础上启动了"文化素质核心课程"项目,采取名师授课、小班辅导、阅读经典、深度学习等教学形式,有专项建设经费支持,目前已有100多门核心课程。上海交通大学从2009年9月开始将原有的通选课改造为通识教育核心课程。学校成立了通识课程委员会和四个课程模块专家组对通识课程进行顶层设计,采取遴选立项、期满验收、定期复评、不断更新的方法进行建设,通过立项的核心课程每年每门给予2万元建设经费,等同于上海市精品课程。学校提倡小班教学,每班50人,且配备一名助教随堂听课,进行课外辅导及小班讨论等。

尽管如此,由于通识教育选修课所占本科课程总学分比重较低(4%~12%),与公共必修课和专业课相比不太受重视、地位偏低,因此仅靠通识选修课程很难实现素质教育/通识教育的理念和目标。

近几年随着人们对素质教育/通识教育内涵的深入理解,逐渐认识到所有公共基础课程均应发挥素质教育/通识教育作用,于是在通识课程建设方面呈现出第二个特点,即一些大学开始把公共必修课(包括思想政治课、外语、计算机、军体等)也看作通识教育课程,使通识必修和通识选修一起承担素质教育/通识教育使命。如浙江大学将本科课程体系划分为四个部分:通识课程、大类课程、专业课程、实践教学。其中,通识课程包括必修课(思政类、军体类、外语类、计算机类）和通识选修课、通识核心课等。但目前主要还是名称的改变，即将原来的全校公共基础必修课称作通识必修课，课程的实质——课程内容、价值取向、教学理念及方式方法还没有根本改变。

事实上，通识教育是美国高等教育的一大特色，因此中国高校在建设通识选修课时，大都借鉴美国经验。然而由于教育理念不同，中国和美国大学具有不同的本科课程体系和结构。在通识教育的育人理念下，美国大学强调在一二年级进行人文、社会、自然科学相融合的文理通识教育，之后才进行专业选择。因而，美国大学的本科课程结构一般为：通识课程+主修课程+自由选修课程。以北京大学和哈佛大学（表4）、北京理工大学和麻省理工学院为例（表5），我们发现，美国高校通识教育课程的分量和地位实际上是和中国高校公共必修课与通识选修课之和相当的。简单狭义地认为通识课程仅仅是"通识教育选修课"是有失偏颇的，中国高校的公共基础课部分均应视作通识教育课程[13]。

表4 北京大学与哈佛大学学士学位课程结构（2012）

北京大学	哈佛大学
总体要求：本科毕业需修满140学分，包括公共基础课（必修课、通识选修课）、大类平台课、专业课程	总体要求：本科毕业需修满32门课程，包括共同核心课程（通识教育）、主修课、自由选修课
公共必修课，32学分：大学英语4门、思想政治理论课4门、计算机基础2门、军事理论1门、体育2门	共同必修课3门：说明文写作1门、外语2门
素质教育通选课，6个领域：要求学生在不同领域共修读6门，12学分	通识教育课程，8个领域：学生必须在每个领域至少选修1门课程，至少修读9门
大类平台课程，至少27学分，其中非本院系课程至少14学分 专业课程：65学分（必修+选修） 毕业论文：6学分	主修专业：包括必修与选修15~20门 自由选修若干门：根据个人兴趣可以选修通识课、本专业主修课或其他专业主修课

注：相关数据根据北京大学教务部编《北京大学本科生教学手册（2009年版）》和哈佛大学通识教育课程网站资料整理而成。

仅从学分比例看，中国大学的公共基础课占总学分的比例与美国大学的通识课程比例相比并不低，差别主要在于课程类别的丰富性、内容构成的多样化以及教学理念与方式方法的不同。特别是思想政治理论课，是非常富有中国特色的通识必修课程，与美国大学的通识核心课程地位和分量相当，但如何提高课程品质、增强课堂吸引力、改善教学效果，是当前面临的最大挑战。中国高校的公共基础课在专才教育时期更注重发挥"打实专业基础"的作用，那么在强调素质教育的今天应该加强两大功能：一是打实基础，即除了为专业学习打实基础之外，还要培养一些核心能力，如独立思考与判断、有效表达与沟通、社会责任感、价值选择与判断等，为一生做人打实基础；二是拓宽视野，即要了解本专业之外的其他知识领域，目前各高校的通识选修课大都有此功能。

表5　北京理工大学与麻省理工学院学士学位课程结构（2012）

北京理工大学	麻省理工学院
总体要求：本科毕业需修满180学分，包括公共基础课（必修课、通识选修课）、大类平台课、专业课程	总体要求：本科毕业需修满40门课程，包括学院公共必修课（通识教育）和学系课程（专业课程）
公共必修课73.5学分：英语16分，思想政治理论课14分，军训2.5分，体育4分，计算机6分，数学17分，物理11分，化学3分	学院公共必修课16门，包括两部分：科学、数学和工程8门；微积分2门，力学1门，从六类课程（数学、物理、化学、计算与工程、生活科学、科研体验）中选择5门
五大类通识教育选修课：文学与艺术、历史与社会、哲学与人生、数学与科学素养、国防与科技前沿。要求学生选修4门课程8学分	人文、艺术、社会科学课程（HASS）8门：1~2年级学习写作技巧和沟通能力（CR），在人文、艺术、社会科学领域选修4门；3~4年级在某一个专题领域（HASS-C）选修3~4门，此外，学生可根据兴趣自由选修（HASS-E）1门 体育4门，8学分
大类基础课程：必修+选修，31.5学分 专业课程：必修+选修，26学分 实践教学与毕业设计：41学分	学系专业课程： 必修与限制选修15~20门 自由选修若干门，根据个人兴趣可以选修通识课、本专业主修课或其他专业主修课

注：相关数据根据北京理工大学和麻省理工学院官网资料整理而成。

（二）第二课堂活动

所谓第二课堂是指在教学计划之外，引导和组织学生开展的各种有意义、健康的课外活动，也可以称为隐性课程、潜在课程、非形式化课程。由于其相对易于操作，1995年开始的文化素质教育就是从第二课堂迅速启动的，各高校普遍从经费、人力、物力上予以支持，大大促进了第二课堂的繁荣与发展，从形式到内容和质量都得到了极大丰富、完善和提高，在营造大学文化氛围、陶冶大学生人文情操中功不可没。

第二课堂也是富有中国特色的素质教育/通识教育途径，一般由各大学的学生工作系统如学生工作处、团委、文化素质教育基地等组织进行。主要形式有课外讲座、文化体育活动、读书活动、社团活动、科技竞赛以及社会实践、人文环境建设等。经过一二十年的经营,第二课堂已经走向系列化、高水平、特色化,很多大学都形成了自己的特色品牌活动,成为一道道亮丽的风景线。

在课外讲座方面,如华中科技大学1994年开创的"人文讲座"曾在高校引起巨大反响,至2008年已举办1 400余场,根据讲座内容整理出版的《中国大学人文启示录》传播广泛。北京理工大学学生事务部门创立的"聆听智慧""共青讲堂""名家讲坛"三个品牌系列讲座,分别从理想信念教育(高深)、综合素质提升(宽广)、科研思维能力培养(精专)等不同角度激励和引导学生,让他们领略大家风范、品味思想精粹、提升人文素养、扩展人生格局。清华大学文化素质教育基地主办的"新人文讲座",北京大学的"中华文明之光""世纪大讲堂",哈尔滨工业大学的"201讲坛",东南大学的"华英文化系列讲座"……[14],几乎每个大学及院系都有自己的品牌活动。

"高雅艺术进校园"也曾如春风般吹遍校园,使各大学的文化艺术活动、艺术节、大学生艺术团等如雨后春笋般迅速成长。全国大学生艺术展演活动"五月的鲜花"就是由文化素质教育打造的一个著名品牌。在文化素质教育思想的引领下,大学生科技活动也得到了提升,"大学生挑战杯课外科技竞赛"成了一个颇富影响力的全国品牌。

但是第二课堂的不足之处在于随机性大、随意性强,如何保证学生的参与度和覆盖面,建立可持续发展机制,保障课外活动的质量等,是第二课堂面临的最大挑战。为此,一些大学也在探索第一课堂和第二课堂相结合的路径。如哈尔滨工程大学文化素质教育基地采取了第二课堂学分化等政策,将他们创办的"启航讲坛"纳入学分计算,保证每个大学生都能参与其中。学校每年邀请文学、历史、哲学、艺术和自然科学等多个领域的专家学者进行系列讲座,目的在于丰富大学生文化生活,开阔学术视野,提升审美情趣,养成健全人格①。

(三)人才培养模式改革

实施素质教育/通识教育,表面看是开设一些通识课程、增加一些通识教育内容,实际上是涉及教育理念和人才培养模式的深刻变革,也必将触及大学的管理体制乃至组织制度变革。目前,一些大学提出了本科教育实施"通识教育基础上的专业教育"培养模式,主要有以下一些改革路径。

一是成立"通识教育人才培养模式"改革实验班,如北京大学元培学院、北京理工大学徐特立学院、中山大学博雅学院、宁波大学阳明实验班等。这些学院每年仅招收几十名大学生,但大都设计了较为完善、系统的素质教育/通识教育制度,如一二年级加强通识教育,之后进行专业分流,自由选择专业、实行导师制等,对本科四年进行全程管理教育。

---

① 哈尔滨工程大学大学生文化素质教育基地主办的2009年、2010年《文化素质教育通讯》。

二是成立通识教育学院或书院式的住宿学院，力图通过组织变革加强全校的通识教育。其主要有如下特点：负责全校一年级或一、二年级本科生的教育教学管理，之后学生进入各专业学院学习；高考入学后按学科大类进行培养和管理，打下坚实宽厚基础，为二年级的专业分流工作做好准备；改革大学生住宿管理，充分发挥宿舍的育人功能。如浙江大学求是学院专门负责全校一年级新生及专业确认前学生的通识教育培养，本科生在二年级主修专业确认之后，回到各专业学院学习。西安交通大学实行了书院制的学生管理体制，将全校所有本科生从专业学院剥离出来，划分为八个书院进行统一管理，使宿舍成为育人场所，宿舍采取不同专业的学生组合住宿，加强跨专业的交流。

由于组织变革带来的职能和利益调整，各高校的通识教育学院与专业学院之间存在一定的张力和冲突，使得一些学校的改革时进时退。

三、素质教育/通识教育面临的困境与出路

中国高校的素质教育/通识教育目前依然面临着转变教育理念、改革教育教学观念的困难，也遭遇到来自管理体制改革、组织制度变革的阻力。通识教育要想走出困境，还要深刻理解通识教育内涵，正确认识通识教育在大学中的定性与定位，正确处理通识教育与专业教育的关系。

通识教育是一个内涵丰富、多层面、历史和地域的概念。结合中国国情，我们应从三个层面进行理解（图1）。通识教育首先是一种教育理念，针对过分专业化带来的知识割裂、视野局限、思维偏狭、追逐功利等弊端，强调培养"健全的人"。在理念层面，我们应该用通识理念统领本科教育，致力于培养健全之人，而不是处于附属专业教育的地位，当作专业教育的基础、补充、纠正；应该着眼于培养健全之人的目标，构建教育内容和课程体系，改革教学方式方法，而不仅仅是把"通识"停留在使学生拓宽知识、开阔视野层面，为他们进一步学习专业打下更好的基础上。毫无疑问，通识教育可以促进专业学习，但通识理念更应该引领专业教育，引导大学生的全面成长和发展。其次，

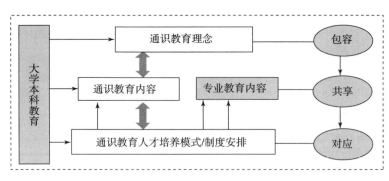

图1 通识教育的三个层面关系

通识教育也常指一部分教育内容，即指通识教育内容（课程），主要是通过人文、社会、自然科学三大知识领域的整合学习，拓宽视野，健全思维方式，避免过分专业化及知识面狭窄导致的视野局限、思维偏狭。在内容层面，通识教育和专业教育共存于一所大学，并不是非此即彼、互相排斥。最后，通识教育还是一种人才培养模式，这里的模式不是指统一样式和标准，而是强调建立相关制度，保障通识教育目标实现，制度化为一种通识教育的人才培养模式。在模式层面，通识教育则是与专才教育（专业教育）相对应的一种人才培养模式，需要从教育思想到专业设置，从教学内容、教学方法到教学制度等做出相应的制度改革。

从这三个层面理解通识教育的内涵，既可以上升到教育理念的高度把握其本质，又充分认识其作为人才培养模式的复杂性与多样性，还能从内容层面入手推动通识教育实践。事实上，缺乏理念的通识是肤浅的，缺乏内容的通识是空洞的，缺乏制度保障的通识是短暂的。

最终，要从根本上提高通识教育的地位和品质。在理念层面，高校要转变社会本位论的教育目的观，建立个体本位论的教育目的观，从注重"造才"到注重"育人"，从注重"教"到注重"学"，真正做到以人为本，以学生为中心。在内容层面，要在素质教育和通识教育理念下，思考"什么知识最有价值"，改变专才教育的课程体系，重新规划大学四年的课程体系、改革教学方式方法，平衡通识教育和专业教育。在制度设计方面，要打破专才（专业）教育一统天下的局面，通过大学组织结构、管理机制调整，建立大学教育的新范式。

参考文献

[1] 黄俊杰. 大学通识教育的理念与实践 [M]. 台北：台湾通识教育学会，1993：47.

[2] 冯惠敏. 中国现代大学通识教育 [M]. 武汉：武汉大学出版社，2004：7.

[3] 杨东平. 大学精神 [M]. 沈阳：辽海出版社，2000：225.

[4] 陈卫平，刘梅龄. 香港中文大学的通识教育及启示 [J]. 高等教育研究，1987（2）：74-78.

[5] 杨东平. 通才教育论 [M]. 沈阳：辽宁教育出版社，1989：11.

[6] 章开沅. 通识教育与人文精神 [J]. 高等教育研究，1995（2）：1-3.

[7] 胡显章. 走出半人时代——海峡两岸和香港学者谈通识教育与文化素质教育 [M]. 北京：高等教育出版社，2002：507.

[8] 周远清，阎志坚. 论文化素质教育 [M]. 北京：高等教育出版社，2004：238.

[9] 陈向明. 大学本科通识教育实践研究 [J]. 大学研究与评价，2008（4）：81-88.

[10] 庞海芍. 通识教育: 困境与希望 [M]. 北京: 北京理工大学出版社, 2009: 11, 68.

[11] 王生洪. 追求大学教育的本然价值——复旦大学通识教育的实践与探索 [J]. 复旦教育论坛, 2006 (5): 5-10.

[12] 郭大成, 庞海芍. 素质教育与大学使命 [M]. 北京: 北京理工大学出版社, 2013: 10.

[13] 庞海芍. 通识教育内涵解读 [J]. 北京大学教育评论, 2010, 8 (12): 125-135.

[14] 余东升. 高等学校文化素质教育研究 [M]. 北京: 高等教育出版社, 2009: 122.

关于文化素质教育与通识教育的辩证思考*

曹 莉

自 1995 年国家教委在部分高校进行"文化素质教育"试点工作以来,大学文化素质教育已经走过近十二年的风雨历程,并为转型中的中国高等教育和素质教育做出了特殊贡献。总结高校开展文化素质教育的经验,重温我国高等教育的历史与现实,探索文化素质教育的理想模式,对开创我国文化素质教育的新局面,寻求适合中国国情的高等教育人才培养方略都具有重大的理论意义和实践意义。在知识经济全球化、文化多元化的总体格局中,仍然广泛而持久地存在着西方文化霸权与本土文化的冲突,存在着市场经济、技术至上、功利主义对大学人文(通识)教育的干扰和冲击,研究型大学特别是高水平的研究型大学,更需要认真思考和精心规划如何在高等教育大众化中保持精英教育的水准,进一步提升文化素质教育的育人理念,认真探索和全面检讨"在通识教育基础上的宽口径专业教育"的实质内涵和实施方案,并根据综合性、研究型大学的发展方向开拓创新,努力提高大学教育的育人质量和育人效果。本文在扼要回顾我国高校开展文化素质教育十多年历程的基础上,分析通识教育在文化素质教育中的地位和作用,提出在通识教育中贯彻文化素质教育理念,在文化素质教育的基础平台上实施通识教育,从而进一步充实和完善文化素质教育的内容和内涵,使其在中国大学教育中深深扎根。

一、文化素质教育的由来和发展

1995 年启动的文化素质教育既是一个教育理念又是一场教育实践;是"德智体美全面发展"教育方针在新时期的继承和发展,是新时代中国教育家对中国大学育人理念的理论创新和伟大实践,无论在理论层面还是在实践层面,文化素质教育都应该成为中国高等教育发展历史上的一个里程碑。而相对于国外和我国港台地区的"通识教育"(general education)概念,"文化素质教育"在特定的语境和意义上可以被看作是中国高等教育在新的历史发展时期的创新之

---

* 本文首次发表于《清华大学教育研究》2007 年第 2 期,《新华文摘》2007 年第 16 期转载。

举和"通识教育"在当代中国高等教育中的民族化和本土化。

由于1952年院系调整和效仿苏联专才教育模式,中国大陆本科教育曾一度以专才教育为主导,而以人文教育为核心、全人教育为宗旨的通识教育受到普遍忽视。这虽然有其历史必然性和社会合理性,却给整个高等教育,甚至社会风气和时代价值取向带来了偏失和问题。部门办学,学科分隔,重理轻文,专业先行、技术至上,科学主义等现象和观点一度造成知识的盲点、认识上的误区、价值观的错位,甚至理想的危机。① 针对我国高等教育过分强调专才教育,忽视大学生综合素质教育的现实状况,高等教育界在20世纪90年代加入了始于中小学的关于素质教育的大讨论,人才培养理念从重视人才的专业知识向重视人才的综合素质和能力的方向转型。从面向21世纪国家、社会和自然的可持续发展的战略高度出发,政府出台了加强素质教育的文件和规划。1993年,中共中央、国务院颁布《中国教育改革和发展纲要》,明确提出"发展教育事业,提高全民素质";1995年9月,在国家教委的指导和推动下,全国大学文化素质教育协作组会议在华中理工大学(现改为华中科技大学)召开,时任国家教委高教司司长的周远清代表教育部作了《加强文化素质教育,提高高等教育质量》的讲话,他开宗明义地提出,"提高大学生文化素质教育是我们这几年面向21世纪教学改革的重要思考,也是一个重要的探索"[1]。由此揭开了在全国高校开展文化素质教育的序幕。1998年教育部印发了《关于加强大学生文化素质教育的若干意见》,明确了文化素质教育的基本内涵:"大学生的基本素质包括思想道德素质、文化素质、专业素质和身体心理素质,其中文化素质是基础。我们所进行的加强文化素质教育工作,重点指人文素质教育"。同年,教育部成立了高等学校文化素质教育指导委员会,并于次年年初在试点的基础上批准清华大学、北京大学等53所院校成立了32个(含合建)"国家大学生文化素质教育基地",将中国高校的文化素质教育推向了一个新台阶。1999年全国教育工作会议召开,中共中央、国务院颁布《关于深化教育改革,全面推进素质教育的决定》,将素质教育提到国家战略发展的新高度。2004年教育部颁发《2003—2007教育振兴行动计划》,再次强调"全面贯彻党的教育方针,以培养德智体美等方面发展的一代新人为根本宗旨,以培养学生的创新精神和实践能力为重点,继续全面实施素质教育"[2];2005年在清华大学召开了"纪念文化素质教育开展十周年暨高等学校第四次文化素质教育工作会议",周济部长到会讲话,提出"要全面贯彻党的教育方针,切实推行素质教育;要抓住机会,乘势而上,开创高等学校文化素质教育的新局面"。2006年6月,在中国科学院第十三次院士大会、中国工程院第八次院士大会上,胡锦涛主席在开幕

---

① 中国科学院杨叔子院士将高等教育存在的弊端概括为"五重五轻",即"重理工,轻人文;重专业,轻基础;重书本,轻实践;重共性,轻个性;重功利,轻素质"。杨叔子. 人文教育现代大学之基——关于大学人文教育之我感与陋见[J]. 职业技术教育, 2001, (10): 7.

式的讲话中再次强调,"继续深化教育改革,加强素质教育,努力建设有利于创新型科技人才生成的教育培养体系"。

改革开放后,特别是20世纪90年代中期教育部提出面向21世纪教学内容和课程体系改革的计划后,文化素质教育被正式提上高校人才培养系统工程的议事日程。经过十多年的努力,文化素质教育理念已初步深入中国各高等学校的人才培养方略中。随着文化素质教育的逐步开展,相关的理论成果也相继问世,其中较有影响和代表性的论著有《论文化素质教育》《文化素质教育论坛》《人文教育与科学教育的融合》《素质教育——南京大学的思考与实践》等。一批高质量的人文教育和文化素质教育的教材和辅助读物也相继出版,如《大学人文教程》《故乡回归之路:大学人文科学教程》及"大学生文化素质教育书系"《中国大学人文启思录》《清华大学文化素质教育丛书》等。① 一批关于通识教育的研究成果也相继问世,如《通识教育:一种大学教育观》《后工业时代的通识教育实践——以北京大学和香港中文大学为例》《大学理念与通识教育》《大学通识教育课程论稿》等。与此同时,一批有关大学理念和全人教育的国外专著也被迅速引进和翻译,如东京大学小林康夫和三本泰的《教养学导读》中译本已于2005年出版;纽曼的《大学的理念》有两个中译本出版;闻名世界的全面阐述哈佛大学通识教育的红皮书《自由社会中的通识教育》也即将出版。这些成果都从不同的时代和社会背景出发探讨了大学之道和大学之用、求真与务实、"制器"与"育人"、专业教育和通识教育、专业成才和精神成人之间的关系,对高等教育中普遍存在的人才综合素质培养问题提出了意见及解决问题的模式和方法。应该说,十年来中国高校开展文化素质教育的理论研究已经取得了令人瞩目的成就,它促使高等教育界就大学培养高素质的"全人"目标达成了一定共识,并有力推动了以人的全面发展为旨归的通识教育在中国高等教育的发生和发展。

21世纪初人们注意到,在各高校开展文化素质教育的同时,"通识教育"的理念与实践逐步浮出历史地表,引起越来越多的大学和高等教育工作者的关注与认同。许多重点大学都在本科培养方案中,用"通识教育基础上的宽口径专业教育"来定位和规划大学本科教育,并将通识教育作为本科教育改革的重要指标;相当一批重点大学还成立了本科学院(即本科文理学院),如复旦学院(复旦大学)、匡亚明学院(南京大学)、竺可桢学院(浙江大

---

① "清华大学文化素质教育丛书"已出版的有《中国哲学精神》《西方哲学精神》《众妙之门:中国文化名著导读》《昨夜星辰:中国古典诗歌品鉴》《咫尺千里:明清小说研究》《万里一月:中国古代散文史》《文物精品与文化中国》《西方文学:心灵的历史》《永远的乌托邦:西方文学名著导读》《探骊寻珠:二十世纪外国文学名著导读》等;"清华大学新人文丛书"已经出版和将要出版的有《科学家的不正当行为——捏造、篡改、抄袭》等;"清华大学新人文演讲集"即将出版的有《大学理念与人文精神》《卷书,行万里路》《文明的对话与梦想》等。

学),以从机构和制度上进一步保证通识教育在本科教育中的基础和主导地位。上述本科学院的成立,标志着我国高等教育特别是名牌大学的高等教育,在高等教育大众化的潮流中,为保持精英水准在通识教育的道路上迈出了新的步伐,它为全面推行和实施文理兼顾的通识教育提供了制度保证,虽然其具体实施模式还有待观察和研究,实际效果更是有待时日和实践的检验,但育人理念上突出了培养全面发展的人的教育思想,这与文化素质教育所倡导的"素质教育的核心就是人的全面发展"[3],"是以培养和提高人才的人文素质和科学素养为根本目的人文教育和科学教育"的教育理念是一致的。[4]然而,通识教育与文化素质教育到底是什么关系,互相之间将会产生什么样的互动和影响,两者在理论和实践层面有哪些有机联系和异同,它们在中国大学育人工程中具有什么样的功能与定位,是深入开展文化素质教育和通识教育需要弄清和回答的问题。

二、通识教育在文化素质教育中的地位和作用

2005年10月,在清华大学召开纪念全国高校开展文化素质教育十周年工作会议,教育部原副部长、文化素质教育的主要发起人之一、现任高等教育研究会会长的周远清在大会发言中指出:"我们所说的文化素质教育,不等同于西方国家的'通识教育'。应该说,作为教育思想和理念,素质教育与'通识教育'有着重要的区别。素质教育重点在'素质'二字。对于这一点,希望大家进一步研究和思考。"① 周远清提出的问题直接关系到文化素质教育在中国大学的进一步深入和扎根,关系到如何正确分析和理解目前我国高校中同时并行的文化素质教育和通识教育的异同和联系,并在二者中找准切合点,将二者共同推向前进。

关于文化素质教育与通识教育的异同,一般有两种意见。一种意见认为,

---

① 周远清主要指出我国的文化素质教育与西方的通识教育有重要的区别。笔者认为,我国自己的通识教育的资源应该得到应有的重视。实际上,以"全人教育"为核心的通识教育并非西方独有,它在我国也有着悠久的传统,《大学》开宗明义地指出:"大学之道,在明明德,在亲民,在止于至善。"大学应培养德才兼备、有理想、有责任心、有才干的报效国家、服务于民的高素质人才。梅贻琦在《大学一解》中精辟指出:"窃以为大学期内,通专虽应兼顾,而重心所寄,应在通而不在专……通识之用,不止润身而已,亦所以自通于人也,信如此论,则通识为本,而专识为末,社会所需要者,通才为大,而专家次之,以无通才为基础之专家临民,其结果不为新民,而为扰民。"胡显章指出:"他还特别指出工科教育在适度技术化之外,要取得充分的社会化与人文化,此为工业化的最核心的问题,在当时的情形下,提出这样的育人理念,可谓高屋建瓴,切中时弊,老清华人才辈出的一个重要原因概在于此。"(胡显章.努力以科学的大学理念推进文化素质教育[N].新清华,2005-10-20(1).)蔡元培先生认为:"在人才培养上,大学无不以培养通识博学,具有高度教养和全面发展的通才,具有较为完满的人格追求,以别于专门教育造就的狭窄单薄的技术专才。"还有张伯苓、竺可桢、周谷城等教育家都提倡和推行过通识教育,为中国现代大学的发展做出了突出贡献。

如果通识教育的核心是人的均衡发展，那么这种通识教育的精神实质就相当于我国的"全面发展教育"或"文化素质教育"，它与马克思、恩格斯的"人的自由全面发展"观在本质上是相通的。另一种意见认为通识教育不能代替文化素质教育，因为通识教育强调的是知识的获得和吸取，而素质教育强调的是知识的提升和内化。素质教育和通识教育的区别主要是在知识和素质的差异上。那么，什么是素质呢？周远清认为"素质是在人的先天生理基础上、经过后天教育和社会环境的影响，由知识内化而形成的相对稳定的心理品质"。[5]素质教育不单纯是知识的传授和吸取，它更是一种将知识升华和转化为内在品质和外在能力与气质的教育。通识教育并不简单就是一般的知识教育（这在中西方的通识教育实践中都可以找到显例）①，它的特点正在于"通"字——通识教育强调文理会通和古今中外会通；而知识和素质的差别，不应该导致通识教育和文化素质教育的对立，二者可以和而不同，相互促进。原因有三。第一，知识与素质固然不同，但较全面知识的深度学习和自主掌握是文化素质教育得以实现的前提。很难设想一个没有文化知识的人，或者一个文化知识不健全、不扎实的人会有较高的素质。第二，当我们断言通识教育与文化素质教育有本质区别的时候，尤其是在课程设计和课堂教学的层面，我们应该首先弄清楚这里说的通识教育是什么样的通识教育。"如果从'知识—能力—素养'的统一来理解和要求通识教育"，那么，通识教育与文化素质教育是否"就可找到本质意义上的共同点"？[6]第三，文化素质教育强调人的全面发展，强调素质的综合提高，正是此教育目标使文化素质教育与通识教育的结合成为必须和可能，因为实行素质教育的重要途径之一就是对全体学生进行文理通识教育，并以此为渠道奠定全体学生的共同的人文、科学和精神价值基础。文化素质教育走到今天，在课堂教学、校园文化以及社会实践这三个主要实施渠道中，课堂教学是最薄弱的环节和难题，而贯彻文化素质育人理念的通识教育课程将会为文化素质教育提供更加广阔和坚实的平台。由于对文化素质教育缺少深刻的认识，以及制度管理层面和激励措施上的不健全、不完善，人们对以文化素质教育冠名的选修课程另眼相看，如果我们能从制度和规划管理上通过纲目明晰、目标明确、定位准确、方法到位的通识教育课程将文化素质教育牢牢地置于人才培养的基础性地位，增加投入，从严设计、从严要求，文化素质教育课程的"营养卫生课"声誉就有可能得到根本性的扭转，通识教育课程和文化素质教育理念

---

① 美国高等院校协会（The Association of American Colleges and Universities）最近给通识教育下的定义是："一种促进个人发展、开发智力、培养社会责任心的教育哲学，这种以接受重要问题的挑战、视学习方法高于具体学习内容为特点的教育可以在所有类型的大学或学院里发生。"以美国一流研究型大学如哥伦比亚等大学为例，通识教育一般以文理通识为基础，以人文教育为核心，以开发智性和能力、培养探究新知识的兴趣和敏锐的、联系的思维习惯为目的，重视西方文明教育、爱国主义教育和道德责任教育。

就能够相得益彰,双双获得新的活力和持久的生命力。

因此培养全面发展的人的关键在于其培养计划的内涵和实施方法以及背后的育人理念。如果文化素质教育的根本宗旨是把大学生培养成为既有高尚人格又有公共关怀、既有人文精神又有科学素养、既有知识能力又有综合素质、通识与专业协调发展的高素质人才,我们就可以有根据地设想,如果没有素质教育的指导思想和根本宗旨,通识教育就可能流于知识的堆砌和课程、课组的设立与学科归类等外在形式;而如果没有扎实有效的通识教育课程作为实施文化素质教育的实质性支撑,文化素质教育的深化也有可能成为一句口号而得不到实实在在的落实。在专才教育意识仍然顽固,功利主义大行其道,学而致用甚于学而致知的当下社会里,通识教育和文化素质教育遇到的是共同的难题和阻力,而最大的难题正是课程的科学规划和有效组织,这就更加要求文化素质教育工作者除了坚定的信念外,还应该有高远的眼光和海纳百川的胸怀和精神,高瞻远瞩、积极开明地借鉴其他一切先进、合理、有益、有用的思想和做法。这里包括国内、国外通识教育和素质教育的成功经验与合理内核,将文化素质教育有重心、有内容地推向一个新高度,使它成为更加广为接受的中国特色的大学育人理念和实施策略。另外,我们需要进一步提升对文化素质教育和通识教育的共识。时至今日,文化素质教育的意义和影响已经超出当初对文理分割的专业教育的纠偏意义。以文化素质教育为切入点,以文理通识教育为共同文化和知识基础的大学本科教育将担负起传承人类和民族优秀文化,培养创新意识和能力,构建共同知识基础和价值体系,提高文化自信和文化自觉的历史责任和使命,它不仅影响到高校教学质量和学科、学术水平的提升,而且将重塑中国大学生的精神人格,从而为中华民族和文化的伟大复兴造就具有良好品性和优良素质的高级人才发挥基础性的育人作用。甘阳甚至将我国通识教育的成败与中华文明的未来联系在一起:"如果中国要在21世纪成为一个真正的'文明大国',那么能否建立起质量可与美国大学相比的通识教育体系,可以说是最基本的衡量标准所在。因为这涉及今后中国大学培养出来的中国的干部、教师、商人、律师等究竟具备什么样的文化底蕴和人文素质修养。"他因此主张中国大学的人文教育要中西并举,通过复兴人文教育,使广大青年学生深入了解人类的永恒性和本民族的特殊性,从而成为一个具有高度文化自觉和文明自信的有教养的中国人。[7]

三、实施文化素质教育和通识教育的问题与难点

目前,各校根据自身的实际情况和在中国高等教育中的定位,创造性地规划和开展文化素质教育,初步形成了集课堂教学、校园文化以及社会实践为一体的文化素质教育实施体系,一定程度上唤起了师生的"全人"成长意识和科学人文缺一不可的培养理念,在"改善当代大学生的知识结构""提高艺术情操"等方面做了有益的尝试。但这并不意味着理念层面的问题已经完全解

决——无论我们愿不愿意承认,研究型大学本科阶段的基础性质有待进一步明确,专才和单纯职业倾向依然严重,高等教育的价值观尚未由片面的社会本位回归到促进个人发展和促进社会发展相结合的和谐发展境地,"大学之道"和"大学之用"的分界和联系尚待进一步厘清,大学之所以成为大学的本质与定位,特别是高水平研究型大学的本质与定位在人们的思想认识中还存在着差异。正是由于理念上没有达到高度共识,文化素质教育和通识教育的有效实施面临着两大问题和难点。第一,普遍存在的影响因素和体制性障碍使文化素质教育和通识教育长期处在"犹抱琵琶半遮面"的忸怩状态和尴尬境地,正如金耀基所说,"我们不难发现通识教育在当代大学教育中正出现一种矛盾与困境,一方面在理念上,通识教育的重要性被不断地肯定,另一方面在实行中,通识教育的重要性又不断地被淡化,甚至忽视"。[8]第二,由于认识上仍有差距,贯彻文化素质教育理念的通识课程设计和有效实施亟待改进,这主要表现在课程体系还缺乏文化素质通识教育所应有的基础性、系统性、人文性、综合性、主体性和深刻性。缺乏基础性主要表现在,以文化素质教育为目标的通识课程相当一部分虽以全校通选课的面貌出现,但没有刚性规定,教学管理部门(校、院系两级)虽然从形式上将此类课程归入基础类课程,但在教学和考核要求上远没有专业基础课严格。系统性欠缺主要表现在:课程设置缺少必要的计划性和应有的教学重点,自发自为的较多,有理念、有计划地设计和规定的课程特别是跨学科、跨专业的综合性课程较少;学生选课缺乏必要的指导,往往避重就轻,凭兴趣、凭感觉选课。人文性不够主要表现在通识课有相当一部分是外语、计算机、法律经管等技术类实用性或技能性课程,人文课程大打折扣,即便有文史哲艺等人文艺术课程,相当一部分仍然是概论性、欣赏性,甚至娱乐性课程,缺少深度,学生上课是为了轻轻松松听故事或单纯增加一点人文知识修养,缺乏必要的阅读、深入的研讨和独立的思考。① 主体性问题则主要表现在学生和教师对待文化素质课的态度:相当一部分师生对以"通识课"特别是"文化素质教育课"冠名的课程缺乏应有的理解和认识,部分开课院系往往不把对全校通选课的精心设置和人、财、物资源的合理配备列入本单位教学工作的重要议事日程;重研究、轻教学,特别是本科生的基础教学,应付和交差意识普遍存在;真正愿意投入本科教学通识环节且个人的科学人文素养较高的教师不多,由于缺乏兴趣和热情,部分课程设置和授课方式缺少通识教育和素质

---

① 1998年教育部在《关于加强大学生文化素质教育的若干意见》中明确指出:"大学生的基本素质包括思想道德素质、文化素质、专业素质和身体心理素质,其中文化素质是基础。我们所进行的加强文化素质教育工作,重点指人文素质教育。"在通识教育做得比较成功的哈佛、哥伦比亚、芝加哥、斯坦福、耶鲁等美国一流大学,通识教育的中心内容与我国文化素质教育强调的这一基本内涵大致相同,并且其人文教育的目标是通过建立起一整套专门设计的课程来实现的,在教学内容、教学方法和课程考核等方面,其深度和高度都不亚于专业课的要求。

教育应有的理念和方法；不少学生视通识课为锦上添花、可有可无、混学分、凑学分的点缀课程。这与台湾前几年通识教育的情况有些相似。① 台湾"清华大学"原校长沈君山曾经指出："通识教育最重要的是实践，不能只是理论。在台湾，实践通识教育远比理论通识教育困难。这些实践的困难包括①没有人愿意去管。②没有教授愿意去教。③没有学生愿意肯花精神去听。"[9] 至于综合性和深刻性，则差距更大：相当一部分课程内容陈旧浅显，停留在粗线条的概论梳理和原理介绍，浅尝辄止，教而不化，不太注意课程内容与社会、自然和人的发展之间的内在联系和外部张力，有意识地鼓励学生做出主动的价值选择和独立判断的尝试和努力还不够；教学形式亦不够理想，大多采取大班上课满堂灌的方式，缺少必要的师生交流、小班讨论和严格考核；学习层面上应有的批判性思维，特别是批判性阅读和写作更是有待填补和加强。以上问题直接影响到文化素质通识课程的声誉、质量、吸引力和实际效果，如果不花大力气进行整合、设计并形成可操作的实施方案，文化素质通识教育的目标是很难实现的。②

在今天这样一个社会急剧变化，理想主义缺失、人文精神匮乏的时代，在功利主义、拜金主义、机会主义、急功近利、技术至上的思潮步步紧逼的情形下，面对就业的压力和财富的威力，通识教育和文化素质教育面临着共同的难题，其课程计划往往会被看作是不能马上立竿见影的长线计划而受到专业教育或专才教育课程计划的排挤，教学制度和评估制度的不完善又进一步增加了通识教育和文化素质教育的难度。[10] 一旦课程设置要求不明、安排不妥、定位定性不准、管理不力、投入不足、指导不够、评估不当，结果就会事与愿违，就会导致学生和教师在各类课程负担都很重的情况下不能够合理地分配精力和主动承担课程，于是通识课程成为负担，结果是通识教育没有做好，专业教育也受影响和冲击。这是我们不希望看到的尴尬与无奈。因此，如果具有纠偏意义和在"全人教育"的理念指导下以全面提高人文素养和科学素质为基本出发点的通识教育被看作是实施文化素质教育的基础和途径，剩下的事情就是如何将

---

① 如台湾教育部门医教会主任委员黄昆岩先生所说："台湾的通识教育成功与否的那一天，就是当学生没有将通识教育当作营养学分的那一天。"台湾大学"大学通识教育理念与实践研讨会"实录（一）：对通识教育的看法 [EB/OL]. http：//www.fdcollege.fudan.edu.cn.

② 这些操作层面上的问题在人文基础学科表现得更为突出，而人文教育恰恰又是文化素质教育的重点，造成这种本不该有的尴尬的另一个原因是普遍存在着人文基础学科等其他软科学的院系和教师能够得到的教学科研资源和配套支持往往低于理工科和社会科学应用学科的院系和教师。为了逐步改变这一状况，使以人文教育为重心的文化素质教育在教学主渠道中得到进一步的落实，从而切实推进文化素质教育与"通识教育基础上的宽口径专业教育"的有机切合，清华大学拟从2006—2007秋季学期始在文化素质教育类课程中重点支持并先行实施人文教育核心课程计划，目前正在规划和建设20门有关文学、历史、哲学、艺术、当代中国与世界等知识领域的人文教育核心课程，以期进一步构建全体本科生的共同人文基础，并探索出一条通过课堂教学来深化文化素质教育的理想可行之路，效果如何，还有待实践的检验。

以文化素质教育为宗旨的文理通识课程向精致化、规范化、深度化的方向发展，这方面英美和我国港台地区通识教育的经验和做法值得我们参考和借鉴。

四、英美和我国港台地区通识教育对我们的启示

在设置文化素质教育通识课程时，我国内地绝大部分大学都采用了根据学科分类进行课组设定的方式来组织课程，但是若干课组建立之后，怎样在人力和物力资源包括学分、学时有限的情况下突出重点、纲目分明，避免只重形式、不重内容和方法的形式主义通识教育，是特别需要加以重视和考虑的。也就是说，课程的科学设计和有效实施以及具体的课堂教学如何跟上通识教育和素质教育的特定要求，是目前面临的最大问题。众所周知，西方的通识教育从亚里士多德的"自由人教育"（liberal education for free men），经由纽曼所倡导的"博雅教育"（liberal education），发展到受马修·阿诺德影响而推行的现代大学"通识教育"（general education），经历了漫长的历程，其内涵和外延都随着时代和社会的变化而变化。以美国为例，从19世纪初叶耶鲁大学提倡自由教育开始，经由哈佛大学的选修制、集中与分配制，哥伦比亚大学的西方文明课程，芝加哥大学的经典名著课程计划，到哈佛的通识教育计划、核心课程计划，直至今天哈佛在花了三年多的时间全面检讨本科教育的基础上，拟提出的哈佛学院课程计划，都无不在向我们说明这样一个事实：没有一成不变、永恒固定的通识教育模式。但这并不是说通识教育没有连贯性和共同性，恰恰相反，现代研究型大学的性质和定位决定它具有不同于普通职业学校的育人标准与目的——培养全面发展的人。而实现这一办学目标的重要途径之一就是为全体学生提供一个共同的文理基础，特别是一个共同的人文知识基础，这也就是为什么通识教育在英文里既被称作"general education"，也被称作"liberal education"，可见"liberal arts"的教育传统渗入其中。也正由于西方通识教育强调人文教育，其课程设置中的核心内容之一便是全人类文明经典（包括东西方和南北半球）的深入学习，因为这些伟大经典试图提出并回答人生经历和道德行为中最为深刻和最为艰巨的问题，所以对它们的精心研读被看作有可能使通识教育最贴近通识教育的根本宗旨：培养有思想、有判断力和有终身学习能力的合格"公民"和"全人"。[①] 与此同时，本国文明教育、爱国主义教育、思想品格教育也历来是西方通识教育的重要内容，这在美国研究型大学的通识课程

---

① 美国的通识教育和我国的文化素质教育虽然在内容和方法上不尽相同，但就人文教育在大学教育的基础性地位而言，认识基本一致。另外，我国的文化素质教育也强调经典导读，只是强度还不够，有些未被纳入日常的教学轨道，呈自发松散的课外活动，由于缺少严格的督导机制，应有的规模和影响尚待来日。

设置中可见一斑。① 这种重视本国文明教育、兼顾他国文明了解的通识教育，对我国普遍缺乏文化自信和文化自觉的当下，有更深一层的参考价值，它同时还有可能为回归传统文化的现代焦虑注入更加宽广和兼容并包的视野。

在通识教育比较成功的美国，通识教育的发生发展亦远非简单和平坦。它由少数几位有远见的教育家和大学校长提出，并经过几代人的精心设计和不懈努力，成为美国高等教育的一大特色，为美国大学的世界一流地位做出了举世公认的贡献。其中，赫钦斯校长的西方文明经典名著通识教育四年制本科生院方案于1930年提出，曾多次遭到否决，直到1942年才获正式通过，并在美国乃至世界产生广泛影响，由此，通识教育成为美国高校培养社会精英的策略和标准。② 在哈佛大学，其通识教育的发展更是历经几度沧桑和变革——从1869年艾略特校长推行的选修制，到1945年科南特校长主持领导的委员会在1945年发表的红皮书《自由社会中的通识教育》，再到1978年博克校长任命文理学院院长罗素夫斯基主持完成的长达36页的《核心课程报告》，前后历经150多年的发展历程。进入21世纪，哈佛作为美国一流大学之首，再次审时度势，于2002年10月开始对本科现行课程进行新一轮的全面检讨和改革。时任文理学院院长的科比针对通识教育特别是核心课程所面临的问题，多次公开致信哈佛学院全体师生，强调改革的目的是"使学生能够把握因与自己没有个人联系而或缺的其他领域知识的重要性和相关性，从而使他们建设性地认识、批判和改造我们这个世界"[11]。他提出了一连串哈佛大学在新世纪人才培养工程中需要回答和解决的问题："最简单也是最困难的问题是，21世纪前25年'受过教育的人'的含义是什么？通识教育的永恒目标是什么？在现代研究型大学背景下，如何提供相应的教育达到这些目标？如果本科生教育存在一个共同基石，那么应如何构建它，又如何得以最佳的传授？哈佛毕业生对某学科或领域应该了解的深度是多少？我们应该如何通过为学生提供自由的选修课和丰富的学习机会，直接通过哈佛大学教师构建个性化教育？我们如何在美国国内外教育生活和工作在世界各地的新一代学生？我们如何来充分地利用这样的事实：我们学院处在一所伟大的大学里，这里的兄弟学院聚集着杰出的学者，我们如何用坐着听讲演（大班听讲演的教学方式，师生之间不能直接对话，被讥为'远程教育'）以外的方式为学生提供更好更多的学习机会？怎样进一步推进有意义的师生互动？怎样吸收哈佛文理学院以外其他学院的优势？"[12] 由于较长一段时

---

① 无独有偶，英国大学如剑桥虽没有专设的通识教育，但在20世纪初正式设立英文学院时，指导思想之一就是要在大学里建立一个以文学为中心的跨学科的人文教育平台，目的是要通过学习伟大的文学名著，传承和弘扬民族主义和爱国主义精神。曹莉.剑桥批评传统的形成和衍变[J].外国文学，2006（3）；曹莉，陈越.鲜活的源泉——再论剑桥批评传统及其意义[J].清华大学学报（哲社版），2006（5）.

② 芝加哥大学后来成为历年获取诺贝尔奖人数最多的美国大学与赫钦斯通识教育方案之间的联系值得研究。

间以来，通识教育"核心课程"存在着简单拼凑、指导不力的现象，核心课程成为此次改革的重中之重。2004年的课程报告遂提出用"分布必修"课程（distribution requirement courses）代替"核心课程"，报告提出，哈佛"培养好奇的、反思性的、经过良好训练的、有知识的、严谨的、有社会责任感的、独立的、质疑的创造性思想家，他们有能力在全国和全球过着奉献性的生活"[13]。但此次改革并非一帆风顺，2006年主持此次改革的科比院长和萨姆斯由于不同的原因先后辞职，使改革的最终方案迟迟不成定局。同年，哈佛学院前院长刘易斯出版了《没有灵魂的卓越：一所伟大的大学何以忘记了教育》，对哈佛大学近几年包括通识教育在内的教学改革得失提出了尖锐的批评，引起各方关注。2007年年初，经过长达5年多的反思和检讨，在对2003、2004、2005年和2006年课程报告进行修订的基础上，初步形成了新的通识课程计划。该计划要求各学科系所与哈佛学院共同承担通识教育课程，全体学生须在审美与阐释、文化与信仰、实证思维、伦理思维、生命科学、自然科学、世界上的社会、世界中的美国等8大领域分别选修一门半课程。计划重申了通识教育在本科教育中的基础地位和重要性，明确了通识教育的目的："通识教育培养学生的公民责任；通识教育帮助学生认识自己既是艺术、思想和价值传统的制造品，又是生产者；通识教育指导学生批判地、建设性地回应变化，通识教育引导学生认识自己言行的伦理内涵。"① 围绕"21世纪哈佛教什么，如何教"的问题，新计划制定了一系列配套措施，如加强导师指导、严格研究生助教制度、坚持小班上课、加强实践环节等。② 虽然也有不少人批评哈佛目前通识课程的分配制是各系课程的大杂烩，且偏重实用课程（如外国语言文化等），与"通识教育"注重人文教育和价值关怀的初衷若即若离，与其说是改革，不如说是改良。③ 但我们仍然可以毫不夸张地说，哈佛之所以长时间地占据世界名校中的首位，其重要原因之一是它能经常自觉地反思和检讨故有的教育观念和教学模式，负责审慎地进行理论和实践的创新，努力使大学教育一方面保持其

---

① "Report of the task force on general education," February 2007, available at http://www.fas.harvard.edu/curriculum-review/general_education.pdf.

② 我国高校文科类的研究生助教制度亟待改革和完善，往往是形式上有貌似完备的聘任程序，但实际上，学生真正接触教学的机会极少，大部分是协助导师查找资料、准备讲义、收发作业或协助组织学术会议等，由此推出，我国研究型大学人才培养质量问题的解决需要在教与学的双重层面将本科教学的规划和实施与研究生培养方案放在一起统筹考虑。

③ Harry R Lewis. The excellence without a soul: how a great university forgot education [M]. New York: Public Affairs, 2006. 另参见美国高等院校协会名誉会长、普林斯顿大学艺术与文化政策研究中心主任Stanley Katz的文章，Stanley Katz. Liberal education on the Ropes [J]. The Chronicle Review 1, 2005: B6. Katz在文章中转引参加此次改革的哈佛历史系教授Charles Maier的观点，Maier认为取消核心课程并非明智之举，他指出，70年代以前的通识教育人文性很强，但70年代后对专业的重视削弱了对价值的追求，而当下大学教育所面临的各种挑战和问题又迫使人们重新回归对美学的、公民的和道德的价值关怀，因此通识教育需要承担更多、更重要的育人责任。

优良传统和应有之意,另一方面更好地应对不断发展的时代和社会的现实要求。回顾历史可以发现哈佛大学的课程改革规律是"几年一小改,几十年一大改",而每换一任校长,其通识课程设计以及课组的设定就会有新的变化和改进。1945年出台的"红皮书"、1979年推出的"核心课程计划"和最近一次提出的"哈佛课程计划",可谓哈佛本科通识教育的三个里程碑。虽然目前这次长达五年多的改革的实效还有待时间的检验,但问题已经提出,方案也几经酝酿,讨论仍在继续。

实际上,哈佛核心课程面临的问题和正在进行的改革,在很大程度上是通识教育在美国研究型大学,乃至在世界其他研究型大学当下遭遇的一个缩影。美国高等院校协会从2005年起一直在推动一个长达十年的"弘扬通识教育价值"的全国运动,希望借此引发一场"何谓通识教育"的大讨论。美国学界和舆论普遍认为,面临市场经济和科学技术日新月异等无法绕开的压力,大学特别是研究型大学急需搞清楚通识教育在新时期的核心内涵和外延:公共核心课程是提供公共知识还是学习方法?是规定必修课程还是允许学生选修?是聚焦重大问题还是进行不同学科的专业探索?是强调文化传承还是一般知识生产?是注重价值选择还是注重专业技能?大学内部有没有足够的具有较高人文素质和科学素养的教授在当下普遍重科研、轻教学,重研究生培养、轻本科生教学的环境中主动投入通识教育的规划与教学?大学应采取什么样的激励机制来保证通识教育长久的力度和功效?在新的学科不断涌现,知识分类越来越复杂的情形下,什么课程可以成为核心课程?面对政治、经济和社会多方面的压力,人文教育路在何方?研究型大学面对"致用"高于"致知"的结构和制度压力,如何一方面应对社会和时代的挑战,另一方面努力保持精英大学的独特品位和教育水准?是大学引领社会还是大学紧跟市场?[14]虽然美国和中国是两个在社会制度和经济状况等方面有着诸多差异的国家,但在知识经济全球化和争创世界一流大学的浪潮中,美国研究型大学通识教育所面临的这些问题,与我国研究型大学深入开展文化素质教育和通识教育所面临的问题非常相似,而对这些问题的思考和回答将直接关系和影响到我国研究型大学的价值取向、办学目标和人才规格。

如果说美国的通识教育是通过专门设立与专业课程平起平坐的通识课程来加以实施的话,英国的通识教育则通过将通识教育的理念融入教育的全过程特别是专业教育中来进行。由于英国的中等教育有较好的通识教育基础,大学阶段更多的是在课程目标、课程结构、课程设置、教学内容、考核要求等诸多方面注意体现通识教育的精神实质和应有之意。例如,把专业设置建立在一、二级学科之上,采取大平台招生、跨学科、跨院系选课和联合专业(joint courses)等多种途径和方法。在剑桥和牛津这样的一流研究型大学里,结构严密、资源齐全的学院制和严格的导师制本身就为打破各学科之间的界限,促使导师和学生的频繁接触,加强不同专业、不同文化、不同国家背景的学生之间的相互交流和自主学习，提供了天然的学习和沟通平台，它一面提供学科交叉和跟着导师进行深度学习和研究的条件与场所，另一方面在专业学习过程中，通识教育的理念潜移默化地深入其中。罗索夫斯基曾经指出，"教学质量和教学方法——课堂讲授、研讨课，独立思考、学生自定进度的指导——至少与课程同等重要。此外，作为起模范作用的教师也是通识教育的一个至关重要的方面。一个具有高标准和善于关心人的教授在道德行为方面肯定会教给学生更多的超过该课时限的东西……课程只是骨架，而它的血肉和精灵必须来源于师生之间难以预料的相互影响和交互作用。"[15]北京理工大学高教所杨春梅认为："这段话用来注解英国大学开展通识教育的思路是极为恰当的。"[16]对此笔者深有同感。剑桥、牛津虽没有如哈佛等美国研究型大学那样在文理学院的共同平台上将通识课程统筹为一体，但是专业课程设置内部的"支援"性课程丰富实在、结构清晰，特别是任课教师和学院导师本人受过良好的通识教育，"支援意识"较强，因而具有培育全人的开阔胸襟和治学理念。而在专业课程教学中渗透素质教育和通识教育的理念，中国大学的差距可能更大。

如果以20世纪中叶为界，我国台湾和香港地区大学的通识教育比内地开展得稍早一些，因此积累了一些可以借鉴的经验。台湾近年来连续将通识教育实施得好坏作为各大学的评估标准，并专门设立了相关研究和管理机构（如台湾通识教育协会、台大共同教育委员会等），有力地支持和促进了通识教育的健康发展。而香港有一定的通识教育的传统和基础，如香港中文大学自1963年创校起就由各书院负责通识教育，后又成立了集研究、协调和教学为一体的大学通识教育部，并采取"单线拨款预算"使教学经费直接与课程和任课教师挂钩，从制度机制和管理机制上保证通识教育计划的顺利执行和设施。在课程设置上，香港中文大学有优良的通识教育传统，近年又采取书院通识课程和大学通识课程相结合的办法，规定"文化传承""自然、科学与环境""社会与文化""自我与人文"为四大具有跨学科性质的通识教育必修范畴，值得学习和借鉴。① 如果按照素质教育的标准来要求通识课程，国外和我国港台地区在课堂教学层面上的某些考虑和做法同样值得我们研究和借鉴。如前面提到的大班上课、小班讨论，阅读原典、注重思考性阅读和写作，鼓励学生在一系列的主动选择和评判过程中形成自己的价值判断和审美判断，注意加强知识的深度学习，注意知识和社会发展的有机联系等都相当奏效。特别是通识课上的深度学习尤其重要，所谓知之深，才能爱之切，而素质教育中非常关键的创新素质更

---

① 香港中文大学、城市大学等高校的通识教育课程有较强的"薪传中国文化"的目的，值得学习和参照。我国《教育法》明确规定："教育应当继承与弘扬中华民族优秀的历史文化传统，吸取人类文明发展的一切优秀成果。"另外，中文大学已明确提出了"建立一所双语并重、专业与通识并重的研究型综合大学，致力弘扬中华文化，沟通中西学术，在国际上享负盛誉"，与内地的复旦大学有相似之处。

离不开厚实的知识基础、广阔的视野、独立的判断和对知识（未知）的好奇和热爱——真正的创造源于热爱。由于大学，特别是研究型、综合性大学承担着培养国家栋梁、民族精英的重任，高质量的文化素质通识教育将引导和帮助学生和教师一起共同认识和了解人文通识教育在其成人成才过程中的重要作用，使大学生们在离开大学的时候，不仅具有一定的专业知识，还准备了一些与自己专业相去甚远的"支援知识"和"支援意识"，[17]并较好地掌握了"为学"与"为人"的真谛，成为更有资格引领社会健康发展的先进力量。

文化素质教育正在迈向第二个十年，在新时期、新形势下总结前十年工作的经验，提升对文化素质教育和通识教育的认识，并带着强烈的问题意识，本着高度负责的科学精神，结合中国的实际，有针对性地、有选择地学习和参考国外通识教育的有效经验，吸取其对解决中国高等教育问题行之有效的合理内核，探讨中国特色的文化素质教育的理想与合理模式，正在成为一项非常重要和迫切的任务。中国式的通识教育的内涵和外延及其与文化素质教育互为基础、互为平台的辩证关系等一系列问题需要我们从教育理念、教育结构、教育模式、教学方案、教师素质和时代要求等诸多方面进行系统和全面的考察与研究，并从具体个案着手，提出解决问题的思路和方法。只要我们视野高远，目标坚定，并且真正做到不唯书、不唯洋，只唯实，我们就有可能解决好中国高等教育自身的问题。

参考文献

[1] 周远清. 加强文化素质教育, 提高高等教育质量 [M]//周远清, 阎志坚. 论文化素质教育. 北京: 高等教育出版社, 2004.

[2] 中华人民共和国教育部. 2003—2007 教育振兴行动计划 [J]. 中国高等教育, 2004（7）.

[3] 教育部高校文化素质教育指导委员会顾问张岂之先生为纪念大学文化素质教育十周年的题词 [N]. 新清华, 2005 - 10 - 20.

[4] 周远清. 从"三注""三提高"到"三结合"——由大学生文化素质教育看高等学校素质教育的深化 [J]. 中国高等教育, 2005（22）.

[5] 周远清. 关于高等教育思想观念改革的再思考 [C]//周远清, 阎志坚. 论文化素质教育. 北京: 高等教育出版社, 2004.

[6] 胡显章. 努力以科学的大学理念推进文化素质教育 [N]. 新清华, 2005 - 10 - 20.

[7] 甘阳. 大学之道与文化自觉 [M]//胡显章, 曹莉. 大学理念与人文精神. 北京: 清华大学出版社, 2006.

[8] 金耀基. 大学之理念 [M]. 北京: 三联书店, 2001.

[9] 金耀基. 大学之理念 [M]. 北京: 三联书店, 2001.

[10] 钱文彬, 黄启兵. 论我国通识教育的制度困境 [J]. 教育探索, 2005

(6)：46-47；张寿松，徐辉. 通识教育的八个基本问题［J］. 浙江社会科学，2005（4）.

［11］Letter to community from Dean Kirby ［EB/OL］. ［2004-04-26］. http：//www. fas. harvard. edu/curriculum-review/essays_pdf/Deans_Cover_Letter. pdf.

［12］WILLIAM KIRBY. Letter to FAS from Dean Kirby. ［EB/OL］. ［2002-10-17］. http：//www. hno. harvard. edu/gazette/2002/10. 17/06-letter. html.

［13］A Report on the Harvard College Curricular Review ［EB/OL］. ［2004-04］. http：//www. fas. harvard. edu/curriculum-review/HCCR report. pdf；张家勇，张家智. 新世纪哈佛大学本科主课程改革及启示［J］. 比较教育研究，2006（1）；有关哈佛近期的改革和科比院长的几次公开信，可参见 http：//www. fas. harvard. edu/curriculum-review/；http：//www. harvardmagazine. com.

［14］STANLEY KATZ. Liberal education on the ropes ［J］. The Chronicle Review 1，2005.

［15］亨利·罗索夫斯基. 美国校园文化［M］. 济南：山东人民出版社，1996.

［16］杨春梅. 通识教育：本质与路径［J］. 现代教育科学，2004（4）.

［17］徐葆耕. 欲求超胜，必先会通［N］. 新清华，2005-10-20.

论高等教育的适切性[*]

——通识教育与专业教育的分歧与融合研究

周光礼

新世纪以来,"通识教育"一词成为中国大学教改中的流行词汇。这一现象是在大众化进程中要求培养拔尖创新人才的压力下发生的,许多重点大学的领导者言必称"通识教育",似乎"通识教育"之外无出路,"通识教育"之外无改革。2014年9月,复旦大学原校长杨玉良在新生开学典礼上因引用爱因斯坦的话论证通识教育的合理性引发舆论侧目。如其所言:"学生必须对美和良好的道德有深切的感受,否则仅有专业知识的学生,不过更像是一条经过良好训练的狗。"2014年9月16日,清华大学生命科学学院院长施一公在武汉发表了"中国大学的导向出了大问题"的演讲,他的一句"研究型大学从来不以就业为导向,从来不该在大学里谈就业"博得坊间一片叫好声。实际上,在"钱学森之问"带来的社会焦虑中,大众传媒狂轰滥炸般地使用"通识教育"这一术语,以致这一概念的确切的、富有意义的内涵几乎丧失殆尽。具有讽刺意味的是,广为流行的"通识教育"理想在公共政策领域只占有最为低微的地位。实际上,中国大学教改的一个显著特点是强调面向专门职业的教育。2014年2月,国务院常务会议部署发展现代职业教育,明确提出要引导一批普通本科高校向应用技术型高校转型。公共政策学者严厉地批评普通本科院校抢走了中国大量的人才,却把这些人才"培养"成无用之才。[1]这一巨大反差彰显出高等教育理论中的一个核心问题:高等教育的适切性。高等教育的适切性是指整个高等教育体系以及每一所大学与其所处环境中的诸多因素的相关程度,表现为大学行为切合社会期望的特性。大学行为可以用教育目的和课程安排来描述,社会期望则主要通过社会发展和个体发展之需要来表征。当前中国大学教育改革的混乱局面,需要我们从适切性的角度重新审视当代世界中通识教育与专业教育两种相互替代的课程安排理论。在中国高等教育综合改革全面实施之际,我们需要追问:社会对大学教育的期待究竟是什么?大学教育提供了社会期待的东西吗?大学教育的目的应该是什么?通识教育和专业教育谁是实现这些目的的最佳工具?

---

[*] 本文是国家自然科学基金面上项目"面向创新驱动发展战略的高校人才培养模式改革研究"(项目编号:71373274)的研究成果,发表于《高等工程教育研究》2015(2)。

一、内在逻辑之困难：通识教育的传统与改造

通识教育强调教育目的的内在性，教育本身和受教育这一状态即其主要目的。在这种内在理论下，高等教育要切合学生的需要，其目的是要培养全面发展的、有价值的人。成为合格公民以及获得职业成功等有用性不是通识教育的主要目的。"人首先是人，然后才是商人、企业家或专家。"[2]也就是说，高等教育应该首先使学生成为有能力、有理智的人，也许作为副产品，学生也能成为社会的一种财富。这种观念由来已久，因此对通识教育进行严肃追问的最佳视角是通过扫视历史来检视它。

通识教育来自古典的自由教育。自由教育思想发轫于古希腊—罗马时代。自由教育中的"自由"是指与之相适应的政治和经济上的自由。自由教育是一种只适合于"自由民"的教育，或者是一种只适合于19世纪英国人所说的绅士的教育，与适合于奴隶、工匠的那种教育形成对照。由于自由民在社会中只是少数，因此，自由教育作为高等教育的一个阶段是少数人的特权。[3]自由教育有两个核心观念：第一，自由教育是广泛的、通用的，而不是狭隘的、专门的，是一种全面发展的教育。第二，自由教育旨在培养人的理智和理性能力。因为理智和理性能力使人不同于动物而自成一类，而且唯有自由教育是其自己的目的，即所谓"为学术而学术""为教育而教育"，而不是追求其他道德的、政治的、经济的目的的手段。作为自由民或有闲阶层独享的一种特权教育，自由教育在传统社会具有很强的适切性。然而，随着18世纪末法国和美国爆发的"政治革命"以及英国开始的"工业革命"，传统的政治经济基础开始瓦解。法、美的"政治革命"宣称人人享有平等的自由权利，英国的"工业革命"催生了一个人人都参加工作且闲暇时间日益增多的社会。这些从根本上动摇了自由教育只为少数有闲阶级服务的观念。

面对教育民主化的挑战，为了保持自由教育的小众传统，有人提出了精英教育的筛选机制。筛选机制理论把自由教育从一种特权教育转化为一种精英教育。这种观点认为，在任何情况下，自由教育只是一种适合于少数人的教育而不应该推及每一个人。因为对理性及审美活动本身的追求只对那些享有空闲时间的人来说有意义。传统的闲暇阶层指的是贵族，现在这一阶层扩展到中产阶级中的富有分子。上层社会接受自由教育长久以来一直是建立在亚里士多德的观念之上的，他认为闲暇阶层所受的教育应当与其他人有所不同。那些没有闲暇时间的人即亚里士多德所谓的奴隶及现代无产阶级，应当去学那些技能性的东西而不是那些具有内在价值的东西。[4]筛选机制理论认为，在民主化的时代，没有必要将自由教育与阶级制度扯在一起。任何社会都需要内在性地追求理智的精英，通过自由教育可以使精英取得卓越成就。而绝大多数人不具备接受自由教育的能力。因此，社会要做的就是建立一种筛选性的教育体制，让少数有才华的学生在培养精英的大学接受自由教育，而让大多数学生在其他教育机构

中接受职业教育。这种观点来源于一种心理学的假说：出于遗传或其他原因，大多数人的智力水平太低，没有能力接受高水平的理智训练。然而，这种假设我们却找不到任何实证证据来证明。事实上，一个社会为什么要保留一个精英阶层，我们也无法给出一个合理的解释。因此，通过精英教育来延续自由教育的合理性存在理论困难。

到了20世纪，自由教育不得不突破小众传统，扩展为一种人人应该接受的教育，这就是通识教育。赫钦斯认为，自由教育就是理智的培养，理智的培养对一切社会里的一切人都是同样合适的。他曾经这样推论：如果自由教育是适合自由民的教育，而全体公民又都是自由的，那么每个人都应该接受自由教育。当自由教育变成一种全民享有的通识教育，自由教育就不再能够只坚持自己的主张而不考虑其后果。换句话说，通识教育必须考虑外部适切性，必须使自己的学科课程与社会相联系来证明自己存在的合理性。标志性事件是19世纪中期麻省取消对哈佛大学提供财政补贴的报告。如其所言，"哈佛大学不能充分符合本州民众的期望，因为它的组织体制和教学状况落后于时代四分之一个世纪。……它应该给民众提供他们所需的实际教学，而不是仅仅是符合贵族需要的古典学科课程。"[5]自由教育不得不由内在逻辑转向外部逻辑。对此，布朗大学的校长发出了沉重的叹息："因为我们的大学没有提供民众所期望的教育，所以，它的生源严重不足。……我们以低于成本的价格出售产品，只好依靠慈善捐款来弥补资金的不足。我们想把产品卖出去，但对产品的需求仍在减小。"[5]

强化自由教育外部适切性的方式主要有两种：一是扩展大学的课程。自由教育传统上十分重视人文学科而严重忽略自然科学，这是因为人们认为自然科学课程比人文课程更少具有文雅性。长期以来，古代"四艺"的自然课程比"三艺"的人文课程在自由教育中地位要低许多。然而，到了19世纪，人们惊叹于自然科学取得的惊人进步，开始强烈期望自然科学能发挥扩充和丰富自由教育内容的作用。二是建立选修制。人们期望应该允许学生在所提供的新科目中进行自由选择和获得学位。如果说扩展大学课程是回应社会期望，那么选修制就是满足学生需求。正如选修制的积极倡导者埃利奥特所言，对想学习他自己需要学习的课程的有才能的学生来说，自由是一个必不可少的条件。[6]扩展课程与选修制对传统大学教育冲击很大，自由教育的理性目的面临挑战。杜威对自由教育的传统观念进行了猛烈抨击。他指出，在"文雅的"与"卑贱的"人文教育与职业教育或专业教育之间的区别，乃是由于历史上希腊社会的先决条件而产生的，即古希腊是由自由民和奴隶两个阶级组成的社会。杜威不同意亚里士多德的理性观念，反对亚里士多德有关心智培养本身就是最高目的的看法。他认为，心智不是先天的，而是后天生长的结果；心智本身不是目的，而是达到更有效地适应环境的一种工具。[7]

对自由教育的贵族传统进行民主化的改造，引起了很多人的不满。他们认为，民主化的社会的确需要一种新的高等教育，但是将这种新的高等教育称为自由教育是用词混乱，自由教育毕竟是有其独特历史含义的。因此，自由教育需要改造，但改造后的自由教育不再是自由教育，而是通识教育。自由教育转向通识教育意味着其哲学基础由理性主义哲学向实用主义哲学转换。大学教育的目的不再是使人更完善，而是使人更幸福。胡克对此有精彩的论述，他说："为什么我们选择理智作为自由教育的基础？这种单单强调理智的做法也许对古希腊文明是适切的，因为对那种文明来说，人性只是简单的理性和欲望的二元论。但是现代社会，人类行为不再如此简单，它是生物的、心理的、社会的和历史的各种因素的复合产物。[8]"通过实用主义的改造，自由教育发生了很大的改变。一是它不再排斥某些为谋生所需要的专门训练。杜威认为，现代社会工作本身的性质发生了变化。自由教育排斥职业训练是因为自由教育思想最初是在前技术时代形成的，那时各行各业主要依靠经验方法行事。然而，现代社会的这些职业已经渗入了一种理论成分，这种理论给了这些职业及其从业人员一种新的理智上体面可敬的地位。杜威认为，通识教育旨在为社会所需的技术科目获得一种人文性质。[9]二是强调通识教育的实用性。大学教育首先应该使人获得某种统一的世界观，对通识教育和职业教育都必须持相互融通的观点，一个人不只是能更好地谋生，而且能更好地享受生活。当然，通识教育的实用性并不妨碍人们从完善自我的动机出发追求通识教育。通识教育与职业教育应该携手并进也不意味着放弃"为知识本身而学习"的崇高理想。三是重视公民教育和道德教育。传统的自由教育只关注理性，对道德教育持排斥态度。通识教育强调通过密切联系当代事务来确立自己的合理地位。关注社会事务必然进入复杂的社会价值观之网，无法回避道德问题。因此，通识教育强调对人进行全面教育，既包括他的理智方面，也包括他的欲望方面。对通识教育的实用主义改造实现了自由教育向通识教育的华丽转身。当然，这种转变也遭到很多人的批评。许多人哀叹大学教育已经变成另一种形式的企业学徒培训。[10]芝加哥大学校长赫钦斯更是将这种倾向称为反智主义活动。赫钦斯主张，教育的正确含义是理智的培养。理智要通过具有永恒价值的学科来培养。这些具有永恒价值的学科，可以在一切时代的"名著"中找到，尤其是古希腊、罗马时代的"伟大著作"。一本名著是与任何年龄的人同时代的。

　　经过实用主义的改造，自由教育的贵族化的小众传统和"为学术而学术"的崇高理想被打破，只剩下追求广博和全面的个人教育这一个目的。然而，在知识高度分化的现代社会，要使一个人达到全面发展也成了一个问题。在今天，要培养亚里士多德式的全才已经不可能，以掌握全部学问为教育目的的时代已经一去不复返了。正如布鲁贝克所言："在今天这一复杂多样的世界中，仅仅征服知识领域的一个方面似乎就需要我们耗费全部精力，更不用说征服整个知识领域了。"[11]因此，今天我们不仅只能成为精通有限学问领域的专家，而且我们的大学更重视专门化。在这种情况下，如何保留广博这一大学教育目的成为通识教育的最后一道防线。一些学者从批判职业至上论和学术生活分裂的角度论述广博的综合知识的重要性。博耶提出，通识教育的最终目的是在专业化的时代为每一个学生提供发现人类共同经验的机会，让他们更好地理解自我、理解社会、理解我们生活于其中的世界。为此，大学教育应该使一个学科的有关内容涉及另外一个学科。学科之间的桥梁必须建立起来，课程与生活的密切联系也必须建立起来。基于这一思想，博耶提出了著名的"综合核心课程计划"：所有学生必须通晓七个知识领域，即语言、艺术、历史、制度、自然、工作、认同。如果这七个领域能得到适当发展，将会有助于学生理解自己不仅是独立存在的个人，而且是人类社会的一员。

至此，我们可以有把握地断言，自由教育的内在逻辑面临前所未有的理论困难。它不断通过诉诸外在的原因来论证自身的合理性，这充分说明自由教育已经放弃了内在自足的立场。

二、需求决定论：专业教育的立场

自由教育崇尚理智本质上是一种根深蒂固的形式主义，自由教育的演化只是从一种形式主义过渡到另一种形式主义。在不同的历史时期，这种形式主义相继建立在理念、逻辑、文学的基础上。外在形式虽然各不相同，但教育目的始终如一：不是教给学生实际的知识，而是培养学生一些纯属形式的技能。[12]自由教育的关注点多年来一直集中在人身上而不是外在世界。与此相反，专业教育的关注点主要集中在外部的现实世界。

在此，我们首先澄清一个误解，即认为所有文明在其幼儿时期都首先是"内省"的而非"外求"的。实际上，古希腊文明首先朝向的是外在事物，是物理的世界。"从泰勒斯到智者学派，希腊所有伟大的思想家的思辨都完全集中在物理的世界上，他们是一群物理学家。他们努力想要理解的就是这个世界。至于人，这些思想家似乎没有感到有什么必要去理解他，多少可以说是完全把这项主题留在自己思辨的范围之外。"[13]事实上，古希腊的宗教尊奉世界是至高无上的神圣之物，世界是众神生活的地方因而是神圣不可侵犯的。众神并不外在于世界，他们就寓于事务之中，没有任何事务是他们不寄寓其中的，所谓万物有灵。[14]人及人的心智在那时被看作凡俗的东西，没有多少价值。只是到了苏格拉底时代，人的心智才开始成为反思的对象，"认识你自己"才成为教育原则。基督教大大强化了苏格拉底的这一思想，将人的心智看成是神圣的。基督教认为，灵魂是我们内在生活的本原，是神性的直接流溢。至于现实世界，与精神世界相对立，是凡俗的、肮脏的、堕落的。这种观念统治了西方世界一千年。[15]涂尔干对此曾经感叹地说："我们在问自己，究竟是怎样的一种盲视，可以把人折磨成这副样子，纵然与他的物质环境有着深深的勾连，也能够对物质环境保持如此的漠然；他能够对自己周边的事情这般地视而不见，而这些事情其实全方位地挤压着他，他又是那么亲近地依赖着它们。好，答案就在于：他关注的是别处。"[16]他关注的正是其自己！

文艺复兴时期的一些学者，开始敏锐地意识到现实世界至关重要，意识到现实世界作为生活的源泉，如果思维能够与现实世界更切近一些，对思想的发展有莫大的益处。然而，这种观点并未成为社会主流思想。在当时的主流意识形态里，现实世界及其知识在功能上属于较低的等级，被基督教称为"世俗功能"。16世纪宗教改革之后，欧洲社会思潮逐步转向。从这个时候开始，道德的、宗教的考虑已经不再是人们的唯一考虑，经济、政治、管理等方面的关怀也开始有了相当的重要性。在这种背景下，德意志诸邦兴起了一种新的教育观：纯世俗性的社会需求是教育目的的重要组成部分。衡量知识在教育上的价值不再只是以内在目的（道德宗旨）为标尺，也考虑外在目的（社会需求）。在这种新的教育观下，人们所关注的不再只是如何塑造合格的基督徒，同时还期望创造出合格的公民以及获得有用的知识。[17]人们开始感觉到，需要在迄今为止提供给学生的那种纯粹精神训练之外再补充些东西，再加上一种世俗的训练，以便为现实生活做准备。为了实现这一点，必须突破自由教育传统，引导学生走出迄今为止一直支撑着他的这个纯粹理念构成的世界，让他接触到现实，特别是接触自然。在这种思想的影响下，自然科学开始进入大学。应该说，这种革命性教育理论的确立，首先要归功于德意志新教诸国。正如德国著名的思想家莱布尼兹所言，德国文化的特性之一，就是对于现实世界的偏好："我愿向意大利人和法国人，向奥利十世和弗朗索瓦一世致敬，感谢他们恢复了人文学科，但有一个前提，他们本身也认识到，处理现实的学问几乎无一例外地肇始于德国。"[18]17世纪，德意志的拉特克第一个站出来反对古典人文主义教育，提出要在具体事务的世界里，在现实世界里，寻找精神修养的工具。他的继承人是现代教育理论的创始人夸美纽斯。夸美纽斯明确提出："教育人民牢记自己的精神生活固然是很重要的，但是，也决不能丧失对世俗生活和公民生活的关注。"[19]这种教育理论很快演化为一场教育运动，直接导致第一批实科学校的创立，其影响也超出德意志诸国的范围，向欧洲各国迅速传播。18世纪末，法国人将这种教育学说进行创新，在高等教育中实现了专业教育与精英教育的完美结合，创办了巴黎综合理工学院等一批专门学院，确立了现代高等教育的专业教育属性。

到20世纪，高等教育与职业相结合的趋向已经在世界各国的大学中占统治地位。大多数的学生认为，找到一份好的工作是他们进入大学，也是留在大学坚持学习的主要原因。大学积极回应就业市场的需求，纷纷增设新的职业性学科，传统的学科则被改造得更具应用性。这种远离文理科而趋向应用学科的发展倾向，被称为职业至上论。由于"专业化"已经成为雇主们的格言，为了自己未来有一个可靠的保障，学生不得不选择学习一些过于实际的知识，文理科的重要性日益下降。大学则采取一种需求决定论的哲学，不惜将职业训练与人文教育目的相分离。美国的一位大学校长曾为这种行为进行辩护，如其所言：

"假如不对社区的需要有所响应,学院就会有失去政治支持的危险。假如财政领导人想要有更多的商业课程,我们就将开设更多的商业课程。"[20]这种需求决定论遭到了自由教育者的猛烈批判。自由教育者坚持自由学科与应用学科一分为二的做法,认为高等教育的本质是追求没有外在目的的自由学术。艾德勒断言:"学院把各种职业训练都包括在自己的课程中是对学院的一种绝对的误用,高等教育的自由教育应是自我报偿的;而进行职业训练则是出于必要,因而需要某种外在的报酬。……进行这种训练的合适场所是就业单位。住在高等学府中愿意把他们的学习看作是工作的学生——有许多人的确如此——是对他们的教育的不幸误解。"[21]自由教育者反对把职业教育包括在本科生课程中的一个重要原因是这种专门化教育的狭隘性。他们认为,一种狭窄的、专门化教育其地位之所以低于一种广博的教育,是因为专门化的教育讲究精益求精。而这需要花费如此多的时间精力,以至于有可能导致忽视其他有价值的活动(尤其是理智活动)的危险。自由教育坚持"爱学习,但不求甚解",即使是自由科目如果学得过多过好也会变得不自由,自由学科的专门化也是一种危险的倾向。

　　自由教育与职业教育的对立实质上反映了理性主义和经验主义的内在紧张。理性主义者认识按其程度变得越来越特殊时,它也就不再是知识了。[22]他们认为,职业和专业似乎与特殊性有着内在联系。一种专业的实践本质上是一种技能性工作,这种技能在实际工作中才能学得最好。学习商业的地方是商店;学习农业的地方是农场;学习制造的地方是工厂。专业的情况也是如此:医学是在病床边进行实践的,法律是在法院中进行实践的。问题的关键是,职业性科目集中于一种特殊的情景,涉及的是特殊的病人或委托人,所处的是特定的时间和地点。情况越是特殊,知识就越是经验性的;知识越是经验性的,教育就越不是自由的。[22]经验主义强调实践的重要性。他们认为,人首先是实践者,知识是后来发生的事情。在实践中形成的能力也是知识的一种形式,这是一种"能力之知"。"能力之知"是理性主义推崇的"理智"或"命题之知"的基础与根据。人与世界的关系首先不是一种静态的认识关系,而是一种实践关系。只有当实践出现了问题,遇到了挫折,才有知的出场。正如杜威所言,"经验首先变成是做(doing)的事情"。杜威所谓的经验指的就是知识。杜威认为有两种经验:一种是反思的、理论化的经验,即传统上的知识;一种是反思前的、在生活中大量存在并起作用的经验能力,即"知道如何做"的知识。杜威认为,后者是更加基本的知识,是理论知识的起源和归宿,教育应该更加重视这种知识。[23]经验主义这些观点为"需求决定论"提供了充分的学理依据,建立在"需求决定论"上的专业教育也因此拥有了"人间正道"的底气。

　　不过,"需求决定论"也引发人们对本科教育中反智主义倾向的担心。人们认为,一再迁就外部需求会导致大学教育衰退的危险。有必要重新恢复大学教育"理智"训练的传统,"回到柏拉图",重新认识少数有才华学生的重要性。在这种永恒主义思潮的推动下,最近30年来美国大学又兴起了建立荣誉学院或荣誉项目的改革热潮,其重点就放在"天才的培养"上。新世纪以来,中国则在"钱学森之问"的刺激下,启动了"拔尖创新人才培养计划"等一系列的精英教育项目,旨在培养学生卓越的理智。

三、理性行动者:通识教育与专业教育融合的可能性

通识教育与专业教育在教育目的上各执一端:通识教育者主张,大学教育应指向人的灵魂,内在理智的培养是至高无上的;而专业教育者则认为,大学教育应面向外部世界,职业能力的训练是最重要的。两者看上去截然对立,彼此成为对方存在的理由,但细加审视就会发现,它们其实共享着同一个前提,即大学教育的适切性:知识与课程必须切合学生的需要。通识教育和专业教育的分歧在于对学生需要的看法不一致。通识教育把学生的需要理解为"理智的卓越",这种需要表现为个人思想的无限成长,形成深邃的理解能力,能够过上一种理性的和审美的精神生活,这是一种内在适切性。专业教育则把学生的需要主要理解为找到一份"好工作",这种需要表现为让学生在未来取得较高的社会地位或者拥有过上一种更幸福、更舒适的生活的机会,这实质上是一种外部适切性。通识教育认为,逻辑体系完善的学科知识对学生最有价值,因为这些知识具有普遍性;专业教育则强调,解决社会实际问题的知识最重要,因为这些知识能够马上转化为行动。通识教育认为,理论知识具有迁移性,长久的适切性才有价值。因为现时的适切性往往趋向于学生所希望的东西而不是有价值的东西。[24]专业教育则认为,知识迁移是有限的,现时的适切性才是最真实的。

如前述,通识教育的内在逻辑说存在难以克服的理论障碍,而专业教育恰好在通识教育的困难之处找到了自身存在的依据。事实上,"需求决定论"已经取得了全面优势,专业教育已成为现代高等教育的主体。但这并不意味着专业教育没有问题。其实,专业教育对形成人的统一性有其先天的缺陷。无可否认,专业教育是现代高等教育的本质,通识教育只是有益补充。如何将两者的融通建立在学理的基础上,这是当代高等教育哲学的使命。通识教育建立在理性主义的基础上,专业教育建立在经验主义的基础上。理性主义者主张,反思性知识构成的理性空间是自足的,人的行动只有在与理性空间的关联中才能得到理解;而经验主义则认为,社会实践是在先的,人的知识只有通过实践才有可能形成和被理解。这实际上是古老的"知行之辨"在当代的展现。理性主义坚持只有把握了正确的理性,才会有合理的行动,即先知后行。然而,这种理论无法很好地回答:正确的理性如何获得。自由教育认为,人的理性来自理念世界或绝对精神。这种将人的理性来源求助于神和宗教的论述,已没有多少说服力。通识教育认为,有史以来的人性无处不在,无时不同,因为人性本质上是理智的。这种主张同样会陷入神秘主义的窠臼。经验主义强调,人首先是实践者,知识是后来发生的事情,即行先于知。这种理论也有自己的问题。存在

先于本质,我的生活或我的存在固然是先于我的理论反思(知识)的,但并不是知识无涉的。"前反思的行动不等于与知识无涉的行动。……人,甚至在自己还没有意识到的时候,便已经处于规范的网络之中了,理性其实早已渗透在自然行为之中了。"[23]实际上,人的"行"是"灵"与"肉"两者密不可分的整体。人在成长过程中,社会的教化即父母、老师、保姆及其他成人的言传身教,将这种原本凌驾于个体之上的社会普遍规范内化为自己的生命要求,以至于忘却了它们的来源,已使其化作自己生命的一部分,成为自己的本性或自然。在人的生活实践中,前反思的行中渗透着反思的精神要素。[23]因此,人的行动,哪怕看上去是自然的身体动作,其实也已经内在地渗透了意向、理由,从而是理性的,与动物纯粹自然的动作是不同的。

理性行动者是整合理性主义与经验主义的理论基石。理性行动者这个概念可以从新实用主义的理论主张中获得观念上的支持。新实用主义的代表人物之一麦克道威尔提出了经验的概念化理论,将行动和理性融为一体。他主张,不能将世界和思想割裂开来,不能将人的行动看作非概念化的纯粹自然举止。行动本身是概念化的,而不只是某种概念化东西的结果。[23]为此,他提出了"第二自然"的概念。"第一自然"是人与动物共同具有的本能,"第二自然"则是人所特有的先天能力,它是指一个人在出生时并不具有,但通过在语言—文化共同体的日常生活中依据文化、历史和社会的教化、熏陶和灌输所获得的习惯、能力以及各种倾向的集合。人具有产生第二自然的先天能力,这种先天能力只有通过后天的教化才有可能成为现实。由此可见,教化导致了第二自然的形成,从而为我们打开了看到意义的眼睛。"当我们睁开眼睛看到意义的时候,我们甚至没有意识到这是教化所带来的自然改变,我们的眼睛直接看到了意义。"[23]理性行动者理论超越了理性主义和经验主义的知识和行动两分思维方式,为通识教育与专业教育的融合提供了新的理论通道。事实上,如果我们回归常识,就会发现:人类的知和行根本就是密不可分的,它们是一个整体。"即便是在前反思的状态下,行中也隐含了知,知行不是可以分析的两个要素。"[23]从理性行动者出发,所谓理论科目与应用科目问题,也就迎刃而解了。

通识教育主张根据熟知的理论科目来组织课程,专业教育强调根据当时的实际问题来组织课程。如果我们承认任何经验和行动中都离不开理性能力,那么,通识教育有其存在的合理性。事实上,通识教育比专业教育更为基础,也应该更早进行。在美国,通识教育属于高等教育的基础部分,一般放在中学的最后两年和本科的一二年级进行。在欧洲,通识教育放在高中阶段进行,本科阶段是专业教育。在现代社会,大学教育越来越被期望能运用高深学问去研究解决社会问题,因此,课程结构的主体应该是应用型学科而不是传统的理论学科。[25]理性行动者理论整合了通识教育和专业教育:理性能力本是通识教育的核心,由于专业行动越来越依赖理性能力,专业教育也十分重视理智的培养。正如贝尔所言:"在目前知识组织阶段,我们不能再训练人们担负特定的理智任务或提供一种纯职业性的训练。事实上,专业化的日渐废退表明,不能再为一项'职业'来教育一个人。必须提供理智迁移、继续教育和职业中间培训的途径;要做到这一点,只有在概念探究方式方面打下一定基础方能做到。"[26]值得注意的是,概念体系不是可以直接掌握的,而是在具体生活现实中获得的。怀特海曾明确指出:"在某种意义上说,学习过程中应该存在一种从属的应用型活动。事实上,应用是知识的组成部分。因为所知事务的意义在于超出它们自身的各种关系中。因此,未被应用的知识是没有意义的知识。小心翼翼地保护一种大学,使其独立于周围世界各种活动之外,是扼杀兴趣、阻碍进步的最有效的途径。独身不适于大学。它必须与行动结为伴侣。"[27]因此,掌握知识是伴随着探索知识而来的。学习是学习者与他的环境之间的一项秘密交易,它永远是在特定的背景中发生的,必然是在实际中进行的。杜威说得更为清楚,"除非作为行动的产物,否则不可能有真正的知识和富有成效的理解。对事实的分析和重新安排——它是增长知识、获得理解力和正确分类所必需的——不可能纯粹在思想上(即在头脑中)获得。人们希望去发现什么时必须对事物做些什么;他必须改变环境。"[28]当然,我们强调有效的学习不只是学习学科概念体系,但是也不应该贬低这种学科概念体系在学习新材料方面所具有的优点,奥苏贝尔的先行组织者理论对此有精彩的论述。

根据理性行动者理论,大学教育改革必须在坚持专业教育主体的前提下,不断扩充新的内容。除了不断增加通识教育的理智内容外,把人文教育引入专业教育也是一种重要趋势。博耶认为,本科生教育的一个特殊使命就是把人文教育的价值与职业目的联系起来。充实的主修科目应该是本科教育的中心内容。"我们说充实的主修科目的意思是,鼓励学生不仅去深入探索主修科目这个领域,而且也要帮助他们认识它的广阔背景。充实的主科学习要对三个基本问题做出回答:这个领域的历史和传统是什么?它涉及的社会和经济问题是什么?要面对哪些伦理和道德问题?"[29]如果我们实现了对专业教育的扩充调整,那么通识教育的目的便可以通过专业科目来实现。专业教育是现代高等教育的主体,通识教育只能补充它而不能替代它。经过通识教育充实的专业教育,将使学生从学习的深度进而走向学习的广度,使他们不仅受到良好的学术训练,而且还受到最好的人文教育。正如阿什比所言:"走向文明之路要通过人人精通一门专业,而不是绕过它。……能以自己的技术为社会服务的学生,会提出人文教育的要求,而不能应用其技术为社会做贡献的学生,甚至不能成为好的技术专家。"[30]

四、结论:大学教改必须坚持专业教育的主体地位

高等教育的适切性是通识教育和专业教育共享的前提。适切性强调大学教育应该回应社会的期望,需求决定论是当代高等教育的基本立场。需求决定论是在历史发展过程中逐步形成的,政治民主化和新工业革命为这种理念的确立

提供了强大动力。在需求决定论的检验下，自由教育不断放弃原有的立场，从满足贵族转变为适合天才精英，从面向小众转变为面向大众。在此过程中，传统的"内在逻辑"逐步向"外在逻辑"妥协，自由教育演变为通识教育。尽管如此，但是推崇理性的传统一直未变。这是因为自由教育和通识教育的哲学基础主要是理性主义哲学。这种哲学强调普遍知识高于特殊知识，理论高于实践，知先于行，重视大学教育内在的适切性。专业教育是在自由教育不足之处确立自己的合理性的，也是在与自由教育的竞争中逐步取得主导地位的。在历史的演化过程中，专业教育也不断调整自己的立场，不断吸收自由教育中有用的元素，不断扩充应用学科的理智含量和人文精神。尽管如此，专业教育作为现代高等教育的本质，强调应用性是其安身立命之所。这是因为专业教育和职业教育的哲学基础是经验主义哲学。这种哲学强调特殊知识高于普遍知识，实践高于理论，行先知后，重视大学教育外部的适切性。由此可见，通识教育与专业教育的根本分歧在于理性主义与经验主义的对立。专业教育与通识教育之争的根本出路在于：超越理性主义和经验主义，将理性行动者作为解决问题的基础，从而开创一条通过专业教育实现通识教育之目的的道路。理性行动者理论强调，人类的行与知根本就是密不可分的，它们是一个整体，即便在前反思状态下，行中也隐含了知，经验中包含了理性的因素。该理论的教育学意义就是强调行动优于教条，经验优于僵化的原则，强调行动者的自主性和反思性。这一点确证了现代高等教育的专业教育本质，为归纳式教学提供了坚实的认识论基础。中国大学教育改革必须坚持专业教育的路线，必须坚持需求决定论，必须坚持大学教育的外部适切性。《吕氏春秋》云："故治国无法则乱，守法而弗变则悖，悖乱不可以持国。世易时移，变法宜矣。"社会需求不是一成不变的，高等教育适切性标准也是变化发展的，高等教育必须因时而变。

参考文献

[1] 郑永年. 保卫社会 [M]. 杭州：浙江人民出版社，2011：256.
[2] 约翰·S. 布鲁贝克. 高等教育哲学 [M]. 郑继伟，等译. 杭州：浙江教育出版社，1987：75.
[3] 约翰·S. 布鲁贝克. 高等教育哲学 [M]. 郑继伟，等译. 杭州：浙江教育出版社，1987：75-76.
[4] 约翰·怀特. 再论教育目的 [M]. 李永宏，等译. 北京：教育科学出版社，1997：21.
[5] 约翰·S. 布鲁贝克. 教育问题史 [M]. 单中惠，等译. 济南：山东教育出版社，2012：482.
[6] 约翰·S. 布鲁贝克. 教育问题史 [M]. 单中惠，等译. 济南：山东教育出版社，2012：484.
[7] 约翰·S. 布鲁贝克. 教育问题史 [M]. 单中惠，等译. 济南：山东教育

出版社，2012：485.

[8] 约翰·S. 布鲁贝克. 高等教育哲学 [M]. 郑继伟，等译. 杭州：浙江教育出版社，1987：85.

[9] 约翰·S. 布鲁贝克. 高等教育哲学 [M]. 郑继伟，等译. 杭州：浙江教育出版社，1987：88.

[10] 约翰·S. 布鲁贝克. 高等教育哲学 [M]. 郑继伟，等译. 杭州：浙江教育出版社，1987：87.

[11] 约翰·S. 布鲁贝克. 高等教育哲学 [M]. 郑继伟，等译. 杭州：浙江教育出版社，1987：86.

[12] 爱米尔·涂而干. 教育思想的演进 [M]. 李康，译. 上海：上海人民出版社，2003：389.

[13] 爱米尔·涂而干. 教育思想的演进 [M]. 李康，译. 上海：上海人民出版社，2003：390.

[14] 爱米尔·涂而干. 教育思想的演进 [M]. 李康，译. 上海：上海人民出版社，2003：391.

[15] 爱米尔·涂而干. 教育思想的演进 [M]. 李康，译. 上海：上海人民出版社，2003：394.

[16] 爱米尔·涂而干. 教育思想的演进 [M]. 李康，译. 上海：上海人民出版社，2003：396.

[17] 爱米尔·涂而干. 教育思想的演进 [M]. 李康，译. 上海：上海人民出版社，2003：401.

[18] 爱米尔·涂而干. 教育思想的演进 [M]. 李康，译. 上海：上海人民出版社，2003：397.

[19] 爱米尔·涂而干. 教育思想的演进 [M]. 李康，译. 上海：上海人民出版社，2003：398.

[20] 欧内斯特·博耶. 美国大学教育 [M]. 复旦大学高等教育研究所，译. 上海：复旦大学出版社，1988：122.

[21] 约翰·S. 布鲁贝克. 高等教育哲学 [M]. 郑继伟，等译. 杭州：浙江教育出版社，1987：81.

[22] 约翰·S. 布鲁贝克. 高等教育哲学 [M]. 郑继伟，等译. 杭州：浙江教育出版社，1987：82.

[23] 陈亚军. 知行之辨：实用主义内部理性主义和实践主义的分歧与互补 [J]. 中国高校社会科学，2014（5）.

[24] 约翰·S. 布鲁贝克. 高等教育哲学 [M]. 郑继伟，等译. 杭州：浙江教育出版社，1987：99.

[25] 约翰·S. 布鲁贝克. 高等教育哲学 [M]. 郑继伟，等译. 杭州：浙江教育出版社，1987：99-100.

[26] 约翰·S. 布鲁贝克. 高等教育哲学 [M]. 郑继伟,等译. 杭州:浙江教育出版社,1987:104.
[27] 约翰·S. 布鲁贝克. 高等教育哲学 [M]. 郑继伟,等译. 杭州:浙江教育出版社,1987:105.
[28] 约翰·S. 布鲁贝克. 高等教育哲学 [M]. 郑继伟,等译. 杭州:浙江教育出版社,1987:106.
[29] 欧内斯特·博耶. 美国大学教育 [M]. 复旦大学高等教育研究所,译. 上海:复旦大学出版社,1988:127.
[30] 欧内斯特·博耶. 美国大学教育 [M]. 复旦大学高等教育研究所,译. 上海:复旦大学出版社,1988:131.

从"通识教育在中国"到"中国大学的通识教育"

——兼论中国大学专业教育与通识教育多种可能的结合*

陆 一

在许多人眼中,"通识教育"是一个外来的概念,它的理想在亨利·纽曼、罗伯特·赫钦斯、艾伦·布鲁姆等西方教育思想家那里得到了最佳表述,《哈佛通识教育红皮书》更是从理念到实践系统论述美国通识教育的经典文献。现实中,哈佛大学、哥伦比亚大学、芝加哥大学以及圣约翰等美国文理学院被视作本科通识教育几种不同模式的典范。人们发现,虽然英国、德国、法国、日本、印度、俄罗斯等诸多国家都有类似的教育理念与做法,却和美国的通识教育多多少少存在质的不同。一些学者也认为,中国两千多年前就有了这种教育,孔子曰"君子不器",庄子曰"后世之学者,不幸不见天地之纯,古人之大体、道术将为天下裂"便是明证。这类教育思想的复杂性和实践的多样性,往往令中国大学的改革者难以确切把握。我们称之为"通识教育"的改革,究竟是美国的、世界的,还是中国传统的?

在国家战略规划的指引下,通识教育改革即将在中国开辟更大局面。本文试图提出从"通识教育在中国"到"中国大学的通识教育"命题,首先在理论上探讨确立中国本土通识教育的必要性和可能性,特别是当代大学通识教育对于文化自觉与文化自信的贡献,进而指出要为大学通识教育构建中国话语、中国内容、中国路径与方法的挑战所在,并列举先驱大学改革实践中初现端倪的本土化实例。

一、现代大学的通识教育

任何一种成熟的教育思想,都以实现人的某种发展为目标,又同时关照与育人目标相适应的理想政治与社会。国家层面推行某种教育理念与制度,归根到底是对未来社会的建构。教育理念又总是具有文化属性,只有在一定的文化传统中才能得到恰当而充分的理解[1]。孔子通过培养士君子以期盼达到礼乐和

---

* 本文系教育部人文社会科学研究规划课题(14YJC880043),上海本科重点教学改革项目"融通与整合:复旦大学通识核心课'基本课程单元'与跨学科教学团队建设",发表于《中国大学教学》2016(9)。

谐的太平盛世；柏拉图企图养成哲人王来实现理想国；卢梭意识到古典世界崩溃之后的教育哲学将彻底转折，基于对即将到来的现代社会的构想，要把爱弥儿培养成现代的个人与公民的典范。同理，《哈佛通识教育红皮书》提出的目标即"负责任的人和公民"并不是架空的道德良善的意味，而是肩负着西方古典文明传承和发扬的使命，成为美国政体所理想的现代自由民主社会的公民[2]。列奥·施特劳斯的阐述更直截了当："自由教育的最终产物是一个人文化成的人……自由教育是我们可以借着它从大众民主攀升至原义民主的阶梯。"[3] 所以，我们所提倡的教育思想植根于什么传统，也就意味着对未来社会的责任系统、信念系统及其文化脉络带有某种指向的塑造。在这种意义上，当今中国大学的通识教育改革绝不仅仅是对过度专业分化、过度应试的缓和性策略，而是联系着激活文化自觉、再造中国现代文明的使命。反之，大学通识教育的美国化、把通识教育简单等同于 general education，以及大学教育改革单纯地依赖所谓国际模式、国际标准的现象，必将造成中国文明的危机。

在展开进一步讨论之前，对"通识教育"这个内涵丰富、众说纷纭的概念做一界定是必要的。本文没有直接使用既有文献中的定义，主要是因为本文的跨文明论述视角需要在概念的表述中突出不同文明的同与异。笔者对通识教育的界定是：在以理性和科学为基石的现代社会，人类不可避免地走向专业分化，有一种现代教育是每一种文明进行社会整合、塑造文化认同、推动文明演进的文教手段，也是每一个具有专业职分的个人获得其应有修养，从而实现美好生活和人生价值的途径，它在美国被称为 general education，在日本叫做"教养教育"，在中国，它就是"通识教育"[4]。

首先，通识教育是现代教育理念，它产生于理性化、专业分化、推崇人人平等的现代社会。它本身的现代性体现在教育对象的普遍性和平等性，这与古典贵族教育、少数人才有资格接受的精英教育不同，它既要保守住精英教育的目标，也要对所有人开放门径。这一点使通识教育区别于博雅教育。进而，针对过度祛魅造成人的虚无和过度专业分化造成人的疏离而言，它是对现代性弊端的纠正。所以，没有人类现代性问题的前提，就没有产生通识教育的问题意识。辨析古今可见，各文明的古典教育虽然都能找到一些与通识教育相关的渊源，但不能由于古代教育是非专业的，就认为通识教育自古存在，或者说通识教育是古代的教育、复古的教育。正如我们不能说古代书院就是大学，科举就是高考。

其次，通识教育不仅有益于个人，是个人获得教养和完善人格的途径，也是国家的文化教育手段，最终成就社会理想。在个人层面，通识的作用是健全人格，是对人性的确认、成全和反省。通识本身就是目的，是为己之学，因而对于其他功利性目标而言，它是无用的。或许具有通识的人表现出在现代社会通用的种种技能，但通识教育并非技能训练，它直指人心，塑造灵魂，而技能、知识只是副产品。在文明和国家层面，通识教育是人类各种现代文明的凝合剂、团结力。现代文明尊重每一个个体的独特性，而通识教育让人们真正成为文明的共同体。通过深刻地展示一种文明从何而来，立体地呈现该文明在世界中的处境，通识教育支持人们探索前路。这需要对文明传统中各式各样的思想和立场全面包容，因而通识教育内部充满张力。它尤其不是意识形态教条，而是为人们的深层交流对话提供共同的语境和基于传统的共识——只有依靠既有共识，才有可能改变、推进共识。这种核心凝聚力越强大，社会呈现发散出来的多元性反而越丰富繁荣，也就是"和而不同"。所以，通识教育的水平拷问着每一个现存文明返本开新的活力。

以上两层含义是通识教育作为现代教育理念举世共通的属性，然而我们仍要强调，作为不同文明的重要文教手段，它在形式和内容上是存在差别的。因为不同文明有不同的传统观念、社会形态，对人性的理解和对完善人格的想象也不同，所以通识教育应当具有不同的内容和形式。这种异同关系就好比人类生存所需要的营养素在科学上讲是一致的，但是人类的饮食文化异彩纷呈，不同文明和文化发展出了不同的菜系，它们材料不同、风味不同、制作和享用方式都不同。通识教育、教养教育、general education……当我们处理这些概念时对其文明背景加以区分，不仅出于中国文化的自觉，也有益于这类教育在全球范围的多元探索与整体繁荣。

二、通识教育在中国

20世纪末开始进入中国大学教育界视野的"通识教育"概念几乎完全被认为是来自英美传统的、外来的教育理念。李曼丽和汪永铨开启了大学通识教育研究的先声，他们于1999年发表论文讨论通识教育的概念，开篇首句即为"通识教育（general education，亦译普通教育、一般教育）"。全文围绕这个概念在英美的发展与分类展开讨论，中文"通识教育"仅作为翻译词，在文末介绍了我国台湾学者高明士的译法缘由[5]。在陈向明2006年发表的论文中，对通识教育定义的表述也是译介性的："通识教育（general education，又译为普通教育、一般教育），既是大学的一种理念，也是一种人才培养模式。"2007年，杨叔子和余东升在辨析文化素质教育和通识教育的异同时，直接指出"通识教育（general education）是美国高等教育在其历史发展中，将西欧的自由教育与美国的本土实践相结合而产生的一种高等教育思想和实践。它是美国高等教育的创新之举"。此后，《哈佛通识教育红皮书》《失去灵魂的卓越》《回归大学之道》等几本当红著作翻译出版后得到广泛接受，纷纷再版，哈佛大学、哥伦比亚大学、芝加哥大学的通识教育实践模式受到空前关注和讨论。跟随着美国学术思想界的讨论语境，我们将通识教育思想追溯到英国红衣主教亨利·纽曼的自由教育，乃至一步步溯源至古希腊的亚里士多德。不可否认，当代中国高等教育界对通识教育最初的理解和想象是由美国塑造的。

在世纪之交，这种外来的变革性教育理念被中国大学自觉自愿地接纳有其现实条件。众所周知，1952年以后中国大学仿照了苏联的体系完备的专业化教育模式，理工科大学崛起，科学技术教育和科研得到提倡，而人文与社科式微。这种与发达国家接轨的方式有力推进了中国高等教育的初级现代化，为国家工业体系建设和科技发展打下了坚实基础。然而，旨在快出有用人才而使人才培养过度专业化的弊端也很明显，和上一辈受过传统人文教育熏陶的科学家相比，中华人民共和国成立后培养的科技人才在人文素养上存在系统性缺憾。人们开始担忧，教育体系的失衡将从整体上使我国产生丰富灵活的创造性人才的土壤板结。同时，随着世界局势变化，中国大学对苏联道路的信仰和依赖已经淡薄，高等教育脱离苏联模式成为大势所趋。

另外，高等教育大众化和市场化也动摇了过去高等教育的定位——为社会培养精英人才不再是大学教育的全部目标，学生毕业后分配进入专业对口工作岗位的制度也成为历史。上大学和职业定向脱钩，如何培养人的综合素质而非专业知识与技能，越来越受到有识之士的关注。更重要的是，得益于国家经济建设的成就和社会环境的稳定，经过一段时间持续的财政投入，中国大学从21世纪初逐渐进入了稳步发展的轨道，开始有更大的余力探索本科教育改革，从根本上思考21世纪人才培养的问题。

在上述教育改革的背景下，两种异曲同工的教育理念被接连提出。一方面，1999年教育部主导在清华大学、华中科技大学等当时顶尖理工科大学设立一批"国家大学生文化素质教育基地"（虽然北京大学、复旦大学等综合性大学也位列首批文化素质教育基地，但基地在校内的影响力并不如在理工科大学那样持久、深远），其理念的倡导者多为1949年前出生的关心教育事业的科学家。另一方面，2005年前后北京大学、复旦大学、武汉大学等文理兼长的综合性大学自发地开始通识教育改革，甘阳等知青一代的人文学者是其最有力的倡导者。笔者认为，文化素质教育产生于对应试教育、大学教育过度专业分化和重理工轻人文的自我反省，是对苏联大学教育弊端的纠偏。而通识教育的提出，则预示着以综合性大学为先导，中国高等教育朝着美国模式的转向，特别包括了人文主义的回归。从纠偏到建构，文化素质教育和通识教育在中国高等教育改革的道路上接力推进。

三、中国大学的通识教育

实际上，从20世纪90年代开始的梳理并不充分，现代中国大学教育的语境下首次提出"通识"的，是具有深厚中国传统学问修养且并无海外留学经历的钱穆。他于1940年撰文《改革大学制度议》提出"智识贵能汇通"，并警示中国大学"一门学术之发皇滋长，固贵有专家，而尤贵有大师。……今日国内负时誉之大学，其拥皋比而登上座者，乃不幸通识少而专业多。如此则将使学者不见天地之大，古今之全体，而道术将为天下裂"[6]。1941年，具有海外经历的梅贻琦和潘光旦在《大学一解》中提出了"通识为本，而专识为末，社会所需要者，通才为大，而专家次之，以无通才为基础之专家临民，其结果不为新民，而为扰民"的著名论断。我们还知道，奠定当代美国大学 general education 的标志性文本《哈佛通识教育红皮书》于 1945 年面世，《大学一解》的执笔者潘光旦在 1947 年读到这个英文文本时专门讨论了 general education 的翻译问题："英文普通教育（general education）一词时或与自由教育（liberal education）一词互相通用，我近来喜欢把它们都译作'通达教育'，觉得最为切合。唯有不偏蔽而通达的人才真是自由的人。"[7] 潘光旦明确意识到哈佛红皮书所确立的 general education 与西方古典的自由教育有渊源，而中国并没有自由教育的传统。可见，《改革大学制度议》和《大学一解》的立论不仅没有受到哈佛红皮书的影响，而且行文活用"四书"、庄子等中国传统经典和教育思想，以古鉴今。虽然通识教育在民国时期并没有形成大气候，但我们至少可以说，在"通识教育"一词被高明士等学者指定为 general education 的翻译之前，它作为土生土长的概念已然成立。关于"通识教育"不仅是 general education 在中国的翻译，更是植根于中国文明传统的概念名词，这一点笔者在《制名以指实："通识教育"概念的本语境辨析》一文中已经详细举证和讨论。本文将进一步从实质上探讨作为中国文明载体的通识教育何以成立。

民国时期大学草创，在特殊的社会与历史条件下，虽然许多大学推行欧美模式，对通识教育的提倡也仅仅停留在少数具有先见之明的教育家的文字中。本质上，构成通识教育问题意识的现代性问题在当时的中国社会和大学还远远没有发育成型。如今，中国社会和大学经过数十年高歌猛进的现代化建设，通识教育的现实基础已经具备。中国大学的通识教育能否真正成立，需要我们创造性地回应育人目标、制度模式、教育内容、教育形式和效果评价等方面的挑战。

1. 大学能否提出现代中国的人才培养目标

中国大学通识教育的成立，首先取决于我们能否提出现代中国的人才培养目标。这个命题的挑战性在于，它必须既是中国的（非西方的），又是现代的（非古代的）。

中国现代大学的开端并没有植根于中国文明传统之中，反而以与传统文明断裂，转而模仿西方大学为标志。人类进入现代社会以来，西方主导的文化和价值观念已经渗透到生活的方方面面，如何通过教育塑造一个具有高度文化自觉自信的、有教养的现代中国人，既不能照搬西方已有的观念，也不能依赖中国古代的思想，简单复原到科举时代的文人士大夫教育——这需要当代大学主动创造。

目前，复旦大学和北京大学的通识教育目标体现出了既中国又现代的构想，值得一观。复旦大学推行全校通识教育已超过 10 年，其育人目标的官方表述为四种能力及相应心智状态的养成。

（1）对人类文明丰富性和多样性理解的能力，直面人类世界所面临的发展与挑战。

（2）现代性社会基础性框架认识的能力，充分体会个体尊严、社会价值与全球化时代之间错综复杂的相互关系。

（3）对中国文化与智慧有独到生命体认的能力，从宝贵的传统中汲取人生的滋养。

（4）对科学方法论和批判性思维把握的能力，认同思想独立和学术自由的大学精神[8]。

其中（2）（4）体现了人类现代文明的精华，是塑造一个优秀的现代人必要的素养和能力，（3）希望学生在中国传统中安身立命，获得精神上的滋养，文化上的归属感，而（1）横跨不同文明和古今，作为最高目标被提出，意图使有的学生能够在未来担当起文明演进的重大责任。

北京大学校长林建华 2015 年年底在全校公开讲座"通识教育大讲堂"启动仪式上提出："我们不应该沾沾自喜地停留在过去，也不要一味地去模仿美国的博雅教育，我们要走出一条'通识教育与专业教育相结合'的道路。"并且将"懂得社会、懂得自己、懂得中国、懂得世界"设置为北大通识教育目标[9]。在关于中国与世界文明的理解方面，他提出："要让学生真正懂得中国，认识和理解几千年形成的中国古典文明、近代现代传统和中国特色的社会主义。要将思政课纳入通识教育核心课程的范畴内，通过经典阅读、小班讨论、反思性思维训练，真正确立人生观、价值观，不盲目模仿西方，建立理论自信，走一条中国之路。我们也要让学生真正懂得世界，要以开放的心态学习和借鉴其他一切文明的优秀成果，了解现实存在的世界，了解人类文明发展的过程，了解世界格局，了解为什么世界会是今天这个样子。"[9]在林建华发言的基础上，北京大学通识核心课程围绕中西文明及现代社会，设置了中国文明及其传统、西方文明及其传统、现代社会及其问题、人文艺术与自然四大系列。其中，中国文明及其传统位于首位。

2. 大学能否确立与其人才培养目标相适应的通识与专业结合的教育模式

中国大学类别多样，层次各异，不应当追求划一的人才培养目标。综合性大学的基础条件更接近通识教育理想，数量庞大的理工科大学、行业性大学等在专业人才培养上效率突出，但不一定能提供综合性的教育资源，也需要开展相应的通识教育。同时，以专业院系为基本组织单位来实现培养学生和开展科研等各项大学职能，是中国大学长期以来行之有效的组织规范和固有观念。国家"十三五"规划纲要中提出了"通识教育与专业教育相结合的培养制度"，究竟在建制上如何实现？多重条件下，通识教育的模式一定不是唯一的。

首先，是成规模地专门开设通识课程，还是通过提升专业课程质量，使专业教育传达一定的通识精神、有教养的职业人精神？后者实际上对专业教学提出更高的要求：不能局限在褊狭孤立的知识点上，要把知识讲得更通透，更注重能力的培养，还要使专业课程更加系统化、易于触类旁通、活学活用。其次，假设成规模地开设通识课程，对于条件较成熟的综合性大学而言，在本科阶段通识与专业区分为 1+3、2+2、3+1 等学制上有明确侧重的两阶段，还是两类课程穿插在四年中同时推进？分两阶段的做法注重通识教育的系统性和完整性，这要求第一阶段通识课程能够充沛供给，从根本上调整师资结构，还要考虑招生改革和相应在前一阶段通识教育结束后以何种双向选择机制引导学生进入专业的问题。不分阶段的做法相对折中，开课压力分摊到四年，显得赋予学生更多选择权，也未必影响招生和二次专业选择，比较容易实现，但会损失教育的统整性。再者，假设不分阶段穿插修读通识课，学生的选修应当以远离专业为原则还是就近专业为原则？远离原则有利于学生形成全面的知识框架，得到健全的能力锻炼，从而获得从整体上对文明和社会的重大问题、对人生道路和生活的判断力。就近原则有利于对学生所学专业形成有效的支撑，从而拓展其掌握专业知识与能力的透彻性和灵活性，增进与专业相关的人文素养（比如工业上有用的人因设计、医学中有用的道德哲学与心理学等）。远离原则和就近原则都是通识教育的途径，前者的目标适合在专业上学有余力的学生，可以被解读为培养领袖、精英的教育，后者更符合大众的、以实用目的或专业化就业为目标的教育定位。重要的是，两者理论上是连续可迁移的，并没有对学生个人预设精英/大众截然两分的限制，主要取决于学生对自己的期许和是否学有余力。

基于中国大学现实，笔者将几种可能的课程建设模式按序列出，如图 1 所示。其中，甲、己分别代表本科仅实施专业教育和仅实施通识教育（即博雅教育）的两种极端，乙、丙、丁、戊则是通识教育与专业教育结合的四种本科课程模式，依次从倾向专业的、实用的、大众的教育到倾向通识的、为己的、精英的教育排列。目前，中国大学通识教育联盟的 10 所大学（2015 年复旦大学、北京大学、清华大学和中山大学成立"大学通识教育联盟"，2016 年香港中文大学、南京大学、武汉大学、重庆大学、厦门大学、浙江大学加入联盟）多采取丁模式，而中山大学和重庆大学的博雅学院作为小规模实验区（两校每年进入博雅学院的学生仅 30 名左右，不到全校每届学生数的 0.5%）采取了戊模式（3+1）。复旦大学在 2016 年本科教育工作会议上提出了全校 2+x 育人的重大构想[10]，预示着通识教育改革将从丁向戊的进一步深化。中国不同类别和层次的大学，应当探索实现不同成色的"通识教育与专业教育结合"。应用型理工科大学、行业性大学和职业定位的大学不应当都向丁、戊模式看齐，而乙、丙

图 1　通识教育与专业教育相结合的课程模式推演

模式可能是更符合实际的妥当定位。

3. 大学能否从中国书院传统出发，在第二课堂和寄宿制共同生活的教育方面与既有学工系统理顺关系

在课程之外，寄宿方式和第二课堂活动是大学通识教育的另一支柱。2005年9月，复旦大学在中国高校中率先以"书院"之名建设共同生活的混合寄宿制度，随后不断充实其教育内涵，试图与中国传统书院精神相承接。如今，越来越多的大学将课外活动与寄宿纳入通识教育的建设范围，并以"书院"之名来对应英文 residential college。师生从游、同辈共学、自主探究、自律自治的古典书院传统在中国现代大学或许就此得以焕然新生。

不过，从复旦大学的经验来看，书院制度改革涉及深层结构性变化，会对原有体系带来很大压力。其关键在于，是否要从原来按专业区隔住宿、学生工作部门归属专业性学院的模式，变为混合住宿，学生工作部门脱离学院，从而成立以书院为单位的管理方式。实践证明，混合住宿既具有一定的人际教育价值，也可能影响专业学习的卷入，如何才能扬长避短？混合住宿还能精细地区分为房间内混住与邻居式混住（房间内同专业而邻居房间是其他专业），房间内混合又可以是跨文理大类的混住、相关相近专业混住（如数学和金融、化学和生物），也可以是同院系内跨专业的混住（如中国哲学与西方哲学）等。同样，从中国大学现实出发，图2列出了几种可能的住宿模式及相应的学生工作管理归属，但没有加入时间变量，也就是A—F的模式可以做一年、两年、三年或全部本科四年，也可以在本科阶段进行一定的组合。当然，决策中还要考虑通识课程的设置方式以及与学生进入专业的时间相匹配等。出于对当前学生工作的把握，我们在列举时确定了一项原则：一个宿舍房间必须只有一名辅导员或负责学生工作的教师。这就使得D、E、F三种住宿情况下学工系统有必要脱离院系。复旦大学2005年至2011年间曾在本科一年级全面实施过E模式和D模式，本科后三年则为A模式。2011年后在"四年制通识教育"的理念指导下，并且配合"大类招生"，改革成为第一年C模式，后三年A模式。总的来说，目前中国大学的学生工作系统在人才培养中发挥着举足轻重的作用，而传统的学工队伍具有高度的专业教育背景，是以院系为单位落实专业教育的一大支柱，过于剧烈的组织变革（如使学工系统完全隶属于书院）可能导致诸多矛盾与混乱。相对而言，A、B、C、D模式比较适合眼下在全校层面推行，而E、F则可以做小规模的实验区。

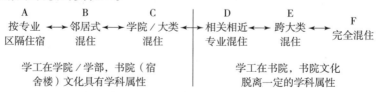

图2 通识教育与专业教育相结合的寄宿书院模式推演

4. 知识精英能否在必读经典上达成一定共识

什么是高等教育必须传授的内容,这是区分是否受过高等教育的标志。什么是某所大学毕业生必须具备的知识、能力或素养?21世纪的社会变革和高等教育发展,使这类问题的答案变得越来越模糊,但只要这类问题仍被追问(历史上这类问题从未像今天这样重要而又难以回答),就必须在通识教育的内容上做出回应。通识教育具有文明传承与凝聚人心的使命,其教育素材首先应当代表着本文明国家历代相传的最有价值的内容。

能否在必读经典上达成一定共识,是决定中国大学通识教育落地生根的本质。经典文本作为思想内容和修辞表达浑然一体的最高典范,既是思想与心智训练的好材料,也是表达风格的好范例。挑战在于,经历了传统的断裂与蜕变的现代中国已然杂糅了多种传统,如先秦以来以儒家为主的古典传统、指引了中国现代革命的马克思主义传统,以及当代社会主义传统等。正因为多种本质上不一致的传统在当今中国同时发挥着作用,而每一种传统内部还存在不同立场之间的张力,这就使得我们哪怕在最低程度上达成何为经典的共识也很困难。目前,我们看到香港中文大学和南京大学在大学内部经过讨论而列出通识教育必读经典书目。香港中文大学自2009年创建了"与人文对话"和"与自然对话"两门所有本科生在一、二年级必修的通识教育基础课,这两门课程的教材便是必读经典篇章的文集[11]。其中,"与人文对话"的选篇包括三部分中西经典共12部的节选[12],体现了高度凝练的共识。南京大学自2015推行全校"经典悦读计划",编纂了六方面共60本经典书目的导读教材。哪怕不具有普遍性,要能够在全校层面达成高度精练的读书共识也是了不起的。当然,这些工作离真正的共识还有距离。当上一代各种专业的学者教师都亲自研读过,他们的思想意识都受其影响熏染,都认为某些书对年轻一代很重要,并且多数都能够教授、带领学生研习这些文本,这种共识才会自然地产生、延续。最终,中国大学通识课程应该上什么内容,不取决于领导的决断力、行政督促教师开课的执行力——尤其不在于开出多少五花八门的课程,而取决于这些来自不同专业的教师都读过什么重要的书,取决于上一代人的共同修养和识见。或许当下正是知识分子从我做起,通过读书和交往,努力成为有共识的"上一代"的开端。

5. 能否切实吸收国外有效教学方法

为了确立本土的大学通识教育,并非一味地排斥西方经验。在课程教学,特别是以学习为中心的有效教学方式上,西方大学的种种经验是值得借鉴的。好比假设西方率先创造了圆形的车轮,我们没有必要为了标新立异而非得重新创造出不同形状的车轮。教学手段的有效性和效率通常是能够得到科学实证的问题,并不存在较大的文化差异。国内通识教育的先驱大学已经引入了许多旨在促进学习投入的教学方法,最常见的是借助助教开展大班授课、小班讨论以及全面规范课程大纲(syllabus),还有强调及时的作业反馈,推行合作学习、随堂小测试等教学技巧，也有的设置 office hour，制度化地促进师生互动，严格作业与考核管理，在保证助教数量的基础上通过专门培训提升工作能力等。

在实际操作中所有教学手段都有其使用前提和成本，"拿来主义"式的学习借鉴不能浅尝辄止，否则难以达到预期效果。比如在开展小班讨论时，中国学生在基础教育阶段缺少理性研讨和口头表达的训练，助教则更加缺乏主持十多人有效开展讨论的能力，小班讨论往往变成各自宣读准备好的讲稿。在加大课后阅读量和作业训练强度时也遇到现实阻力。由于中国大学通识课程通常为2学分，而学生每学期必须选修较多课程（一般10门以上）才能达到毕业要求，这使得学生不可能在每一门课上投入充分的精力。由于我们传统的课程教学侧重如何"教"，而很少专门关注如何"学"的问题，在使用了 MOOC 或翻转课堂等新技术后，教师的教学工作量减轻了，学生的学习投入和学习收获却并没有提升——美国大学在推行 MOOC 与翻转课堂之前已经进行了以"学习"为中心、以切实的"学习投入"为目标的深度教学范式改革。在这些方面不能退却，为了提升学习效果，对国外的先进教学经验的学习必须更加全面和深入。

6. 能否从中国大学实际出发，构建管理和质量评估体系

随着建设工作的全面展开，为避免通识教育背负"水课"之名，教育质量评估与保障迫在眉睫。通识教育效果的全面的评价应当包括四个步骤：第一，对特定大学所提出的通识教育理念与目标的评价，也就是衡量特定大学的理念与目标是否与本文明国家的通识教育理念同向且符合大学自身的人才培养定位。第二，对大学课程设置架构是否能够承载其通识教育理念与目标进行评价。比如 2015 年哈佛大学的自我评估报告就明确指出，2009 年以来新的分布式选修课程与其宣称的通识理念只有名义上的关系，盛名之下其实难副[13]。第三，对大学的通识课程、课程组或模块等课程管理单位的具体教学目标做评价，衡量课程目标之间是否相互关照构成体系，而非杂多泛漫。和专业课程建设不同，通识课程的开设非常容易散漫、无边无际，所以衡量大学通识课程建设水平并不宜以门次数量观，而要评价其精练程度，要追问每一门课程的必要性以及这门课程在通识教育总目标中起到何种作用。第四，对教学实施有效性的评价。这方面有不少先行研究和量表可供借鉴。大体思路不外乎通过教学行为影响学生的学习投入，乃至达到预设的教育目标（学习效果），视课程内容具体情况，既可以采用标准化测试的方式得到直接结果，也可以通过问卷、访谈等得到更全面的间接结果。最终的学习效果指标还应当回归到通识教育的育人目标，与第一部分相呼应，评价由此形成闭环。

在以上步骤中，第一、第二、第三的内容环环相扣，其评价标准应当本土化、本校化，第四部分教学评价方法和测评统计方法则具有普遍的标准，应当注重科学性、客观性和可比性。在兼顾本土意识和科学方法的通识教育效果评价方面，笔者曾以复旦大学和北京大学的通识核心课程为对象做了初步探索，

提出了基于中国经典教育思想的"文质—知行"通识教育目标理论框架,基于国际主流的大学生学习效果的"增值"测评方法,研制出"大学通识教育学生调查"工具并实施评价,参见相关论文[14]。目前,这项工作才刚迈出了第一步,工具设计和分析方法还需要不断优化提升。本文希望抛砖引玉,未来有更多同仁致力于开展立足于本土、本校而运用科学方法对通识教育进行院校研究和监测评估。

四、殊途而同归

香港中文大学创校校长李卓敏曾提出,通识教育"不必然是外来的概念,它植根于中国文化,从来都是中国教育哲学的一部分"[15]。由于话语体系和体制隔阂,其倡议未能实现广泛的影响。如果说"通识教育在中国"的阶段是借助相对发达的西方经验来缩小差距,那么随着中国建设世界一流大学事业的推进,"中国大学的通识教育"将成为必然的主流命题——亦步亦趋的教育模式不可能成为一流,况且美国大学的通识教育也在大量的批评和自我反省中不断探索前进。

中国大学的通识教育能否成立,还关系到中华文明的现代命运与前途。"文化自信,是更基础、更广泛、更深厚的自信",通识教育将成为构建这种自信和认同的制度化载体,进而奠定中国现代社会的共同文化根基。

通识教育也是世界性的课题,如今欧洲、俄罗斯、印度、日本等世界上不同的文明都在其高等教育阶段越来越重视通识教育,这并不能简单地归因于美国的主导。作为大学教育对现代性问题的反省,通识教育的理念隐含着人类文明的"第二次启蒙"。为此,每一个具有活力的文明都应当逐步发展出各自的途径,从各自的传统积淀与文化资源出发,为现代问题探求出各不相同的方案。

参考文献

[1] 石中英. 论教育学的文化性格[J]. 教育研究, 2002 (3): 19 – 23.
[2] 哈佛委员会. 哈佛通识教育红皮书[M]. 北京: 北京大学出版社, 2010.
[3] 列奥·施特劳斯. 什么是自由教育[C]//刘小枫, 陈少明. 古典传统与自由教育. 北京: 华夏出版社, 2005: 8 – 13.
[4] 陆一, 徐渊. 制名以指实:"通识教育"概念的本语境辨析[J]. 清华大学教育研究, 2016 (5).
[5] 李曼丽, 汪永铨. 关于"通识教育"概念内涵的讨论[J]. 清华大学教育研究, 1999.
[6] 钱穆. 改革大学制度议[N]. 大公报, 1940 – 12 – 01.
[7] 潘光旦. 政学罪言[M]. 观察社, 1948.
[8] 复旦大学通识教育核心课程委员会内部资料[Z].

[9] 林建华. 什么是成功的大学教育 [N]. 光明日报, 2015-12-25.

[10] 复旦大学2016本科教育工作会议文件 [Z].

[11] 梁美仪. 经典阅读与人文素质——香港中文大学通识基础课程建设的思考 [C]. 大学素质教育研究会2012年会暨高层论坛论文集, 2012.

[12] 与人文对话简介 [EB/OL]. http://www5.cuhk.edu.hk/oge/oge_media/gef/doc/sample_of_coursebook/Humanity_Intro_Course.pdf 2015-07-15.

[13] General education under the microscope [EB/OL]. http://harvardmagazine.com/2015/05/harvard-college-general-education-criticized 2015-06-05.

[14] 陆一. 把握通识教育的真实效果:"复旦大学通识教育学生调查"工具的研制与信度、效度检证 [J]. 复旦教育论坛, 2016 (1).

[15] The first six years 1963—1969: The vice-chancellor's report [M]. Hong Kong: The Chinese University of Hong Kong: 5.

素质教育 20 年：竞争性表现主义的支配及反思[*]

林小英

一、问题的提出

1999 年第三次全国教育工作会议通过《中共中央、国务院关于深化教育改革全面推进素质教育的决定》，标志着我国从国家层面正式开始推行素质教育，施行素质教育成为教育领域的"基本国策"[1][2]。这项政策与中共中央、国务院 1993 年发布的《中国教育改革和发展纲要》和国家教委 1997 年发布的《关于当前积极推进中小学实施素质教育的若干意见》一起，构成了素质教育政策体系的基本构架。在此基础上，素质教育过去 20 年里形成了一个由多个单项政策与多层次具体政策组成、一直处于不断发展完善过程中的政策体系[3]，成为一个政策集群，呈现出复杂的政策景观。素质教育成为中国教育改革的"词语的政治学"[4]，像印章一样被盖在各种问题导向和理想导向的教育政策文本标题上，成为中国人对"好的教育"的修辞，也成为批判"坏的教育"的专门术语。

学术界对素质教育的政策做了大量研究，为政策提供观念和情怀，梳理素质教育政策演变过程并提供理论注脚，根据现实问题提出改进建议，如加强问责、廓清利益格局、完善配套措施、更新教学范式、回归自身经验和传统等①。

---

[*] 本文发表于《北京大学教育评论》2019，17（4）。

① 正式实施素质教育政策以来，学术界对素质教育的理念和实践进行了密集的研究，提出了诸多政策建议。有些建议与已经颁行的措施相对立，如王策三对素质教育和新课改的系列论辩，可参见：王策三，《保证基础教育健康发展——关于由"应试教育"向素质教育转轨提法的讨论》，载《北京师范大学学报（人文社会科学版）》2001 年第 5 期；王策三，《认真对待"轻视知识"的教育思潮——再评由"应试教育"向素质教育转轨提法的讨论》，载《北京大学教育评论》2004 年第 3 期；王策三，《对"新课程理念"介入课程改革的基本认识——"穿新鞋走老路"议论引发的思考》，载《教育科学研究》2012 年第 2 期；王策三，《恢复全面发展教育的权威——三评"由'应试教育'向素质教育转轨"提法的讨论》，载《当代教师教育》2017 年第 3 期；王策三，《世纪之交的教育论争》，载《中国教育科学》2017 年第 4 期。更多的研究进一步加强了某种政策取向，并提供了多角度的理论依据和实证资料，相关研究可参考：钟启泉、有宝华，《发霉的奶酪——〈认真对待"轻视知识"的教育思潮〉读后感》，载《全球教育展望》2004 年第 10 期；周远清，《我的素质教育情怀》，载《中国高教研究》2015 年第 4 期；顾明远，《中国教育路在何方——教育漫谈》，载《课程·教材·教法》2015 年第 3 期；眭依凡、王贤娴，《再论素质教育》，载《中国高教研究》2017 年第 8 期；傅禄建，《我国素质教育政策及实践的反思》，载《教育发展研究》2011 年第 10 期；刘复兴，《素质教育政策与〈美国 2061 计划〉——教育政策决策和实施程序的比较分析》，载《教育发展研究》2002 年第 10 期；孙凝翔、林子，《"麻烦治理"与无声革命：素质教育再审视》，载《文化纵横》2018 年第 8 期；瞿振元，《素质教育：当代中国教育改革发展的战略主题》，载《中国高教研究》2015 年第 5 期；高鸿源，《改革开放 30 年基础教育政策的回顾与思考》，载《中小学管理》2008 年第 11 期；杨润勇，《关于教育政策执行过程的管理问题研究——以素质教育政策执行过程为例》，载《当代教育科学》2007 年第 5—6 期；阮成武，《由冲突到分享：素质教育政策新视角》，载《教育学刊》2008 年第 3 期；杨润勇，《新时期进一步落实素质教育的几点思考》，载《江苏教育研究（理论版）》2008 年第 4 期；杨润勇，《素质教育政策运行过程中的评估问题分析》，载《江西教育科研》2006 年第 7 期；刘道玉，《论素质教育的本质特征与实施途径》，载《华中师范大学学报（人文社会科学版）》2015 年第 5 期。

不少建议被决策者采纳,推动了新一轮素质教育旗下的核心政策出台,而综合素质评价、新高考改革、中国学生核心素养等这些对学生培养目标和途径的新规格,也转化为对教师专业化的提升要求和途径。

随着素质教育的推进,"办人民满意的教育"成为政府对教育的总体要求和衡量标准。不可否认的是,在过去20年间,素质教育政策的理念深入人心,优质教育的相关词汇变成人人都会套用的说辞,但公众对教育的不满并未减少,反而是焦虑感与日俱增。一个显见的事实是,送孩子出国读书的人越来越多。20年中渐次推出的一项项重大教育改革,如被称为"素质教育"核心政策的新课改、减轻中学生课业负担、治理择校乱收费、新高考改革、学生发展核心素养等,似乎不是让民众对教育越来越放心,而是越来越紧张。回望过去的20年,每一项政策都从良好的愿望出发,最终却往往以失望而告终。决策者对其中出现的问题和推进的困难缺乏深刻的检讨,惯常以推出新一轮决策咨询、打一块新的政策补丁作为替代,使得素质教育成为一个边界不清、内涵模糊的大标签。与素质教育相关的政策把一切能想到的良好愿望都吸纳进去,但教育实践似乎在遵循着不同的逻辑,坚韧不拔地形成了自己的演进轨迹。

失败的政策导致进一步的政策,这是"政策积累效应"[5];政策执行的时间越长,政策的意图结果越弱,而非意图结果越强,这是"政策效果递减规律"[6];每一项政策都不是单独发挥作用,而是在相关的政策集群中相互参与、互为背景、共同牵制,这是政策"文本的互联性"[7]。根据这三个概念的提示,笔者清理了20年来素质教育的核心政策和与其有着深度文本互联性的政策之间的关系(图1)。

在国家和政府层面,素质教育展现为一种教育理念的表达、一种政策价值的倡导和一种教育措施的颁行。然而,"上头千根线,下边一根针",所有的政策最终都要落实到学校的管理行为和教师的一线教育教学活动之中,校长和教师成为政策过程末端的承担者。教育政策只有最终转变为学校的管理措施、教室里的教学常规、教师的教学行为和学生的学习行为,才算进入政策生命周期。教师和学生的行为成为观察素质教育政策过程最适切的聚焦点。一项政策在真实世界的运行,并不以该项政策文本所表述的物理界限为行动边界,研究者也不能想当然地以其为分析边界。政策文本并不是语言范畴的现象,更是权力的表征。权力与法律和国家机器非常不一样,也比后者更复杂、更稠密、更具有渗透性。如果我们看待权力的时候,仅仅把它与法律和宪法,或者国家和国家机器联系起来,那就一定会把权力的问题贫困化[8]。任何教育政策都不可能单纯从理念出发而制定,研究者必须剖析政策的表面和深层意义,特别是在政策实施时经由权力施加而可能带来的教育及社会效果。

教育政策研究有三种理解视域和研究取向:第一种是对国家在教育领域内所采取的行动、计划与工程加以解释;第二种是理解社会各方特别是国家对特定教育政策所赋予的意义、所做出的阐释以及尝试达致的意图,并分析这些意

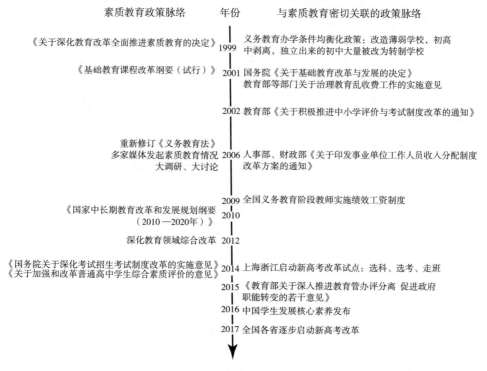

图 1　素质教育政策集群的文本互联性

义与意图为何在特定政策脉络和/或政策文本中得以彰显；第三种是揭示有关的教育议论如何形成，并检视它所制度化的教育价值与实践的认受性基础，批判它可能造成的在教育及社会上的偏向与扭曲[9]。如果将素质教育作为一种政策现象和问题，如何在研究视域中得到理解？首先，素质教育作为事实上的政策已经正式施行了20年，然而对何为素质教育、究竟应该是怎样的做法，依然存在大量的争论，因此很难说形成了稳定的、具有权威性的素质教育价值或"话语"，对其研究不适用于第三种视域。"素质教育"一词是在提高全民族素质的呼声中慢慢浮现出来的，直到1999年第三次全教会才正式以国家政策文本的形式发布而得以定型。这应当适用于第二种教育政策研究的理解视域。然而，自从国家政策将素质教育内涵确定以后，对素质教育的阐释之门似乎就此关闭，因为权威性的定义和做法已然在政策文本中流通，政策过程的利益相关者只需带着标签去行动。由此就进入第一种教育政策研究视域，将素质教育政策视为政府的行动、计划和工程以及它们切入学校和教室情境中的行为。如此一来，由学校管理行为和教师行为所构成的"综合沉淀物"反过来也能集中反映素质教育政策集群的"政策积累效应""政策效果递减法则"和"政策文本互联性"。据此，素质教育政策过程可以简要地分为三个相互关联阶段的主体行为：政府的政策倡导、学校的管理行为和教师的教学行为。

本文将对素质教育政策体系中政府、学校和教师三方面的角色变化、工作原则、核心话语给予整体性勾勒，进而确证这三类主体行为的支配框架（表1），然后回答如下问题：在素质教育正式实施20年间，政府的政策倡导、学校的管理行为和教师的教学行为如何相互回应、相互冲突而又相互建构？这给素质教育的本体论、知识论和方法论带来了怎样的争议和问题？在提供一种不同视角的政策辩论的同时，本文也希望回应学术界时常提到的一个实践难题：为何素质教育政策宣称的良好愿望在学校教育实践中很难实现？

表1 素质教育的支配框架：政府治理、学校管理和教师表现

项目	政府	学校	教师
角色变化	提供者→管治者	庇护者→组织者	合作者→分工者
工作原则	检查问责	绩效考核	操演表白
核心话语	治理	管理	竞争
支配框架	监视—评估主义	规训—管理主义	竞争—表现主义

二、政府从提供者变为管治者：监视—评估主义

（一）政府从教育提供者变成管治者：教育系统的"分权"与"开放"及监视关系的形成

1993年，《中国教育改革和发展纲要》提出确立"中央与省（自治区、直辖市）分级管理、分级负责的教育管理体制"，"改变政府包揽办学的格局，逐步建立以政府办学为主体、社会各界共同办学的体制"。在政府与学校的关系上，转变政府职能，"由对学校的直接行政管理，转变为运用立法、拨款、规划、信息服务、政策指导和必要的行政手段，进行宏观管理"；"学校要善于行使自己的权力，承担应负的责任，建立起主动适应经济建设和社会发展需要的自我发展、自我约束的运行机制"。这种办学体制和教育管理体制沿用至今，产生的矛盾在21世纪初的10余年间十分明显，这就是"教育管理分权化/地方化"的正面倡导所带来的地区教育不均衡及恶性竞争的消极后果，以及"多渠道筹措经费"的积极措施带来的"择校乱收费"所开启的长达十余年的治理教育乱收费的负面结果[10]。权力下放不仅仅是上级权力的让渡，结合"对社会力量开放办学"的法律界定，这也意味着政府各部门将不愿意承担的责任全部推给下级机构和学校，并鼓励它们挖掘社会资源，是国家在"分权"的政治语汇下从公共领域退出和卸责的表现。在素质教育系列政策的交互作用下，某些拥有优质教育资源的地区出现"国退民进"就是这种政策沉淀的结果。

2006年，教育部与中宣部、人事部、中国社科院、共青团中央等部门一

起，进行了素质教育情况的大调研，同时在《人民日报》《光明日报》《中国教育报》等主流媒体上对素质教育和应试教育问题开展大讨论。这次调研出产的调研报告和文章大多将素质教育政策落实不力归咎为地方政府不重视，政策建议指明需要加强问责。与此同时，当年修订的《义务教育法》也将素质教育确定为教育领域的"法定要求"。将一种教育理念上升为国家法律的层面，这表明肯定和重视，也造成了困惑——素质教育到底是一种教育理念，还是一种政策倡导，抑或是法定的强制措施？如果以法律的途径来实施，在现实中应该是一种怎样的"令行禁止"的责任或义务？然而，法律规定很快转变为一种"问责"的依据——不仅问责地方政府执行素质教育的力度，而且问责学校的管理行为、教师的教学过程，在学校教育中实施"透明度的暴政"[11]。

福柯在研究诊断医学的起源时提出的研究问题是：医学的目光是怎样制度化的？它怎样在社会空间打上烙印？新型的医院为什么既是这种目光的后果又是对这种目光的支持？他注意到，在一种中心化的观察系统中，身体、个人和事物的可见性是诸多管制性建筑的规划最经常关注的原则[12]。在"圆形监狱"中，中央造一座塔，让看守者待在其中，上面开很大的窗子，面对外部环形建筑的内侧。环形建筑被划分为一间间囚室，每个囚室有两扇窗户，一扇朝内开，面对中央塔楼的窗户，另一扇朝外开，可以让阳光照进来。疯子、病人、罪犯、工人和学生被投进囚室，这与地牢截然相反：比起黑暗，阳光和看守者的目光可以对囚禁者进行更有效的捕获，黑暗倒是具有某种保护的作用[13]。"圆形监狱"的建筑形制通过福柯的理论一般化，变成了现代社会诸多建制的基本原理——可视的隔离模式系统。每个系统都存在一个中央监视点，作为权力实施的核心，同时也是知识记录的中心[14]。观看系统是为解决监禁问题而设计出来的权力技术，为权力简易而有效地实施所必需。如果用福柯的眼光审视中国素质教育政策在20年中的演变就会发现，在被加持了信息技术的21世纪现代社会，"圆形监狱"的"透明度的暴政"机制中权力作用程序更为丰富多样。

2017年1月国务院印发的《国家教育事业发展"十三五"规划》（以下简称"'十三五'规划"），几乎囊括了素质教育政策正式实施以来的所有措施，成为图1所示的素质教育政策文本互联性结果的综合体现。"十三五"规划涉及政府的素质教育规划职能可以归纳为四个方面。第一，着力推进教育教学改革，完善教材审查审定和使用监测制度，全面开展课程实施监测和管理。第二，发展"互联网+教育"，鼓励学校利用大数据技术开展对教育教学活动和学生行为数据的收集、分析和反馈，为推动个性化学习和针对性教学提供支持。第三，建立科学评价体系，防止单纯以升学率考核学校和教师、单纯以分数评价学生，把学生的品德、学业、身心发展水平和兴趣特长养成等作为评价学校教育质量的主要内容；建立学业负担监测机制，切实减轻中小学生过重课业负担。第四，改革教育治理体系，深化简政放权、放管结合、优化服务改革，落实学校办学自主权；扩大社会参与，提高教育开放水平，整体提升教育服务经济社会发展的能力。

这些规划不仅带来学校质量评价、学生综合素质评价、减轻学业负担等监测指标和新的制度建立，更重要的是一种新的权力分配，即所谓"规训"（dicipline，又可翻译成"纪律"），带着全套的结构和等级、检查、操练和各种制约。政府并不直接指挥每个学校、每个教师的工作，但是通过"分权"和"开放"，在学校和教师周围建立起一套监视的目光，严密的监测关系就此形成。21世纪学术界最流行的管理理论之一政府治理理论对此提供了足够的学术支持。不论从实践角度还是理论角度看，政府的角色都发生了转变：从素质教育政策实施之前的教育提供者变成了教育系统的管治者，站在了学校和教师的上面和对面。

在现代"治理模式"中，注视占有重大地位，这就是盛行于各种政策执行、政策评估和一些重大项目运作过程中的常用权力技术——监测。监测并不直接采用强制的形式要求对象做某种行为改变，它仅仅是一种"注视的目光"就可以了。每一个人在这种目光的压力之下，都会逐渐自觉地变成自己的监视者，这样就可以实现自我监禁[15]。教室就是这样的制度化空间，通过"看法"的统治而得以让师生按照自我监控的方式不自知地操控了自己日常生活的实践。权力可以通过在一种集体的、匿名的凝视中得以实施——人们被看见，事物被了解。"通过透明度达成权力"的公式在许多领域施用，通过"照明"实现压制，实现清晰的视觉[16]。

"可视性"完全围绕着一种统治性的、无所不见的凝视，为严酷而细致的权力服务。在今天的政治语汇中，公开和透明成为一种不假思索的正确，教育行政部门要求学校开门办学、开放教育系统、引进社会力量、公众广泛参与。社会力量被教育政策和法律允许进入教育领域，为学生提供多样化的选择，激发一些市场竞争的活力。然而社会力量不仅仅是教育的参与者，也是监督者。人们一般这样看待公众舆论的潜力：既然公众舆论是好的，是全社会机体的直接意识，那么只要在全社会注视的目光之下，公共机构就会变得善良；公众舆论是社会契约自发的再现[17]。过去20年里教育与媒体之间的关系变得越来越纠缠不清。学校越来越有利用媒体为学校做宣传的意识，学生和家长越来越知道如何利用媒体为自己抗争，媒体也越来越擅长抓住教育话题和问题做文章，制造热点同时扩散焦虑。政府作为管治者，往往充当最后的救济者来协调学校、家长和媒体三者之间的关系，并据此出台补救政策。然而，忽视了公众舆论产生的真实条件、公众舆论的"媒介"，相信公众舆论天生是公正的，是自发地产生的，是某种民主的监督，不能觉察公众舆论必然是在政治经济利益的支配之下工作的，导致今天的新闻媒体和自媒体把"观看的政治的所有乌托邦性质发挥得淋漓尽致"[18]。从20年前呼吁媒体作为第三方力量对公共部门进行民主监督、敦促教育界开放办学，到今天媒体主动读取素质教育政策集群中的各项政策和细化措施并给予解读和预测，媒体已成为一种左右素质教育实施的重要力量——决策者和管理者或加以利用，或甚为警惕。"教育舆情"成为一种新议题，进入课题研究、政府研判和学校发展的主题之中。这正好吻合了实施"全景"权力的技术观念。一方面被歌颂成伟大的进步，成为一种诗意的音调，另一方面又被视为一种可被批判的权力对个体窥视的执着。教育系统的这种开放性除了加入社会力量和外部监管的民主意义，也让学校失去了作为一种独特的、包围着未成年人的教育机构所必需的封闭性和篱笆，也就意味着失去了对教育中传统价值的保守和庇护。

通过发表国家权威式的"看法"，政府也可以通过对特定社会群体的控制或者是某种示范性的干预不可见地参与教育空间的配置。"十三五"规划在"全面开展课程实施监测和管理"措施中提出，"支持有条件的地方推行小班化教学，鼓励普通高中实行'选课制''走班制'，开设多样优质的选修课程。推动合作探究式学习，倡导任务驱动学习，提高学生分析解决问题的能力"；"支持有条件的普通高中与高等学校、科研院所开展有效合作，推进创新人才培养。继续推进中学生科技创新后备人才培养计划、全国青少年高校科学营等活动，积极试点探索大学先修课程"。政府通过对基础教育的学校进行权威性的等级认可，特许某些学校实施引领式、精英性与创新性的改革（特别是在招生政策上的差异原则），将不同地区、不同资源禀赋的学校纳入等级阵营。学校、教师和学生在一种等级化了的微型社会、微型世界中强化自身的认同，如某些优质中学喜欢宣称的"深中人"（深圳中学人）、"雅礼人"（雅礼中学人）的自我称谓，饱含的不仅仅是对学校文化的归属感，更是教育生态中的身份界定权和空间配置权在个体心理优势上的反映。

（二）问责：政府治理教育工作的基本原则

权力只有很弱的"解决"能力，无法对社会机体进行个人化的详尽分析，但可以在更具连续性的微观渠道中流通，能够直接贯彻到个人及其身体、姿态和日常行为。通过这种方式，权力即使是在统治各色人等时，也能像对一个人那样起作用[19]。如果权力是在精密复杂的机器一样的系统中实施，起作用的是人在系统中的位置而非其本质，也无法依赖单独的个人。在"圆形监狱"中，每一个人根据其位置被所有的人或某些人所观察[8]。这是一个最为便捷的"视觉机制"——无须考虑个体行动的具体特征和内心感受，只需要对其所在位置进行标准化观察和测量，从而形成数量化的"常模"，以此比对该位置占有者的可见行为是否"合模"，最后确定奖励还是惩罚。这恰好就是问责的内涵和方法。例如2000年，教育部发布《关于在小学减轻学生过重负担的紧急通知》，要求在教学方式、复习资料、教师违规、课外作业、各类考试、免试入学、竞赛等方面严格执行政策规定；2009年，教育部发布《关于当前加强中小学管理规范办学行为的指导意见》，要求各地科学安排作息时间，并组织全面检查；2010年，国务院发布《国家中长期教育改革和发展规划纲要（2010—

2020年)》,首次要求建立中小学生课业负担监测制度,建立中小学家长委员会;2013年,教育部发布《小学生减负十条规定》,要求阳光入学、均衡编班、零起点教学、减少作业、锻炼一小时、规范考试、等级评价、一科一辅,严加督查。"课业负担监测制度"的明确,让"监测"和"问责"成为一对概念经常同步使用,政策工具和结果使用构成不言自明的"科学的"因果联结随处使用。上述政策被不少研究者认为说明国家在问责制度上更加完善,建立追究相关责任人的制度,在绩效考核制度上更加科学正确[①]。

问责的政策设计并不是结构和程序的创新,然而它对利益相关者的改变却是重大的——重建关系和主观性,以及由此带来新的规训。实际上,在素质教育每项细碎的改革措施中都有嵌入式的、被要求的新身份,都会形成新的互动形式和新的价值观。问责文化的兴起使政府作为权威公共部门吸纳了市场领域的话语,如"市场""管理""绩效"(performance,又可称为"表现""表演"),提供了各自不同的主体位置、规训和价值(表2)。

表2 对公共部门施加的话语干预

	市场	管理	表现/绩效
主体位置	消费者 生产者 企业家	管理者 (被管理的) 团队	被考核者 比较测定者 竞争者
规训	竞争 幸存 量入为出 最大化	效率 效能 合作文化	生产率 目标 达成 比较
价值	竞争 机构的(institutional) 利益	"有效"(what works)	所表现的 值得的 个体的 捏造(fabrication)

资料来源:BALL S J. (2003). The teacher's soul and the terrors of performativity[J]. Journal of Education Policy,2018,18(2).

教育政策引入上述话语干预策略后,政府所提供的公共服务就安装了新的"话术",人们可以使用新的语言描述角色和关系:学生是潜在的"人力资源",学校要进行"人力资源管理";学习是"具有成本—效益的政策结果",学业成就是一套"生产率目标";学校好像工厂,教师作为生产者加工学生,以供市场检验;政府就像行业协会,负责制定行业标准,定期进行评估和审查并比较

---

① 类似的观点在已有的研究中比较多见,特别是在大数据兴起以后,更是认为这种因果逻辑可以经由日常行为数据的生成而得到验证。可参见:王建,《减轻小学生课业负担政策执行及检视》,沈阳师范大学学位论文(2014年),第18页。

绩效。在新的话语干预下，旧的思维方式和相关做法变得陈旧或冗余，甚至是阻碍。可以发现，一旦"素质教育"的概念被确定为国家教育理念，素质教育所批判的对立面"应试教育"也随之而丰富起来，尽管最初大家并不知道应试教育的罪过到底有多少。必须善于用新的词汇表及其规定的"能指"来表达和定位自己，其他言说的可能性是非常有限的。对教育改革的词汇来说，这是一种"口技"的形式[20]。

接受问责，意味着组织必须做出符合规训的转变或再造，"要接受审计，组织必须积极转变为可审计的商品"[21]。换句话说，"通过审计进行殖民化，以指导文化的游戏技巧形式"创造了"创造性合规的病态"[22]。斯蒂芬·鲍尔（Stephen Ball）将这种病态称为"捏造"（fabrication），分为组织的捏造和个体的捏造两个层次。同时，捏造也意味着一种矛盾：一方面，组织结构倾向于躲避问责或转向直接监视的方式，它们提供了组织与其环境之间的计算方法；另一方面，组织的工作需要服从于表现（或绩效）的严格性和竞争原则[20]。绩效为本的问责制（performance-based accountability），推行面向所有学生的标准化考试，并以学校为单位对考试结果进行公开排名，失败的学校被勒令在限期内做出改进，或面临被关闭的可能。这种绩效为本的问责制度以"教育质量保证"为名，成为政府向市场和社会公众最好做交代的方式。

由此，问责文化通过组织结构的矛盾性转化，变成组织内个体的绩效竞争。绩效指标其实是高度选择性的，突出一些的同时吞噬了另一些，然而却经常被称为"客观的"和"科学的"。当学校的教师竞相争取高绩效分数（如所教学生的优秀率、升学率、赛课名次、教学创新获奖数、教研成果发表数等）时，也需要极力隐藏一些与绩效指标不符合的行为和结果。政府清楚地看到由监测和问责而来的绩效竞争的闭锁效应，再要改变十分艰难。从此，指标语言接管了服务语言，问责语言接管了信任语言。

早在20世纪90年代，米歇尔·包尔（Michael Power）面对现代政府和组织运行如此信赖外部审计而导致内部信任的衰退时，精辟地指出了审核和问责文化对组织主体性和成员之间相互关系的侵害："如果那些从事日常工作的人不被信任，那么人们就转向参与监管他们的专家，依靠文件证据的形式，最终依赖审计员和检查员本身的表现。如果您信任这些措施，那是因为您无法信任那些从事日常工作的人的绩效结果。审计师并不会因为他们是外部机构而受到不信任；事实上，目前的趋势是到处'内化'审计职能，从而提高组织自身的自我检查能力。"[23]对于中国素质教育20年中政府的管治模式所造成的问题，包尔给出了明确的答案。

（三）监视—评估主义：政府的管治伦理

管治效能（governmentality）要可见，必须规定明确的操作步骤：首先，政策强调"增值指标"是科学化、可靠和准确的测量工具；其次，利用这些工具对管治对象（中小学及其校长）进行考核；再次，利用这些科学化的考核结果，管治者可以把管治对象层级化（hierarchization），并要求管治对象常模化（normalization）；最后，可以对未合模的管治对象加以各种的规训与惩罚（discipline and punish）[24]。当教育行政部门变成了一架"管治效能"机器，对素质教育的治理就必然采取指标化、层级化以至常模化的手段。管理越来越依托于指标及大数据实现，改变了学校的组织及其运作模式。实践共同体内的互动和专业化的管理让位给了组织管理和官僚体制。

一方面，政策文本宣传"全面推进素质教育，要坚持面向全体学生，为学生的全面发展创造相应的条件，尊重学生身心发展特点和教育规律，使学生生动活泼、积极主动地得到发展"；另一方面，指标化、层级化和常模化的长远后果却可能对学校的教育教学造成扭曲，加剧现行中小学教学早已普遍存在的应试操练的教学取向。同时，素质教育政策一般也会强调促进教育均衡化，保障弱势群体享受优质教育的权利，如调整农村中小学布局。然而，在指标化、层级化和常模化的政策工具面前，优质资源越来越呈现出集中趋势，均衡化的努力常常被抵消，甚至失踪。这就是教育产品指标化的权力展现及其出乎意料的效果。

"指标化"是指建立一个正式的程序，公布行为规则，并要求社会资源投入，使原本中间出现的行动过程变成明确的习惯。为了使该行动过程稳定化，行动模式便进一步具体化，且审核范围不断扩大化，例如考核高层次思维、审辨式思维、学生的学习态度、教师的课堂教学过程等。素质教育催生了不同形式的评估，不论采用什么范式，在学校评估过程中常见的迎评指导手册、指标解读手册、迎评动员大会等，与指标化不无关系。决策者和管理者的收获是显而易见的——以形式化的程序支配所有组织成员的决定，并能容易地教授新来的执行者。

从结果评估走向过程评估或发展性评估是教育评估十余年来的一大趋势。重视过程，意思是为良好结果的产出提供更多的外部监控和内部保证。实际上，这也可以说是当权者在控制产品结果之余，还要全面施行管理和监察的控制程序。学校随时需要提交各种表格就是例证，学生和家长也需要经常向学校提供各种学习过程的表格也是例证。所有教育工作者和政策制定者都需要不断留意达致这些指标的程序，并监测其工作成绩与绩效合格或优秀标准之间的距离。市场中的大数据公司向学校、政府机构兜售各种过程性数据的搜集系统也是例证。利用这种大数据进行过程监控和结果反馈便是人们对指标化高度迷信的力证。

利用大数据开展过程性评估，已经成为相当便利又可以自称为科学的监测方式。在大数据对教育的作用方面，学界普遍认为大数据可促进教与学，能推进教育决策的科学性[25]，可完善教育质量监控体系，会促进教育评价的全面性和客观性，且能助力智慧教育[26]。然而，如果大数据收集系统并没有伴随组织的流程再造，那么其科学性便无从谈起，只是人们一厢情愿的自欺而已[27]。至关重要的是,数据制造的行为和制造本身已经嵌入教育实践,并通过实践记录和报告系统得以再现,实践者还要努力排除其他不符合传达要求的内容。以指标化数据为基础的评估使学校和教师的反应性、创新性或防御性、反抗性,都在数据库中被识别为可计算的合理性,并以"科学理性"的价值取向而出现,它由"强有力的程序"支撑,被"最佳实践"标榜并保持"改进",通过数据清洗进行平滑化处理,始终在寻找"有用的"样本并推及总体。

一切都看上去很美,然而这种似乎使公共部门更加透明的技术和更加复杂的计算,实际上可能导致它们变得更加不透明,迫使校长和教师开发出内部人都心知肚明而外部人浑然不知的"数据游戏技巧",有时是直接的失实陈述或"作弊",有时是数据填报的系统性偏差。教师和校长发现自己年复一年地面临在竞争环境中达标或争优的压力。评估数据和结果的集中趋势会将这些问题呈现出来,推动决策者频繁地为政策打补丁,如此带来教育系统中不断流通的猜疑和信任的匮乏。时间将矛盾转化为振荡,20年里素质教育的老问题和新倡导在一轮又一轮的教育改革中交替。

三、学校从教育的组织者变为管理者:规训—管理主义

(一)学校从庇护者变成组织者:学校内部竞争性文化的形成

新千年的学校管理与以往最大的不同可能表现在,学校越来越多地以发展规划、战略文件、未来目标、年度审查等形式构建各种正式的"管理账户"以及对个人评估使用的"个人门户"。每个学年结束,20年前以集体会餐、年终总结会、联欢会等形式回顾和审视学校工作的方式不再常见,代之以每个人在电脑前的网络系统中填报由必选项和可选项组成的表格所要求的业绩数据。教师之间不再交流,也不用批评,通过数据库的后台运行计算,绩效高低一目了然。对于学校这种非生产性的组织而言,象征在这里与实质一样重要。一年一度的规定动作所产生的文本以有光泽的出版物和正式计划的形式出现,象征和"代表"学校的共识,也可以作为制造共识的手段,取代或包含了差异、不同意见和价值分歧,变成学校的日常社会关系和实践。在表演性体制中,自上而下的操纵链条被科学化的数据隐藏,最有价值的是有效而不是诚实,教师和管理者的道德实践在此都是二级伤亡[20]。面对社会环境的不断变化,管理机构越来越依赖"监测系统"和"信息生产",这就是利奥塔(Jean-Francois Lyotard)所说的表演性恐怖(terrors of performativity)[28]。

在表演性的组织文化中,质量(quality)被定义为投入和产出之间最好的方程式。在"表演原则"中,组织的目标就是最大化产出(获利)与最小化投入(成本),由此提供金钱价值(value-for-money)。当质量被定义为金钱价值时,质量审核就具备了三个操作性特征:经济(economy)、效率(efficiency)和效果(effectiveness)。经济指的是投放在最可能的事物上的资源的获得性;效率是指用以达到既定产出水平的资源的利用性;效果是指结果与目的之间的

匹配性[29]。当质量保证以这三个特征附着于学校管理，学校作为一个本应该庇护其中教师和学生的教育机构，却变成了一个企业，校长更是教学生产过程的组织者，在学校实施绩效工程。

然而，绩效的社会工程满足了人们对增长和增值的需求，也产生了难以解决的矛盾。教育系统围绕标准化绩效指标的工程越整体化，学校和教师要为学生的学习需求提供弹性化满足就越困难；对教师活动的绩效审核盯得越紧，就越不可能在学生的正式学习需求和在非正式空间和时间追求自己的学习进程中达到平衡，而这正是素质教育在理念上和政策文本中极力倡导的。以提高生产力为目的的绩效管理，最后遭遇到了反生产力的效果。

在问责文化中，学校要直接面对来自家长和社会的监视，家长委员会、学校开放日、家长进课堂以及即时通信工具的使用，让学校的工作处处面对外部审核者的凝视并及时做出调整和修改，学校管理系统也要向审核者保持透明。随着时间的推移，问责和质量保证二者不得不时而松绑、时而捆绑，表现为一种振荡式管理（oscillatory management），直到暂时满足服务需求为止。教和学都必须做到能够满足审核和问责的要求，然而真正值得的教学过程和结果是不能被提前标准化的，也不能被限定在可测量的产出范围之内。学校怀抱着素质教育高远而全面的培养目标，实际上不得不奉行管理的拆解化和标准化指标，产生了匪夷所思又惯常可见的"机构的精神分裂症"（institutional schizophrenia）[30]。

（二）绩效指标：学校管理工作的主要原则

2008年，国务院审议并原则通过《关于义务教育学校实施绩效工资的指导意见》，决定从2009年1月1日起，在全国义务教育学校实施教师绩效工资。2009年，教育部发布《关于做好义务教育学校教师绩效考核工作的指导意见》，规定："义务教育学校教师的绩效工资分配将以绩效考核结果为主要依据，建立符合教育教学规律和教师职业特点的教师绩效考核制度。"这两个政策文件虽然并不直接指向素质教育，但与素质教育评估政策有着紧密的文本互联性，由此，政府作为管治者的监视—评估主义以对教师进行绩效考核的形式作用于学校的日常工作，变成学校管理的主要原则。

会组织活动、会说课、会进行参与式教学和小组活动教学、会做教学成果展示等，成为素质教育中教师的金科玉律，谁想晋升，必须先会做这些[31]。但是这些指标要求真的是为了实现素质教育吗？管理成为一门学问，首先是建立书写程序。一个良好的"规训"必须有书写的程序和档案。素质教育政策自上而下推行，常常伴随着教育行政部门和学校制作表格和订立步骤，使个人资料得以纳入各种累积系统，并且使每个学生和教师的数据可以换算成"可计算的人"。"书写权力"是规训机制的一个必要部分[32]，"一切事物都正在或倾向以书写为中心……以接受纪律规训"，虽然这些符码不论质还是量都比较简单浅陋，但却标志着人在权力关系中"形式化"的第一阶段[33]。素质教育实施的

20年，也是学校组织教学活动需要填写的表格有史以来最多的20年。表格既是一种权力技术，又是一种知识规则，关系到如何组织复杂的事物，以求获得一种涵盖和控制这种复杂事物的工具，关系到如何将复杂事物变成一种"秩序"的问题。指标赋予执行者索取学校和教师个体数据作为合法性规训之用的权力，审查制度随之产生，管理、评价等书写工作增多，文件和会议作为管理的显性流程得到贯彻。教学质量保证领导小组、质量评审小组、增值计算方法彼此相辅相成，通过文件流通建立了学校的规训机制[34]。

学校管理就此进入客观的技术性范畴，学校中重要的实践共同体——教师的教研群组的主体性被搁置和忽略。作为文件流通系统中的表现指标必须可测量，无论采用质性还是量化的方法，都是以行为表现作为观察的焦点。在现实中，因为已经获知测量的内容，教师和学生都可以反复操练以符合指定行为，达到指标要求。权力正因这种相互关系而得以介入，展现其支配、驯服他人的本质。指标将"我们"变成"他们"，将人变成一个"可计算的人"，从而变成管治产品和教育产品。书写不单是交报告，也规范着书写者的心灵，要他们谨记指标的要求，不断将正在发生的经验与之结合，接受潜移默化。教师和学生不断爬格和填表，将每日事件以符合指标的价值方向书写，再上交给上级检查，从而被区分出"好"与"坏"，排列榜单公布出来[34]。

这种依赖于组织内部的表格化、数字化、文本化和程序化的管理模式，在21世纪初风行一时，以"质量认证"之名而被许多机构花钱购买，用以进行组织流程再造。这种模式引发的矛盾显而易见：一方面，它倚赖文本委派管理之责，容易集中控制，但远离了员工之间信任；另一方面，建立了新形式的即时监视和自我监测，评估系统中"目标设定—输入—输出"的逻辑简单、易于操作，但同时也易于被员工反过来利用。实际上，这种学校管理模式并不是中国首创，也不能归咎于素质教育的任何政策倡导，而是一种新公共管理运动的浪漫理念在全球各个国家各个领域的展开。2000年就有研究者在对英国小学所做的案例研究中发现，在大多数教师受访者中，"低信任度"处于上升趋势，并伴随着正式的"寻求安全"策略的激增，教师感觉到了高度的情感损害、生存焦虑和恐惧[35]。中国在追求素质教育的道路上，从来不乏积极努力地向外学习的谦卑与执着。例如2015年开始有一种"中国教育学芬兰"的奇怪之风吹起，芬兰人自己可能都未曾预料，本国的教育居然受到一个有着漫长教育传统的文明古国青睐，教育界不断组团去芬兰参观考察访问，举办高级别的教育论坛，回头将所见的做法推荐给素质教育。这种置自身复杂而丰富经验于不顾而全然学习一个单一化程度高很多的国家的教育措施之举动，实属罕见。

在绩效为导向的学校管理模式下，监视技术的开发极为流行。教育被视为产品，产品被测试自然合理，能力、态度、取向都可以测量；产品测试技术随即广受欢迎，每个人均可附上一个指标文档（profile），任由"用户"各取所需，提取部分加以运用。吃这行饭的人也就多了，测试工业阵容更形鼎盛，产品测试的声音更大。教育测试行业蓬勃发展令教育界多了技术员和工程师，并且合理化了有权势者干预教育过程。他们以产品用户和监督视察为名，要求学校教育生产其希望的产品。他们可以通过制定测试和获知结果，引领、监视甚至奖赏他们期望的行为，以外行人的眼光监控内行人的一举一动[34]。再加上媒体作为自认为公正的第三方参与，更强化了外部人对教育内部活动的干预，并得到无可置疑的合理化。

指标首先出现在研究方法之中，当进入行政决策领域成为一种决策依据时，正好符合了"决策科学化"的追求，成为政府和管理部门常用的政策文本修辞。在决策层面上，教育指标有政策声明、监控、关系研究、分类、基准五种功用。在考虑相关资料时，经由统计方法编制一组具有代表性指标来衡量重要的议题，在决策时一并参考。在实施上，可以检视实现契约义务的程度，管制教育品质，达成教育目标最有效率值的方法，为教育消费者提供做选择时所需的资讯。一套值得信赖的教育指标也可以改善社会大众对教育的了解，化解推动教育改革的阻力。换言之，指标是一个可计算的陈述，以压缩信息的方式让有关人士概略理解现象。因此，指标是决策者的理性决策工具，也是对外和对内的品质标准声明，不但表明立场，而且是提出政策改变和/或维护的利器[35]。

（三）规训—管理主义：学校管理的技术伦理

福柯曾指出，18世纪以来驯服他人的设计有三种规训技术（disciplinary technology）："零敲碎打""控制机制""驯服—功利关系"。"零敲碎打"是指"分别处理，对它施加微妙的强制，从机制上——运动、姿势、态度、速度——来掌握它"；"控制机制"则是指"机制、运动效能，运动的内在组织，被强制的不是符号，而是各种力量，唯一真正重要的仪式是操练"；"驯服—功利关系"则是"意味着一种不间断的、持续的强制，尽可能地严密地划分时间、空间和活动的编码，使得人们有可能对人体的运作力以精心的控制，不断地征服人体的各种力量"[36]。总的来说，规训技术史将身体作为一个客体，在分拆后将部件区别、精心计算并有针对性地训练，目的是操控部件和整体达致效率，以求成为驯良的身体，可以被屈从、利用、转化和改进。

学校管理的绩效指标也具备这三种规训技术的特性。指标将原先"人—活动—人"这一教育中不可分割的整体，以"零敲碎打"的方式分别处理，对学生多方面的能力，如新课改强调培养学生的沟通、组织、自学、分析、信息检索、创新等能力，利用"参与、表现"的评语，如新课改初期鼓励使用的"学生成长记录袋"和新高考改革要求的"综合素质评价"，来掌握它并施加微妙的控制。凡是能表现出来被检测者看到的，都是可以列入计分项的，从而得到激励和褒奖，于是外向、能说会道、能言善辩，甚至夸夸其谈，是加分的表现，如通过自主招生口试（即面试）可以获得数额不等的加分；凡是让检测者不能看到的、不能理解的、无法在记录本上记下来的，则视而不见，被隐藏和忽略，于是内向、不善言谈、少言寡语、含蓄内隐是减分的表现。中国教育传统中强调内省的学习能力、顿悟的自我觉察，在技术指标为方法的考核之中就被抛弃。在素质教育实施的20年间，可以看到那些活泼外向的孩子明显拥有更多的机会，学校就容忍不下那些内敛、沉默、自我探索的学生吗？中国人一向看重的含蓄、谦让、沉静、自悟、行胜于言的学习者品质什么时候被如此漠视而今无立足之地了？一种追逐"名气""实力""清北率""一本率""增值"排名的群众心理以至膜拜文化笼罩着整个中国教育体系。然而，在整个排名榜的话题热度以至膜拜背后，没有多少人深究每个排名榜背后的评核标准，更遑论追究这些标准是否正确以及这些标准的测量是否准确[24]。北大和清华每年在全国中学的录取排行榜屡屡见诸媒体，这种榜单只片面反映了中学教学表现的"产出"，而没有考虑中学收取初中毕业生的"投入"质量。大多数优质学校都争相公布自己在竞争指标上的高分，如所聘教师的学历、学位、海外背景以及名师数量、特级教师数量等，这些指标上的观测点又可以直接快速地转换成为教育市场上的"货币价值"，以此交换更好的生源和排名。竞争让学校和教师的行为和结果都可以变成各种市场上的交易品。教育管理的绩效指标化还控制了教育活动的范围，代表性政策就是中小学生"减负"政策。虽然政策要求减轻学生的学业负担、限制书面作业的时间，然而在绩效指标的管理模式下，政府的规制型政策带来的只是表面指标的达标，如提前放学、控制学生在校时间。然而，素质教育的目标高远，意味着学生的学习量只多不少，要达到结果性指标，素质教育的实施空间必然从校内扩展到校外。硬性规定的家庭作业减少，迎来的是课外作业量的激增。"减负"政策和学业监测体系着重于教育过程可计算的外在表征，逼迫应试操练转入非学校场地的课外时间，教师、家长和学生都"只做不说""说一套做一套"。在"课内活动课外化""课外活动课内化"的取向下，家长的课后辅导、给孩子报培训班的压力和焦虑越来越强，然而在计算学生的学业成就时，家长和学生在校外和课外的投入并不被计算进去，所有的"产出"都被当作学校一方投入的结果，排在各类优质学校的榜单之中。

教育评价指标原本是为学习提供诊断、反馈、机动和分流而使用，一旦运用到政策之中被有权力者掌握，原先服务学生的功能即消退，平衡即被打破，异化为一种新的支配关系——政策倡导与学习投入成为一种全面持久、不可分解的、无限制的支配关系。经常看到的是，一项政策甫一出台，例如号召加强艺术素养，其中的"好意"还未被充分理解和实现，很快会被转化为一门生意和学生的新负担。

在学校内部，绩效指标还产生了一种深刻的矛盾。一方面，学校管理者要求教师根据素质教育的政策要求，不断强化"一阶活动"（first - order activities）量的增加，并提高要求和产出期待，如提高教师的教学投入、学生的学习投入、教研组的研讨、学校课程开发等；另一方面，作为"二阶活动"（second -

order activities）的绩效监督和管理的工作时间和成本也增加了。本来二阶活动建制的存在，就是通过收集绩效数据、参与机构"印象"管理从而核算工作任务或建立监测系统而增加的组织活动，以此减少一阶活动可能多花费的成本。现在矛盾产生了，一阶活动所节省的成本或多增加的产出，都被二阶活动新增的成本吞噬掉了。那么，作为二阶活动的绩效管理工作又有什么存在的必要呢？更遑论因为后者的存在，使前者增加了很多不必要的"表演"工作，而这总体上并不能带来整个学校效能的增加。正如一些研究者所指出的那样，采用完美控制所必需的绩效信息，"消耗了大量的能量，大大减少了可用于改善投入的能量"[37][30]。教育经济学中计算学校组织的生存和竞争优势同样取决于一阶活动的能量和二阶活动之间的能量的对比，而一般能看到的是单独计算二者之一，这更使得组织倾向于"捏造"（fabrication）自己的公开形象和组织效能。这也是"机构的精神分裂症"的表现之一。

四、教师从合作者变为分工者：竞争—表现主义

（一）教师从合作者变为分工者：教师工作的指标化与个体化

素质教育虽然指向学生发展的过程和目标，但教师的素质也屡次被提出明确要求。有研究者总结了素质教育政策中关于教师的教育教学能力的新焦点：强调教学的教育功能，关注动机、情感等非智力因素在教育教学中的强化作用，看重教师的组织管理能力和沟通协调能力，重视教师的研究和反思能力等[38]。然而，这些素质在绩效指标中都没法量化，也无法剥离出明显的教育成果，因此在绩效考核之中无足轻重。教师被如此要求，那么他们的教学工作以及对学生的评价又能免除这种指标化的控制吗？尽管大量的综合素质评价、学生评价政策都在不断呼吁要加强定性评价和描述，但大量的表格和评价指标还是指向将一个人当作可描述和可拆解分析的对象。这样做不单是为了在一种稳定的知识体系的监视下，强调个人特征、个人发育和个人能力，也是为了建构一个比较体系，从而能够度量总体现象，描述各类群体，确定累积状态，计算个人之间的差异并比较学校等级和个人排名。有学者指出在自主招生面试中看到的"学霸"如同一个模子刻出来的[39]，就不足为奇了。

教学活动参与者的最小单位是一个个完整的教师，教师教的学生也是一个个完整的人，不是某个器官或者某一种素养的组合。规训机构将教师工作天然具备的整全性拆解，对指标领域进行量化，将一切行为都标记在由"好"与"坏"两端所构成的连续统一体之间的刻度上，并据此确定一种计算方法，借助正负点的连续计算，排列出"好的"与"坏的"对象的等级顺序。由此，一种无休无止惩罚的微观管理造成了分化，正如福柯所分析的那样："按等分配，它具有两个作用：一是标示出差距，划分出品质、技巧和能力的等级；二是惩罚和奖励。这种分殊化不单是对行为的区分，而且是对人员本身及其种类、潜力、水准或价值的区分。通过对行为进行精确的评估，纪律就能'实事求是'

地裁决每个人（及学校）。它所实施的处罚也被整合进对每个人的认识循环中。"[40]至此，素质教育在这种强大而自负的指标化取向下，要指向素质这种内在品性也就再无可能。教育从古典时代培养智慧和正直的习性，到今天转变为培养一个个会根据指标而爬格子的填充物，教育的新异化从此诞生。

也许正是因为这种占主导地位的个体化、指标化和学校工作的拆解化，"新课改"倡导学校组织教师集体备课和集体教研，然而这些集体行为究竟在多大程度上能够缓解教师作为完成绩效指标工作的个体化而形成的孤岛感觉？在"圆形监狱"中，"每一个同志都变成了监视者"，而"每一个监视者也都会变成同志"[41]。在相互的隔离和向上级管理部门的竞争性表白过程中，教师之间越来越难以沟通，主体性互动被削弱；而管理者愈加使权力体系固化、持久和坚韧。

教育中的或然性、不可规约性使教学过程注定存在一些模糊地带和"神秘区域"，不论人工智能如何发达，教育者都必须保持对有血有肉的生命个体的敬畏之心和必要的退守态度。这也是教育中最令人着迷的想象和审美空间。当人们对无处不在的凝视感到不自在甚至反感时，就是一种不经意间对透明度和可视性的对抗，行动过程也会潜藏很多的策略行为和躲避技巧。利奥塔曾指出："强调集体研究，反映出知识是受到时髦的评价操作效果标准的支配，在真理的宣谕和正义的秉持进展中，数字毫无意义。数字只有当我们检验真理与正义是否有效时，才有点意义。集体研究在一般情况下，确实改进了操作效果，但这种研究必须在社会科学家深思熟虑的设计下，才会实现。试图在特定模式的架构中促进生产的操作效果，采取集体研究方式特别容易生效，尤其是在承领某项任务时。当我们需要靠'想象力'创造新模式时，集体研究的长处就很难说了。也就是说，我们在观念水准上，创造新模式的能力是不尽如人意的。"[42]"集体备课"与"集体教研"大概还是"缺什么就补什么"，教师的生存心态和工作状态并没有因此而变得更乐观。

我国学校教育中的集体观念、集体活动、互动合作的传统由来已久，很久以前，教师在学校对学生的教导和惩戒随处可见，并不以该生是否为自己正式教授的班级的学生为限，学生也并不以为这样的教师"多管闲事"。这种"师道"现在看来算是一种"旧道德"。为了快速推进素质教育而兴起的"拆解化—指标化—物化—异化"的连环套，在教育系统内锁定了一种强调"个体自治"的新道德体系，学校也变成了格式化非常清晰的新规范集体，其中贯通的道德要素是：制度自身利益、语用学和表演价值[43]。通过为教师工作提供新的描述模式和新的行动可能性，素质教育改革技术以"与往昔不同"的方式发挥作用。对于某些教师来说，每隔几年就"重新来一遍"可以增强和赋予权力，如同素质教育政策的价值取向中也包括一个新的词汇"赋权"（empower）一样。然而，竞争和绩效的"新道德"与专业判断和合作的"旧道德"存在的巨大差异并没有得到深刻反思，绩效的"激励"已然建立了道德决策和道德判断的新基础。在这种决策和判断为基础的认知中，教师是"非专业化的"和需要

"重新专业化的"[44]，素质教育推进的 20 年也伴随着"教师教育"这个专业在中国的兴起以及"国培计划"自上而下的长期开展。教师必须成为一种新型专业人士，进入不断扩大的质量保障者队伍，变成"有可能获得胜利的自我"。素质教育的内涵所暗示的"无限发展的可能"，提示了教师自己也应该"知道我们可以变得比我们更多，并且比其他人更好"，"我们可以'杰出''成功''高于平均水平'"。所有这些都以某种方式渗透到教师的日常工作中，变成"对自我的强化工作"[45]。然而还是有不少人在成为一名教师的意义上挣扎，陷入职业倦怠或者离开教育行业。

（二）表演：教师劳动的异化

教师的劳动兼具三种性质：体力劳动、脑力劳动和情绪劳动。学校的绩效管理对教师劳动的指标考核，最多只能考量体力和脑力性质的成分，而情绪劳动恰好是教师工作更独特、更内隐，也更为煎熬的部分。在"旧道德"时代，教师的情绪劳动一般是在集体的自然互动中合作展开，教师的情感和情绪也得以在其中得到理解和安放。然而，新的竞争性表演文化以赋权、目标和激励相结合的方式完成新的组织方式和制度安排。在学校里显见的"责任下沉"（即"机构权力下放"）和"基于网站的管理"，鼓励教师使自己与他人彼此不同，脱颖而出，"改善"自己。校长要承担起"学校发展规划"（如特色学校建设）、"参与式教师培训"①，甚至改造自己（如创建名校长工作室）的责任，并巧妙地把这些努力当作学校的投入，与学校和教师的产出指标联系起来，进而以竞争性的排名形式在组织内外公布。这样，教师之间原本习惯的组织合作和集体关系被个体化的表演性竞争所取代。

在一线教师的竞争性表演文化中，校长就像一个企业经理或教育改革的新英雄，对教师灌输"为自己负责，承诺个人学习和参与组织提供的继续教育，促进教师专业化"的态度和价值。校长变成"行为技术人员"，任务是"培养那些温顺而有能力的人"。这些新的、无形的管理教学法，通过绩效评估和与绩效相关的薪酬形式实现，"开放"更多的管理控制，有代表性的例子就是鼓励教师公开自己教学行为和情感历程。[46]如教育行政部门组织教师的"说课比赛"，把教学过程的"后台"展示出来；让教师在舞台上轮流讲述"爱的故事"，把与学生进行情感和意义互动的过程展示出来。由此，教师的情绪劳动也以表演的方式被纳入绩效管理系统。

访校参观、特色建设、教学成果展示、教育改革成果汇报等场合，多以大型电子背景显示屏、载歌载舞的学生表演、日常教学活动的视频集锦以及家

---

① 这二者是素质教育实施以来新课改推行过程中两项很重要的学校能力提升和教师能力提升的工作，承接的是 20 世纪 90 年代中期中国接受世界银行、英国国际发展部、联合国开发计划署等组织的援助项目的经验。这些国际项目的本土技术专家和新课改等素质教育政策集群中改革项目的国家级专家中有大量人员是重合的，因此二者的理念和做法极为相似。

长、校友和社会成功人士代表的出场点赞作为标准形式。深入课堂教学一线者都知道，教学的实际结果不会有那么多可测量的教和学的指标，因为过程性的价值和原则弥散在复杂的教学过程之中。例如，新课改要求学生学会小组合作学习，教师在课堂上会让学生讨论或辩论某些话题和事件，但这种做法如果落实在管理文件的纸面上，就可能变成了"学生应该通过讨论和辩论来学习"的原则，正如一些以素质教育名头组织的公开课比赛的打分指标都要求有课堂互动、分组讨论、添加了动画和音乐的PPT那样。实际上，小组合作学习更要紧的是考虑让学生以讨论的方式更好地学习哪些内容，以及教师应该怎样通过学生合作更好地教授哪些内容。这种学习原则转换成学习结果，并没有增加什么意义，反而模糊了大量的教与学的过程和结果之间的性质。"通过讨论而学习"变成了只关注"讨论"的表面，这是监测者和评估者都喜欢的一面，因为其直观并且通用，不要求观看者深刻懂得学习的具体内容就可以做出评价。把过程当作结果，把工具当作目标，掩盖的就是将讨论作为一种开放的、不可预期的学习过程的本质。这大概可以解释公众常常批判的"轰轰烈烈搞素质教育，扎扎实实搞应试教育"的现象。

教师的专业化不是一种道德要求，不能光指向教师的个人修为和职业良心。教师专业化是在特定的政策环境下形成的，监视—评估主义的政策环境要求评估者/研究者基于教师所实施的与预定报酬相关联的绩效/表现来审核教学技术。研究者假定有效教学的结果能够通过预先标准化的产出，如考试和测试结果、课堂氛围变量（如清晰、有序、安全的学习环境）而得到衡量。对每个教师都有"增值"（value – added）数据的代表性样本，以一年的开始和结尾的两次考试结果的对比作为常用方法，基于此对比确认"有效能的教师"。然后通过课堂观察和行为事迹访谈，描述特定的技能和专业特征，从而区别出高效和低效教师。研究者然后进一步将研究发现进行合理化，独立收集这些教师所教学生的学业成就数据，分析聚焦于学生所展现的高分，于是高效能教师的特征就被确认出来。最后得出这样的结论：学生的进步显然受到研究中那些展示出了高技能和特征的教师所影响，良好的教室氛围也显著地受到拥有上述技能和特征的教师的影响。

在素质教育的政策集群之中，一方面要求"减负"，一方面要求建设特色学校，开设选修课，开发校本课程。对于学校来说，这两方面任务整合到一起就是传统意义上的课外活动在校内外时间和空间上的分配。主科的正式教学时间被压缩，学习量被转入课后时间由家长补位完成，家长因此而倍感焦虑，力不从心；教师因"减负"政策而多出来的在校时间被要求用来开设选修课、校本课、带学生社团和活动小组。公众以为减负之后教师工作更轻松，实际上教师被决策者想象成多面手，被挤压到更加碎片化和多样化的工作之中而苦不堪言。一开始选修课和校本课并不与学生的升学挂钩，也不与教师绩效挂钩，优质学校甚至可以从校外培训机构购买教学服务；然而，学生正式考试的成绩被政府禁止公开发布以后,学校之间的竞争比此前更多样化,学校特色活动、选修课、校本课、学生社团等的比拼与考试成绩的竞争同样激烈。不少学校有组织地训练学生参加比赛,课外活动成为部分学校竞逐声名的工具。学校为了展示办学能力、管理能力、教师投入程度以及多姿多彩的校园生活,将学校内的课外活动制度化,课外活动被分门别类并委派给教师负责,规定学生参加,规范性的课外活动因而增加,学生拥有的闲暇活动空间持续缩小,疲于奔命。在展示学校的素质教育成果时,这些社团及其课外活动教学成为学校的形象、特色与优质的表征。

在这种现象已然普遍的情况下,国家推行了新高考以及综合素质评价,希望赋予学生选科和选考权,培养学生的兴趣和生涯规划能力。此时我们发现,留给学生自由的、非学校的时间和空间已被大大压缩,如何能培养出他们真正的选择能力呢?在极度压缩的空间中,学生连试错的机会都很少,遑论学会学习、学会生活、学会做人、学会选择?这些能力的培养再一次加到教师身上,他们又该怎么做?在20年前的学校日常生活中,学生如果太过积极地在人前展示自己,会被同学哄笑为"太爱表现""就图表现";而在今天,这样的孩子成为"站在课堂正中央"的被关注对象,也被打造成素质教育成功的样板。师生关系在此被迫重建:当注意力成为教育中最重要的资源之一时,那么教师在教育教学中注意力的公平分配就成为一个问题。家长尤为关注教学公正,生怕自己的孩子没有获得应有的或更多的关注,反过来又成为今天的教师在"圆形监狱"的社会情境中进行教育教学时必须相当警惕的一个话题。当中国的专家、学者、校长、教师出国考察欧美国家一些学校时,看到教师和学生从容、安静而朴素地在学校"呆着"时,深感教育就应该是没那么多的设计和干预、没那么强的竞争和比拼、没那么鲜明的管理和组织,成年人应该相信学生自己的活动能力。回过神来反观自己才发现,我们的素质教育是不是用力过猛、用药过多以及太不自信?

(三)竞争—表现主义:教师工作的职业伦理

劳动具有三重功能:生产功能、象征功能、"驯服"或惩戒功能。就教育领域的个体劳动而言,生产功能几乎为零,象征功能和惩戒功能却十分重要[17]。教师劳动性质主要是象征和驯服,常常"使人们处于不能和不愿的状态"[16]。教师自发地与绩效标准进行比对,引发内疚、不确定、不稳定的情感以及主体性的抽离。这种"内在机制"的建立通过重新确立教师的身份,在知识体系(如学科)和实践组织(如教研组)中找不到其稳定位置,实现自上而下的监控体系在教师个体身上的投射。正如伯恩斯坦(Basil Bernstein)所言:"身份是对外部突发事件的反映。"[47]在提倡素质教育的20年中,教师身份被各种加强师德建设等政策不断宣称、不断修正和不断确立,教师感受到的是师道尊严的提升还是象征和惩戒功能的加强?福柯和伯恩斯坦的理论概念其实已经给出了明确的解释。

关键的问题是,象征和惩戒功能的发挥,对于管治机构和绩效管理组织而言几乎是零成本的,教师却为此付出了巨大的心理代价。如同学校经历了"机构的精神分裂症",个体教师也经历了一种"个体性的精神分裂症"——教师教学实践中的承诺、判断和真实性被牺牲而用于印象和表现,教师自己对"良好实践"和"学生需求"的弹性判断,与绩效表现的严谨性之间存在潜在的"分裂"[48]。在这种分裂和价值观的冲突之下,教师日常的教学生活被殖民化,角色也被非专业化,这意味着他们要做很多本不属于教师应该干的活儿,如填表、开会、汇报、上载文件等。基于共享的道德伦理的符码的活动空间被殖民化或关闭,教师需要持续为专业主义的灵魂而斗争,专业化变成了"新的商业化的专业主义"(new commercialized professionalism)[49]。商业化与个体化从来都是天然契合的。在竞争—表现的支配中,教师把自己看作计算自己的个体,给自己"增值",提高生产率,活成了一种可计算的存在。他们变成了企业主体,每个人都像一个自我的企业[50],负责自己的投入、产出、效率的计算,看看是否合得上由各种评比、考核所组成竞争性市场的准入标准或胜出概率,而每天所做的伦理—政治的选择就是决定何为主要风险[51]。这不仅是在专业主义和社会关系上的一整套改变,而且是一种普遍的和复杂的转换——我们将自己的认知和行动作为某种规训,由此才是一个人认识自己的某种生命形式的方法[52]。

"在与学生和同事一起工作时关心关怀的首要地位"在表演的严苛世界中没有地位。与表演机构一样,频繁被当作改革对象的教师被认为只是对外部要求和指定目标的响应器。一种新型的教师和新的知识被教育改革所"召唤"和拣选,为了最大限度地提高绩效,教师可以撤开与绩效不直接相关的原则;或者出于自我保障的理由,卓越和改进是他们反复操演的动力。这类表演型教师与精致的利己主义的学生形象相互呼应。

凡是经历过素质教育各项改革的教师,几乎都经历过一系列二元论撕扯的洗礼。一方面,教师担心所做的事情不会被能力审核指标所捕获或重视;另一方面,他们又担心遵从这些指标会扭曲自己的行为①。容易被忽视但又重要的是全方位的监管和竞争性表演支配具有社会和人际方面的影响。教师被融入复杂的制度,并由制度安排了所归属的团队,权力以这样一种方式渗透到教师平凡的日常互动中,使他们自发相互支持和情感关系被挤占,甚至被替代。每个教师都面临压力,通过定期的考核评估、年度审查和数据库填报,教师与学校

---

① 网上热传的教育短片《校合唱团的秘密》(网址:https://www.le.com/ptv/vplay/28571731.html),讲述了这样一个故事:某欧洲国家的一个学校合唱团的指挥,为了能在比赛中得到第一名,私下告知那些唱得不太好的孩子在比赛的时候不要出声,而是对口型。最后这个秘密被一个唱得很好的孩子发现,于是孩子们自发地在比赛时全体对口型不出声,直到指挥被气得离场后,孩子们才全体开口,唱出了令人惊叹的美妙歌声。在几次校长培训的场合,我请校长们观看此短片并发表评论,大家都认为不应该对口型,但如果这种事情落在自己学校,也会这样做,甚至更恶劣——直接劝退学生不要参加比赛,或者分成一团和二团,一团可以代表学校出去比赛,二团就是兴趣小组而已,但学校的资源一定是配给一团的。

之间的关系以是否为该单位的表现甚至捏造做出贡献而确定。在这种情况下，真正的社会关系有可能被判断关系所取代，人们仅仅因其生产率而受到重视，而他们作为一个人的价值被消灭了。同事之间相互看到的是一套特殊的实践，"通过这些实践，我们为了使我们成为特定的存在而对自己和彼此采取行动"[53]，玩世不恭是常见的变态反抗表现。在教师的工作伦理层面，他们可能无法期望彼此关心，但只要素质教育还坚持对教学卓越充满希冀，那么无论教师绩效指标的竞争、对官方质量判断的反应，还是把学生当作消费者所做的妥协退让，摆脱"竞争—表现主义"的支配，回归主体性互动的教师工作伦理就是未来的方向。

五、竞争性表现主义导致的素质教育本体论、知识论和方法论问题

素质教育已经正式实施了 20 年，对素质教育内涵的理解至今还很难说达成了共识，政策措施的执行也很难说落到了实处，然而素质教育依然是承载着中国人对"好的教育"的愿望最简练、最适切的合法表述。本文梳理了素质教育实施过程中诸多政策之间的互联性及其共同作用于政府、学校和教师而形成的稳固支配，从政府奉行的"监视—评估主义"、学校实行的"规训—管理主义"到教师实践的"竞争—表现主义"，构成素质教育中环环相扣的紧密框架，造成了太多的两难、焦虑和失败，使素质教育的目标空置。研究范式（inquiry paradigm）是研究者的基本信念系统或世界观，不仅包括方法的选择，也包括本体论和知识论的根本方式[54]。解析中国实施了 20 年的素质教育的复杂状况，需要回到基础性与起始性的问题：素质教育在上述支配框架下，引发了哪些本体论、知识论和方法论问题？

（一）素质教育的本体论问题

对于普通教育和大众教育来说，很容易发现其中包含的一种天然取向，即知识传播受其操作效果的价值标准钳制。如果说教育就是要把"既成的知识体系"传播给下一代，那么教育学就是要回答这样一个问题：谁给何人、用什么方式、传授什么？进而可以分成各种子论题加以讨论：谁来传授知识？传授什么内容？传给谁？用什么媒介？以哪种形式？效果如何？现代教育政策就是由这些相关问题的答案形成的，但这些答案必须彼此呼应，自圆其说[55]。假如以操作效果作为判断事物的准则，那么教育就成了一种次级体系，而不是整个社会的一级支持系统。对照上述 6 个基本的当代教育学问题，可以分析素质教育在 20 年的实施中确认了什么、又驱逐了什么，以及素质教育的本体论由此存在哪些可争议的问题。

阿尔弗雷德·舒茨（Alfred Schutz）认为，社会现实（social reality）或社会事实（social fact）是经过典型化（typification）、习惯化（habitualization）、常规化（routinization）、沉淀化（sedimentation）和制度化（institutionalization）过程

而构成的[56]。素质教育在这20年间也走了这样的过程,本文将最终分布在基层学校的普遍"社会现实"定性为"竞争性表现",将这种社会现实所透视出来的制度形态及其背后的理论框架称为"竞争性表现主义"。

教育领域内的表现(或表演)文化指的是以下系统和关系:目标设定、进行检查、以学生考试成绩构建的学校排名表、绩效管理、与绩效相关的薪酬、门槛评估和高级技能教师、要求教师"表演"并且让个人负责的系统[57]。前述分析已指出,素质教育在理念层面的倡导和期待与表现主义文化并不相容,但在诸多教育政策互联性的综合作用下,塑造了一种弥漫在整个社会和教育系统中的竞争性表现主义的意识形态(ideology)。全社会和公共部门提倡信息公开,通过从典型化到制度化的一系列过程,形成对学校和教师的"透明度的暴政",使教与学的过程变成能通得过监测、评估、审计的选择性实践。与其他领域不同,教育的效果延迟几乎是必然的,但透明度的要求促使教师必须着眼于教学传递和学生学习内容的清晰度。评估教学,"立即可吸收性"是重要目标①。素质教育推行的20年,也是我国实现免费义务教育、提升学习者权益、提高决策参与度和民主化②的20年,教学的清晰度和可立即吸收性成为对教学质量的重要判断标准。教学在凝视的目光和简单的判断标准下不断走向平庸和浅薄,而全民又都期待素质教育带来国家创造力的提升。素质教育因而有了一个恒久的论题争议:如果我所说得很清楚,那么它是可以理解的;如果它是可以理解的,那么它是可重复的;然而,知识传递的同步化所涉及的过程,也就是将教学过程中传达的信息转化为学生知识的增长,本身并不清楚。而这个过程被政府的"监测—评估"和学校的"规训—管理"当作一个简单模型对待,并使教师居于"竞争—表现主义"的支配之下——毕竟,能立即表现出来并参与绩效竞争的教学不太可能是深度教学,遑论创造性人才的培养。

十年树木,百年树人。这句老话表明了教育有一个重要的时间维度,教育所带来的任何增长也只能随着时间的推移而发生。在教学之后,学习效果可能在数周、数年、几代的时间之内并且可能以看起来不像原样的形式表现出来。然而,素质教育的内隐特征被忽略,外显表现被加强和放大,教师的行为必须越来越直接和直观,对学生的要求也趋于同构。真正的教育者都希望持久的效果,灵感的行为又短暂得来不及捕捉。对教育的理解必须以教师和学生的某种自我认知为基础,需要以怀疑、无知、犹豫、混乱或者只是绝望地接受所有事

---

① 这个要求在当下的慕课教学中尤其如此,各种慕课平台认为学习者的学习坚持力十分有限,理解消化能力也无法等待,把慕课学习当作看电视,要求慕课视频一定要短小,每个学习单元的视频观看时间不得超过5分钟。看完视频后一定要跟随知识点测试,立即反映学习效果。

② 提升决策参与度和民主化,可以学习者直接向校方、教育行政部门举报教师或学校作为代表性例子。在这种全民监视的目光中,校长和教师的行为会根据绩效和问责指标进行调整,从而带来系统性扭曲。

实作为起点。在"圆形监狱"式的"透明度的暴政"之下,这些起点都来不及被接纳和包容。

如果学校管理者和教师太想要根据外部目标或竞争平均值来衡量绩效的增长,那么他们也不太可能"投资"于有特殊需求的学生,因为其中提高绩效的利润有限。绩效竞争文化的硬逻辑决定了组织只会在能实现可衡量之回报的情况下花钱,最有可能鼓励的是能带来短期改善的战术改进。表演性不仅会产生犬儒主义,而且会带来一种弥散性的、可感知但难改变的社会后果。审计文化(audit culture)的兴起提升了利益无关者(专门的审计部门)和外行人士作为第三方对公共活动的审核,弱化了深度参与者的判断权重。与此同时,仅增设一项"自评"环节,以质量保证为名、竞争表演为实,加剧了教育系统内一种对表演文化的兴盛。

对素质教育的本体论理解常常还包含对个体的关照和注重小微活动的设计,希望素质能在其中涵养出来。学校努力提供更多的教室、更小的班级和更多的师生接触,所有这一切都是可取的,但似乎无关紧要。每当实际讨论到素质教育的课程应该是什么样的时候,就存在着严重的观念贫困。布鲁姆(Allen Bloom)曾指出,一个博学者是有好奇心想知道每个领域的事的人,在他以前所处的时代,对于一个特别有能力的人来说,没有哪个领域会大到要求他终身投入的程度;而现在各个领域都变得特别复杂,充满了各种细节,以至于我们都面临着在掌握一个领域轴向的知识与对许多领域表面的熟悉之间的选择。显然,中国的素质教育已然接受了越来越细化的分工所带来的教育内容的专门化以及表浅化,再加上教育领域对人工智能的过度接纳抑或过度恐慌、对传统教育手段的自我质疑,正如布鲁姆当初对美国自由教育的判断一样:如果真是这样的话,那要做的事就很清楚了,素质教育已成明日黄花[58]。

推行素质教育是以批判和反对"应试教育"作为起始原因的,从一开始教育所争取的是自由的消极条件——想要改革应试教育的那种"繁、难、偏、旧"的做法。当旧有的束缚被权威性地移除了,获得的自由应该用来做什么呢?现今人们普遍同意,应该给整全性研究的课程留出时间,但究竟用什么内容来填补这些时间很少被谈及。最有吸引力的解决方法是索性放手,假借自由的名义让学生做任何他们想做的事,构筑他们喜欢的任何计划。以对杜威提出的"学校即社会""教育即生活"的简单粗暴的套用,不假思索地拥抱社会流行趋势、敞开校门让未加甄别的影响进入课堂的做法并不鲜见。更耐人寻味的是,这些做法有时还冠以"创新"和"特色"之名。正如布鲁姆所批评的:"这是学校失责的表示,是学校对教育学生的功能的放弃,是在有关学生应该学些什么东西的决定上的逃避。怎么能期望学生知道几乎未在他们周围看到过的重要的研究领域呢?学校要对塑造学生的气氛负责,在什么应该或不应该是那种气氛的组成部分这个问题上不做决定,实际上是决定让社会上的流行东西在很大程度上来支配学校。现在那些有权力设立课程的人所做的几乎所有建议完全缺乏实质内容,而仅仅是组织的技巧。"[59]在素质教育针对应试教育的批判所推开的空间中,如何填进去学校应该保住并传递给学生的伟大事物,是素质教育必须面对的本体论问题。

20世纪60年代美国已流行"教育生产力"的概念,将教育看成为经济服务的手段[60],把教育看成一种产品规划,把学校教育简化为学校效能(effectiveness),注重教育教学行为的即时效果,成为教育测评的基本要求。教育的缓慢性、安静性与冗余性在快速变化的社会中不被鼓励。人力资本理论作为教育经济学的首要理论,在过去20年主导了中国人对教育的基本看法,那就是受过教育之后能够获得更好的工作,进而获得更好的收入。尽管促进经济增长只是教育的目的之一,但伴随着中国经济的高速增长,人们对教育与经济之间的认识却愈来愈狭窄,进而当教育不再能明显地提高从业者的薪资水平时,就认定为教育的失败。因此,以"产品"形容学生便是合理的比喻,甚至超越其修辞本体,直接被当作社会事实。学校被当作企业,负责提供教育商品或服务,也成为一种普遍的认知。1999年的素质政策文本将受教育者当作人力资源、将教育比喻成商品,也就变得合理而通顺。21世纪的到来,中国被置于国际化、全球化的语境,对于教育来说就一定会强调"沟通、应变、快速学习、新技术"等语词,那些在本土情境中特别强调的优良品质在这种话语体系下就相形见绌,甚至英语水平都经常成为筛选人才的首要门槛。"善于学习、沟通、创新、应变、领导力"的学生素养并非学校教育的传统价值,只是部分人为求取普罗大众的共同价值效果而做出的包装,以求获得"人才"的合法地位[24]。多年前我国提出的"德、智、体、美、劳五育并举"中的劳动教育,在综合素质评价和核心素养中极少提及,所幸现在被重新提上日程。这种教育本体论暗合了竞争性表现主义的内核,二者相互支撑,相互确证。

当我们把素质教育当作中国教育系统中的"必然性真理"时,就失去了视之为观念与理想或思想与思想之间平等对话的可能,而这是"或然性真理"之中最重要的"辩证法"。素质教育中的"素质",是指人和从事各种活动的主体条件,指人的全面素质亦即发展中的素质,它体现了人性所达到的实际水准。素质教育是指促进人的素质全面发展的教育,是针对"应试教育"而提出来的一种教育模式,旨在促进学生的全面发展和培养学生的创新能力和实践能力。这种提法中包含了理想主义(教育应该使每个人都得到全面的发展)、功利主义(教育是个人谋求自己幸福的工具)和权利主义(教育应该使每个人都得到应有的发展)的哲学基础。由此在教育制度上有两种表现方式:社会契约论和个人自由论。前者基于个人与个人的对立,要求人与人之间订立契约,而契约借助国家权力而得到保障;后者基于个人自由的出发点,强调个人愈自由,社会愈进步,从而个人自由就愈有保障。这两种表现形式在素质教育的制度安排和实践中都有体现,绩效的竞争性排名基本符应了个人自由论;教师作为一个国家最有代表性的道德主体,他们之间主体性互动的衰减和对个体表现主义的追逐，却将社会契约论或实践共同体的一面排除了出去。

（二）素质教育的知识论问题

知识论指的是认识体与认识对象之间的关系，他们以什么方式联结起来。在"政府治理—学校管理—教师表演"的层级关系中，较高的要素"政府治理"与较低的要素"教师表演"处于相互维持和呼应的关系中。权力是相互的和不确定的"敲诈勒索"，这种权力并非起源于某个可以确定的个人或群体，这些策略从一开始就是根据局部的条件和特殊的需要创造和组织起来的。它们是零零碎碎地出现的，并无一种系统的策略把它们融合成一种庞大而严密的整体。这些结合体的内部分布并不均匀，不同机制的权力带着它们各自的特质，在相互的交缠和扭结中进行运作[61]。沿着福柯的思路分析素质教育的知识论问题同样可以发现，家庭、学校、政府、社会、教育学、经济学、政治学的因素并不是均质分布的，而是在相互之间建立联系、交叉指涉、相互补充和划分界限，同时在一定程度上保持自身的特定样式。随着大数据等技术手段不断加入，监控变得更为严密和数字化，这些策略之间相互嵌入的程度越来越深，一种不是故意但极为稳固的结构开始形成，保持稳定的方式并非一成不变，而是充满创新，用创新来掩盖问题和诱惑参与者的激情。任何一方的努力都不可能从这种支配关系中解脱出来，并使其瓦解。素质教育曾经满载着全国人民对美好教育的期待，没想到最终制造的是另一个铁笼。

教育改革早就在全球蔓延，就像"政策流行病"一样。改革思想泛滥，渗透并重新定位具有不同历史、不同社会和政治地位的教育系统。这种流行病是由世界银行和经合组织等强大的代理人"实施"的，他们吸引了有说服力的政治家，并且正逐渐融入许多教育研究者的"假设世界"[48]。这种改革的新颖之处在于不仅改变了教育者、决策者和研究者所做的事情，而且改变了他们的身份，最终改变了他们关于教育的知识论。

利奥塔早就预见到，知识的商品化是他所谓"后现代条件"的一个关键特征。这不仅涉及对知识的不同评价，而且涉及学习者、学习和知识之间关系的根本变化，导致"彻底的知识外化"。知识和知识的关系，包括学习者之间的关系，是去社会化的[55]。正是这种外化和去社会化，决策者和管理者与教育之间的关系变成了"人—物"关系的变体，物化是其根本特征。由此三种相互关联的政策技术——市场、管理主义和表演性——被嵌入素质教育之中：市场满足了知识的商品化，管理主义满足了物化，表演性则满足了消费者的凝视。"社会电脑化"是系统理论在当代的版本，这意味着决策者不倾向于将社会看作一个复杂系统，而是可以通过系统理论的真正目标——理性的自我操作规划，正如电脑自行操作的道理一样，以输入输出的方式、以操作效能的方式处理一切，企图把整个的世界关系加以优化[62]。当这些技术在一起使用时，就为技术官僚提供了一种政治上有吸引力的可选方案，替代以国家为中心的公共福利教育传统，变成以市场竞争为中心的教育产业。教育作为最大的公共部门之一，其独特性的减弱还为公共服务各种形式的"私有化"和"商品化"创造了先决条件①。

人类社会有四种基本的社会关系：手段—目的关系、价值—判断关系、环境—适应关系、个人—选择关系。竞争性表现主义在素质教育政策中成为支柱性的逻辑后，"手段—目的"关系便取代教育领域的一切关系成为主导。决策者试图以输入/输出的模式控制管理各种社会性的迷雾，认为相异的元素有某种共通的逻辑，有可当作同一尺度的共性，而各元素所组成的整体亦可规诫测定。上述标准实施于各种竞赛中，其必然结果是处于某种程度的恐惧——无论这些恐惧是"硬性"还是"软性"的，那就是人们必须活得有用（所谓有用，亦即符合一种通用的价值标准），不然就会消失[63]。而有用与否，要看绩效指标体系如何打分。忽视了"价值—判断关系"，加剧了教育过程中对何为美好的、有趣的、愉悦的、伟大的事物性质辨析的缺失；忽视了环境—适应关系，促使素质教育不断引入所谓的先进做法而罔顾本土现实；忽视了个人—选择关系，使每个人被齐平化对待，潜在的独特性和创造性很难浮现出来被认可和培养。

教育改革不仅仅是组织技术和结构变革的工具，也是改革校长和教师意义的机制，改变一个人的"社会认同"[64]。教育改革带来了"我们的主观存在和我们彼此之间的关系"的变化[50]。素质教育秉持"知识商品化"的知识论，将人与教育的认知关系拆分开来，以"管理"为核心概念，由政府以"权力下放"和"提供选择性"为口号，开放教育领域作为市场来运作，在一线教师层面建立起竞相表演的认知。这不是解除管制，而是重新监管的过程；不是国家放弃其控制，而是建立新的控制形式——以合同取代契约，以价格取代价值。

（三）素质教育的方法论问题

斯蒂芬·鲍尔曾引用过一篇关于数字和统计在现代社会日益占主导地位的报纸文章，其中提出了一个简单但有说服力的观点："我们通过统计数据每天24小时采取集体脉搏。我们以这种方式理解生活，虽然不知怎的，我们使用的数字越来越多，看起来更多的真相越过我们的手指。尽管有这些数字控制，我们仍然觉得对大问题的答案一如既往地无知。"[20]这展现了心理学中"行为主义"（behaviorism）的方法取向在社会科学中的泛滥。行为主义假设人类的行为可以通过可观察的外显行为而被全面解释，而不必归因于那些内含的（implicit）概念，如心理分析学派强调的意识或社会学中象征互动主义所强调的自我阐释过程。行为主义进一步假设人类行为类似其他生物，受"刺激—反应"的机制所主宰，当这些"刺激—反应"的机制被完全地侦破以后，人类行为可被全面

---

① 还应该注意到，素质教育实施的20年也是转制学校（民办公助、公办民助、独立学院等）政策推行的20年。转制学校一方面拥有公共办学资源，另一方面享有民办学校的政策利好，"脚踩两只船"，"又要分又要钱"，成为当下公众对优质教育资源分配不均衡、不公平的感知来源之一。

地解释、预测与控制。

量化研究一直在教育政策研究中占主导地位。在素质教育政策中，我们看到的也是坚挺的、以量化研究为霸权地位的政策理解。尽管在过去40年里受到质性研究的挑战，研究者提出无论在教育政策制定、实施还是评鉴过程中，政策参与者，特别是政策受众，对有关政策所赋予的主观意义对政策的成败至关重要[65]。在政策文本、学校实践和家长行为之间充满了龃龉，流通各种新增的概念，背道而驰的行为却无法相容，而站在单个一方的角度看待个体的行为却又如此可以理解。在素质教育的政策过程中，从教育行政部门到学校、再到教师，权力的施为者强调监测和问责指标，权力的受动者则注重绩效和表现指标。这些取向与学术界的量化研究相互应和，构成所谓的"实证—经验主义"（positivist-empiricism）。此种范式下的政策研究采取一种对政策现象做类似自然科学研究般的研究取向，即通过对政策现象做经验的观察及实证的推论，以证立政策现象中恒固并具普遍性的因果关系；建基于这种因果关系，政策制定者可对症下药地设计干预措施，并期望达到药到病除的政策效果。政府的公共政策措施被视为一种强力的干预手段，并相信可以有效乃至彻底地解决特定的社会问题及社会病态[65]。

实证主义追求的是清晰的因果逻辑，不论 because of 的"因果解释"还是 in order to 的"意图解释"，都无法百分之百确定教学过程中由师生关系所生成和形塑的结果。教育的日常工作越来越多地充斥着一系列令人困惑的数字、指标、比较和竞争形式。稳定的满足变得越来越难得，目的变得矛盾，动机变得模糊，自我价值变得不确定。我们不确定哪些方面的工作受到重视以及如何确定工作的优先顺序。我们不确定行动的原因，这样做是因为它很重要还是因为我们相信这样做值得，抑或最终是因为它必将被测量或比较？它会让我们"看起来"很优秀吗？我们是否知道自己擅长做什么，即使绩效指标承认的是另一个版本？是重视我们能够成为谁，还是努力把自己装置进入一个表演迷宫？这种反思很大程度上是内化的，成为自我怀疑和个人焦虑的根源，而无法在素质教育政策过程中展开公开辩论。

教育研究界擅长推出新的教育理念，不断向政府输送关于教育的新措辞和新修辞，也倾向于用严整的理论假设探究何种因素导致了成功的教学或失败的教育。当人们醉心于某种影响因素通过了显著性检验的时候，却未曾想过这种相关关系是否经得起在真实的、不同的学校和课堂进行反复的检验。所有不能被指标化的影响被故意地忽略，就像从来不曾存在。人们无限放大可见的、可被测量计算的部分，对教师和学生的观察如同医生问诊和工程师修理机器，这与素质教育在理念上的追求南辕北辙。素质教育的方法论以量化研究为主导取向，将素质教育作为一种教育理想所深深包含的人文性驱逐出去，留下可见的、透明的和易于操作的表现。

六、结语

素质教育实施的 20 年，是政府、学校、社会机构和学术界之间相互扭结的过程，有时相互一致，有时相互冲突。在政策倡导的素质教育理念上，这几方几乎没有隔阂；然而，在政府以"治理理论"作为对教育领域的管治基础时，监测和问责包裹在一起，成为 21 世纪初以来"决策科学化"和"决策民主化"①的操作工具，成为最能让各方接受的政治语汇。这二者在学校管理中被简单转换为绩效考核，借助学术界的知识供给，以实证主义的范式呈现。自从教育这个实践领域在 20 世纪抛弃了 19 世纪以前所形成的人文传统而走向社会科学的道路，教育实证研究占主导地位，进而又被窄化为量化研究，将绩效转变成投入和产出指标。当科学成为一种看似客观而理性的价值时，教育中本该赋予的政治和伦理价值却被有意忽略了。落到教师头上，一种强调个体之间的竞争性表现主义油然而生，主体性互动及其伦理价值遂被排空。这种从上到下的严密支配，最终在教师的教学这一层面结出了实践的果实：一方面，不断鼓吹学生应该朝向无限自我的方向发展，教师应该为此提供支持；另一方面，不断加强外部无处不在的监视，以僵硬的指标刻度规训教育者和受教育者。坚硬的外壳之下是空虚的内心，这种现代的空心病并不是个人修为欠缺所致，而是结构性和体系性病理的综合征。在教室层面加强绩效审核产生了反生产力的效果：它流失了必要的信任，毁坏而不是加强了教学质量，教师对结果不再真诚地负责任。这种机构性和个体化的精神分裂症，使"不真实"和"无意义"感越来越成为教师的日常经验，然而教育中的卓越需要政府对教师职业投入更多的信任，并且承认其限度所在。上述支配和实践的循环和流通持续不断且形式多样，变成一种景观（spectacular），就像福柯所描述的"全景监狱"。

现代教育的四项基本功能包括通识教育、职业培训、学术研究、角色分配。竞争性表现主义支配的素质教育政策，几乎完全忽视了其中的角色分配功能。素质教育把人本主义心理学的措辞纳入政策文本，鼓吹每个人的成功；然而在现实的政策安排中，却又不可能让每个人达到同样的成功标准，除非成功的标准本来就是多元化的。教育曾经被赋予实现社会流动、增加个人收入、丰富精神灵魂等功能，这些功能一股脑被素质教育的措辞吸收，从而制造出了人们对于教育的乌托邦幻想，刺激了独生子女时代的父母对孩子的"无限"想象。自我的情绪、情感、判断和经验不承认任何限制和界定，每个人都想实现其全部潜能，因而主体精神的张扬与经济技术的异化角色的矛盾不断加深。每个人终将被安置在特定的社会角色之中，教育就应该为其提供合适的、基础性的准备。然而，谁应该被安置在怎样的社会角色和职位之中，这是政治哲学的问

---

① 决策的科学化和民主化推行的时间段与素质教育正式在国家层面推行的时间也恰巧是吻合的，后者是在前者的统一要求下推进的。

题；当政治哲学在此没有给出清晰答案或者一种形而上学的引领时，教育领域只好在此装聋作哑，所有人都在一条充满了"无限"想象的漫漫路途上埋头向前。统一化和标准化考试作为典型措施，要求对每个人都施加同样的考核，"因材施教"这一中国古老的教学智慧因而被当作纯粹的教学技能，而其前置条件——首先应该鉴别该学习者的社会角色配置则被故意忽略不提，所有学生似乎被教育成为一个样子，他们"最流行的需求包括，按照广告来放松、娱乐、行动和消费，爱或恨别人爱或恨的东西"[66]。素质教育的倡导者未能认识到教育活动和教育研究活动有着严格的分工，企图以某种教育研究活动的原则如实证主义，取代具体教学活动的原则。教育理论的研究者往往知道的是教育活动缺乏了什么，而忽视了教育活动不能缺少什么。素质教育在20年中塞满了研究者、实践者、管理者的理念愿望和实操步骤，然而何为恒定不变的、不可缺少的本质，确实需要返回教育的传统，重新认识何为素质、何为教育。

素质教育之名，在20世纪90年代慢慢形成，起初目的是为了加强学生的基础知识和能力培养，回应的是中小学教育问题的经典两难——基础性和预备性（又可分为学术预备和就业预备）。在升学预备单极突飞猛进之时，基础性渐渐被弱化。素质教育这个"名"的出现，既不是学术概念，也不是政策举措，而是人们在面对这个长期的两难问题之时，对新千年到来充满自信甚至自负，想要一揽子解决基础性和预备性问题而逐渐演化出来的一个新名词。改革者以为，在素质教育中依次塞进数不清的举措，就可以既不损害预备性，又不损害基础性。在政策表述中，"学会做人，学会求知，学会劳动，学会生活，学会健体和学会审美，为培养学生成为有理想、有道德、有文化、有纪律的社会主义公民奠定基础"，成为常见的素质教育目标组合。这些美好的语词如何落实为一个整体学校的教育教学活动，会面临上文分析的本体论、知识论和方法论的争议。经验表明，在任何一个历史阶段，现实都无情地要求学校只重其一端而忽视其他很多方面。改革开放以来巨大的经济成就为教育领域拥抱市场赋予了极大的政治合法性和社会合理性，但教育终究是一个应该给所有人以最起码的人生希望的领域，人们一定不满足于竞争性市场的框架，如果解决的办法依然是不断添加新概念和新做法，那么很多时候根本来不及仔细消化和纠错，口惠而实不至。"与时俱进"这个口号蕴含着强大的容错能力，也无形中懈怠了人们理性地剖析素质教育改革之路的深层问题，开展严肃的学术思辨，形成稳定的理论概念，脚踏实地、正心诚意甚至朴素安静地回到教育现场，回归素质教育应有的实在。

教育是现代社会重要的奠基性领域，其复杂性不言而喻。当教育被某一种思潮、某一种观念所主导和支配时，其缺失的部分更需要反思，也需要对这一支配观念所包含的本体论、知识论和方法论的争议有深刻的辨析，面对教育实践保持必要的谦卑、退守，甚至无知的态度。

参考文献

[1] 康宁. 试论素质教育的政策导向 [J]. 教育研究, 1999 (4): 31-40.
[2] 于建福. 促进人的全面发展, 提升国民综合素质——改革开放30年素质教育重大政策主张与理论建树 [J]. 教育研究, 2008 (12): 3-10.
[3] 杨润勇. 关于素质教育政策体系、内容的政策学分析与建议 [J]. 教育理论与实践, 2006 (5): 15-19.
[4] 刘云杉. "核心素养"的局限: 兼论教育目标的古今之变 [J]. 全球教育展望, 2017 (1): 35-45.
[5] [美] 彼得斯 B. 盖伊·冯尼斯潘, 弗兰斯·K. M. 公共政策工具: 对公共管理工具的评价 [M]. 顾建光, 译. 北京: 中国人民大学出版社, 2007: 153-154.
[6] [美] 彼得斯 B. 盖伊·冯尼斯潘, 弗兰斯·K. M. 公共政策工具: 对公共管理工具的评价 [M]. 顾建光, 译. 北京: 中国人民大学出版社, 2007: 153.
[7] FAIRCLOUGH N. Discourse and social change [M]. Cambridge: Polity Press, 1992: 102.
[8] 包亚明. 权力的眼睛——福柯访谈录 [M]. 严锋, 译. 上海: 上海人民出版社, 1997: 161.
[9] 曾荣光. 教育政策行动: 解释与分析框架 [J]. 北京大学教育评论, 2014 (1): 68-89.
[10] 范国睿. 教育制度变革的当下史: 1978—2008——基于国家视野的教育政策与法律文本分析 [J]. 华东师范大学学报 (教育科学版), 2018 (5): 1-19.
[11] STRATHERN M. The tyranny of transparency [J]. British Educational Research Journal, 2000 (3): 309-321.
[12] 包亚明. 权力的眼睛——福柯访谈录 [M]. 严锋, 译. 上海: 上海人民出版社, 1997: 149.
[13] 包亚明. 权力的眼睛——福柯访谈录 [M]. 严锋, 译. 上海: 上海人民出版社, 1997: 150.
[14] 包亚明. 权力的眼睛——福柯访谈录 [M]. 严锋, 译. 上海: 上海人民出版社, 1997: 151.
[15] 包亚明. 权力的眼睛——福柯访谈录 [M]. 严锋, 译. 上海: 上海人民出版社, 1997: 158.
[16] 包亚明. 权力的眼睛——福柯访谈录 [M]. 严锋, 译. 上海: 上海人民出版社, 1997: 157.
[17] 包亚明. 权力的眼睛——福柯访谈录 [M]. 严锋, 译. 上海: 上海人民

出版社，1997：164.

[18] 包亚明. 权力的眼睛——福柯访谈录［M］. 严锋，译. 上海：上海人民出版社，1997：164 – 165.

[19] 包亚明. 权力的眼睛——福柯访谈录［M］. 严锋，译. 上海：上海人民出版社，1997：154.

[20] BALL S J. The teacher's soul and the terrors of performativity［J］. Journal of Education Policy，2003，18（2）：215 – 228.

[21] SHORE C，WRIGHT S. Audit culture and anthropology：neo – liberalism in british higher education［J］. The Journal of the Royal Anthropological Institute，1999（4）：557 – 575.

[22] ELLIOTT J. Characteristics of performative cultures：their central paradoxes and limitations as resources for education reform［M］//GLEESON D，HUSBANDS C. The performing school：Managing，teaching，and learning in a performance culture. London：Routledge/Falmer，2001：203.

[23] POWER M. The audit explosion［M］. London：Demos，1994：13.

[24] 曾荣光. 教育表现指标的误用与误解：表现指标与排名榜膜拜文化的批判［EB/OL］. https：//www. hkier. cuhk. edu. hk/document/OP/OP34. pdf.

[25] 陈霜叶，孟浏今，张海燕. 大数据时代的教育政策证据：以证据为本理念对中国教育治理现代化与决策科学化的启示［J］. 全球教育展望，2014（2）：121 – 128.

[26] 胡弼成，王祖霖. "大数据"对教育的作用、挑战及教育变革趋势——大数据时代教育变革的最新研究进展综述［J］. 现代大学教育，2015（4）：98 – 104.

[27] 郭文革，陈丽，陈庚. 互联网基因与新、旧网络教育——从 MOOC 谈起［J］. 北京大学教育评论，2013（4）：173 – 184.

[28] ［法］让 – 弗朗索瓦·利奥塔. 后现代状况——关于知识的报告［M］. 岛子，译. 长沙：湖南美术出版社，1996：155.

[29] ELLIOTT J. Characteristics of performative cultures：their central paradoxes and limitations as resources for education reform［M］//GLEESON D，HUSBANDS C. The performing school：Managing，teaching，and learning in a performance culture. London：Routledge/Falmer，2001：193.

[30] BLACKMORE J，SACHS J.（1997）. Worried，weary and just plain wory out：gender，restructuring and the psychic economy of higher education［C］. Paper presented at the AARE Annual Conference，Brisbane.

[31] 孙新民. 教育评价中存在的突出问题及对策建议［J］. 基础教育参考，2018（10）：60 – 62.

[32] ［法］福柯. 规训与惩罚［M］. 刘北成，杨远婴，译. 北京：三联书店，

1999：153－256.

[33] [美]霍斯金. 教育与学科规训制度的缘起[M]//华勒斯坦,等. 学科·知识·权力. 刘健芝,等译. 北京:三联书店,1999:43－84.

[34] 周昭和,黄毅英. 从课外活动"持分"失衡看教育产品指标化的权力展现[EB/OL]. https://www.hkier.cuhk.edu.hk/document/OP/Op40.pdf.

[35] TROMAN G. Teacher stress in the low-trust society[J]. British Journal of Sociology of Education, 2000, 21(3), 331－353.

[36] [法]福柯. 规训与惩罚[M]. 刘北成,杨远婴,译. 北京:三联书店,1999:155.

[37] ELLIOTT J. Quality assurance, the educational standards debate, and the commodification of educational research[C]. Paper presented at the BERA Annual Conference, University of Lancaster, 1996:15.

[38] 肖瑶. 素质教育背景下的中学教师绩效考核研究[D]. 南京:南京航空航天大学,2012:9.

[39] 秦春华. 这些"牛孩"的人生方向呢?[N]. 中国青年报,2016－08－15(10).

[40] [法]福柯. 规训与惩罚[M]. 刘北成,杨远婴,译. 北京:三联书店,1999:204.

[41] 包亚明. 权力的眼睛——福柯访谈录[M]. 严锋,译. 上海:上海人民出版社,1997:155.

[42] [法]让-弗朗索瓦·利奥塔. 后现代状况——关于知识的报告[M]. 岛子,译. 长沙:湖南美术出版社,1996:148.

[43] SMYTH J, DOW A, HATTAM R, REID A, SHACKLOCK G. Teachers' work in a globalizing economy[M]. London: Falmer Press, 2000:86.

[44] SEDDON T. Markets and the english: rethinking educational restructuring as institutional design[J]. British Journal of Sociology of Education, 1997, 18(2):165－185.

[45] DEAN M. Governing the unemployed self in an active society[J]. Economy and Society, 1995, 24(4), 559－583.

[46] BERNSTEIN B. On the classification and framing of educational knowledge.[M]//Young M F D. Knowledge and control. London: Collier-Macmillan, 1971:65.

[47] BERNSTEIN B. Official knowledge and pedagogic identities: the politics of recontexualising[M]//BALL S J. The sociology of education: major themes. London: Routledge Falmer, 2000:1942.

[48] BALL S J. Performativities and fabrications in the education economy: towards the performative society[M]//GLEESON D, HUSBANDS C. The performing

school: managing, teaching, and learning in a performance culture. London: Routledge/Falmer, 2001: 210 - 226.

[49] Hanlon G. Professionalism as enterprise: Service class politics and the redefinition of professionalism [J]. Sociology, 1998, 32 (1), 43 - 63.

[50] ROSE N. Governing the soul: the shaping of the private self [M]. London: Routledge, 1989: 4.

[51] FOUCAULT M. On the genealogy of ethics: an overview of work in progress [M]//DREYFUS H, RABINOW P. Michael foucault: beyond structuralism and hermeneutics. Chicago: University of Chicago Press, 1983: 232.

[52] FOUCAULT M. On the genealogy of ethics: an overview of work in progress [M]//DREYFUS H, RABINOW P. Michael foucault: beyond structuralism and hermeneutics. Chicago: University of Chicago Press, 1983: 49.

[53] ROSE N. Governing the enterprising self [M]//HEELAS P, Morris P. The values of the enterprise culture. London: Routledge, 1992.

[54] GUBA E G, LINCOLN Y S. Competing paradigms in qualitative research [M]// DENZIN H K, LINCOLN Y S. Handbook of qualitative research. London: Sage, 1994: 105 - 117.

[55] [法] 让—弗朗索瓦·利奥塔. 后现代状况——关于知识的报告 [M]. 岛子, 译. 长沙: 湖南美术出版社, 1996: 33 - 42.

[56] SCHUTZ A. Some leading concepts of phenomenology [M]//NATANSON M. Essays in phenomenology. Berlin: Springer, 1966: 23 - 39.

[57] TROMAN G, JEFFREY B, ANDREA R. Creativity and performativity policies in primary school cultures [J]. Journal of Education Policy, 2007, 22 (5): 549 - 572.

[58] [美] 布鲁姆. 巨人与侏儒 [M]. 秦露, 等译. 北京: 华夏出版社, 2003: 319 - 320.

[59] [美] 布鲁姆. 巨人与侏儒 [M]. 秦露, 等译. 北京: 华夏出版社, 2003: 321 - 322.

[60] LEVIN H M. Education choice and pains of democracy [M]//JAMES T, LEVIN H M. Public dollars for private schools. Philadelphia: Temple University Press, 1983: 25 - 26.

[61] 包亚明. 权力的眼睛——福柯访谈录 [M]. 严锋, 译. 上海: 上海人民出版社, 1997: 162.

[62] [法] 让-弗朗索瓦·利奥塔. 后现代状况——关于知识的报告 [M]. 岛子, 译. 长沙: 湖南美术出版社, 1996: 55.

[63] [法] 让-弗朗索瓦·利奥塔. 后现代状况——关于知识的报告 [M]. 岛子, 译. 长沙: 湖南美术出版社, 1996: 30.

[64] BERNSTEIN B. Pedagogy symbolic control and identity［M］. London：Taylor & Francis，1996：73.
[65] 曾荣光. 理解教育政策的意义——质性取向在政策研究中的定位［J］. 北京大学教育评论，2011（1）：152-180.
[66] ［美］马尔库塞. 单向度的人［M］. 张峰，吕世平，译. 重庆：重庆出版社，1988：6.

"核心素养"的局限：
兼论教育目标的古今之变[*]

刘云杉

一、"核心素养"：词语的政治学

"核心素养"已成为描述新的教育目标与课程目标的概念工具，成为21世纪人才培养的基本要求。因此，有必要对此概念的来龙去脉及其后的观念体系与价值立场再做辨析。

首先，在教育政策与研究话语体系中，"素养"正逐步替代"素质"。"素质教育"——作为中国基础教育近30年改革的关键概念，在其概念内涵与实践外延上却陷入双重尴尬：初观其表，作为政策工具的"素质教育"，其实践定位却是"升学教育""应试教育"的"批判武器"，是应试教育的"对立物"；在激起对应试教育广泛的愤懑与深刻的不满中，所欲建设的"素质教育"却面目模糊、观念混杂、内涵多样[1]。细究其里，以提高人的素质为根本宗旨的"素质教育"，中文中的"素质"语意却有偏差。在《现代汉语词典》中，"素质"的解释为：（1）事物本来的性质；（2）心理学指人的神经系统和感觉器官的先天特点[2]。其分别对应英文中的 nature 与 faculty。汉语中的"素质"仅局限对个人的生理学与心理学维度的理解，这一定位至多是教育的前提和条件，而非教育的结果。有学者指出，素质教育是一种教育的口号，而非教育的术语。"素养"解除了"素质"之概念困扰：作为一个合成词组，"素质"+"养成"，即凸显了先天素质与后天教养的化合作用。在坚持"素质是素养的上位概念，素养的特性，尤其它的可教、可学、可测的特点在素质层次结构中得到了科学的说明"；于是，"依据学生发展核心素养体系，建构可理解把握、可操作实施、可观察评估的培养目标"[3]。由此，近30年来作为教育口号的"素质教育"，借助"核心素养"的躯壳，从批判的武器真正落实为培养的目标、教学的内容与评价的标准，"引导学校教育从知识教育走向能力教育，进而走向素养教育"[4]。

其次，"核心素养"还意味着与国际接轨。各国际组织与经济体为应对时代变化与未来发展需要纷纷制定21世纪核心素养。OECD提出关于素养的权威

---

[*] 本文发表于《全球教育展望》2017，46（1）。

报告 The Definition and Selection of Key Competences：Executive Summary 所用为"competence"，在《新英汉大辞典》中解释为：(1) 能力，胜任，称职，对工作的胜任，足以过温饱生活的收入；(2) 有能力的，能胜任的，合格的；(3) 作证能力。中文语境中的"素养"——既超越知识，又超越能力，用所涵养的态度重新融合生成的，既包含知识，又转换为能力，还指向态度与人格的培养目标，在英文语境中对应的却是 competence（胜任力）——这一来自经济组织、工作世界的概念。

这一核心概念来自职业教育领域，所指为对工作、职业的胜任能力，随着教育普及化与高等教育大众化后成为一个热词。OECD 所研制的 21 世纪核心素养，其宗旨在于实现个人成功的生活与发展健全的社会，它认为核心素养应该为人人所需，并在多个实用领域都有特殊的价值，素养的选择应考虑其在多种情境中的适用性，包括经济与社会、个人生活等领域以及一些特定的领域，如商业等行业，尤其突出劳动力市场对技能与素养的要求。欧盟 2005 年发布的 Key Competences for Lifelong Learning：A European Reference Framework，其目标在于支持成员国，确保它们所培养的年轻人在基础教育与培训结束时，具备一定水平的核心素养，这使他们能够应对成人生活，并为未来学习和工作打下基础；此外，还确保这些国家的成年人能够在人生中不断发展和更新自己的关键素养[5]。美国的 P21（Partnership for 21st Century Skills）所聚焦的是受教育者未来职业发展的需要，关注的是学生在未来工作和生活中必须掌握的技能、知识与专业智能[5]。

在 competence 成为政策热词之后，是西方社会经济、政治与教育的转型，有一系列相近或相关的词汇共同构成相互支撑的概念体系。伦敦大学教育学院专治高等教育理论的教授巴兰特在 1994 年出版的 The Limits of Competence：Knowledge，Higher Education and Society 中指出：在一个学习型社会，在高等教育大众化的时代，出现了一系列新词汇、新概念及其后对高等教育的重新定位——"skills"（技能）与"vocationalism"（职业教育主义）、"competence"（胜任力）与"outcomes"（成效、结果）、"capability"（有才能）与"enterprise"（有进取心）；然而，在这一系列新词与热望之后，高等教育中一些重要的词语及理念却被丢弃了，它们是 understanding（作为一种心智状态的理解力）、critique [判断力，其内核是 critical thinking（审辨性思考）]、interdisciplinary（跨学科）以及 wisdom（智慧）[6]。

起源于职业教育、扩充至高等教育、盛行于基础教育，由欧美借中国台湾再辗转至中国大陆研究话语圈的"核心素养"[7]，其内涵不断地丰富、扩充着。词语绝非中性的客观所在，一个词语的传播、运用，内涵的演变，新词的产生与蹿红，旧词的黯淡与弃用，词语记载着时间之流中不同的价值与利益，词语透射着丰富的政治学。英国文化研究的重要奠基者威廉斯采用"历史语义学"（historical semantics），分析了文化与社会中的若干关键词，不仅强调词义的历史源头及演变,而且强调历史的"现在"风貌——现在的意义、暗示与关系[8],以透析词语这一密码中所承载的真相。本文受其启发,在教育目标从"受教育者"到"核心素养"之后,梳理了一系列教育词语的变化,以此检讨教育的古今之变,凸显现代性与现代教育的沉疴。需要指明的是,虽从中国当下热点议题入手,但症结不在中西的表面差异上,而在深层的古今之变中。就此而言,全球共此炎凉。

二、"核心素养"后的人才观:人如何被定义

当我们谈"素养"时,我们所谈的是"人才",即作为财富重要的生产者与创造者的人,其后是经济维度对"人"的再定义,人蕴含着潜能,教育将潜藏的财富挖掘出来:要让像"财富"一样埋藏在每个人灵魂深处的所有才能都发挥出来,例如记忆力、推理能力、想象力、体力、审美观、与他人交流能力、领导者的天然气质等[9]。

"人"是作为"人才"被识别、被定义且被命名的:即经济生活重要的参与者,不仅是生产者,也是消费者。

人被识别为"人才",其后经历了教育的古今之变。古典教育的核心是"认识你自己",人有神性,与神的关系是生命最重要的坐标,善的生活指安于特定的边界,德性的本质即适度(moderation)。《中庸》曰:"天命之谓性,率性之谓道,修道之谓教。"在天命之下,教育最重要的功能为:品鉴人性、涵养人心、安顿人身。潘光旦指出:一个人在身、心、灵三方面都发展到相当程度,才能称为"完人"。德、智、体三育指个人的修养[10]。然而,"神我相与"的"灵"在现代教育中已经极为陌生了。

启蒙以后,人摆脱了自然与神的监护,纵深、丰富且有差异的内在世界被夷平了,人被放逐于外在的、物的世界中,识别与定义人的方式变了:英国政治学家科贝特在1806年的《政治纪事》中提到,在兴起的工业社会中,人们被简化成了"人手"(hands)[11]。这是"人力""人力资本"比较明确的表达。现代教育丢掉了人的内在与灵魂向度,人不过是才干与才能的载体;晚近的消费社会中,人为欲望与诱惑所操纵,人性变晦暗了。现代教育由内转为外,人逊位于知识。"人不尊,则转而尊器物。人之为学,则惟学于器物,而技能乃更尊于知识"[12]。"人力"取代了"人心"与"人性",定位个人的价值参照不再是宗教与家庭,而是经济生活,即人对物的生产与消费能力,以及人对人的支配与控制能力。教育从古典教育的"养心"与"养性"转变为现代教育的"养财",此所谓教育的古今之变[13]。

现代社会的前期是一个"生产社会",个体首先是生产者,其次才是消费者;可在晚期现代社会,秩序颠倒了,个体首先是消费者,其次才是生产者。在生产社会中,社会对成员的塑造依照其劳动分工的需要,看其是否有能力与意愿担任不同的职业角色;在消费社会中,社会要求其成员首先具备作为消费

者的能力与意愿。在消费社会里，经济的增长并不依靠国家生产力的强度，而是依靠消费者的态度、热情与能力，"工作"曾经扮演的连接个人动机、社会整合与系统再生产的角色，已经被"消费"所替代。在晚期现代社会，个人寻求自我认同、获得社会的一席之地，拥有一种有意义的生活，都需要在消费市场中实现。因此，有学者指出，20世纪的社会驯化生产者，21世纪则驯化消费者①。人在被简化为人手——工作的能力之后，进而又被扭曲为"人欲"——消费的能力与品位。

以经济维度来定义人，会让人更有能力吗？现代社会分工的专业化，对劳动者的技能与知识提出了更高的要求，要求教育在其中发挥更大的作用。然而，机器化的生产与专业化的分工真能提升人的能力吗？斯密在《国富论》中指出：

> 分工的进步，使人民大多数中的最大部分的职业，局限在少数极单纯的作业上……他停滞生活之划一单调，自然把他精神上的勇气销毁了。他自身特定职业上的技巧熟练，就是由牺牲其智的、社会的及尚武的诸种德性而获得的。（在之前的社会形态中）各个人杂多的作业，使他不得不奋其能力，并不得不随时想些办法，去对付那不断发生的困难。他们的发明心是活跃的，他们的精神，也不会陷入文明社会下层人民悟性莫不受其麻痹的昏睡愚钝状态中。（在这里）每个人都是战士，在某种程度上，都是政治家，关于社会利益，和这些利益支配者的行动，他们都能下相当的判断。[14]

分工促进了社会的利益与整体的利益，却以人的异化与能力的扭曲为代价，纽曼引述科普尔斯顿博士的论述：

> 专业划分与劳动分工易于完善每一种技艺，增加国民的财富、促进全社会的普遍舒适生活与福利。……每个人越是把力量集中于一个工作，他在工作所表现的技术自然越娴熟，速度越快。然而，尽管他因此对国民财富的积累所做的贡献更有效，但是，作为一个合理的存在物，他却变得越来越渺小。由于他的行动范围变得狭小，他的心智与思维习惯同样变得萎缩；他就像某个强大机械的一个组成部分，放在里面就有用，而一旦离开这个机械他变毫无意义，一文不值。[15]

---

① 参见：[英] 齐格蒙特·鲍曼. 工作、消费、新穷人 [M]. 仇子明，等译. 长春：吉林出版集团，2010：6；刘云杉. 大众高等教育再认识：农家子弟还能获得什么？[J]. 中国农业大学学报（社会科学版），2015（1）：119–130.

社会的利益与个人的利益成反比。现代文明很大程度上是外部文明，相应的社会态度对于"工具"过高地估计，把手段看作是目标本身，甚至不惜将人的价值"工具化"。我们再进一步追问：外部的文明会让人更幸福吗？或者说"财富"会给人带来幸福吗？威廉斯仔细辨析过此词在英文语境中的变化。

Wealth，源自相关词 well，最接近的词源为古英文的 wel、well，指的是幸福（happiness）与兴旺（prosperity）。到了 17 与 18 世纪，这个词的意涵不仅与金钱、财产有较为直接的关系，另有一个强烈的贬义意涵出现：随着个人财富与社会财富的分离，就整体而言，wealth 与 wealthy 带有"个人主义"与"拥有"的意涵，原先所指的幸福与福祉（well-being）的一般内涵，已经消失且被遗忘。所以另有一个词被创造出来：illth（财灾）表达"不幸福"与"浪费"[16]。

Wealth 一词成为一体两面的概念，正面是财富，反面是财灾；或者说在合适的限度内为财富，超出限度为财灾。财富的合宜的用度在哪儿？亚里士多德指出："以足够维持其素朴（节制）而宽裕（自由）的生活"为度，将这两个词联合起来，划出了我们应用财富的边际——两者如果分开，宽裕（自由）将不期而流于奢侈，素朴（节制）又将不期而陷于寒酸。人们处理财富上表现过弱（吝啬）或过强（纵滥）的精神都是不适宜的，这里唯有既素朴而又宽裕，才是合适的品性[17]。

自创 illth（财灾）一词的罗斯金指出，生产既可能带来财产，也可能带来财灾，因而要谨慎地思考怎样的劳动才是合宜的，什么样的劳动才是正当的劳动：

> 老实说，不是劳动得到了分化，而是人本身被分化了——被分化为片片断断，人变得支离破碎，生命成为碎屑……在这件事情上你不得不面临严酷的抉择。你要么成为工具一般的生物，要么做一个有生命的人。你无法两者兼得……人类正从机器操作者沦为机器本身，这乃是本世纪最大的罪恶。他们并非食不果腹，问题在于他们无法从赖以谋生的工作中得到快乐。他们并非是因上流社会的鄙视而受到了伤害，问题在于他们无法承受自己对自己的鄙视，因为他们觉得自己是在被迫从事一种低级劳动，这种劳动使他们觉得自己牛马不如。[18]

拥有了"财富"，精神、文化与趣味上却陷入"财灾"，英文中有一个专门的词汇：Philistines（非利士人）。他们是现代社会中大多数的中产阶级，他们执着于外部文明，对工具手段（财富、工业、生产、进步等）和个体成就的信仰，使他们拒绝追求"和谐的"和"普遍的"完美状态。[19] 19 世纪 60 年代后，阿诺德反复用此词指称市侩式的英国中产阶级，这类人对人文思想、启蒙教育、文学艺术修养都不感兴趣，情趣狭隘，是只追求物质利益的平庸之辈[20]。

继而，又出现一个概念，learned ignoramus（有知识的无知者），或者说是"无学而有术的专家"（the specialist）。传统上人分为两类：有知识的人与无知的人。而新出现的专家根本无法纳入两个范畴中的任何一个：他既不属于有知识的人，因为除了自己的专业知识之外，他知之甚少；他也不属于无知识的人，因为他是一个"科学家"，一位"专家"，他通晓自己方寸天地中的一切。麻烦的是，他在自己所生疏的领域是个无知者，但他却不像一个无知者，而是摆出一副学有所长的神态；他固执己见，自以为是。这些为科学而劳作的工蜂甚至不能保证科学的真正进步[21]。科学家愈多，真正有文化的人越少，这是一个悖论。

类似的词语还有"训练有素的无能"（trained incapacity）或职业性的畸形（professional deformation）[22]，词语的丰富表明病症侵袭既深且广。现代工商社会中出现大量的职业"套中人"：他从头到脚都被职业制服包裹着，这个人的塑造完全按照其技术特征的模型来塑造，而且要求分毫不差，该压下去的地方要压下去，该挺起来的地方要挺起来……[23]

三、"核心素养"后的能力观：教育如何被定位

在提出"能力的限制"时，巴兰特强调，在大众化背景下，高等教育已从培育精英跌落为制造小办事员（clerks）——再生产着资本主义经济、政治与文化体系中各级、各类零部件。伴随着文凭的膨胀、教育的贬值，职业市场上衡量一个人的标准通常不再是你拥有什么样的教育文凭（资格），或者深究你学了什么（专业知识），而是直接看你能做什么，能解决什么问题。因此，高等教育面临"范式转换"，学术能力（academic competence）正为操作能力（operational competence）所替代。前者强调在一个学科的边界内学习前提性的知识，认知的策略是"知识是什么"，评价的标准是真理维度上的"是否求真"，目的在于促进更好的理解，聚焦于学习的条件。后者则致力于在一个机构的情境中习得策略，认识的策略是"知道如何做"，评价的标准是经济维度上的"是否有利"，目的在于促进实践上的效益，聚焦于学习的后果[24]。

1994年的巴兰特以教育学者的细致仔细地解释高等教育正在经历的转型。在英国绅士冷静平和后，嘴角挂着些许嘲弄，神色难掩若干沮丧：高等教育已从城邦之外的象牙塔走入社会最核心的地带，高等教育的大门在向所有人开放的同时，真要转身成为任何持币购买者皆可进入的知识超市吗？

早在1872年，哲学家尼采在《论我们教育机构的未来》时，以他既是先知也是巫师的尖锐预示着：现代教育有两种倾向，第一种是尽量扩充和普及教育的冲动，把教育送往最广泛的阶层，第二种是缩小和削弱教育本身内涵的冲动，要求教育放弃崇高的使命，教育机构与生计机构的边界正在模糊。

普及教育是最受欢迎的现代国民经济教条之一。尽量多的知识和教育——导致尽量多的生产和消费——导致尽量多的幸福：这差不多成了一个响亮的公式。在这里，利益——更确切地说，收入，尽量多赚钱——成为教育的目的和目标[25]。

智识与财产结盟,培根的"知识就是力量"在此表现为知识就是财富:

> 教育的真正任务似乎是要造就尽可能courant(通用)的人,与人们在一个硬币上称作courant的东西属于相同性质……现代教育机构的意图只能是按照每一个人的天性能够变成"courant"的程度来对其加以促进,如此来培养每一个人,使他依据其知识量拥有尽可能大的幸福量和收入量。每个人必须学会给自己精确估价,必须知道他可以向生活索取多少[26]。

如此,"教育机构"(这个纤足的、娇惯的仙女)已经衰落为"生计机构"(被使唤的丫鬟),她虽以教育自称,但不过是一个有智识的女仆,生计、收益、需求方面的女管家。任何一种学校教育,只要在其历程的终点把一个职位或一种谋生方式树为前景,就绝不是真正的教育[27]。于是,有了速成的教育,以求能够快速地成为一个挣钱的生物;有了深造的教育,以求能够成为一个能挣许多钱的生物。然而,"最大可能的普及教育"却使教育大为贬值,它不但不能给人以特权,甚至不能使人受到尊敬,最广泛的普及教育恰恰就是野蛮[28]。

进而,文化、文明与野蛮的对立出现了。现代教育正在生产大量的新型野蛮人。随着教育的日益普及,educated所惠及的阶层不断扩大,大多数接受教育的人却不属于"educated"阶层,而被视为uneducated或是half-educated。educated的意义仍固守"教养"(bringing-up)、教养良好(properly brought-up)[29]。加塞特用新亚当(the New Adam)指这样一种受教育的野蛮人,心智完全封闭,陷入一种智识上的冥顽不化,他们看似更聪明、更敏捷,更有能力,然而这些反而使他更加封闭。他们陷入了思维定式的泥淖之中无力自拔,各种陈词滥调、先入之见、零敲碎打的思想、空洞无物的言辞,统统胡乱地堆积在他们的头脑中[30]。

教育不仅是习得向外拓殖的技艺,更需具备反身于己的修行。教育要使人学会做事(to do)的技能,教育更使人学会做人(to be)的修养。做人与做事之间绝非二分为精英教育中的"成人"与职业教育中的"做事",也非少数人的"为己之学"与多数人的"为稻粱谋"。教育的目标如果仅仅是让年轻人去适应他们的环境,为谋生而学习一门技艺,教育在此已异化为一种经济行为。教育还有超出职业培训之上的更高使命吗?难道超出职业培训之外的教育仅仅是有幸摆脱"这个窘迫、必需、生存斗争世界"少数精英[31]所独享的"闲暇"特权吗?

超出职业培训之上的教育也应该是每一个人都需要也都有资格与资质获得的权利,基础教育不同于职业教育。"在爱弥儿成为一名军人、教士或行政官员之前,他先要成为一个人。"[32]教育的眼界、教育的用心与用力处不在训练一个人能做什么,也不在教会一个人去占有或攫取什么,而是"认识自己"并

"成为自己"。

> 并非"做什么"（doing），而在于"是什么"（being）；也不仅仅在于"是什么"，而在于"成为什么"（becoming）。因此，自我培养（self-culture）是教育的实质[33]。

当下技术发达，能力超强，而"文化"却被不得体地忽视、不正当地扭曲了。教育不仅针对人的手、人的脑，教育更要面对人的心、人的灵魂，以及心、手、脑之间既和谐又全面的发展。我们有必要还原且重审文化在人的教育中的核心位置。在教育中，文化主要按心灵的本性培育心灵，照料并提升心灵的天然禀赋。它意味着知识与育人的结合，即赫尔巴特的"教学的教育价值"。culture 的词源是拉丁文 cultura，对土壤及其作物的培育，即小心照料，按其本性并提升品质[34]。教育中的 culture 正是这心、手与脑之间相互促进、和谐成长中所体现出来的一种心灵状态、人格气质与行为习惯，譬如"教养"指一种内在的心灵状态及其外显出行为习惯，譬如西塞罗用 cultura animi 指心灵的陶冶过程。纽曼的"智性的教化"（the culture of intellect）体现为"调养其性情，培养其道德，增强其心智"，一个心智有力量的人，具有稳定性、理解力和各种才能，就会体现出自身的控制，对眼前事物的正确判断，而这些若没有经年累月的努力和训练通常是无法获得的[35]。这就是教育中最需要精心照料，且需要时间慢慢化育的 culture 的内涵，中国古语中的"春风化雨"所言也接近此意。

culture 还意味着教育的过程是一个文明化的过程，是一个文化的过程。教育是留在我们人性与心灵秩序中的文明，是在个体的生命中烙下的文明的印记，它将单薄的个体纳入历久弥新的文明之河中。让文明有传承，让单薄的个体有信靠，有来龙去脉。柯勒律治对文明（civilization）与教养（cultivation）之间关系的论述值得我们警醒。

> 如果文明不以教养为基础，如果文明不与人类特有品质才能的和谐发展为基础，那么这种文明抑或产生极大腐化作用，抑或其本身就是一种混合低劣的善；这是病态的狂热，而非健康的勃勃生机；这样的国家，即使拥有卓越的文明，也称不上完美，至多是浮华（varnished）[36]。

如果文明的繁荣不以人类的品质才能的和谐发展为基础，那不过是浮华。如果教育不培育心灵，涵养人性，那不过是在用华丽绚烂、闪闪发光的装饰掩盖着人内在的干瘪与空洞，"没有虔诚之心的知识算不上知识，至多是内在或外在逻辑或手艺的培养，却并不是对一个灵魂的教化"[37]。自由教育（liberal education）本意为"在文化之中"或者"朝向文化的教育"，它的成品是一个有文化的人，在于唤醒一个人自身的优异与卓越，用权威与传统的引导，将人引入一个虔敬谦卑的状态中,以提升人性之中的卓越与美好[38]。

然而,在浮华的文明下,自由教育中的liberal也失去了最初的内涵,不再指能培育心智的知识,而是可卖弄的学识。恰如尼采所说的"博学的肥胖症"[39]:在时髦的野蛮、匆忙与虚荣制作中,在过早要求的个性化作业中,却没有风格,没有规范,没有传统。天性中所有的放肆从其深处发出呐喊,所有的虚荣不再受到有力的约束。应记住,正规的教育所应培育的是认真的、一丝不苟的眼光和习惯,而全面放任所谓的"自由个性"无非是野蛮的标志[40]。

四、警惕评估的僭越:重提"受教育者"

有学者指出,核心素养是从学习结果界定未来人才形象的类概念[41]。学习结果、能力绩效成为核心素养中重要的维度,可评估、可显现、可测验使高蹈虚空的素质教育有落地的根基,有行动的抓手。"结果"在素养中如何表现呢?准确地说,这是在工作中所表现出来的完成任务的能力,指在一系列复杂的工作情境中,面对技术的、专业的或职业的任务,包括在方案设计、计划实施与问题解决等环节所体现出的个人能力[42]——这是一个职业世界对工作者的能力评估工具。然而,教育所面对的只能是人,这意味着把人视为目的而非手段,这还意味着关注人生的目标而非实现这一目标的手段。教育是另一维度的概念与价值:知、情、意、行或身、心、灵,或心、手、脑,有的可评估,有的不可评估。

"素养"所评估的不过是工作情境下有胜任力的肉身载体,人已经被完全工具化、物化了。如尼采所预言,在这生计机构中,教育似乎被定义为一种眼力,一个人凭借它可以"出人头地",可以识别一切容易赚到钱的捷径[25]。财产和权力、聪明、果断、口才、显赫的威望、响亮的名声——所有这些在这里都变成了手段——各种必备的能力清单不过是一份说明书[43]。按照这份能力清单,凭借评估所铺就的阶梯,眼尖皮实的人步步往高处走——其后,是庸俗的成功学风行。

素养所评估的学习结果将诱使学习者的策略是"可视性"——即被评估之眼看见。然而,在教育场域,外显与内隐有复杂的关系,既可以是量与质,又可以是行动与价值;两者既可能一致,也可能完全分离。手与脑,有的部分可评估,有的难评估;而心灵与人格部分,多数是不能评估的。善用评估,也要知道评估的边界,更要理解与尊重不可评估的"禁区"。今天推崇心理学与测量学、统计学与管理学所贡献出来的科学测量运动,似乎"不可评估"仅是科学化程度不够的"不能评估"或技术化不足的"评估失效"。雅思贝尔斯的话仍值得深思。

> 心理学通过试卷考核和其他机械手段,在企业和学校减少摩擦,以提高生产力和学习能力。我敢说,这往往是把人看作机械的物的一种实际贬

低,以及在过高的希冀中,对虚假的知识的个别情况做敷衍的诊断……心理学家打算作为人类的主管,实在是不可置信的怪现象。心理分析在科学外表下,不顾科学因素的整体性俨然作为一场信仰运动,这一运动在美国已成为可笑而荒唐的现象,在我看来,心理分析的渗透与人的转变一起借助于极权统治的思维方式,似乎成为一种毁灭人类尊严的方法。[44]

在大数据的时代,学习者的一切,都在各种数据、评估指标与奖惩维度上"显现","看见"及其后的"可视性""可表现性",甚至"可隐藏性",成为新的权力技术。所谓的表演逻辑——"亮点"与表现主义——评估常僭越其边界,甚至侵入道德领域[1]。

评估之眼多是简单的,它能看到人"主动做了什么",也不难觉察人"被动地不做什么",但难以洞悉人"主动地不做什么"。今天的教育几乎忘掉了训育,人们热望教育做加法,不断生成新与好,却少寄望教育做减法,不懈地抵御与抗拒坏与恶。训育在赫尔巴特那里却占有极为重要的分量,教育(erziehung)这个词是从训育(zucht)与牵引(ziehen)两词来的。训育是对青少年的心灵产生直接的影响与有目的地进行培养,具有内在坚定性的性格寓于意志之中,意志不是可以改变的愿望与情绪,它有前后的一致性与坚定性,性格见诸一个人决意做什么、决意不做什么这两者之间的比较中[45]。我们不能仅看人作用于对外部世界的力,更要训育其作用于自身的意志与能力——"节制"与"有所不为"曾经是德性的重要内容。

评估之眼多是有限的,它只能看到人表现出来的东西。然而,教育不仅仅是在人身上表现出来的东西,更重要的是内在心灵的建设与人性磨砺,这中间有大量内隐的、难以评估、不可评估的内容。中文以诗意的"春风化雨"隐喻,而美国学者白璧德却用惊心动魄的"化合作用"凸显其内在的蜕变之难:需要用一种类似男子的气概与力量来协调散乱的知识片段与理性、意志和性格的联系,这需要强悍的气概,绝非一件容易之事[46]。简单的评估更多的是将教育视为一个搬运知识的机械过程,教育不是一个将知识堆积至某个头脑中的过程,不是将知识"分化"到人脑中的过程,不是填鸭式地"塞进去"、再鹦鹉学舌地"吐出来"的过程。教育的内涵既纵深又综合,单一且分散的指标如何评估?潘光旦曾解析:

> 我国古代的智字,不止指知识的获得,也指价值意识的培养。西文中的wisdom,也是这个意思。近人把"德育"和"智育"完全分开之后,于是"智"字的本义转晦。价值意识之发达,用之于理智,便知是非真伪的区分;用以待人,便识善恶荣辱的辨别;用以接物,便识利害取舍的途径;甚至艺术家所称的"奖赏能力",即美丑的辨别力,西文所谓的taste,也无非是价值意识的一部分[47]。

评估之眼又是骄傲的，于是"表现""表演"主义盛行——绩效（performance）即此意涵，我们更需要记住教育中另一个词"完善"（perfection）。人的全面发展与和谐的发展才是教育的核心。潘光旦在"完人教育新说"中提出德、智、体、群、美、富六育，其中的富育指的即是职业教育，即发展吃饭能力的教育[48]。富育有其位，但为末位。在人的培育中，任何维度单一发展，任何能力无序发展，其余方面都将面临被抹杀或被利用来做某种工具。如果只强调某些绩效，人就如同八爪鱼一般，分裂地四处往外扩展，但内在却浅表化、空洞化了。如此分裂且表现型的绩效，诱导人成为"超人"与"非人"的同时，能为自己赢得闲暇、自由的状态中吗？

学校（school）一词，古希腊语的词根是闲暇（leisure）——闲暇自有其内在的愉悦与快乐和人生的幸福境界，这些内在的快乐只有闲暇的人才能体会。安闲的快乐"出于自得，不求外靠"[49]。教育是让人能操持闲暇，即不被他人他物所役使的"学以为己"的活动，人生凭这些活动于闲暇之中陶冶性情，进于善德。[50]这是学校的初衷，这是教育的宗旨。

何为受教育者？站在后现代的今天，回望教育的童年，雅典的雄辩家之一的伊索克拉底对"受过教育的人"的定义：

> 首先，他能够处理生活中的日常事务，能够因为适应生活而快乐，具有深邃的洞察力。其次，他的行为在任何一个社会都是端正和得体的，如果碰到一群态度不友好和难以相处的人，他能够以平和的心情去面对。他处事公平，温文尔雅。第三，他能够适度地控制自己的情绪，在厄运和痛苦中不气馁，表现出男子气概，符合自然赋予的特点。第四，也是最重要的一点，他从不恃宠骄横，也不因成功而忘乎所以。他始终做一个睿智的人，在机遇赋予他的一些成就而非完全凭自己的才能获得的时候，他更应该持节制的态度。那些灵魂在这些方面表现和谐的人，那些我称为智慧和完美的人，即具有完全美德的人，在我看来，才是真正受过教育的人[51]。

布鲁姆以"巨人与侏儒"喻古今之变，在"受教育者"与"核心素养"之后，我们需要深思古今之变中究竟意味着什么？

参考文献

[1] 刘云杉．自由的限度：再认识教育的正当性 [J]．北京大学教育评论，2016（2）：27-62．

[2] 中国社会科学院语言研究所词典编辑室．现代汉语词典（第6版）[Z]．北京：商务印书馆，2012：1241．

[3] 柳夕浪．从"素质"到"核心素养"——关于"培养什么人"的进一步

追问[J]. 教育科学研究，2014（3）：5.

[4] 柳夕浪. 从"素质"到"核心素养"——关于"培养什么人"的进一步追问[J]. 教育科学研究，2014（3）：11.

[5] 师曼，等. 21世纪核心素养的框架及要素研究[J]. 华东师范大学学报（教科版），2016（34）：29-37.

[6] BARNETT R. The limits of competence：knowledge，higher education and society [M]. SRHE & Open University Press，1994：157.

[7] 蔡清田. 核心素养在台湾十二年国民及基本教育课程改革中的角色[J]. 全球教育展望，2016（2）：13-23.

[8] ［英］雷蒙·威廉姆. 关键词：文化与社会的词汇[M]. 刘建基，译. 北京：生活·读书·新知三联书店，2005：17.

[9] 联合国教科文组织. 教育——财富蕴藏其中：国际21世纪教育委员会报告[M]. 北京：教育科学出版社，1996：10.

[10] 潘光旦. 完人教育新说[M]//潘光旦. 潘光旦文集. 2卷. 北京：北京大学出版社，1994：61.

[11] ［英］雷蒙·威廉斯. 文化与社会：1780—1950 [M]. 高晓玲，译. 长春：吉林人民出版社，2011：8.

[12] 钱穆. 现代中国学术论衡[M]. 北京：九州出版社，2012：169.

[13] 刘云杉. 教育失败者究竟遭遇了什么？[J]. 清华大学教育研究，2014（4）：7-16.

[14] ［英］亚当·斯密. 国富论[M]. 郭大力，王亚南，译. 上海：上海三联出版社，2009：281-282.

[15] ［英］约翰·亨利·纽曼. 大学的理念[M]. 高师宁，等译. 贵州：贵州出版集团，2006：3.

[16] ［英］雷蒙·威廉姆. 关键词：文化与社会的词汇[M]. 刘建基，译. 北京：生活·读书·新知三联书店，2005：515.

[17] ［古希腊］亚里士多德. 政治学[M]. 吴寿彭，译. 北京：商务印书馆，2014：64.

[18] ［英］雷蒙·威廉姆. 关键词：文化与社会的词汇[M]. 刘建基，译. 北京：生活·读书·新知三联书店，2005：153-154.

[19] ［英］雷蒙·威廉斯. 文化与社会：1780—1950 [M]. 高晓玲，译. 长春：吉林人民出版社，2011：23.

[20] ［英］雷蒙·威廉斯. 文化与社会：1780—1950 [M]. 高晓玲，译. 长春：吉林人民出版社，2011：132.

[21] ［西班牙］奥尔特加·加塞特. 大众的反叛[M]. 刘训练，等译. 长春：吉林人民出版社，2011：108-109.

[22] ［美］罗伯特·K.默顿. 社会理论和社会结构[M]. 唐少杰，等，译.

南京：译林出版社，2006：8，349．

[23] [英] 约翰·亨利·纽曼．大学的理念 [M]．高师宁，等译．贵州：贵州出版集团，2006：154．

[24] BARNETT R. The limits of competence: knowledge, higher education and society [M]. SRHE & Open University Press, 1994: 160.

[25] [德] 尼采．论我们教育机构的未来 [M]．周国平，译．南京：译林出版社，2012：30．

[26] [德] 尼采．论我们教育机构的未来 [M]．周国平，译．南京：译林出版社，2012：31．

[27] [德] 尼采．论我们教育机构的未来 [M]．周国平，译．南京：译林出版社，2012：81．

[28] [德] 尼采．论我们教育机构的未来 [M]．周国平，译．南京：译林出版社，2012：31-32．

[29] [英] 雷蒙·威廉姆．关键词：文化与社会的词汇 [M]．刘建基，译．北京：生活·读书·新知三联书店，2005：141-142．

[30] [西班牙] 奥尔特加·加塞特．大众的反叛 [M]．刘训练，等译．长春：吉林人民出版社，2011：66．

[31] [德] 尼采．论我们教育机构的未来 [M]．周国平，译．南京：译林出版社，2012：80．

[32] [美] 约翰·S. 布鲁贝克．高等教育哲学 [M]．王承绪，等译．杭州：浙江教育出版社，1987：81．

[33] [英] 雷蒙·威廉斯．文化与社会：1780—1950 [M]．高晓玲，译．长春：吉林人民出版社，2011：28．

[34] [英] 雷蒙·威廉姆．关键词：文化与社会的词汇 [M]．刘建基，译．北京：生活·读书·新知三联书店，2005：101-104．

[35] [英] 约翰·亨利·纽曼．大学的理念 [M]．高师宁，等译．贵州：贵州出版集团，2006：156，22．

[36] [英] 雷蒙·威廉斯．文化与社会：1780—1950 [M]．高晓玲，译．长春：吉林人民出版社，2011：128．

[37] [英] 雷蒙·威廉斯．文化与社会：1780—1950 [M]．高晓玲，译．长春：吉林人民出版社，2011：185，71，91．

[38] [美] 施特劳斯．自由教育 [M]//刘小枫．古典传统与自由教育．北京：华夏出版社，2005．

[39] [德] 尼采．论我们教育机构的未来 [M]．周国平，译．南京：译林出版社，2012：71．

[40] [德] 尼采．论我们教育机构的未来 [M]．周国平，译．南京：译林出版社，2012：43-46．

[41] 崔允漷. 追问"核心素养"[J]. 全球教育展望, 2016 (5): 3-10.
[42] BARNETT R. The limits of competence: knowledge, higher education and society [M]. SRHE: Open University Press, 1994: 72.
[43] [德] 尼采. 论我们教育机构的未来 [M]. 周国平, 译. 南京: 译林出版社, 2012: 80-81.
[44] [德] 雅思贝尔斯. 什么是教育 [M]. 邹进, 译. 北京: 三联书店, 1991: 31.
[45] [德] 赫尔巴特. 普通教育学 [M]. 李其龙, 译. 2015: 133, 8, 107.
[46] [美] 欧文·白璧德. 文学与美国的大学 [M]. 张沛, 等译. 北京: 北京大学出版社, 2004: 66.
[47] 潘光旦. 完人教育新说 [M]//潘光旦. 潘光旦文集. 2卷. 北京: 北京大学出版社, 1994: 63.
[48] 潘光旦. 完人教育新说 [M]//潘光旦. 潘光旦文集. 2卷. 北京: 北京大学出版社, 1994: 62.
[49] [古希腊] 亚里士多德. 政治学 [M]. 吴寿彭, 译. 北京: 商务印书馆, 2014: 416.
[50] [古希腊] 亚里士多德. 政治学 [M]. 吴寿彭, 译. 北京: 商务印书馆, 2014: 399.
[51] [英] 肯尼思·约翰·弗里曼. 希腊的学校 [M]. 朱镜人, 译. 济南: 山东教育出版社, 2013: 156.

走向更加开放的大学通识教育[*]

侯定凯

黄俊杰教授在《21 世纪大学理念的激荡与通识教育的展望》一文中,针对当今大学通识教育注重"开拓视野""获得创新创业能力""提升国民文化素养"等"效益观"和"工具论",提出,"我们居今日而言'通识教育',应将现在流行的'工具论'教育哲学,翻转而为'非工具论'的立场,我们才能直探通识教育的本质,才能掌握通识教育的内在价值"。这里值得商榷的是:在实践中,"工具论"与"非工具论"是否必然表现为二元对立、非此即彼的选择?

黄教授的观点实则反映了关于高等教育的两种哲学取向:一是以认识论为基础的,二是以政治论为基础的[1]13。"认识论"强调以"闲逸的好奇"精神和严谨的方法追求知识,鼓励人们对社会上最令人困扰的问题,进行尽可能深刻的、不受个人价值观影响的思考和判断。"政治论"则强调学术为国家、公众服务;学者需要思考什么是最好的社会目标、应该如何运用权力等问题,这些都具有政治性;追逐知识中的科学方法的信念、研究问题的选择、研究结论的解释等,也无不体现着价值判断的因素。而杜威调和了上述"二元对立"的高等教育逻辑,指出了思维和行动之间的连续性。

历史地看,两种高等教育哲学观的冲突和张力根深蒂固,不但渗透到大学的组织架构(如专业学院和文理学院并置)、学术研究(如基础研究和应用研究、政策研究共存),也体现在课程体系和教学理念中,但两者界限正日益模糊,依存度正日益增加。正如布鲁贝克所述,如果大学不可避免地要卷入复杂的社会中去的话,那么专业教育和传统文理教育的相互结合,可以使各自得到繁荣并发展——前者可以利用大学其他部分的研究指导自己的实践,后者则可以通过实践验证更加充实自己的成果[1]27。黄俊杰教授希望的"致力于学生的心灵提升或反思能力之培养",恐怕也只有在开放的实践环境中,才能获得驱动力、接受挑战并内化为学生的自觉。

这里,一则来自美国顶尖文理学院——阿姆赫斯特学院(Amherst College)——一位毕业生的故事,或许可以给我们诠释,通识教育是如何突破认知论和政治论的"二元"局限,在个人学习、社会实践、人类福祉三者之间建

---

* 本文发表于《高教发展与评估》2020,36(5),文中引述的黄俊杰教授大作同此出处。

立联系的[2]。

伊娃·格雷德克（Eva Gladek）是阿姆赫斯特学院2005届的一名学生，在大学学的专业是分子遗传学。本科求学期间一门"物种灭绝"的课程拓展了她的视野。她说："在学习过程中，我越来越了解到人类给地球带来的危机。我觉得需要提高自己多方面的技能，以便为应对这些社会挑战做好准备。"毕业后，格雷德克成为一名科学传媒的撰稿人。后来她发现，仅仅为大众撰写气候变化和大规模物种灭绝方面的科普文章是不够的，更需要采取实际行动。于是，她来到耶鲁大学继续学习工业生态学。2012年，格雷德克在荷兰创办了一家名为Metabolic的公司，旨在促进城市废物的循环利用，将环境科学、工程、社会科学和管理学的元素融为一体，推动循环经济的创新和社区生态系统的改善。格雷德克如此评价自己正在从事的事业："或许你会认为，这是一个乌托邦式的、不切实际的梦想，但如果不对眼前的行为做出重大改变，我们将真的遭遇严重的生存问题。我想，为这样一种乌托邦而奋斗，是生命中最棒的事情。"

我们不能假设"精致的认知"比"实用的技能"更能成就卓越人生。能以一技之长服务社区，或能做几个拿手的家常菜，何尝不是有品质生活的最生动写照呢？即使从个人可持续发展的角度而言，"学而后知不足"与"纸上得来终觉浅，绝知此事要躬行"，同属人们持续学习的机制；"做中学"的意识和能力，同样可以折射出终身学习的基本态度和素养。但凡教育（乃至广义的学习），不管出于通识、人文、专业、职业教育的目的，都需要贯彻知行合一的基本教育原则。

面对知识日益分化的学术界，大学生需要有更多将知识与日常生活、社会活动紧密结合的机会，以丰富多彩的个人经验，实现碎片化知识的再造和再融合。知识的内在价值和智慧的洞明练达，需要通过学习者外在的技能、行为、个性化的语言来彰显、修正和强化。自由的思想既是自我修行的结果，也是适宜环境的产物。正如学者徐贲所言，学术从来都不是纯粹的……学术是以知识在公共生活中的自由产生、自由接受、自由传播为条件的，这些自由的学术的条件，也是自由教育和以人的自由为本的人文教育的条件[3]。这种条件不是静态的存在，而是学习者以入世的姿态，与环境积极互动、互促的结果；而通识教育的最大贡献在于，它可以为个人积极、有效地参与公共生活腾挪出尽可能开阔的理性和能力的空间。

虽然，通识教育本质上并不以传授实用技能为主要目的，它重在帮助学生获得那些可以迁移的、基础性的能力，但这并不意味着，劳动力市场不看重通识教育所追求的基本技能和素养。美国大学协会（Association of American Universities，AAU）2018年针对雇主的一项调查发现，最受重视的大学生品质包括：能有效开展口头沟通、批判性思维和分析推理、伦理判断和决策、有效开展团队工作、独立工作、自我激励和主动性、有效开展书面沟通、将知识和技能运用于现实场景等。可见，雇主们认为的一些重要能力，很多与大学通识教育的目标是一致的。强调"可被雇佣性（employability）"，并非必然与通识教育冲突。

大学通识教育的设计和教学方法也在不断更新中。有调查表明，近年来，有三分之二（67%）的美国高校更加重视知识、技能和应用的整合；61%的高校更加强调应用性的学习体验；有一半（51%）高校更强调核心技能的培养；而更强调知识面拓展的高校比例不到三分之一（32%）[4]。以倡导通识教育为宗旨的"美国学院与大学协会"2020年的年会上强调：人文教育（liberal education）是大学学生未来就业能力的基础[5]。显然，不管雇主还是学术界，有越来越多的人意识到，人文教育、通识教育可以，而且必须将理论学习与实践能力、生涯发展紧密结合起来。

在实践层面，当今一些大学毕业生中，知识深度和广度的缺乏程度，并不亚于实践能力的匮乏。美国2016年的一项调查发现，只有10%甚至更少大学生被认为拥有必需的重要能力[6]。英国知名教育市场咨询公司QS与英国学生雇主研究院（Institute of Student Employers）于2018年，对全球11 000名雇主和16 000名大学毕业生进行了联合调查，希望发现劳动力市场上技能供需之间的差距。结果发现，雇主们最重视的大学生特质，与其最满意的大学生特质存在一定反差；差距最大的几项，与大学生的"硬技能"和"软技能"均有关，如表1所示，差距从高到低排序。

表1 大学生核心能力的全球调查

项目	雇主重视程度得分	雇主满意度得分	差距
坚韧性	87	58	29
解决问题能力	96	67	29
沟通能力	95	71	24
适应能力	92	72	20
数据分析能力	89	69	20
领导能力	77	58	19
创造力	82	64	18
组织能力	87	70	17
团队协作	95	80	15
人际关系	92	77	15

续表

项目	雇主重视程度得分	雇主满意度得分	差距
谈判能力	71	57	14
学科知识	83	74	9
语言能力	73	65	8
技术能力	83	78	5
商业意识	53	55	-2

资料来源：QS Intelligence Unit and Institute of Students Employers（2018）. The Global Skills Gap in the 21st Century. http：//info. qs. com/rs/335 – VIN – 535/images/The% 20Global% 20Skills% 20Gap% 2021st% 20Century. pdf

英国这份报告还专门分析了雇主眼里中国大学毕业生的特质。与全球性趋势相比，中国大学毕业生基本能力的优势体现在语言、领导能力和学科知识等方面，而弱势体现在技术、创造力和谈判等方面。显然，大学教育必须同等重视大学生的基本知识与"软技能"。而社会、劳动力市场对人文教育、通识教育寄予厚望之际，正是大学教育自身反思、图新的良机。

主张通识教育的认知论和政治论的融合，并非否定"非工具论"教育的存在和价值。黄俊杰教授《21世纪大学理念的激荡与通识教育的展望》一文虽未清晰提出非功利化教育的具体路径，但我们可以从新近各大互联网社交平台提供的泛知识服务中获得启迪。数以几千万计、年龄集中在15～24岁的学生群体，是这些短视频知识的主要学习者[7]。在这些知识共享平台上，关于科普、人文等各领域的知识内容，以另一种生态被重新建构起来，并在很大程度上填补了传统大学通识教育留下的空白。知识传播的主体还是大学的教师或专家，但传播介质和话语方式发生了改变，年轻人"非功利学习"的欲望被激发出来了。未来，大学通识教育的设计者需以更加开放的心态，从这些知识服务供应者那里借鉴知识的传播方式，或加强与这些市场力量的合作，让学习更好与日常生活和最新科技紧密结合，不断拓展通识教育"穷智见德""摄智归仁"的途径和平台。

参考文献

[1] 约翰·S. 布鲁贝克. 高等教育哲学[M]. 杭州：浙江教育出版社，1998.

[2] DUKE K. Striving for utopia.[EB/OL].[2019 – 09 – 19]. https：//www. amherst. edu/amherst – story/magazine/issues/2019 – fall/beyond – campus/striving – for – utopia.

[3] 徐贲. 阅读经典：美国大学的人文教育[M]. 北京：北京大学出版社，2015：409.

［4］ Association of American colleges and universities ［EB/OL］. ［2016 - 08 - 19］. https：//www. aacu. org/sites/default/files/files/LEAP/2015 _ Survey _ Report2 _ GEtrends. pdf.

［5］ IBL news ［EB/OL］. ［2020 - 08 - 25］. https：//iblnews. org/the - aacu - conference - in - dc - says - that - liberal - education - is - key - for - employability - video/.

［6］ 姜澎. 通识教育≠技能整合教育 ［N］. 文汇报, 2018 - 12 - 07 （7）.

［7］ 邱苑婷. 知识付费下半场, 年轻选手上了 ［J］. 南方人物周刊, 2020 （11）.

liberal education 的多重涵义及其现代意义：
一个类型学的历史分析*

沈文钦

芝加哥大学第五任校长赫钦斯（Robert Maynard Hutchins）曾有一个著名的论断，"整个西方教育的传统就是 liberal arts 的传统"[1]。约翰·霍普金斯大学的创校校长吉尔曼（Daniel Coit Gilman）则在1892年的一篇论文中提供了一个有关 liberal education① 历史的经典叙事：liberal education 的概念起源于亚里士多德，其后为西塞罗所继承，在中世纪体现为七艺传统，在1862年莫雷尔法案（Morrill Land-Grand Act）通过之前，liberal education 传统在西方一直占据主导地位[2]。作为最古老的教育概念，liberal education 在当代教育实践中仍然保持着相当的活力，形成了美国、欧洲和东亚三种不同的模式[3]。在我国当下的高等教育实践中，也能看到这一西方概念或隐或显的影响力，例如中山大学和重庆大学先后于2009年和2012年成立了博雅学院。一些中外合作办学高校的本科教育也以博雅教育为人才培养的理念，如昆山杜克大学的官方宗旨是"致力于建设成为一所倡导通识博雅教育的世界一流学府"[4]。另外20世纪90年代以来由北京大学等精英高校发起、中央政府推动的文化素质教育和通识教育运动也或多或少受到这一概念的影响。

对于这个概念的涵义，纽曼（John Henry Newman）曾在1852年有关大学理念的系列演讲中做过系统深入的阐述[5]。但随后英美两国的大学都很快进入急剧转型的阶段，对 liberal education 的理解开始出现分歧。1873年，麻省理工学院英语系教授威廉·帕森斯·阿特金森（William Parsons Atkinson）撰文宣告说，"自16世纪学术复兴以来的古典自由教育系统（classical system of liberal education）已经土崩瓦解"[6]。尤其是在哈佛大学校长艾利奥特（Charles William Eliot）大力推行选修课制度以后，人们对 liberal education 的理解进入了一个混乱的状态。1880—1889年间，连续出现了多篇题为"什么是 liberal education"的论文或演讲[7]，这也从一个侧面反映出当时学界希望澄清这一概念语义的迫切之情。进入20世纪，寻找 liberal education 的共识性定义仍然是困

---

* 本文系陈一丹基金会资助课题"博雅教育的跨国史：从英国、美国到中国"，发表于《北京大学教育评论》，2021, 19（1）。

① liberal education 的两个最为通行的中文译法是"自由教育"和"博雅教育"。两种译法均有道理，为方便读者理解这一概念的多义性，本文大多数情况下采取不译的做法。

扰学界的难题。艾德勒（Mortimer Jerome Adler）1945年主编了一本关于liberal education的著作，该书坦陈，对于general和liberal的定义，大家尚未达成共识[8]。到20世纪60年代，由于意识到liberal education概念理解的多元性和差异性，学者们开始寻找一种操作性的定义，如威利斯·鲁迪（Willis Rudy）在1960年出版的著作中将liberal arts定义为"在传统的四年制文理学院中，历史地形成并被学习的课程"[9]。1962年，索罗·萨克（Saul Sack）对学界随意使用liberal education概念的现象进行了尖锐的批评，他指出无数人都在谈论liberal education，但很少有人对其进行定义[10]。英国教育哲学家理查德·彼得斯（Richard Peters）在1977年的一篇文章中指出，liberal education的一个根本困难在于其模糊性[11]。1981年，安德鲁·阿尔格里（Andrew Ahlgre）和卡罗尔·M.博伊（Carol M. Boye）在文章中提到，"作为传统的热爱者，大学都希望给学生提供liberal education……但liberal education似乎意味着许多不同的事物"[12]。到20世纪90年代，liberal education一词的多义性仍然是学者在处理这一议题时必须首先面对的问题，卡诺尚（W. B. Carnochan）在其1994年出版的课程史名作《课程的战场》（*The Battleground of the Curriculum*：*Liberal Education and American Experience*）开篇即指出，liberal education概念在发展过程中堆积了很多不同的观念和价值观[13]。

很多学者对liberal education一词的多义性和模糊性感到气馁，甚至建议不再使用这一概念。英国教育思想史研究者加佛斯（F. W. Garforth）在其1979年所著的《密尔论教育》（*John Mill on Education*）一书中提出，由于liberal education一词含义过于模糊，"至少目前建议教育工作者将其从词汇表中排除"[12]。曾长期参与主持芝加哥大学通识教育项目的查尔斯·韦格纳（Charles Wegener）指出，"liberal education一词被赋予了如此之多的含义，因此这个词是否应当继续保留就是一个好问题"[14]。30多年后，曾经担任贝洛伊特学院（Beloit College）院长的维克托·费拉尔（Victor E. Ferrall）旧话重提，主张不再使用liberal education这一概念："如果学术界希望在谈及liberal education时被外界人士所理解，他们最好选择一个不同的形容词。几乎任何词，如broad、open、inclusive、general，都更具有描述价值。"[15]牛津大学英文系教授海伦·斯莫尔（Helen Small）也认为，由于liberal education一词经常传递的是不相关联，甚至相互矛盾的理念，所以最好避免使用这一概念[16]。

liberal education一词的模糊性也大大影响了这一教育观念和模式的传播。例如21世纪以来韩国也在进行本科教育的改革，引入了一些西方的理念，但人们更倾向于采用通识教育（general education）而非liberal education[17]。在印度，学者们对liberal education概念的使用也经常令人困惑，甚至自相矛盾[18]。在我国，虽然近年来对liberal education的研究有所增加[19]，但这一概念的流行程度仍远不如通识教育。尽管如此，很多学者仍然坚持认为，liberal education不是一个应当被抛弃的过时概念。最近20多年来，有关liberal education的哲学探讨和相关研究仍在不断涌现[20]，成为教育哲学和教育思想史研究的一个固定主题。在实践层面，liberal education 仍然是美国小型文理学院（liberal arts college）和很多其他美国高校的本科教育哲学。相关的实证研究结果显示，与其他类型的高校（包括大型的研究型大学）相比，小型文理学院所践行的 liberal education 模式在培养学生的认知能力发展、批判性思维培养等方面具有明显优势[21]。英国在长期实行专业化的本科教育模式之后，也出现了重视宽基础的 liberal education 模式的趋势。除英美两国外，以 liberal education 为旗帜的大学本科教育改革也在荷兰、德国、新加坡等国家不断推进[22]，显示出这一古老教育理念的现代生命力。

不管如何，要使 liberal education 这一教育理念持续在教育实践中发挥作用，必须对其含义进行澄清。为此，就需要对这一概念的多重含义以及这些含义如何历史地累积起来的过程进行概念史的梳理，这不仅对相关教育实践具有重要价值，也具有重要的理论意义。从教育史的层面来看，借助这一工作，可以加深对西方教育思想传统的认识，从而为中西教育思想传统的对话奠定基础，同时在对这一术语的翻译中也能更加有据可依；对通识教育的研究者和实践者而言，可以加深对 liberal education 与通识教育关系的认识；从思想史的角度来看，将会对 liberal education 与西方自由主义政治哲学及其价值观（自由民主制）之间的关系形成更加全面的认识。

一、研究综述与方法论

（一）相关研究综述

早在 20 世纪 40 年代，奥弗顿·泰勒（Overton H. Taylor）就指出 liberal education 一词具有三重"交叠的、但很不一样的、在某些方面相互冲突的含义"，分别是通识性的教育、自主选择的教育（如自由选修课制度）以及培养忠于和参与自由社会者的教育[23]。奥弗顿·泰勒的分类很有启发性，但存在两个不足。第一，事实上历史上很少有学者将 liberal education 定义为以自由选修课为代表的自主性教育；第二，这一分类很大程度上仍然忽略了 17 至 19 世纪英国教育传统对这一概念的解释，这一点在下文中将会得到进一步呈现。20 世纪 70 年代，理查德·彼得斯曾试图解决这一问题，他提出 liberal education 概念具有三个基本的含义，即"为知识而知识""通识教育""发展自由人的教育"。第一种解释强调知识自为目的与知识的非功利性，这种知识观来自古希腊，并在 19 世纪经过马修·阿诺德（Matthew Arnold）等人得到复兴；第二种解释强调教育应该是一种通识性的教育，不能过于狭窄化、专业化；第三种解释强调教学方法，即教学应该采取自由的方式，权威式的教条束缚人的心灵发展，使人的心智枯竭[11]。不过，理查德·彼得斯对这一概念的分析并不完整，且他的分析更多是哲学分析，缺乏历史的维度。

美国政治学家西奥多·J. 洛威（Theodore J. Lowi）曾经从政治的角度分析

古典教育（classical education）、自由教育（liberal arts education）、学科教育（disciplinary education）、实用教育（practical education）以及技术教育（technocratic education）和不同阶层的关系，他认为古典教育代表的是贵族的利益，实用教育代表的是工人阶级的利益，而liberal education代表的是旧资产阶级的利益[24]。西奥多·J. 洛威的这一分析很有启发意义，但他没有注意到liberal education一词的多义性，以及在历史上liberal education曾经和古典教育同义。20世纪80年代，布鲁斯·金博尔（Bruce Kimball）鉴于liberal education概念的模糊性，试图从思想史的角度将这一教育传统划分为哲学家传统和雄辩家传统，他认为两种不同传统的存在是这一概念模糊性的根源[25]。安德鲁·阿尔格里（Andrew Ahlgre）和卡罗尔·M. 博伊（Carol M. Boye）从结果、内容和意图三个方面将主张liberal education的学者区分为不同的流派。例如就内容而言，有特殊主义者（认为某些特定学科才是liberal education的内容）、分布主义者（认为liberal education应该让学生广泛学习各种学科）和方法主义者（认为liberal education的本质特征是其教学方法）。尽管所有倡导liberal education的教育家都会关注内容、结果和意图三个方面，但其侧重点会有所不同。例如某个关注内容的liberal education教育家主张学习地理学，可能会给出不同的理由，如培养批判性思维、培养公民意识，等等。如果有证据显示地理学不能很好地培养批判性思维，关注内容的教育家会从其他方面为学习地理学寻找辩护，而关注结果（如批判性思维）的教育家会寻找别的科目来达成培养批判性思维的结果[12]。

（二）本文的方法论考虑

在人文社会科学领域，类型学分析是一种常见的方法。例如政治学学者罗德斯（R. A. W. Rhodes）分析了治理（governance）一词的六种用法，并在此基础上对治理一词提供了自己的定义[26]。思想史学者以赛亚·柏林（Isaiah Berlin）区分了积极自由和消极自由这两种自由的形式，极大地推动了当代政治哲学的研究。冯兆基（Edmund Fung）分析了自由观念在近代中国的六种含义：自由作为解放，自由作为自我发展、独立的人格与责任，自由作为民主与人权，自由作为精神性的文化必需，私人领域的自由，以及作为自主和自我控制的自由[27]。在教育研究领域，学者们已经注意到很多教育学概念都是多义性的，例如克里斯汀·塞利特（Christine Sleeter）和卡尔·格兰特（Carl Grant）发现多元文化教育的含义多种多样，各种定义唯一的共同点是为提高非白人人种学生的学业成绩而进行改革[28]。

加布里埃尔·阿登（Gabriel Adend）分析发现社会科学当中"理论"一词具有几种不同的含义，并指出语义学澄清（semantic clarity）是对话的重要前提[29]。这一分析对本文有重要的启发，事实上，就像"理论"一词一样，liberal education也具有多重语义，对这些语义进行澄清是理解以及发展这一理论的必要前提。

本文希望通过借鉴上述学者的类型学研究思路，结合与 liberal education 理论相关的原始文本，对 liberal education 观念所包含的含义进行剥离。本文认为，在历史上，西方文献对 liberal education 的定义主要从教育对象、教育功能和教育内容三个层面展开。相应地，liberal education 在历史上主要有十种语义，分别是自由人的教育、绅士教育、自由公民教育、自为目的的非职业性教育、通识性的教育、使人获得精神自由与理智自由的教育、作为心智训练的教育、古典教育、人文教育和文理学科教育。以下将结合相关历史文本，对这些不同的语义逐一阐释。这里要特别说明的是，由于学者们在阐释 liberal education 概念的含义时，经常随意增加一些语义和理解，因此本文不可能也不必穷尽文献中 liberal education 的所有语义。

二、基于教育对象的定义

（一）与奴隶相对的自由人的教育

Liberal education 与历史上的"有闲阶级""自由人"等阶级性的概念有千丝万缕的联系。在原初的意义上，即在古希腊世界，liberal education 指的是"适合于一个自由人（free man）的教育"。古希腊的修辞学学校和哲学学校都是为富裕阶层、有闲阶级而开设的。根据意大利哲学家维柯（Giovanni Battista Vico）的考证，artes liberales 的原初意义是高贵的艺术，即 ingenuae artes。Liber 的复数形式 liberi 指的就是贵族子女，而最早的贵族就是当地出生的人，即 ingeniti。因此 artes liberales 最初是和出身、身份密切相联的[30]。

亚里士多德在《政治学》一书中指出，"一些人天生是自由人，另一些人则天生是奴隶"，相应地，"工作、技术、学识"可明确分成"自由人的和非自由人的两类"[31]。非自由人——如工匠——的技艺会败坏公民的身体，领取酬金的工作也会贬抑公民的思想。自由人的学科不同于奴隶性或技术性的技艺的地方在于，它们是自足的，不是达到某种目的的手段，它们并不为一个外在的目标服务。

古希腊的 liberal education 思想被古罗马的西塞罗、塞涅卡等人所继承。在西塞罗那里，artes liberals 指的是自由人的技艺，所谓自由人是指在政治上享有自由、在经济上独立者[32]。塞涅卡在一封著名书信中回答了友人关于"自由学习"（studia liberalia）的问题，指出自由学习通过对智慧的追求使人获得自由，因而"人们认为它们值得自由民去学习"[33]。由此可见，在塞涅卡看来，所谓"自由学习"或"自由技艺"，具有两层意思：首先，它是一种对智慧的追求，是属于自由民的教育；其次，它是一种解放心灵、使心灵获得自由的教育。

在古罗马，自由人的教育和非自由人的教育之间存在不可逾越的界线。古罗马诗人贺拉斯回忆说，当他父亲带他来罗马接受只有上层阶级才配接受的教育时，他们受到了嘲笑，因为贺拉斯的父亲是一个释放奴（freedman）。在古罗马，一个奴隶如果试图接受自由民教育，必然会遭到上流阶层的敌视[34]。

古希腊和古罗马对自由技艺的定义也为中世纪的学者所正确理解。中世纪著名学者圣维克多的休格（Hugh of St. Victor）在《论教学》（*The Didascalicon*）一书中对 liberal arts 进行解释时说：

> 七艺被称为自由的（liberal），意思是说，被解放的，或被实践的……或者，原因还在于，通常来说，在古代，只有自由、高贵的人才有资格学习它们，平民百姓或非自由人的子弟则学习那些机械事物的操作技巧[35]。

英国牛津大学全灵学院（All Souls College）1443 年的条例规定，所有入学者必须是自由人出身[36]。16 世纪后，拉丁文 artes liberales 转译为英文概念 liberal education，成为当时上流阶层表达其教育理念的术语，教育的对象从自由人变成了绅士，liberal education 也被理解成"绅士教育"。

（二）绅士的教育

哈佛大学校长艾利奥特认为，现代意义的 liberal education 观念起源于 16 世纪，其影响一直持续到 19 世纪末。[37] 16 世纪，英国开始出现 liberal education 的观念。这主要表现在两个方面：绅士开始成为教育所致力培养的"理想类型"；艺学部的地位大为提高，studia humanitatis 或 liberal arts 开始具备"内在的价值"[38]。但这一英语概念直到 17 世纪才开始流行，在 17 至 19 世纪，liberal education 的含义是"绅士教育"（gentlemanly education）。甚至到英国教育家埃里克·阿什比（Eric Ashby）1957 年出版《技术与学界》（*Technology and the Academics*）一书时，牛津英语词典对 liberal education 的定义仍然是"适合于绅士的教育"[39]。阿什比本人也在 1956 年的一篇文章中指出，"liberal education 指的是适合于绅士的教育"（liberal education means education fit for a gentleman）[40]。在这个时期，liberal education 中的 liberal 一词的主要语义是"适合于绅士身份的""文雅的"（genteel）以及"博"（broad, large, learned），博雅教育的中文翻译很准确地表达了这几层语义。

19 世纪的英国教育家威廉·弗朗西斯·威尔金森（William Francis Wilkinson）就指出，尽管在古典意义上 liberal education 是指自由人的教育，但当时英国一般将其解释为绅士的教育：

> 在父母庇护之下，由父母在有才能的教师的协助下所实行的教育，或者在家庭中由私人教师所实行的教育，或者在公学中的教育，是我们所理解的博雅教育。……在原初的意义上，这种教育指的是适合于自由人的教育。自由人指的是处于解放的位置，与奴隶或农奴相对的人。现在，它可能一般理解为绅士的教育。我们不如说，这是一种使受教育者获得并施加影响力的教育，使其有资格获得更高级的专业、商业或政治职位的教育[41]。

威廉·休厄尔（William Whewell）甚至将 liberal education 解释为对上层阶级（upper class）的教育：

> 对上层阶级的教育被称为 liberal education，以及高等教育。中产阶级的教育中最好的那一部分教育通常是对高等教育的模仿，因此或多或少是不完整的。民众（people）的教育——如果他们受到教育的话——通常是初等的教育，仅仅包括高等教育中最为基础的部分[42]。

威廉·休厄尔的定义在今天看来有阶级偏见的嫌疑，但很符合剑桥大学当时的实际情况。据统计，1752—1799 年间，剑桥大学学生中 69% 来自地主和神职人员家庭[43]。在 1800—1849 年间注册的剑桥学生中，31% 出身地主阶层，32% 出身牧师阶层，19% 出身专业阶层（律师、医生和教师），8% 出身中间阶层（经商、银行家、公共行政及其他营利职业），另有 10% 出身其他阶层[44]。很多牛津剑桥的毕业生或在英国国内担任行政职务，或通过公务员考试成为统治英国殖民地的官员。用社会学家哈尔西（A. H. Halsey）的话来说，这一时期的英国大学是一个"地位分化机构"[45]。大学史研究的权威专家于尔根·赫伯斯特（Jurgen Herbst）因而评论说："在 19 世纪大部分的时间中，牛津和剑桥的学生都是一群社会排他性的群体，这使得这两所大学的 liberal education 成了阶级教育（class education）的同义词。"[46]

（三）民主社会中自由公民的教育

如上所述，在传统的定义中，liberal education 是对特定阶层（与奴隶相对的自由人，以及英国传统中的绅士阶层）的教育。美国独立后，这种基于阶层的定义受到挑战，学者们开始逐渐将 liberal education 定义为针对公民而非特定阶层的教育。这一转向与 19 世纪的自由主义思潮密切相关。

美国建国之初，带有贵族制印记的 liberal education 能否与共和制共存成为当时争论的一个焦点。总体而言，美国的建国者认为两者能够共存。在共和制之下，liberal education 不应该是少数人的特权，本杰明·拉什（Benjamin Rush）指出，"只有通过知识的平等传播，自由的政府才能存在"。在杰弗逊（Thomas Jefferson）看来，liberal education 和公民教育之间并不矛盾。他同时也指出，人在自然权利方面是平等的，但人在天赋方面存在差异，因此让每个人都享有真正的 liberal education 不切实际。相反，liberal education 会将人在天赋方面的自然不平等进一步扩大化，从而在民主化的大众社会中形成新的贵族制。但和传统的等级制社会不同，在共和制之下，人们能否接受 liberal education 不再取决于其家庭出身，那些天纵之才应该"不论财富、出身或其他偶然条件和环境"，都能获得 liberal education，并通过教育来守护其他同胞公民的神圣的"权利和自由"[47]。

19 世纪自由主义的代表人物密尔（John Mill）并没有像传统的教育家那样

将 liberal education 定义为绅士的教育,而是定义为"对那些不必因为环境原因被迫在年龄很小时就中断学术性教育的人们的教育"(the education of all who are not obliged by their circumstances to discontinue their scholastic studies at a very early age)。另外,他在这个演讲中多次提到"公民"一词,表明他有意识地将 liberal education 从传统的绅士教育转向现代的公民教育。密尔对公民教育提出了很高的要求,例如他认为:

> 国际法应该在所有大学教授,并成为所有 liberal education 的一部分。对国际法知识的需求不仅限于外交官和律师;它适合于每一位公民[48]。

到 20 世纪初,将 liberal education 定位为面向少数精英群体的教育变得越来越不切实际,liberal education 被定义为每个公民都应当接受的教育,被认为是维系民主社会所必需的手段,因此 liberal education 成为扩大高等教育的一个合法性论证,推动了美国高等教育的规模扩张。1943 年 2 月 12—14 日,洛克菲勒基金会资助了一个关于 liberal education 的会议,在会议结束时,委员会决定成立一个特别的委员会,提交了题为"战后 liberal education 的责任"(The post-war responsibilities of liberal education)的报告。报告指出,liberal education 的核心是培养民主社会中的自由个体,同时自由个体应该承担社会责任[49]。

三、基于教育功能的定义

(一)"自为目的"的教育、与职业教育相对的"非功利性"教育

liberal education 的另一重含义起源于古希腊,意指一种自为目的的教育、非功利性的教育,与职业教育相对。适合于自由人的学科不以日常功用为目的,学习这些知识的目的在于增进自由人的德性、锻造人的心智,因而是高尚的,与自由民的身份相称。而且,对知识的闲逸好奇被认为是人的本性,对自由知识的追求构成了美好生活的最主要的部分[50]。这种脱离日常功用的自由知识观念乃是古希腊的产物,如亚里士多德在《政治学》一书中即有"自由人的知识领域"的提法:

> 儿童应该学习种种必需的和实用的事务,但还不是全部实用的事务,因为它们明确分为自由人的和非自由人的两类,儿童们只能从事工匠们不能从事的有关实用事务。任何工作、技术、学识倘若使自由人的身体和思想不适合德性的运用和实行,都应认为与工匠的营生同类。因此我们称为工匠的贱业的种种技艺都败坏公民的身体,而领取酬金的活计会劳瘁公民并贬抑其思想。还有一些自由人的知识领域,某些人大致可以不失身份地参与其中,但如果他们过于尽力、刻意求精,就同样会受到上述的危害[51]。

拉克姆（Harris Rackham）将这里的"自由人的知识领域"（ελενθερων επιστημων）译为 liberal sciences[52]。"自由知识""自由学科"的观念一直为后世西方的思想家所接受。在中世纪，自由技艺是与机械技艺（mechanical arts）相对的。所谓自由技艺，是那些仅仅与心灵相关的技艺，其目的并不是为了满足人类的物质需要。亨利·纽曼在《大学的理念》（*The Idea of a University*）一书中更是花费了大段篇幅论述了自由知识（liberal knowledge）是"自为目的"的。

但是，从很早的时候开始，一些学者就质疑 liberal 和实用（useful）之间、liberal education 与职业教育之间的二元对立关系。杜威在1944年的一篇文章中指出，"自由"技艺与实用技艺的二元划分是建立在传统社会阶层结构之上的。在传统的等级社会中，只有自由阶层接受知识教育，而从事一般生产的劳动阶层很少接受正规的教育，他们所掌握的技艺也被称为实用技艺，为上流阶层所鄙薄。但随着工业革命和科学革命的发展，传统的技术已经越来越建立在科学基础之上。民主的崛起则使得原来的奴隶阶层获得了自由身份。因此杜威认为科学革命和民主革命的崛起已经摧毁了自由技艺与实用技艺二元划分的基础[53]。

要注意的是，非职业的教育不等同于通识性的教育。某种专门化的教育形式也可以被认为是非职业性的、自为目的的。例如，在牛津剑桥的教育传统中，学生只学习某个单一的学科（如历史、化学，等等），但这种单一学科的深入学习被认为是非功利性的，和学生今后的职业不存在密切的关系："学生选择某一学科时，头脑中并没有直接想到某一个具体的职业，而是为了通过深入学习某一个学科，和其长辈密切联系，以获得一般性的智识和道德成长。"[54]

（二）非专业的、宽基础的、预备性的通识教育

奥弗顿·泰勒指出，在 liberal education 的三个交叠、有时相互冲突的含义当中，第一个基本含义就是通识性的、广博的、完整的教育，与仅仅职业性的或狭隘的、专业的教育相对（a general, broad, rounded, or reasonably complete education, in contrast with a merely vocational or otherwise narrow, specialized education）[25]。学者通常认为 liberal education 的这一层含义是专业社会出现后新出现的，但事实并非如此。一些古典学研究者认为，artes liberales 乃从希腊词 enkukliospaideia 演变而来[55]。依古典教育史权威学者马鲁（Henri Marrou）之见，enkuklios paideia 的意思是"所有人所接受的普通日常教育"（the usual every day education received by all），可译为通识教育[56]。至少从奥古斯丁开始，七艺就是一种基础性的教育，是通往更高智慧（神学、哲学）的预备科目与必由之路，"三科""四艺"的本义即为通往智慧与真理的"三条道路"与"四条道路"。在中世纪大学，艺学院的课程是预备性的，"三科""四艺"课程的目的是为三大专业学院（神学、法学和医学）打下扎实的基础。这一点与现在的通识教育理念非常相像。我们今天所理解的通识教育是一个相对晚近的概

念，大约形成于19世纪初期，和专业教育（professional education）概念同时出现。到19世纪中期，不少学者已经在著作中同时使用通识教育和liberal education这两个术语。自1945年哈佛大学报告《自由社会中的通识教育》（*General Education in a Free Society*）一书问世后，通识教育概念更是后来者居上，成为比传统liberal education概念传播更广的概念。Liberal education与通识教育概念的关系颇为复杂，但不管如何，通识性、非专业性教育是liberal education概念的一个基本语义，这是学界的共识。

（三）使人获得理智自由与心灵自由的教育

美国当代哲学家玛莎·努斯鲍姆（Martha C. Nussbaum）指出，在塞涅卡所处的时代，存在着两种不同的对liberal education的理解和模式，一种是"liberal education的绅士模式"，一种是"liberal education的世界公民模式"。在前一种模式中，liberal education指的是对特权阶级（生来自由人）的教育，这种教育鼓励被教育者遵从传统、信奉习俗，压制批判性的反思。在后一种模式中，"自由"（liberalis）主要是一种"理智的自由"（intellectual freedom），真正使人"自由"（liberalis）的不是一个人的出身，而是一个人的心灵自主，人是自己思想的主人，应当冲破传统和习俗的束缚，自由地探寻生活的真理[57]。塞涅卡指出，自由学习（studia liberalia）通过对智慧的追求"使人获得自由"（makes a man free），因而"人们认为它们值得自由民去学习"[58]。塞涅卡此处的论述在思想史上具有非常重大的意义，因为正是他首先将知识与人的心灵自由联系起来。这种理解被后来的神学家所继承，从而为liberal education增添了新的内涵。托马斯·阿奎那在其关于学科分类的著作中指出，与纯粹的神学或自然哲学不同，逻辑学以及数学四科（算术、音乐、几何、天文）既是技艺，又是科学，因为它们不仅包括知识，而且包括作为理性自身所导致的产物，比如三段论、计算、曲调、测量、对行星轨道的计算等。与那些需要手工操作的技艺不同，它们仅仅是心灵的产物，而心灵是自由的根源，因此它们被称为自由技艺。相反，炼金术、医学由于需要手工劳作，所以不属于自由技艺[59]。在文艺复兴时期，塞涅卡的思想影响很大，一位德国拉丁语教师在1510年出版的著作中论述liberal arts和illiberal arts之间的区别时，就引用了塞涅卡的阐述。[60]在17至19世纪中叶英美有关liberal education的论述中，人们更多从阶层（绅士）和文化价值（高雅、通达，等等）的角度去定义这一教育理念。到19世纪末20世纪初，liberal education逐渐脱离了和特定阶层及其文化的联系，人们越来越多地从心智和精神层面的"自由"去定义liberal education。1912年就任普林斯顿大学校长的约翰·希本（John G. Hibben）发表了以"liberal education的本质"为题的就职演讲，并从理智自由的角度去界定这一概念。他指出，liberal education不意味着自由的选修课制度，"只有通过学科规训，才能获得真正的理智自由"（true intellectual freedom is only gained through discipline）。他认为应当规定一些必修课，以"最大限度地发展学生智力生活的自由力量"[61]。

(四) 作为心智训练的教育

根据纽曼的定义，liberal education 作为对绅士阶层的教育，主要是一种心智训练的教育，用他的话来说，liberal education 是"心智的规训"（discipline of the mind）[5]。不同的教育家、学者对于何谓 liberal education 经常存在分歧，例如 liberal education 是否和职业教育对立。但是，liberal education 旨在训练人的心智能力，这是英美两国所有 liberal education 倡导者的共识。19 世纪所有 liberal education 的主要倡导者都认为这一教育形式的最大价值在于心智训练。到 20 世纪，这一理解仍然被保留了下来。英国经济学家威廉·贝弗里奇（William Beveridge）在 1920 年的一次演讲中指出，liberal education 有两大宗旨，其一是心智的训练（training of the mind），其二是理解人所处的环境并与之和谐相处[62]。英国教育哲学家保罗·赫斯特（Paul Hirst）在 1965 年题为"liberal education 与知识的性质"（*Liberal Education and the Nature of Knowledge*）的著名论文中提到，liberal education 是一种在范围和内容上由知识本身决定的教育，与心智的发展有关[63]。美国圣约翰学院院长理查德·韦格（Richard D. Weigle）指出："Liberal education 旨在发展和完善人的心智能力（intellectual powers）。"这种以发展人的心智能力为宗旨的教育形式之所以被称为是"自由"（liberal）的，原因在于人通过获得理性的心智能力来获得自由，"liberal education 之所以配得上 liberal 这个形容词，是因为它的这一能力能够使人获得自由（free a person）"[64]。

但是，关于哪些知识更具有心智训练的价值，往往会成为争论的焦点。围绕这一问题，19 世纪英美教育界进行了旷日持久的论争。在英美两国的 liberal education 传统中，语言学和数学被认为是最具有心智训练价值的学科。在古典学的捍卫者看来，古典学在心智训练方面的价值远远胜于现代自然科学和现代语言学。一些保守的教育家甚至认为，近代自然科学没有任何心智训练的价值。1835—1866 年间担任温彻斯特公学（Winchester College）校长的乔治·莫伯利（George Moberly）认为近代自然科学完全不具备心智训练的价值：

> 自然科学具有任何心智训练的价值吗？回答是，我几乎不知道它们的价值是什么。我认为年轻人和老年人了解自然科学是有价值的。……但是，教育和心智训练是我们作为教师的特殊职责，就此而言，我感觉不到它们的价值所在[65]。

但当时另外一些教育家则认为科学和古典学具有同等的心智训练价值。麻省理工学院英语系教授威廉·帕森斯·阿特金森（William Parsons Atkinson）认为，在科学和古典的研究之间并不存在真正的对立，"两者都是广泛的 liberal education 体系中的必要因素"[65]。

在心智训练学说当中，除了哪些学科更具备心智训练价值，另一个重要问题是受过良好训练的心智应具备哪些特征。在传统的 liberal education 理论中，心智能力通常包括推理能力、判断力、想象力，等等。1945 年哈佛大学的红皮书重点提了四个心智能力：有效思考的能力、沟通思想的能力、进行判断的能力和辨别价值的能力[66]。进入 20 世纪 40 年代之后，批判性思维能力这个新的词汇加入了 liberal education 所定义的心智能力之中，并且成为 liberal education 非常重要的一个目标指向[67]。目前难以考察批判性思维（critical thinking）何时进入了 liberal education 理论的词汇表，但时任康奈尔大学校长埃德蒙·埃兹拉·戴（Edmund Ezra Day）在 1946 年的一篇文章中已经提出 liberal education 需要培养批判性思维能力[68]。

可见，从教育过程和教育功能的角度，liberal education 指向的是心智训练、理智自由、精神自由等价值。但是，通过哪些知识和课程可以实现这些价值？这是两三百年来有关 liberal education 讨论的一个焦点，也是 liberal education 定义的一个关键维度。

四、基于教育内容的定义

（一）古典教育

如上所述，在十七至十九世纪的英国，liberal education 是指对绅士阶层的教育，等同于绅士教育。当时的绅士教育重视的是古典知识的教育，并反对专业主义精神，鼓励业余主义品位，其宗旨是培养统治者阶层[69]。从文艺复兴时期开始，拉丁语就是英国绅士教育的基础。也正因为如此，当时的 liberal education 事实上和古典教育（classical education）是同义的。英国公学是 liberal education 的主要机构，古典学是公学中主要的课程内容，近代科学因被认为和体力劳动、挣钱相联系而受到贵族阶层的排斥[70]。赫胥黎（Thomas Henry Huxley）在 1880 年的一次演讲中曾抱怨说，当时英国的很多文化人士仍然认为只有通过 liberal education 才能获得文化，而 liberal education 仍然被等同于以希腊语、拉丁语为基础的古典文学教育[71]。这种以古典语言为基础的 liberal education 在当时的英国是通往权力和财富的通道。在大英帝国的鼎盛时期（1815—1914 年），接受精英式的古典教育能有助于获得帝国的行政职位；在 1855—1864 年间，通过公务员考试进入印度殖民地担任公职的 458 人中，有 22% 来自牛津，18% 来自剑桥，只有 17% 完全没有大学学位；在 1892—1894 年，这一群体的大多数（52%）来自牛津大学，而另外 20% 来自剑桥大学[72]。

受英国体制影响，美国在独立前一直实行古典教育体制，古典教育体系的统治地位在美国独立后也长期未受到挑战。当然，古典教育一直不乏反对者。所知最早一起反对古典课程的事件发生在 1711 年，波士顿的一些市民在一次城镇会议上提出孩子们在拉丁语学校中所学的知识对他们将来的工作用处甚少[73]。19 世纪 20 年代，美国的一些高校开始改革，开设平行课程，允许部分学生不学习希腊语和拉丁语，但同样获得文学士（B.A.）学位，其中走在前列的是阿姆赫斯特学院（Amherst College）。帕卡德（A. S. Packard）在1829年的一篇评论文章中反对阿姆赫斯特学院的做法，指出 liberal education 的核心是古典语言和古典知识，因此不学古典语言的大学生不配获得作为 liberal education 标志的文学士学位[74]。一直到19世纪60年代，古典学仍然是美国学院课程的"支柱"，另外再辅以一些哲学、修辞学、现代科学和文学方面的课程[75]。由于古典学在当时教育体系中的主导性地位，"在公众心目中，liberal education 成为古典教育的同义词"[76]。在古典语言教育的辩护者看来，古典语言是现代语言的根基，也是最佳的心智训练手段，应当成为 liberal education 的基础。

到19世纪末，欧洲和美国等国家开始逐渐将现代学科和古典学科置于平等地位，古典教育和大学教育之间的紧密联系被打破。当然在此后比较长的时间内，古典语言在教育系统仍然保留了一席之地。一直到1900年，美国一半公立高中的学生仍然要学习拉丁语[77]。1903年，耶鲁大学废除了希腊语要求，但直到1931年，耶鲁大学才在B. A学位授予中废除了拉丁语的要求[78]。在很长时间内，liberal education 等于以古典语言为基础的教育这一观念仍然根深蒂固。美国教育家荷马·普莱斯·雷尼（Homer Price Rainey）在1931年的一篇文章中指出，"在十分之九的人看来，liberal education 的基本内容是对拉丁语和希腊语的学习。当提到 liberal education 时，大多数人的反应是某种模糊的文化概念"[79]。

（二）人文教育

古典教育体系瓦解后，古典学的衣钵被现代的文学、历史、哲学等人文学科所继承。正是基于这一原因，一些学者将自由学科（liberal arts）和人文学科（humanities）视为同义词。但要注意的是，在将两者等同的同时，这些学者往往也对人文学一词做了宽泛的解释。美国文学研究者诺曼·福斯特（Norman Foerster）就将 liberal education 等同于人文教育（humanistic education）[80]。不过，这一观念遭到了一些学者包括人文学者的反对。哥伦比亚大学英文系教授马克·范·多伦（Mark Van Doren）在其1944年出版的关于 liberal education 的书中指出，他不赞同一些学者如瑞恰兹（I. A. Richards）将 liberal education 等同于文学教育（literary education），因为仅靠英文系无法担负起 liberal education 的责任[81]。在他看来，理论上，良好的 liberal education 应当使人既能欣赏莎士比亚，也能阅读牛顿的科学著作。杜威则在1944年的一篇文章中指出将 liberal education 等同于语言、文学与形而上学的教育是"陈旧"的[82]。无论如何，认为 liberal education 即人文教育一直是一种比较普遍的观念，当代教育哲学研究者尼姆罗德·阿洛尼（Nimrod Aloni）也认为 liberal education 和人文教育是同义的[83]。

（三）文理学科的教育

从教育内容的角度来看，在英文概念中，liberal education 的另一个定义是 liberal arts education，即以文理学科为基础的通识性教育。liberal arts 译自拉丁文 artes liberals，当时这个概念涵盖的知识范围已经比较广泛，包括文法、修辞、逻辑、数学、天文学、音乐、军事等内容。到中世纪时期，liberal arts 一般指七艺，专指文法、修辞、逻辑、算数、几何、天文和音乐这七门学科。在1820—1890 年，近代自然科学逐渐进入英美两国大学本科课程，成为 liberal education 的内容。1890 年后，社会学、政治学、经济学等现代社会科学逐渐成形，进入大学本科课堂，成为 liberal education 的内容。这样，到 20 世纪初期的时候，美国的 liberal education 一般由人文学、社会科学和自然科学这三大板块构成。

五、对上述分析的总结

如上所述，历史上对 liberal education 的定义主要从对象、功能和内容三个维度展开。当然，不同的学者对 liberal education 定义的侧重有所不同，例如不少学者认为应该从功能而非课程内容的角度去界定 liberal education。从对象来看，liberal education 在不同的历史阶段分别被定义为自由人教育（与奴隶相对）、绅士教育和自由公民教育。从功能上看，liberal education 被定义为自为目的的非功利性教育、预备性的通识教育（从古罗马开始）、使心灵获得自由的教育（从古罗马的塞涅卡开始）和作为心智训练的教育。从内容上看，liberal education 被定义为自由技艺的教育，在很长一段时间内，对绅士阶层的教育最重视的是古典学，因此在某一个历史阶段，liberal education 等同于古典教育。十九世纪下半叶之后，现代学科体系逐渐形成，越来越多的知识门类进入大学，并主张自己具有心智训练的价值，因此越来越多的学科被纳入 liberal education 的范畴，liberal education 演变为包含人文学、社会科学和自然科学的教育。

以上的各种定义不是截然分开的，相反，这些不同的定义、含义之间有时是一种"相互论证"的关系。例如，liberal education 被视为一种心智的训练，同时在某一个时期等同于古典教育。而 liberal education 之所以基本等同于古典教育，是因为古典语言被认为是最具有心智训练价值的工具。用古典教育捍卫者安德鲁·韦斯特（Andrew West）的话说，"作为一种规训的手段，与现代语言相比，古典语言具有无可比拟的优越性"[84]。

另一方面，这些定义在某些情况下也可能彼此脱离，产生出不同版本，甚至彼此互斥的定义，从而使得对 liberal education 的论证陷入困境。例如，根据传统的理解，liberal education 应该是一种"博"的教育，建立在不同知识门类的基础之上。但是，如果认为一种非功利的、服务于心智训练的教育就是 liberal education，则这种教育可通过单一学科的教育来实现。例如埃里克·阿什比认为，liberal education 与专门教育之间的对立是虚假的，后者之所以是虚假的，是因为"自由（liberality）……是一种探究的精神，而不是科目的选择"[85]。英国社会学家朱利叶斯·古尔德（Julius Gould）在 1959 年的一篇手稿

"社会学与 liberal education"中表达了类似的观点,即社会学的专业教育是一种 liberal education,而非专门职业的训练[86]。正是基于这一考虑,哈佛大学 1945 年出版的红皮书采用了"通识教育"而非 liberal education 作为报告的标题:

> 无论是否希望在大学本科阶段将"liberal education"和"通识教育"等同使用,当人们以一种全面的方式考察美国学校和大学的多种活动时,后一概念具有优势。如果委员会只关注哈佛大学,则标题可为"liberal education 的目标"。可以肯定的是,一个小麻烦会很快出现,因为各个系的许多专家已经准备好雄辩地证明一个事实,即如果他们的专业(specialty)教授得法,本身就是 liberal education。但他们不可能宣称说这是通识教育[87]。

作为一种心智训练的 liberal education 和作为通识性教育的 liberal education 之间也存在一定程度的张力,因为有效的心智训练必须以深入学习某一学科为前提。为解决这一张力,斯沃斯莫尔学院(Swarthmore College)院长约翰·纳森(John W. Nason)试图融合两者,指出理想的 liberal education 应该同时兼顾深度和宽度。liberal education 的深度通过心智的训练来达成,其目的在于养成受过规训的心智品质,而其宽度则需要通过课程的宽度来达成[88]。

对于 liberal education 定义的不同语义,以及不同语义之间的关系(互证、冲突,等等),需要放到历史的语境中去理解。从表 1 可以看到,自 17 世纪到 19 世纪下半叶之前,liberal education 一词中 liberal 的主导语义是博(broad, large, extensive, bountiful)和雅(gentlemanlike, polite, genteel)。不过这一时期已有学者从自由的角度去界定 liberal 的语义,受苏格兰启蒙运动影响的教育家乔治·特恩布尔(George Turnbull)1742 年出版的教育学著作已经从博、文雅和自由三个维度去界定 liberal 的含义,体现出一种混杂的色彩(见表 1)。从十九世纪末开始,liberal 的语义发生了一个明显的转型,学者们越来越少地以"适合于绅士的""文雅的"定义 liberal education,而是以"博"和"自由"(liberating, freedom, free from)进行定义。处在转型过程中的学者一方面熟知旧传统,另一方面又试图开辟新的传统,呈现出一种纠结的状态。耶鲁大学教授乔治·特伦布尔·拉德(George Trumbull Ladd)在其 1895 年题为"现代 liberal education 的本质构成"一文中就体现了这种矛盾心态。一方面,他意识到传统上 liberal education 的定义是符合绅士身份的教育,但另一方面他认为这一定义在民主社会中已不可持续,因此需要寻找新的语义。他认为,在新的历史条件下,现代 liberal education 的定义是"塑造自由心灵"(free mind)的教育。但他又试图调和传统,指出 liberal education 应当"适合于有文化的绅士"(worthy of cultivated gentleman)[89]。

表1 英文概念 liberal education 中 liberal 的语义变化①

姓名	时间	适合于绅士、上层阶级的	博 broad, large, bountiful	雅 genteel, polite	自由 liberating, freedom, free from, liberalizing	通识性 general
爱德华·菲利普斯（Edward Phillips）	1720	是	是	是	否	否
乔治·特恩布尔（George Turnbull）	1742	否	是	是	是	否
约瑟夫·普莱斯特里（Joseph Priestley）	1765	是	是	否	否	是
约翰·亨利·纽曼（John Henry Newman）	1852	是	是	否	否	是
威廉·威尔金森（William Wilkinson）	1862	是	是	否	否	是
乔治·拉德（George Ladd）	1899	是	否	否	是	否
安德鲁·韦斯特（Andrew West）	1907	否	是	否	是	是
雅克·巴尊（Jacques Barzun）	1945	否	否	否	是	是
埃里克·阿什比（Eric Ashby）	1956	是	否	否	否	否
约翰·威尔逊（John Wilson）	1996	否	否	否	是	否

---

① 参见：PHILLIPS E. (1720). The new world of words. London: arts, liberal 词条; TURNBULL G. (2003). Observations upon liberal education (1742). Indiana: polis, Ind.: Liberty Fund, 296; PRIESTLEY, J. (1791). Lectures on history and general policy: to which is prefixed an essay on a course of liberal education. Dublin, xvii; 沈文钦.《大学的理念》中的博雅教育学说——缘起、观点及其影响史 [J].《北京大学教育评论》, 2014 (3); WILKINSON W F. (1862). Education, elementary and liberal. London, 98; LADD G T. (1899). Essays on the higher education. New York: Charles Scribner's Sons, 114, 118; WEST A. (1907). Short papers on liberal education. New York: Charles Scribner's Sons, 104, 111; BARZUN J. (1945). History as a liberal art. Journal of the History of Ideas, 6 (1), 81–88; ASHBY E. (1956). Function and survival in British universities. University of Toronto Quarterly, 25 (2), 200–209; WILSON J. (1996). Liberal education: The concept and its justification. Oxford Review of Education, 22 (2), 243–246。

在英美两国长达数百年的历史中，liberal education 被认为是理想的教育形式，具有至高的话语合法性，因此在历史上的教育变革时期，人们会基于立场的差异给 liberal education 赋予不同的定义，争夺话语解释权，以对教育的进程施加影响。例如，在 19 世纪下半叶，英美两国均处于古典教育转型的关键时期。因此，保守派与进步主义人士、古典人文主义者与近代科学的拥护者等各方人士纷纷登场，阐释自己对 liberal education 的理解。在这种情形下，对 liberal education 的定义必然充满分歧。

六、当代语境下 liberal education 的价值与再定义

表 2 总结了 20 世纪 40 年代后当代学者对 liberal education 的定义。从表 2 可以看到，当代学者已经不再将 liberal education 理解为绅士教育、与奴隶相对的对自由人的教育，这两者在当代的语境中已经失去意义。1945 年出版的哈佛大学红皮书指出，公民已经取代贵族成为政府的统治者。相应地，绅士的教育（gentleman's education）就成了公民的教育（citizen's education）[90]。在新的历史语境下，liberal education 不是传统的自由人教育（与奴隶阶层的教育相对）和绅士教育（与一般平民的教育相对），而是面对所有自由公民的教育。

表 2 当代学者对 liberal education 的定义①

学者	时间	自由公民的教育	为知识而知识，非职业性的教育	宽基础、多学科的通识性教育	心智的训练和发展	理智自由和精神自由	文理学科的教育	其他定义
西奥多·格林（Theodore Greene）	1941	是	是	是	否	否	否	否
约翰·纳森（John Nason）	1941	否	是	是	是	否	否	否

---

① 参见：GREENE T(1941). Liberal education and democracy. Association of American colleges Bulletin, 1, 45–52; NASON, J W(1941). The nature and content of a liberal education. Association of American Colleges bulletin, 27, 53–61; TAYLOR O H(1945). Liberal education and liberalism. Ethics, 55 (2), 88–109; HUSBANDS C T. (2019). Sociology at the London School of Economics and Political Science, 1904–2015. Sound and Fury. Springer, 103; PETERS R S(Ed.)(1977). Ambiguities in liberal education and the problem of its content. In Education and the Education of Teachers (pp. 46–67). London: Routledge & Kegan Paul; BAILEY C (1984). Beyond the present and particular: a theory of liberal education. London: Routledge & Kegan Paul, 15; NUSSBAUM M C (1997). Cultivating humanity: A classical defense of reform in liberal education. Cambridge, Mass.: Harvard University Press, 293; ROTH M S(2014). Beyond the university: why liberal education matters. Yale University Press, 95–162.

续表

学者	时间	自由公民的教育	为知识而知识,非职业性的教育	宽基础、多学科的通识性教育	心智的训练和发展	理智自由和精神自由	文理学科的教育	其他定义
奥弗顿·泰勒（Overton H. Taylor）	1945	是	否	是	否	否	否	是[a]
朱利叶斯·古尔德（Julius Gould）	1959	否	是	否	是	否	否	否
理查德·彼得斯（Richard Peters）	1977	否	是	是	否	是	否	是[b]
查尔斯·贝利（Charles Bailey）	1984	否	是	是	是	是	否	是[c]
玛莎·努斯鲍姆（Martha Nussbaum）	1997	是	是	是	是	是	是	否
迈克尔·罗斯（Michael S. Roth）	2014	是	是	是	是	是	是	否

注：a. 自由选修课的教育；b. 非权威主义、非教条的教育；c. 不受限制的发展学生自主性（autonomy）的教育。

我们发现，liberal education 是一种发展人的心智能力的教育，这一定义几乎为所有的当代学者所认同。在英国教育哲学家查尔斯·贝利（Charles Bailey）1984 年出版的著作中，我们可以找到 liberal education 的几种定义，分别是"非职业性的"、"使人从当下和特殊情境中解放出来的"（这可以理解为是一种精神自由）、"普遍和通识性的"，等等[91]。但在迈克尔·罗斯（Michael S. Roth）2014 年出版的《超越大学：Liberal education 为何重要》（Beyond the University：Why Liberal Education Matters）一书中，我们则可以找到 liberal education 的所有当代定义（见表2）。另外学者们也对 liberal education 的定义进行了新的发展和再定义，例如奥弗顿·泰勒认为 liberal education 的一个含义是自由选修的教育。理查德·彼得斯在 1977 年的文章中认为 liberal education 的其中一个含义是非权威主义、非教条的教育[92]。查尔斯·贝利认为发展人的自主性是 liberal education 的重要价值，liberal education 使人获得知识和理性，使人可以认识到自己行动所面临的内在和外在力量，从而获得独立于这些力量的自主性[93]。

（一）liberal education 与职业关系的新审视

Liberal education 与职业教育（及专业教育）之间的实质性区分并不被所有

324

的 liberal education 倡导者所认可。埃德蒙·埃兹拉·戴认为 liberal education 在 "二战"后尤其是在原子弹爆炸后担负着极为重要的使命,但他反对将 liberal education 和职业教育对立起来:"任何一种教育都必须同时考虑经济、社会和个人的需要,不管学生来自哪个阶层。"[94]此外,这一区分越来越受到当代教育哲学界、教育史研究者和职业社会学学者的质疑。理查德·彼得斯认为自为目的的知识和出于实用目的的知识之间的二分法过于粗糙[11]。英国教育哲学家克里斯托弗·温奇(Christopher Winch)指出,古典意义上 liberal education 和职业教育的分野建立在特定的社会背景之上,具体来说是自由人和奴隶之间的分工。古希腊的有闲自由人以及英国社会中的地主乡绅阶层并不需要从事某种职业来谋生,或者"谋生在最坏的情况下也只占其生活的一小部分",但绝大部分的现代公民需要通过某一种职业来谋生,"对某一种技艺的精通不仅是经济上必需的,而且是公民最有价值的活动的组成部分","谋生在所占用的时间方面,以及在所要求的情感承诺和认知承诺方面,在我们的生活中都占据主导的作用"[95]。教育史学界对 liberal education 与职业教育的两分法也有批评。克里斯蒂娜·格罗格(Cristina V. Groeger)指出,liberal education 和职业教育之间的划分是虚幻的,因为 liberal education 所培养的良好的阅读、写作表达能力,以及得体的举止正是很多职业所需要的能力[96]。社会学家大卫·里斯曼(David Riesman)也指出,美国通识教育的时尚,以及理工大学学生学习人文社会科学知识背后也有职业的意图。通过学习人文社会科学知识,理工和商科人才会变得更加"通达",而且由此获得的"雄辩"能力是"在今天的专门职业和商界中获得成功所必不可少的,正如 19 世纪英国的政治家和高级公务员需要学习古典学一样"[97]。

（二）**liberal education 思想的当代价值**

当然,liberal education 的一些含义在当代仍然有其实践价值。尽管当代学者对 liberal education 的理解存在一些差异,但仍可发现他们之间存在一些交叠共识。

第一,强调心智训练和一般能力培养在技术迅速变革的今天仍然没有过时。有经济史学者在研究美国过去一百年技术与教育之间的竞赛之后指出:"在整个 20 世纪,新技术奖励的是通用性技能(general skills),例如那些有关数学、科学、文法知识、阅读和解释图纸的技能,等等。"[98] liberal education 致力于培养人的适应性、创造性、批判性思维能力和写作交流能力,这些能力正是劳动力市场,尤其是一些专业性的工作岗位所急需的。另外,liberal education 作为一种全面的预备性教育的传统也延续到了今天,在这个意义上的 liberal education 是与专业教育相对的概念,前者被认为是后者的基础。尽管美国、欧洲和东亚社会对 liberal education 的理解有所不同,但有一点是共同的,即都强调知识的宽度和思维品质的培养[3]。

第二,在职业教育和专业教育当中融入 liberal education 的精神,拓宽课程的宽度，这一理念仍然不过时。在美国的高等教育体系中，由于法律和医学不设置本科学位，法律、医学人才的通识能力可通过本科阶段得到充分的培养。而在英国的高等教育体系中，法律人才的通识与博雅精神主要通过强调课程的理论性、拓宽法律课程的宽度来实现[99]。

第三，作为一种自由公民的教育，liberal education 思想在当代仍有重要的价值，这种教育强调公民教育和道德发展，至今仍是本科教育不可或缺的使命之一[100]。

第四，强调人的全面发展的理念仍然没有过时，"liberal education 的经典概念，即作为与奴隶教育相对的自由人的教育在今天已经没有什么意义。在古典的 liberal education 概念中，教育的结果是每个个体在身体、道德和理智方面的和谐发展，这一概念在今天依然是有效的"[101]。

七、结语与讨论

通过概念史方法，本文对历史上的 liberal education 的含义进行了类型学考察。本文的一个贡献是拓宽了对 liberal education 的语义分析。本文提出，liberal education 的含义比理查德·彼得斯所说的更为丰富，后者没有注意到 liberal education 在历史上还具有绅士教育、古典教育、人文教育等含义。特别是，本文提出，在很长一段时间内，liberal education 的定义和古典语言（古希腊语、古拉丁语）学习紧密联系在一起，而古典语言被认为是高雅文化和阶层地位的象征。其次，和已有研究不同，本文分析了这些不同含义之间的关系。可以发现，在某个时期，这些概念的语义之间是相互论证、相互支持的；但另一方面，liberal education 的不同定义之间存在内在的紧张和张力，尤其是如何处理博通和精深（心智训练）之间的关系，是当代 liberal education 实践最大的难题。

liberal education 是西方教育思想史当中最为核心的概念之一，同时也是教育哲学研究的关键概念。研究教育思想史与教育哲学，尤其是高等教育哲学的学者，无法绕开这一概念。此外，liberal education 在历史上与古典教育、人文教育等概念关系密切，在现实的讨论中，对 liberal education 价值的倡导常常与人文学科的危机相伴随，因此关注西方人文教育与古典教育思想的学者，对 liberal education 的概念史也不可不察。对 liberal education 多重语义的剖析具有重要的理论价值和实践意义。

第一，这一工作有助于认识西方的教育传统，尤其是认识这一传统内部的多样性和内在冲突。本文指出，对 liberal education 概念的理解可能因时间、人物、地点的不同而有所不同。在不同的历史时期，liberal education 的对立面不同，因此其表达的教育学意图也有所不同。在 19 世纪，以古典语言为基础的 liberal education 面临的最大挑战是技术和现代科学等应用学科的兴起，因此这一时期以实用教育为对立面，强调非功利性；现代研究型大学崛起之后，liberal education 面临的最大挑战是过于专业化的教育模式,因此强调 liberal education 的通识性。不同时期对 liberal education 的定义和理解构成了不同意义的教育思想遗产。如何处理这些遗产并激活当代教育实践就变得很重要。于尔根·赫伯斯特提出,19 世纪的 liberal education 思想是面向少数精英的,在他看来属于一份不良遗产,当代的 liberal education 思想应当"克服 19 世纪的遗产",回到中世纪的传统,将 liberal education 视为面向所有阶层的通识性教育[102]。liberal education 理念的不同倡导者对这一概念的理解也存在分歧,某些学者可能强调这一概念的某一个或几个方面,但不认同其他的方面。此外,在不同的国家,对 liberal education 含义的侧重也有所不同。在美国的传统中,liberal education 始终是一种通识性的教育,而英国的高等教育实践在 20 世纪之后虽然已经逐渐背离了通识教育,实施以单一学科为主导的本科教育模式,但仍然认为本国延续了 liberal education 的传统。liberal education 在这里被理解为一种非功利性的、以训练心智为宗旨、不服从于职业需要的教育模式,因此对某一学科(如历史)的深入学习也被认为是一种 liberal education[103]。在当下的英国大学体系中,liberal 在很多情况下并没有被定义为"博"[104]。

第二,本文的类型学分析也为中西教育文化传统的比较和对话提供了一个概念基础。例如,中国传统上是否也存在类似于西方 liberal education 的模式?对于这一问题,学界的看法见仁见智。例如耶鲁大学的古典学学者唐纳德·卡根(Donald Kagan)认为 liberal education 的概念是"西方经验的独特产物"[105],而阿特巴赫则认为存在不同的 liberal education 传统,这一传统在中国、印度的文明中也能找到[106]。本文的类型学分析有助于我们认识到,两者之所以存在分歧是因为他们对 liberal education 的定义不同。就 liberal education 作为一种重视通才、非功利性、绅士培养和古典知识的传统而言,中国确实存在类似的传统,[107]用美国汉学家巴里·基南(Barry Keenan)的话来说,"作为儒家教育的最高形式,书院教育和 liberal education 一样超越了职业训练"[108]。但在某些方面,liberal education 的传统确实是西方的独特产物。liberal education 的三重含义——自由人教育、为知识而知识(免除于必需的自由)、使人心灵自由的教育——均与"自由"一词有莫大的关联,对自由的强调植根于西方古典社会中自由人与奴隶的二元划分,带有独特的西方印记。

第三,澄清 liberal education 一词的多重语义有助于理解在翻译过程中的困惑。一直以来,liberal education 一词在我国学界并无统一的译法,各种译法包括文科教育、人文教育、自由教育、博雅教育、博放教育、文雅教育、通才教育、通达教育、普通教育、通识教育等,不一而足。多年前,笔者在翻译布鲁斯·金博尔关于 liberal education 概念史的著作时,曾向其提到将这一概念翻译成中文的困难,并寻求良策。金博尔提出可采取不译或音译的办法。本文的研究表明,这一概念译法的不一致并非源自"不可译性",亦非一种跨语际认知和理解的失败,因为 liberal education 一词的含义本身就是多样的,不同的译法恰好捕捉了这一概念的不同语义层面。

第四，从课程实践角度来看，深入分析 liberal education 的多重含义对于指导当下的本科教育改革也具有一定的启发价值。长期以来，我国的本科教育改革一直围绕通识与专业这一对基本矛盾展开，通识教育或文化素质教育成为重要的理论依据。本文的回顾分析表明，通识教育或多学科的全面教育确实是 liberal education 的一个基本语义维度。但是，liberal education 的内涵比通识教育要丰富得多。liberal education 的根本标准是心智训练，根本旨趣是发展人的心智能力。通识教育的概念在中文的语境中并没有强调心智训练的重要性，而当下通识教育中所谓的"水课"恰恰是最缺乏心智训练价值的，这些课程或许具有一定的通识普及价值，但无论如何也不符合 liberal education 的精神。另外，无论是自由人教育、绅士教育还是当代的自由公民教育，liberal education 都指向一个理想的人格形象。当下有关通识教育改革的讨论当中，公民培养这一维度在很大程度上也是缺席的。综合这两个方面来看，借鉴 liberal education 的理论资源也有助于我们认识和克服当下大学课程改革中的一些弊端。

最后要指出的是，liberal education 一词在不同历史时期被不同的阐释者赋予新的涵义。这一语义的累积过程一方面使得这一概念能够表达不同时期的教育学诉求，指向、引导不同时期的教育实践，但另一方面，这一语义的反复缠绕、叠加也带来了不可避免的负面后果，使得这个概念变得模糊。要使这一概念继续保持实践的活力，就需要做概念史的清理工作。当然，对于 liberal education 思想史的研究而言，还有很多议题亟待深入探讨，类型学的概念史分析只是为这些工作提供了一个路标。

参考文献

[1] HUTCHINS R M. Great books: the foundation of a liberal education [M]. New York, Simon and Schuster, 1954: 31.

[2] GILMAN D C. Is it worthwhile to uphold any longer the idea of liberal education? [J]. Educational Review, 1892 (3): 105 – 119.

[3] BOYLE M E. Liberal education across continents: transfer elasticity and US influence [J]. Comparative Education Review, 2020, 64 (2): 207 – 227.

[4] 昆山杜克大学简介 [EB/OL]. https://dukekunshan.edu.cn/zh/about.

[5] 沈文钦.《大学的理念》中的博雅教育学说——缘起、观点及其影响史 [J]. 北京大学教育评论, 2014 (3): 141 – 159.

[6] ATKINSON W P. The liberal education of the nineteenth century [J]. The Popular Science Monthly. 1873 (4): 1 – 26.

[7] ELIOT C W. (1884). What is a liberal education. [M]//C W Eliot (Ed.). Educational reform: essays and addresses. New York: The Century Co, 1901:

89-122.

[8] ADLER M J, et al. On general and liberal education: a symposium [M]. Washington DC: Association for General and Liberal Education, 1945: 7.

[9] KIMBALL B. Orators & philosophers: a history of the idea of liberal education [M]. New York: College Entrance Examination Board: College Board Publications, 1995: 7.

[10] SACK S. Liberal education: what was it? what is it? [J]. History of Education Quarterly, 1962: 2 (4): 210-224.

[11] PETERS R S. Education and the education of teachers [M]. London: Routledge & Kegan Paul, 1977: 46-67.

[12] AHLGREN A, Boyer C M. Visceral priorities: roots of confusion in liberal education [J]. The Journal of Higher Education, 1981, 52 (2): 173-181.

[13] CARNOCHAN W B. The battle ground of the curriculum: liberal education and American experience [M]. Palo Alto: Stanford University Press, 1994: 2.

[14] CARNOCHAN W B. The battle ground of the curriculum: liberal education and American experience [M]. Palo Alto: Stanford University Press, 1994: 115.

[15] FERRALL V E. Liberal arts at the brink [M]. Boston, MA: Harvard University Press, 2011: 8.

[16] SMALL H. The value of the humanities [M]. Oxford: Oxford University Press, 2013: 15.

[17] DOWNES M J. My journey into global liberal education [J]. Liberal Education, 2003, 89 (1): 24-31.

[18] SRINIVASAN S. Liberal education and its discontents: the crisis in the indian university [M]. Taylor & Francis, 2018: 4.

[19] 崔延强, 卫苗苗. 超越自由教育的逻辑架构: 大学通识教育的结构性转向 [J]. 华东师范大学学报 (教育科学版), 2020 (11): 69-77.

[20] CARR D. Revisiting the liberal and vocational dimensions of university education [J]. British Journal of Educational Studies, 2009, 57 (1): 1-17.

[21] PASCARELLA E T, BLAICH C. Lessons from the Wabash national study of liberal arts education [J]. Change: The Magazine of Higher Learning, 2013, 45 (2): 6-15.

[22] VAN DER WENDE M. The emergence of liberal arts and sciences education in Europe: a comparative perspective [J]. Higher Education Policy, 2011, 24 (2): 233-253.

[23] TAYLOR O H. Liberal education and liberalism [J]. Ethics, 1945, 55 (2): 88-109.

[24] LOWI T J. Higher education: a political analysis [J]. Liberal Education,

1970, 56 (2): 238-257.

[25] KIMBALL B A. The ambiguity of logos and the history of the liberal arts [J]. Liberal Education, 1988: 74 (1), 11-15.

[26] RHODES R A W. The new governance: governing without government [J]. Political studies, 1996, 44 (4): 652-667.

[27] FUNG E S. The idea of freedom in modern China revisited: plural conceptions and dual responsibilities [J]. Modern China, 2006, 32 (4): 453-482.

[28] SLEETER C, GRANT C. An analysis of multicultural education in the united states [J]. Harvard Educational Review, 1987, 57 (4): 421-445.

[29] ABEND G. The meaning of "theory" [J]. Sociological Theory, 2008, 26 (2): 173-199.

[30] [意大利] 维柯. 维柯论人文教育 [M]. 张小勇, 译. 桂林: 广西师范大学出版社, 2005: 3.

[31] [古希腊] 亚里士多德. 政治学 [M]. 颜一, 秦典华, 译. 北京: 中国人民大学出版社, 2003: 233.

[32] LIND M. Why the liberal arts still matter [J]. The Wilson Quarterly, 2006, 30 (4): 52-58.

[33] [古罗马] 塞涅卡. 幸福而短促的人生——塞涅卡道德书简 [M]. 赵又春, 张建军, 译. 上海: 三联书店, 1989: 180.

[34] BOTTH A D. The schooling of slaves in first-century rome [J]. Transactions of the American Philological Association, 1929 (109): 11-19.

[35] TAYLOR J. The didascalicon of hugh of st. victor: a medieval guide to the arts [M]. New York: Columbia University Press, 1991: 75.

[36] COBBAN A B. English university life in the middle ages [M]. London: UCL Press, 1999: 18.

[37] ELIOT C W. What is a liberal education [M]//C W Eliot (Ed.). Educational reform: essays and addresses. New York: The Century Co, 1901: 89-122.

[38] POWELL J P. Some nineteenth-century views on the university curriculum [J]. History of Education Quarterly, 1965, 5 (2): 97-109.

[39] ASHBY E. Technology and the academics [M]. London: Macmillan, 1958: 81.

[40] ASHBY E. Function and survival in British universities [J]. University of Toronto Quarterly, 1956, 25 (2): 200-209.

[41] WILKINSON W F. Education, elementary and liberal [M]. London, 1862: 98.

[42] WHEWELL W. Of a liberal education in general, and with particular reference to the leading studies of the University of Cambridge [M]. London, 1850: 2-3.

[43] SANDERSON M. Education, economic change and society in England 1780—1870 [M]. London: Cambridge University Press, 1995: 47.

[44] JENKINS H, JONES D C. Social class of Cambridge University Alumni of the 18th and 19th centuries [J]. The British Journal of Sociology, 1950, 1 (2): 93 – 116.

[45] HALSEY A H. British universities [J]. European Journal of Sociology, 1962, 3 (1): 85 – 101.

[46] HERBST J. The liberal arts: overcoming the legacy of the nineteenth century [J]. Liberal education, 1980 (66): 24 – 39.

[47] MILLER E F. On the American founders' defense of liberal education in a republic [J]. The Review of Politics, 1984: 65 – 90.

[48] MILL J. Inaugural address-delivered to the university of st. andrews [M]. London: Longmans, Green, Reader and Dyer, 1867, 19: 34 – 36.

[49] Commission on Liberal education of the Association of American Colleges. The post-war responsibilities of liberal education [J]. The American Association of Colleges Bulletin, 1943 (3): 275 – 299.

[50] 沈文钦. 何谓"为学术而学术"——纯学术观的类型学考察 [J]. 北京大学教育评论, 2007 (1): 66 – 80.

[51] [古希腊] 亚里士多德. 政治学 [M]. 颜一, 秦典华, 译. 北京: 中国人民大学出版社, 2003: 268.

[52] ARISTOTLE. Politics [M]. Cambridge, Mass: Harvard University Press, 1998: 637 – 639.

[53] DEWEY J. The problem of the liberal arts college [J]. The American Scholar, 1994: 391 – 393.

[54] MANDLER P. The humanities in British universities since 1945 [J]. The American Historical Review, 2015, 120 (4): 1299 – 1310.

[55] CLARKE M L. Cicero at school [J]. Greece & Rome, 1968, 15 (1): 18 – 22.

[56] MARROU H. A history of education in antiquity [M]. New York: The New American Library, 1964: 244.

[57] NUSSBAUM M C. Cultivating humanity: a classical defense of reform in liberal education [M]. Cambridge, Mass: Harvard University Press, 1997: 293.

[58] SENECA L A. Letters from a stoic [M]. Harmondsworth: Penguin, 1969: 151.

[59] WAGNER D. The seven liberal arts in the middle ages [M]. Bloomington: Indiana University Press, 1983: 252 – 253.

[60] MEHL J V. Language, class, and mimic satire in the characterization of

correspondents in the epistolae obscurorum virorum [J]. The Sixteenth Century Journal, 1994: 289 - 305.

[61] HIBBEN J G. The essentials of Liberal education: the inaugural address of John grier hibben, president princeton university [D]. Princeton, N. J. : Princeton University, 1912: 6 - 7.

[62] BEVERIDGE W. Economics as a liberal education [J]. Economica, 1921: 2 - 19.

[63] HIRST P H. Liberal education and the nature of knowledge [M]//ARCHAMBAULT R D. Philosophical analysis and education. London: Routledge & Kegan Paul, 1965: 76 - 94.

[64] WEIGLE R D. Practical education [J]. Association of American colleges Bulletin, 1954 (4): 476 - 485.

[65] ATKINSON W P. Classical and scientific studies, and the great schools of England [M]. London: Cambridge University Press, 1865: 17.

[66] Harvard Committee. General education in a free society [M]. Cambridge: Harvard University press, 1945: 64 - 73.

[67] CHAMBLISS D F, TAKACS C G. How college works [M]. Cambridge, MA: Harvard University Press, 116.

[68] DAY E E. Notes on the reorientation of liberal education [J]. Association of American Colleges Bulletin, 1946 (3): 338 - 346.

[69] WILKINSON R H. The gentleman ideal and the maintenance of a political elite: two case studies: confucian education in the tang, sung, ming and ching dynasties; and the late victorian public schools (1870—1914) [J]. Sociology of Education, 1963: 9 - 26.

[70] WIENER M J. English culture and the decline of the industrial spirit, (1850—1980) [M]. Cambidge: Cambridge University Press, 2004: 18.

[71] [英] 赫胥黎. 科学与教育 [M]. 单中惠, 平波, 译. 北京: 人民教育出版社, 2005: 98.

[72] LARSON V T. Classics and the acquisition and validation of power in britain's "imperial century" (1815—1914) [J]. International Journal of the Classical Tradition, 1999, 6 (2): 185 - 225.

[73] REINHOLD M. Opponents of classical learning in America during the revolutionary period [J]. Proceedings of the American Philosophical Society, 1968, 112 (4): 221 - 234.

[74] PACKARD A S. The substance of two reports of the faculty of amherst college to the board of trustees [J]. North American Review, 1829, 28 (63), 294 - 31.

[75] FLEXNER A. The American college: a criticism [M]. New York: The Century Company, 1908: 31.

[76] KANDEL I L. The meaning of a liberal education [J]. Teachers College Record, 1939: 41 (2): 91-101.

[77] HOWE D W. Classical education in America [J]. The Wilson Quarterly, 2011: 35 (2), 31-36.

[78] PIERSON G W. The elective system and the difficulties of college planning, 1870—1940 [J]. The Journal of General Education, 1950, 4 (3): 165-174.

[79] RAINEY H P. Why the liberal arts college? [J] Phi Delta Kappan, 1931, 14 (1): 1-4.

[80] FOERSTER N. The future of the liberal college [M]. New York: Arno Press, 1938: 83.

[81] DOREN M V. Liberal education [M]. New York: Henry Holt and Co, 1944: 11-12, 47.

[82] DEWEY J. The problem of the liberal arts college [J]. The American Scholar, 1994: 391-393.

[83] ALONI N. A redefinition of liberal and humanistic education [J]. International Review of Education, 1987, 43 (1): 87-107.

[84] WEST A F. Must the classics go? [J] The North American Review, 1884, 138 (327): 151-162.

[85] ASHBY E. Technology and the academics [M]. London: Macmillan, 1958: 75-77.

[86] HUSBANDS C T. Sociology at the London school of economics and political science (1904—2015) [M]. Sound and Fury. Springer, 2018: 103.

[87] Harvard Committee. General education in a free society [M]. Cambridge: Harvard University press, 1945: IX.

[88] NASON J W. The nature and content of a liberal education [J]. Association of American Colleges bulletin, 1941 (27): 53-61.

[89] LADD G T. Essays on the higher education [M]. New York: Charles Scribner's Sons, 1899: 114, 118.

[90] Harvard Committee. General education in a free society [M]. Cambridge: Harvard University press, 1945: 244.

[91] BAILEY C. Beyond the present and particular: a theory of liberal education [M]. London: Routledge & Kegan Paul, 1984: 15.

[92] PETERS R S. Education and the education of teachers [M]. London: Routledge & Kegan Paul, 1977: 46-67.

[93] BAILEY C. Beyond the present and particular: a theory of liberal education [M]. London: Routledge & Kegan Paul, 1984: 16.

[94] DAY E E. Notes on the reorientation of liberal education [J]. Association of American Colleges Bulletin, 1946 (3): 338-346.

[95] WINCH C. Dimensions of expertise: a conceptual exploration of vocational knowledge [M]. London: Bloomsbury Publishing, 2010: 67-68.

[96] GROEGER C V. Paths to work: the political economy of education and social inequality in the united states (1870—1940) [M]. Doctoral Dissertation, 2017: 289.

[97] RIESMAN D, GLAZER N, DENNEY R. The lonely crowd: a study of the changing american character [M]. New Haven: Yale University Press, 1989: 136.

[98] GOLDIN C D, KATZ L F. The race between education and technology [M]. Cambridge: Harvard University Press, 2009: 352.

[99] HEPPLE B. The renewal of the liberal law degree [J]. The Cambridge Law Journal, 1996, 55 (3): 470-487.

[100] COLBY A, et al. Educating citizens: preparing america's undergraduates for lives of moral and civic responsibility. Vol. 6 [M]. New York: John Wiley & Sons, 2003: 23.

[101] HORN F H. Education among the liberal arts [J]. The Journal of Higher Education, 1951, 22 (8): 411-457.

[102] HERBST J. The liberal arts: overcoming the legacy of the nineteenth century [J]. Liberal education, 1980 (66): 24-39.

[103] BOOTH A. Pedagogy and the practice of academic history in late-twentieth century Britain [J]. Rethinking History, 2009, 13 (3): 317-344.

[104] SMALL H. The value of the humanities [M]. Oxford: Oxford University Press, 2013: 14.

[105] KAGAN D. Why we should study the history of Western civilization [J]. Modern Age, 2014: 81-86.

[106] ALTBACH P G. The many traditions of liberal arts, and their global relevance [J]. International Higher Education, 2016 (84): 21-23.

[107] 陈洪捷. 中国古代通识教育的传统及其问题——知识的视角 [J]. 清华大学教育研究, 2014 (2): 21-26.

[108] KEENAN B. Revitalizing liberal learning: the Chinese way [J]. Change: The Magazine of Higher Learning, 1998, 30 (6): 38-42.

中国高等教育学会大学素质教育研究分会大事记（2011—2021）

- 2011年6月20日，在中国高等教育学会的大力支持和积极推动下，中国高等教育学会大学素质教育研究分会（以下简称"素质分会"）成立筹备会召开。中国高等教育学会会长周远清、秘书长陈浩，教育部高等教育司副司长刘贵芹，北京理工大学党委书记郭大成，西北大学原校长张岂之，北京大学原常务副校长王义遒，清华大学原党委副书记胡显章等专家、领导出席。会议由北京理工大学副校长李和章主持，讨论成立素质分会筹备组等有关事项。

- 2011年11月17日，成立大学素质教育研究分会的申请，经中国高等教育学会审核和教育部社团办审查，获民政部审批通过，准予登记。素质分会业务范围包括分会领域内的理论研究、学术交流、专业培训、展览展示、国际合作、咨询服务、书刊编辑，旨在凝聚一批关心、热爱、从事素质教育的高校教师、管理者、学生及社会人士，深入开展素质教育理论研究与实践探索，推动大学素质教育发展，开展素质教育国际交流，传播中国素质教育思想。

- 2011年11月19—21日，素质分会成立大会暨第一届大学素质教育高层论坛在北京理工大学召开。教育部副部长杜玉波、中国高等教育学会会长周远清为研究分会揭牌；来自近百所高校的师生代表400余人参会。本次论坛在国家推进文化大繁荣大发展和贯彻落实《国家中长期教育改革和发展规划纲要》的背景下举行，论坛主题为"素质教育与大学使命"。与会代表围绕"大学素质教育的理论与实践探索""素质教育理念与本科培养模式改革""大学素质教育与社会政治、经济、文化等外部关系研究"展开了热烈讨论。

- 2012年1月，素质分会创办电子会刊《大学素质教育学刊》，每年出版四期。主要刊发分会的工作资讯、前沿动态、学术会议信息、理论研究、会员单位的实践经验等。截至2020年12月编发30期，CNKI全册收录。

- 2012年5—8月，在教育部高等教育司的支持和中国高等教育学会、教育部文化素质教育指导委员会的指导下，素质分会组织了"大学素质教育优秀研究成果"评选活动。共收到申报项目96项，其中著作22项，论文32项，试验成果42项。经专家评选，产生大学素质教育优秀研究成果一等奖17项、二等奖28项、三等奖26项。2012年年会上对获奖成果进行了表彰。

- 2012年6月,素质分会第一届理事会名单获批公布。理事长为北京理工大学党委书记郭大成,秘书处设在北京理工大学,秘书长为教育研究院书记庞海芍。理事会聘请周远清、张岂之、杨叔子、王义遒、胡显章、陈智6位专家担任顾问;副理事长共15人,由北京大学、清华大学、北京理工大学、南开大学、天津日报社、上海交通大学、中山大学、华中科技大学、哈尔滨工程大学、东南大学、湖南大学、西北大学、四川师范大学、南昌航空大学、浙江金融职业学院校领导担任。会员单位130余所,常务理事42人、理事68人,个人会员26人。

- 2012年11月8—10日,素质分会2012年年会暨第二届高层论坛在西北大学召开。来自美国、中国等国家和地区的百余所高校的书记、校长、专家学者和参会代表300余人参会。论坛主题为"素质教育与大学精神",与会代表围绕"大学精神对素质教育的引领作用""素质教育与大学文化传承创新""大学素质教育机制及队伍建设""素质教育通选课程体系建设""素质教育的方式方法研究""专业教育中如何体现素质教育理念"等议题,通过大会主题报告、分论坛研讨和中外交流工作坊等形式进行了深入的理论探讨和实践经验分享。

- 2012年11月9日,素质分会授予周远清、杨叔子、张岂之、王义遒、胡显章同志"大学素质教育研究与实践开拓贡献奖"荣誉称号,以表彰周远清同志在倡导并推动我国高校文化素质教育工作所做出的开拓性突出贡献,杨叔子、张岂之、王义遒、胡显章等老先生在推动我国高校文化素质教育工作方面做出的突出贡献。

- 2013年6月15日,素质分会荣获"中国高等教育学会先进团体"称号。

- 2013年7月15日,素质分会收到顾问张岂之老先生亲手书写的表扬信。信中写道:"(所寄资料)我已收到,谢谢。在我的印象中,经常收到你们寄来的材料,对大学素质教育开展的工作有所指导,使我真正感受到中国高等教育学会大学素质教育研究分会在不断地做工作,使研究分会的同志们受益不少,与那些有研究会之名而无其实的状况迥然不同。在此,我作为研究会的一位成员,向你们的敬业精神、你们的工作业绩表示衷心感谢。"

- 2013年10月,《素质教育与大学使命——2011年大学素质教育高层论坛论文集》由北京理工大学出版社出版。该论文集是从2011年年会投稿的65篇论文中择优选取的37篇汇编而成的,合计32万字。

- 2013年10月,《素质教育与大学精神——2012年大学素质教育高层论坛论文集》由北京理工大学出版社出版。该论文集是从2012年年会投稿的72篇论文中择优选取的38篇汇编而成的,合计36万字。

- 2013年10月24—26日,素质分会2013年年会暨第三届高层论坛在南开大学召开。来自美国、中国的百余所高校领导和专家学者共计300余人参加了会议。论坛主题为"素质教育与中国梦",围绕"不同类型大学的素质教育特色""素质教育通识课程建设""大学生专业选择机制改革""大学素质教育优秀品牌活动的实践经验与长效机制"等议题展开讨论。50位嘉宾应邀做了会议发言,通过主题报告、分论坛研讨和中外交流工作坊等形式进行了深入的理论探讨和实践经验分享。

- 2013年12月—2014年4月,素质分会组织开展了"大学素质教育精品(优秀)通选课"评选工作。共有70余所大学申报了272门课程。经专家评审,北京大学"中西文化比较"、北京理工大学"礼仪文化与有效沟通"等66门课程经评审获得"大学素质教育精品通选课",北京工业大学"中国茶文化"、哈尔滨工业大学"孙子兵法"等86门课程获得"大学素质教育优秀通选课"。此外,清华大学"国际关系分析"、南开大学"数学文化"、北京理工大学"语文高级素养"等74门课程已经入选"国家精品课程"或"精品视频公开课",经认定直接入选"大学素质教育精品通选课"。在2014年年会上对相关课程进行了表彰。

- 2014年3月16—18日,哈佛大学哈佛学院前院长、《失去灵魂的卓越——哈佛大学是如何忘记其教育使命》一书的作者Harry R. Lewis教授应素质分会邀请来北京理工大学进行访问,并作了题为"通识教育与大学的道德使命""在信息时代重塑课堂"的报告及交流座谈。来自北京理工大学、清华大学、北京大学、上海交通大学、四川大学等高校的150余名师生参加报告会。

- 2014年4月4日,素质分会邀请密西根大学高等和大专教育研究中心Patricia M. King教授访问北京理工大学并作学术报告。来自北京理工大学、国防科技大学、南京大学、中国石油大学等高校的80余名教师参加报告会。

- 2015年1月,《素质教育与中国梦——2013年大学素质教育高层论坛论文集》由北京理工大学出版社出版。该论文集是从2013年年会投稿的85篇论文中择优选取的63篇汇编而成,合计54.4万字。

- 2015年1月15—17日,素质分会2014年年会暨第四届高层论坛在哈尔滨工程大学召开。教育部高等教育司司长张大良特别对大会召开表示热烈祝贺并提交书面讲话。来自加拿大、中国的130多所高校领导和专家学者近360人参加了会议。论坛主题为"素质教育与大学教育改革",与会代表围绕"以学生为中心的教育改革""以人为本的专业选择制度与人才培养模式创新""素质教育与弘扬优秀传统文化""工程教育中的素质教育"等议题展开讨论。

- 2015年4月,《素质教育与大学教育改革——2014年大学素质教育高层论坛论文集》由高等教育出版社出版。该论文集是从2014年年会投稿的115篇论文中择优选取的67篇汇编而成的,合计59.8万字。

- 2015年4月24—26日,素质分会主办"第三期通识课程研习营"在杭州召开,来自国内高校的170余位教师代表齐聚一堂,共同探讨慕课与通识教育课程建设相关问题。教育部科技发展中心主任李志民、北京大学汪琼、北京理工大学庞海芍、南京大学徐士进、中国人民大学王应解等专家先后就慕课与通识教育课程建设作主题报告。

- 2015年5月15—17日，"全面推进素质教育暨全国高等学校加强文化素质教育工作20周年"研讨会在北京理工大学召开。此次会议是在教育部高等教育司领导下，由中国高等教育学会主办，教育部高等学校文化素质教育指导委员会协办，素质分会和北京理工大学承办的。教育部高等教育司司长张大良、中国高等教育学会会长瞿振元等领导出席会议。会议围绕"20年来高等学校加强文化素质教育的经验与启示""深化高等教育改革，全面推进素质教育的新方略、新举措""践行社会主义核心价值观与素质教育""素质教育与学科文化、教育教学的融合""中华优秀传统文化与素质教育""素质教育与大学生成长成才"等议题展开讨论，来自各高校相关领导、专家学者及师生350余人参加了本次研讨会，40余位嘉宾发表了精彩演讲。

- 2015年5月，由于"全面推进素质教育暨全国高等学校加强文化素质教育工作20周年"研讨会的成功举办，中国高等教育学会特向北京理工大学和素质分会颁发感谢信。感谢信提道："北京理工大学积极高效地组织和承办了研讨会，领导班子高度重视，做了大量组织、协调工作，校办、团委、宣传部等有关部门及学生志愿者投入大量的时间和精力，为论坛的成功举办做出了重要贡献！大学素质教育研究分会作为研讨会承办单位之一，做了大量有效的组织工作，投入了大量的时间和精力。参与研讨会筹备和服务的工作人员以高度负责的态度和饱满的热情，团结协作，耐心细致，扎实工作，为会议提供了一流的服务，得到了与会代表的高度评价。"

- 2015年7月，素质分会在青岛举办了"全国大学生文化素质教育课程与在线开放课程建设研讨会"，来自国内高校的70余名教师代表参会，就文化素质教育课程与在线开放课程建设进行深入交流。

- 2015年9月，素质分会先后聘请了13位教育学者为学术委员，包括：北京大学卢晓东、沈文钦，清华大学李曼丽，首都师范大学王晓阳，北京师范大学王晨，北京理工大学庞海芍，复旦大学陆一，华东师范大学侯定凯，同济大学李亚东，华中科技大学赵炬明，厦门大学别敦荣，日本广岛大学黄福涛，香港教育学院徐慧璇。

- 2015年9月，素质分会设置"大学素质教育专题研究课题"，共收到104项课题申请，经评审共74项课题立项。2019年全部顺利完成结项。

- 2015年12月，素质分会撰写观察报告《探索大学素质教育规律　促进大学生综合素质提升》，收录在《高等教育改革发展专题观察报告》（北京理工大学出版社2015年）。

- 2015年12月24日，素质分会邀请日本广岛大学黄福涛教授作"日本通识教育的变化和启示"主题讲座。

- 2016年4月21—23日，素质分会2016年年会暨第五届大学素质教育高层论坛在西安交通大学召开。论坛主题为"素质教育与创新人才培养"，与会代表围绕"素质教育与创新创业教育""工程教育中的素质教育""素质教育与人才培养模式改革""素质教育通识课程建设""中国特色的素质教育思想及其实践"等议题展开讨论。160余所高校的近450人参加了论坛。相关领导、专家学者及师生齐聚一堂，共议大学素质教育发展战略。会上进行了优秀论文评选活动，经专家评审，28篇投稿荣获"2016年第五届大学素质教育高层论坛"优秀论文。

- 2016年4—10月，素质分会组织开展了"大学素质教育优秀品牌活动"评选工作。共收到55所高校申报的160项活动。活动类型主要分为四种：系列讲座、艺术文化节、学科竞赛和社会实践等。经专家评选，最终评定26项活动获得金牌，40项活动获得银牌，69项活动获得铜牌。获奖单位在2017年年会上接受了表彰。

- 2016年5月15日，素质分会秘书处组织召开大学素质教育研究分会学术沙龙。副理事长李和章、秘书长庞海芍，学术委员会成员赵炬明、沈文钦、王晓阳、曹莉、王晨、杨光明，副秘书长毕于民等14人参会，讨论了素质教育和通识教育的热点话题、难点问题以及分会工作设想。

- 2016年9月，素质分会承担了中国高等教育学会高等教育科学研究"十三五"规划课题，获得5项立项，其中重大攻关课题1项、重点调研课题1项、一般课题3项。2019年全部顺利结题。

- 2016年10月25日，素质分会邀请宾夕法尼亚州立大学工程伦理博士后研究员唐潇风作"美国工程教育的通识变革"主题讲座。

- 2017年1月24日—2月3日，素质分会秘书长庞海芍参加美国大学与学院联合会（Association of American Colleges & Universities，AACU）第103届年会。年会在美国旧金山举行，主题为"构建博雅教育承诺的公信力和包容性卓越"。庞海芍与其他两名华人学者共同完成了分论坛"素质教育和通识教育在中国"。

- 2017年2月，《素质教育与创新人才培养——2016年大学素质教育高层论坛论文集》由高等教育出版社出版。该论文集是从2016年年会投稿的95篇论文中择优选取的54篇汇编而成的，合计55.8万字。

- 2017年3月9—11日，素质分会2017年年会暨第六届大学素质教育高层论坛在南京农业大学召开。论坛主题为"素质教育与一流大学建设"，围绕"素质教育与一流本科教育""素质教育理念下通专结合的培养制度构建""教师发展与通识课程建设""素质教育思想体系研究""大学素质教育实践经验交流"等议题展开讨论。来自160余所高校的近500人参加了论坛，70余位嘉宾做了会议发言。

- 2017年3月10日，素质分会发出《关于将素质教育英译为Suzhi Education》

倡议书，并经讨论决定大学素质教育研究分会英文更名为 Chinese Association for Suzhi Education（CASE），积极向世界传播富有中国特色的素质教育思想，扩大素质教育研究分会的国际影响力。2017年年会上举行了大学素质教育研究分会英文更名揭牌以及会标展示仪式，中国高等教育学会会长瞿振元、南京农业大学校长周光宏、素质分会副理事长李和章、西北大学校长张岂之共同揭牌。

- 2017年3月17日，素质分会组织中日学者共谈素质教育。来访的日本学者有早稻田大学教育·综合科学学术院吉田文教授、青山学院大学教育人间科学部教育学科杉谷祐美子教授、东北大学高度教养教育高等教育开发室杉本和弘教授，以及早稻田大学大学综合研究中心姊川恭子助教等。

- 2017年6月，素质分会撰写观察报告《推进高校素质教育 探索书院制改革模式》，收录在《高等教育改革发展专题观察报告》（北京理工大学出版社2017年）

- 2017年6月，素质分会秘书长庞海芍获评中国高等教育学会优秀工作者。

- 2017年11月14—19日，中国台湾地区台湾通识教育学会、台湾大学、大叶大学联合主办"大学通识教育深耕创新与超越研讨会"，共计200多名代表参会。中国高等教育学会大学素质教育研究分会秘书长庞海芍受邀参会并作"素质（通识）教育与一流大学建设"大会报告。

- 2017年12月—2018年3月，素质分会面向会员高校征集"大学素质教育工作推动者典型案例"。截至2018年3月，共收到来自84所高校221名大学素质教育工作者的事迹材料。经专家审阅，推荐47名大学素质教育工作优秀推动者、122名大学素质教育工作积极推动者。推动者工作事迹汇编并刊发于《大学素质教育学刊》2018年第二期。

- 2017年12月26日，由中国高等教育学会、素质分会联合举办的"学习贯彻十九大精神，落实立德树人根本任务，发展素质教育"座谈会在北京理工大学举办。习近平总书记在党的十九大报告中提出："要全面贯彻党的教育方针，落实立德树人根本任务，发展素质教育，推进教育公平，培养德智体美全面发展的社会主义建设者和接班人"。此次座谈会围绕"如何落实立德树人根本任务，发展素质教育""新时代高校素质教育的内涵、路径与措施""素质教育对建设高等教育强国的意义"等议题进行。会议嘉宾云集，中国高等教育学会会长杜玉波出席会议并作报告；北京理工大学党委书记赵长禄、副校长及理事长李和章，顾问王义遒、胡显章，清华大学副校长谢维和，教育部发展研究中心马陆亭，北京师范大学刘宝存，秘书长庞海芍等专家学者80余人参加座谈。

- 2018年1月，素质分会联合华东师范大学、中国教育报刊社主办"社团建设，实践育人——新时代发展素质教育高峰论坛"。此次论坛为高校交流社团建设、实践育人经验提供了平台，吸引了来自北京大学、清华大学、北京理工大学、北京师范大学、南开大学等110余所高校的800多位代表与会。
- 2018年3月，《素质教育与一流大学建设——2017年大学素质教育高层论坛论文集》由高等教育出版社出版。该论文集是从2017年年会投稿的70篇论文中择优选取60篇汇编而成的，合计61万字。
- 2018年3月，素质分会联合《教育家》杂志举办"大中小学素质教育衔接"研讨会。西安交通大学、上海大学、北京师范大学、中国科学技术大学附中、首都师范大学附中、北京理工大学附小等大中小学校长和专家学者30余人参会。
- 2018年3月29—31日，素质分会2018年年会暨第七届大学素质教育高层论坛在成都电子科技大学召开。论坛主题为"素质教育与立德树人"，与会代表围绕"素质教育与思想政治工作（大学德育）""教师的师德师风与立德树人""素质教育与'双一流'建设""通识课程教与学""素质教育与工程教育"等议题展开讨论。来自中国与美国共计170余所高校的600余名专家学者及师生代表参加了论坛。70余位书记校长、专家学者做了会议发言，通过大会报告、专题论坛、工作坊、圆桌会议等灵活多样的形式进行了素质教育的理论探讨和实践经验分享。
- 2018年4月，素质分会第二届理事会名单公布。理事长为北京理工大学副校长李和章，秘书处设在北京理工大学，秘书长为人文与社会科学学院研究员庞海芍，监事为教务部部长栗苹。理事会聘请周远清、张岂之、杨叔子、郭大成、张炜、王义遒、胡显章、于德弘、陈怡9位专家担任顾问；副理事长共22名，由北京大学、清华大学、北京理工大学、中国农业大学、大连理工大学、华东师范大学、华中科技大学、电子科技大学、西安交通大学、南京航空航天大学、哈尔滨工程大学、南京农业大学、郑州大学、河南科技大学、大理大学、西北大学、大连大学、温州医科大学、浙江金融职业学院、武昌理工学院、广东工业大学、桂林电子科技大学校领导担任。会员单位180余所，常务理事82人、理事68人，个人会员38人。
- 2018年5月16—17日，素质分会联合北京理工大学举办"融会贯通：通识课程教与学"论坛。来自10所高校的近百位教师参加了本次论坛。论坛特邀中国海洋大学行远书院院长、香港科技大学创校副校长钱致榕教授出席并作报告；北京大学卢晓东，清华大学程钢，北京理工大学李健、庞海芍，南开大学杨光明，西南交通大学范怡红、宋爱玲等专家学者作主题演讲。
- 2018年7月20—21日，素质分会2018年工作会议在泰山职业技术学院召开。会上进行了"纪念马克思诞辰200周年"专题学习，顾问王义遒、陈怡，副理事长吕一军，副秘书长毕于民、杨光明、胡燕等作报告。理事代表及泰山职业技术学院领导专家共计30余人参会，共同探讨素质教育工作发展。
- 2018年7月11—18日，秘书长庞海芍受美国核心文本与课程协会

（Association for Core Texts and Courses，ACTC）邀请参加了人文教育主题研讨会"全球和亚洲通识教育文本选择——我们的学生应该读些什么？"，并作大会报告"素质教育引发的中国教育改革"。来自哥伦比亚大学、纽约大学、香港中文大学、北京理工大学、武汉大学、中山大学、湖南大学、厦门大学等中外高校学者进行了发言与讨论。

- 2018年10月3—5日，中国台湾地区举办了"21世纪大学理念与通识教育国际学术研讨会暨第三十六届通识教育教师研习会"，来自国内外的459名代表参会。中国高等教育学会大学素质教育研究分会秘书长及10位专家学者受邀参加并作报告。其间访问了中国台湾大学、政治大学、大叶大学等高校通识教育中心。

- 2018年10月19—21日，中国高等教育博览会（2018·秋）在四川成都召开。大学素质教育研究分会积极参与"高等教育40年成就精品展"，展出34块素质教育理论与实践展板，占地面积约100平方米，首日参观人数超过2万人。

- 2018年11月，秘书长、学术委员庞海芍，学术委员沈文钦、侯定凯，应主编邀请撰写Liberal Arts and Suzhi Education术语词条，收录在Encyclopedia of Educational Philosophy and Theory（在线版，Springer出版）。该词条成为西方教育界认识具有中国特色教育改革与发展的一个观察点，有助于推进中国教育界与国际同行展开相关理念和实践的对话。

- 2018年12月，素质分会撰写观察报告《以第二课堂活动为载体 增强校园文化育人功能》，收录在《高等教育改革发展专题观察报告》（北京理工大学出版社2018年）。

- 2018年12月17日，素质分会组织全国教育大会精神专题学习报告会。会议以在线学习结合现场报告的形式展开。现场报告特邀中国教育学会会长、北京师范大学原校长钟秉林作"迈入新时代，迎接新挑战，实现高等学校内涵发展"主题报告。北京地区会员高校师生代表共计80余人参会学习。

- 2019年3月，《素质教育与立德树人——2018年大学素质教育高层论坛论文集》由高等教育出版社出版。该论文集是从2018年年会投稿的73篇论文中择优选取49篇汇编而成的，合计52万字。

- 2019年3月26日，素质分会开展"学习加强党的政治建设的意见及习近平总书记思政课教师座谈会重要讲话精神"专题活动。顾问王义遒、理事长李和章、秘书长庞海芍、副理事长王巍等理事代表共计20人参加学习。

- 2019年4月18—20日，素质分会2019年年会暨第八届大学素质教育高层论坛在浙江金融职业学院召开。来自国内外200余所高校的500余位书记、校长、专家学者、师生代表齐聚杭州，共赴素质教育盛会。论坛主题为"素质教育与文化自信"，围绕"习近平关于教育的重要论述中的素质教育思想""弘扬中华优秀传统文化与文化育人""大中小学素质教育衔接""四个回归与素质教育""素质教育：通识课程与专业渗透""职业院校的素质教育"等议题展开讨论。中国高等教育学会原会长瞿振元出席会议并作报告，中国高等教育学会监事长孙维杰出席会议并致辞，近80位嘉宾作了发言。会上创新论坛形式，由理事长李和章邀请顾问张岂之、王义遒、胡显章、陈怡作"素质教育与文化自信"主题对话。

- 2019年6月27日，素质分会参与由北京理工大学主办的"2019两岸高等教育（北京）高峰论坛"。分会与台湾通识教育学会通力合作，邀请台湾通识教育学会理事长、台湾科技大学副校长庄荣辉等60多位台湾学者参加论坛。双方合作主持了两场分论坛"两岸高校人才培养与通识教育"，近20位两岸嘉宾作了主题报告，探讨通专融合的人才培养模式，分享素质教育、通识教育理论研究与实践经验。

- 2019年8月19—20日，素质分会2019年工作会议在河南科技大学召开。来自清华大学、北京大学、复旦大学、上海交通大学、哈尔滨工业大学、南开大学、西北工业大学、重庆大学、电子科技大学、东北大学、湖北大学等高校的近40名理事代表、专家学者参加会议。会议中进行了学术报告、工作研讨，还特别邀请了部分高校通识课程管理负责代表共同就通识课程建设发展进行了讨论。

- 2019年10月，中国高等教育学会组织设立"大学素质教育研究"专项课题，大学素质教育研究分会会员高校累计参与课题申报100余所，共申报课题212项。经专家评审共立项33项课题，其中重点课题3项。同时设立2019年大学素质教育研究专项课题31项，其中重点课题2项。

- 2019年10月3—7日，台湾新竹"清华大学"、台湾通识教育学会等共同举办第37届台湾通识教育教师研习会暨学术研讨会。秘书长庞海芍、副秘书长曹莉、董宇艳，以及复旦大学等大陆高校代表等应邀出席并作学术报告。近300人齐聚一堂研讨"下一个时代的通识教育想象"。

- 2019年12月，素质分会撰写观察报告《大学通识选修课程的组织管理与政策分析》，收录在《高等教育改革发展专题观察报告》（北京理工大学出版社2019年）。

- 2020年3月，素质分会面向会员单位发出了《抗疫不放松，工作不停摆》倡议书，并组织开展了系列活动。分会收集会员高校如北京理工大学、电子科技大学、重庆大学、哈尔滨工程大学、青岛大学、湖北大学、上海大学、温州医科大学、南方医科大学等采取多项措施，积极应对疫情，保障教育教学工作。《中国高等教育学会工作简讯》（2020年第5期）作了专题报道。

- 2020年5月，《素质教育与文化自信——2019年大学素质教育高层论坛论文集》由高等教育出版社出版。该论文集是从2019年年会投稿的160篇论文中择优选取45篇汇编而成的，合计45.2万字。

- 2020年6月，素质分会联合北京理工大学、全国高校教师网络培训中心共同推出了 5 期教与学学术在线直播系列讲座。特邀北京大学陈向明，清华大学于歆杰，北京理工大学庞海芍、高琪，南京大学桑新民，中国海洋大学谢阳斌，复旦大学丁妍等高校知名教学学术领域专家学者分享教与学学术成果和经验，吸引了全国高校共计 3 000 余人次的学员线上学习。

- 2020 年 7 月，《大学素质教育学刊》由北京理工大学出版社以电子光盘形式出版。常设栏目有专题研究、基本理论、实践探索、学术评论、活动资讯。
- 2020 年 8 月 21—23 日，由北京理工大学主办、国际教与学学术学会（ISSOTL）、素质分会等协办的"2020 中国教与学学术国际会议"在北京理工大学成功召开。会议主题为"教与学学术：国际视野与本土实践"，教育部教师工作司司长任友群、北京理工大学校长张军院士、大连理工大学校长郭东明院士、北京理工大学党委副书记包丽颖、香港中文大学副校长潘伟贤，以及外籍华裔学者、华中科技大学教授赵炬明，北京大学教育学院教授陈向明，美国威斯康星大学教授、国际教与学学术学会（ISSOTL）前主席 Anthony Ciccone，国际教与学学术学会（ISSOTL）主席 Michelle Yeo 女士等众多中外嘉宾出席大会。来自中国、美国、加拿大等世界各地教与学学术领域 130 位专家学者和高校师生以不同形式在大会上发言，吸引了国内外 1 039 位正式参会嘉宾云端相聚，世界各地共 75 028 人次通过北京理工大学延河课堂、学堂在线直播平台收看了大会报告。其中，英文频道收看直播 8 778 人次。学习强国、工业和信息化部官网、中国高等教育学会、中国科学网等媒体对会议进行了宣传报道。
- 2020 年 10 月 15—17 日，素质分会 2020 年年会暨第九届大学素质教育高层论坛在河南科技大学召开。论坛主题为"素质教育：让未来更美好"，围绕"新时代素质教育""德智体美劳教育规律""通专融合培养模式""通识课程教学创新""素质教育与大学生成长""大学生领导力教育"等议题展开讨论。中国高等教育学会副会长、秘书长姜恩来出席会议并致辞，来自 200 余所高校的 600 余位书记、校长、专家学者、师生代表参会，80 余位代表作会议发言。会上继续创新形式，由副理事长、秘书长庞海芍邀请本科生、研究生代表，以访谈对话的形式分享学生视角下素质教育对大学生成长的影响。南开大学赠送电影《掬水月在手》在会议首映。
- 2021 年 3 月，素质分会荣获中国高等教育学会 2020 年优秀分支机构。
- 2021 年 3 月，副理事长、秘书长庞海芍荣获中国高等教育学会优秀工作者。
- 2021 年 4 月 9—10 日，素质分会 2021 年工作会议在深圳北理莫斯科大学召开。会议抓住中国共产党建党 100 周年、"十四五"规划开局之年的重要时间节点，总结过去一年工作，部署 2021 年分会重点工作。会议中开展了党史教育专题学习，来自 21 所高校的近 50 名代表参加了现场研讨，120 余人在线收看大会报告。
- 2021 年 4 月 10 日，素质分会联合西安交通大学主办"开放共融　筑梦未来——西安交通大学建校 125 周年校园开放日暨大中小幼素质教育衔接论坛"。来自北京大学、清华大学、厦门大学、复旦大学、南开大学、北京市第八中学，西安交通大学附属中学等 200 余所学校的 500 余位书记、校长、专家学者及一线教师共聚西安交大，深入探讨素质教育衔接体系建设、新时代素质教育改革和发展之道。

- 2021 年 4 月 22—23 日，素质分会参加"2021 年扬帆计划乡村教师培训"，副理事长、秘书长庞海芍应邀作专题报告。分会联合新浪扬帆公益基金将持续开展教师培训、乡村素质教育活动，更新乡村教师教育观念，支持乡村素质教育发展，助力乡村振兴。
- 2021 年 5 月 21—23 日，第 56 届中国高等教育博览会在青岛举办，素质分会偕会员单位积极参与。博览会期间，分会承办了"2021 素质教育大家谈：跨界与融合"论坛。论坛以"素质教育：跨界与融合"为主题，从党的教育方针与素质教育、书院制与创新人才培养等话题切入，展开深入交流。论坛吸引了 150 余名代表现场参会，线上直播共 37 396 人次收看，最多实时在线 9 149 人，点赞数 8 811 次。
- 2021 年 7 月 27—29 日，由教育部高等教育司指导，中国高等教育学会主办了"首届全国高校教师教学创新大赛"全国赛。素质分会作为承办单位之一，积极参与了教学创新大赛全过程，包括大赛方案的制定、省/市/区赛区比赛总结、全国赛研讨会议等。理事长李和章作为大赛仲裁委员会副主任，副理事长、秘书长庞海芍作为大赛组委会秘书处副秘书长出席了全国赛。
- 2021 年 10 月 15—16 日，由韩国教养教育学会等单位主办的"2021 国际博雅教育论坛：迈向东亚博雅教育共同体"在线召开，理事长李和章以"携手推动素质教育与博雅教育的新发展"为题致辞，副理事长、秘书长庞海芍以"素质教育与通识教育引发中国高等教育的改革"为题作会议发言，学术委员沈文钦以"东西方之间：19 世纪后中国通识教育概念的翻译与接受"为题作会议发言。这是素质分会同韩国教养教育学会首次建立联系，将持续开展密切交流活动，扩大分会国际影响力。

后　　记

　　素质教育是中国特色的教育思想。党和国家领导人毛泽东、邓小平、江泽民、胡锦涛、习近平就素质教育、德智体美劳全面发展相关话题多次发表重要讲话。中国政府颁发的关于教育改革发展、国民经济和社会发展等多个文件中都反复强调了提高国民综合素质和实施素质教育。

　　自20世纪八九十年代以来，素质教育成为一条红线贯穿于中国教育改革与发展的全过程。特别是1995年以来，以文化素质教育为切入点和突破口的素质教育在中国高校轰轰烈烈开展起来，一呼而起，经久不衰，引发了大学教育理念、课程内容体系、人才培养模式的重大变革。2010年政府颁发的《国家中长期教育改革和发展规划纲要（2010—2020年）》指出："坚持以人为本、全面实施素质教育是中国教育改革发展战略主题，是贯彻党的教育方针的时代要求，其核心是解决好培养什么人、怎样培养人的重大问题。"文件明确肯定了素质教育是中国教育改革发展的战略方向。2017年，习近平总书记在十九大报告中提出："要全面贯彻党的教育方针，落实立德树人根本任务，发展素质教育，推进教育公平，培养德智体美全面发展的社会主义建设者和接班人。"

　　正是在这样的时代背景下，2011年大学素质教育研究分会应运而生。2011年11月20—21日，中国高等教育学会大学素质教育研究分会成立大会暨第一届大学素质教育高层论坛在北京理工大学隆重召开。教育部副部长杜玉波、中国高等教育学会会长周远清为研究分会揭牌；来自近百所高校的师生代表400余人参加大会。大学素质教育研究分会的成立历经数年谋划、一年多筹备，凝聚着周远清会长等一批教育家的素质教育情怀，受到了周远清、瞿振元、郭大成、张炜、张大良、张岂之、杨叔子、王义遒、胡显章、于德弘、陈怡等一批老领导的厚爱和帮助，也得到了中国高等教育学会、教育部、民政部、北京理工大学的鼎力支持。

　　十年来，在中国高等教育学会的大力支持和有力领导下，大学素质教育研究分会打造了五大品牌活动：一是围绕教育主题，组织高层论坛；二是组织交流活动，搭建展示平台；三是组织课题立项，推动理论研究；四是编辑出版文集，积淀宝贵资料；五是加强全球合作，提高学会影响。十年累计举办各类活动300多场，惠及四五百所高校，受众16 000多人次，大力推动了全国高校素质教育理论研究与实践探索。2013年、2021年大学素质教育研究分会两次获评中国高等教育学会先进团体、中国高等教育学会优秀分支机构。

十年来，在全体会员的积极参与和共同努力下，大学素质教育研究分会取得了五大成效。

一是引领大学素质教育理论研究与实践创新。通过课题研究、举办论坛、出版文集等系列活动，推动了素质教育思想引领下的通专融合培养模式、德智体美劳五育并举的素质教育体系构建、优秀传统文化教育、博雅工程教育、创新创业教育、通识课程建设、大类招生与自主选择专业、书院制育人模式探索等。

二是培育一批素质教育优秀理论及实践成果。通过开展优秀成果评选、通识精品课程建设、第二课堂品牌活动评选、理论研究及实践成果展示……培育了一批素质教育成果，一些成果获得了省部级及国家级教育教学成果奖。

三是汇聚一批国内外大学素质教育顶尖专家学者。分会吸引了大批热爱、关心、从事素质教育的同人，包括众多书记校长、国内外教育学者、高校教师学生、教育管理者……。每届大学素质教育高层论坛，嘉宾云集，内容丰富，报告精彩，气氛热烈，启迪智慧。

四是为会员高校提供了交流展示舞台。十年来，有一批高校及理事一直积极参与研究分会的各项活动，如北京大学、清华大学、北京理工大学、南开大学、哈尔滨工程大学、西北大学、西安交通大学、南京农业大学、电子科技大学、河南科技大学、浙江金融学院、泰山职业学院、武昌理工学院等。

五是在世界舞台发出中国素质教育声音。研究会先后邀请美国、英国、日本、韩国等国家或地区的同类学会及专家学者进行交流；发出了《关于将素质教育英译为Suzhi Education》的倡议书，并应邀为英国《教育哲学与理论百科全书（2018年）》撰写词条Liberal Arts and Suzhi Education，向世界传播中国的素质教育思想。

作为一个群众性学术团体，大学素质教育研究分会的每一步成长和发展都离不开会员高校和全体理事们的大力支持和积极参与，离不开各位顾问、正副理事长、监事、学术委员贡献的非凡智慧，离不开正副秘书长们以及秘书处工作人员的辛勤努力。

2021年，适逢中国高等教育学会大学素质教育研究分会成立十周年，在周远清顾问的倡议下、各位同人的热情支持下，我们组织策划了一系列纪念活动，包括出版《论大学素质教育》文集、编辑画册、制作视频、征集回忆文章等，旨在回望过去、总结经验，更好地面向未来。

《论大学素质教育》文集是从近十年来公开发表的关于大学素质教育的文章中精选了32篇汇编而成，同时收录了秘书处整理的大学素质教育分会十年大事记。理事长李和章,顾问周远清、王义遒、胡显章、陈怡,副理事长兼秘书长庞海芍,学术委员陆一,副秘书长胡燕,常务理事颜海,秘书处曾妮、隋艺、刘书博等参加了文章的讨论、审核、编辑、整理等工作。北京理工大学人文与社会科学学院院长李健、书记娄秀红,以及出版社总编樊红亮、编辑宋肖对本书的出版给予了大力支持。

  面向未来,中国高等教育学会大学素质教育研究分会将一如既往,把繁荣学术思想作为立会之本,把提供高端服务作为兴会之源,把完善标准规范作为办会之纲,把推动创新合作作为强会之要,努力建设成为具有中国特色、国际影响的教育学术社团!

李和章 庞海芍
2021 年 10 月 15 日